建设工程法规

刘景矿◎编

中国建筑工业出版社

图书在版编目（CIP）数据

建设工程法规 / 刘景矿编. —北京：中国建筑工业出版社，2022.7
ISBN 978-7-112-27393-5

Ⅰ.①建… Ⅱ.①刘… Ⅲ.①建筑法－中国－高等学校－教材 Ⅳ.①D922.297

中国版本图书馆CIP数据核字（2022）第090990号

责任编辑：刘　静
书籍设计：锋尚设计
责任校对：姜小莲

建设工程法规
刘景矿 编

*

中国建筑工业出版社出版、发行（北京海淀三里河路9号）
各地新华书店、建筑书店经销
北京锋尚制版有限公司制版
北京同文印刷有限责任公司印刷

*

开本：787毫米×1092毫米　1/16　印张：22¼　字数：492千字
2022年8月第一版　　2022年8月第一次印刷
定价：**68.00**元
ISBN 978-7-112-27393-5
（39580）

版权所有　翻印必究
如有印装质量问题，可寄本社图书出版中心退换
（邮政编码100037）

前言

建设工程法规是建设法律制度的简称。它是我国法律体系的重要组成部分，直接体现了国家组织、管理、协调各项活动的方针、政策和基本原则。本书对我国建设工程领域内现行的法律法规，包括城乡规划法、土地管理法、建筑法、招标投标法、城市房地产管理法、环境保护法、建设工程安全生产管理条例以及建设工程质量管理条例等作了较为全面、系统的介绍，同时还增加了与工程建设相关的经济法内容。本书主要内容包括建设法律制度概论、城乡规划法律制度、土地管理法律制度、建筑法律制度、建设工程招标投标法律制度、城市房地产管理法律制度、环境保护法律制度、建设工程安全生产法律制度、建设工程质量法律制度、建设工程纠纷法律制度、经济法等。

本书最大的特色是每章后面附有案例分析和思考题，这些习题包含了建设工程法规方面的前沿热点问题，如农村土地"三权分置"改革问题、建筑市场挂靠现象问题、政府实施"房住不炒"的政策法规问题、环境项目公众参与问题、区块链技术解决工程招投标违法行为问题、重大工程安全施工管理问题等。学生通过本书的学习，能够综合掌握我国现行建设工程领域中相关法律法规的基本知识，并形成在建设工程管理中必要的法律思维。同时，学生可以围绕上述前沿热点问题展开调研，理论联系实际，并强化知识应用能力，提高综合素质。教师们也可以将上述热点问题作为课程思政内容的融入点，开展课程思政教育。

本书既可作为高校工程管理类、土建类专业规划教材，也可作为工程管理类、土建类各专业职业资格考试的培训教材，还可为备考从业和执业资格考试人员提供参考。

本书由广州大学管理学院刘景矿主编。研究生陈旖旋、闫乐美、吴漂参与了部分章节的编写，本科生高绮云、王馨、周泽晶、刘昊、徐怡菲、付一多、张文茜等人参与了资料收集、习题、案例编写等工作。另外，本书的编写还得到佘立中教授、吴剑平副教授、朱健博士的支持与指导。

由于编者水平有限，本书的编写难免有不妥之处，恳请广大读者批评指正。在本书编写过程中，参考了大量文献和资料，在此对这些文献资料的作者们诚表谢意。

2022年1月于广州大学

目录

前言

第一章 建设法律制度概论 1
- 第一节 建设法律制度概述 2
- 第二节 建设法律关系 13
- 第三节 建设法律责任 18
- 案例分析题 23
- 思考题 24

第二章 城乡规划法律制度 25
- 第一节 城乡规划法律制度概述 26
- 第二节 城乡规划的制定 30
- 第三节 城乡规划的实施 36
- 第四节 城乡规划的修改 45
- 第五节 监督检查 47
- 案例分析题 49
- 思考题 50

第三章 土地管理法律制度 51
- 第一节 土地管理法律制度概述 52
- 第二节 土地所有权和使用权 58
- 第三节 土地利用总体规划 66
- 第四节 耕地保护 70
- 第五节 建设用地 73
- 案例分析题 78
- 思考题 79

第四章 建筑法律制度 ... 81

- 第一节 概述 ... 82
- 第二节 建设工程施工许可制度 ... 86
- 第三节 施工企业从业资格制度 ... 92
- 第四节 建造师注册执业制度 ... 97
- 案例分析题 ... 102
- 思考题 ... 103

第五章 建设工程招标投标法律制度 ... 105

- 第一节 建设工程法定招标的范围、招标方式和交易场所 ... 106
- 第二节 招标基本程序和禁止肢解发包、限制排斥投标人的规定 ... 109
- 第三节 投标人、投标文件和投标保证金 ... 117
- 第四节 禁止串通投标和其他不正当竞争行为的规定 ... 120
- 第五节 中标的法定要求和招标投标投诉处理 ... 122
- 第六节 违法行为应承担的法律责任 ... 124
- 案例分析题 ... 130
- 思考题 ... 131

第六章 城市房地产管理法律制度 ... 133

- 第一节 城市房地产管理法律制度概述 ... 134
- 第二节 房地产开发用地 ... 139
- 第三节 房地产开发 ... 147
- 第四节 房地产交易 ... 152
- 第五节 房地产权属登记管理 ... 158
- 第六节 物业管理 ... 160
- 案例分析题 ... 165
- 思考题 ... 168

第七章 环境保护法律制度 ... 169

- 第一节 环境保护法律制度概述 ... 170
- 第二节 环境影响评价 ... 171
- 第三节 保护和改善环境 ... 176
- 第四节 施工现场环境保护法律制度 ... 185

第五节　信息公开和公众参与...198
　　案例分析题...202
　　思考题..203

第八章　建设工程安全生产法律制度　205
　　第一节　建设工程安全生产法律制度概述..206
　　第二节　施工安全生产许可证制度..207
　　第三节　建设、勘察、设计及相关单位的建设工程安全责任制度......211
　　第四节　施工现场安全防护制度..221
　　第五节　施工安全事故的应急救援与调查处理....................................232
　　案例分析题...240
　　思考题..243

第九章　建设工程质量法律制度　245
　　第一节　建设工程质量法律制度概述..246
　　第二节　工程建设标准..249
　　第三节　施工单位的质量责任和义务..256
　　第四节　建设单位及相关单位的质量责任和义务................................263
　　第五节　建设工程竣工验收制度及质量保修制度................................273
　　案例分析题...284
　　思考题..286

第十章　建设工程纠纷法律制度　287
　　第一节　建设工程纠纷法律制度概述..288
　　第二节　民事诉讼制度..292
　　第三节　仲裁制度...306
　　第四节　调解与和解制度..311
　　第五节　行政强制、行政复议和行政诉讼制度....................................315
　　案例分析题...323
　　思考题..324

第十一章　经济法　325
　　第一节　经济法概述...326

第二节　经济法主体...328
第三节　企业法和公司法...331
第四节　劳动合同法...334
第五节　税法与价格法...339
案例分析题...345
思考题...346

参考文献...347

第一章
建设法律制度概论

第一节　建设法律制度概述

一、建设法律制度的概念和调整对象

（一）建设法律制度的概念

建设法律制度是我国法律体系的重要组成部分，它直接体现国家组织、管理、协调城乡建设、工程建设、房地产业、市政公用事业等各项建设活动的方针、政策和基本原则。建设法律制度的概念很难统一。按照通常的法律规范的逻辑结构给建设法律制度定义为：国家权力或授权的行政机关制定的调整国家及其有关机构、企事业单位、公民之间在建设活动或建设行政管理活动中所发生的各种社会关系的法律规范的统称。

（二）建设法律制度的特征

建设法律制度作为调整建设业管理和建设协作所发生的社会关系的法律规范，除具备一般法律基本特征外，还具有不同于其他法律的特征。

1. 经济性

建设法律制度的重要特征是它的经济性。基本建设活动是一个国家最基本的经济活动之一，它为各行各业提供了最基本的物质环境。建设法律制度的经济性既包含财产性，也包括其与生产、分配、交换、消费的联系性。如房地产开发、住宅商品化、建设工程勘察设计、施工安装等都直接为社会创造财富。随着建设业的发展，其在国民经济中的地位日益突出。建筑业作为国家积累财富的一个重要产业部门，其经济性是显而易见的。

2. 技术性

技术性是建设法律制度一个十分重要的特征。工程建设由于其工程量大、工程复杂、技术含量高、专业性强等特点，与一般工业产品相比，技术特征更加显著。建筑业是国民经济的重要物质生产部门，它与整个国家经济的发展、人民生活的改善有着密切的关系。建设产品的质量直接关乎公民生命财产安全和生活质量。为保证建设产品的质量和人民生命财产的安全，大量的建设法律制度是以技术规范形式出现的，直接、具体、严密、系统，便于广大工程技术人员及管理机构遵守和执行。如各种设计规范、施工规范、验收规范、产品质量监测规范等。有些非技术规范的建设法律规范中也带有技术性的规定。如城市规划法就含有计量、质量、规划技术、规划编制内容等技术性规范。

3. 行政性

这是建设法律制度区别于其他法律的主要特征。这一特征决定了建设业必然要采用直接体

现行政权力活动的调整方法，即以行政指令为主的方法调整建设业的法律关系。调整方式包括：①授权。即授予国家建设管理机关权限和权力。②命令。即赋予建设法律关系主体某种作为的义务。③禁止。即禁止建设法律关系主体某种行为。④许可。即允许特别的主体在法律允许范围内有某种作为的权利。⑤免除。即对主体依法应履行的义务在特定情况下予以免除。⑥确认。即授权建设管理机关依法对争议的法律事实和法律关系进行认定是否存在、有效。⑦计划。即对建设业进行计划调节。⑧撤销。即授予建设行政管理机关运用行政权力对某些权利能力或法律资格予以撤销或消灭。以上方式均是国家通过建设法律制度规范的。

4. 综合性

建设活动涉及部门众多，内容复杂。影响建设活动的因素既包括建设活动的前期规划、勘测设计，又包括工程的施工、验收及交付使用；既要考虑工程技术、投资效益，又要强调建设质量和安全；既要注意现行的政策法规及管理运行机制、社会的政治经济状况，又要考虑各地发展的不平衡，包括劳动力素质、交通条件、生活状况、各种风险等具体问题。因此，建设法律制度要涉及经济、金融、保险、工商、劳动、物质、环境、安全等各个领域。同时，建设法律制度主要调整三种社会关系，即建设活动中的行政管理关系、经济协作关系和民事关系。对于行政管理关系调整采取的是行政手段的方式。对于经济协作关系调整采取的是行政的、经济的、民事等诸手段相结合的方式。对于民事关系调整主要的是采取民事手段的方式。这表明，建设法律制度是运用综合的手段对行政的、经济的、民事的社会关系加以规范调整。

（三）建设法律制度的调整对象

建设法律制度的调整对象主要体现在三个方面：建设活动中的行政管理关系，即国家机关正式授权的有关机构对建设业的组织、监督、协调等职能活动；建设活动中的经济协作关系，即从事建设活动的平等主体之间发生的往来、协作关系，如订立工程建设合同等（是一种平等、自愿、公平的横向协作关系）；建设活动中的民事关系。

1. 建设活动中的行政管理关系

建设活动对于社会经济发展具有重大的意义，且同社会发展息息相关，甚至关系到国计民生和社会稳定，因而在建设工程领域具有突出的国家干预特征。在工程建设的全过程中（即项目立项、计划、资金筹集、设计、施工、验收等）国家均进行严格监督管理。

建设活动中的行政管理关系，是国家及其建设行政主管部门同建设单位、设计单位、施工单位及有关单位（如中介服务机构）之间在建设活动中产生的管理与被管理关系，具有行政隶属的性质。它包括两个相互关联的方面：一方面是规划、指导、协调与服务；另一方面是检查、监督、控制与调节。这其中不但要明确各种建设行政管理部门相互间及内部各方面的责权利关系，而且还要科学地建立建设行政管理部门同各类建设活动主体及中介服务机构之间规范的管理关系。这些都必须纳入法律调整范围，通过相关的建设法律制度来规范。

2. 建设活动中的经济协作关系

在各项建设活动中，各种经济主体为了自身的生产和生活需要，或为了实现一定的经济利益或目的，必然寻求协作伙伴，随即发生相互间的建设协作经济关系。如投资主体（建设单位）同勘察设计单位、建筑安装施工单位、建设监理单位等发生的勘察设计、施工及监理关系。

所谓经济协作关系是指法人、其他组织和自然人之间在经济往来中产生的经济关系，由于法人、其他组织及公民在协作与竞争中地位平等，遵循平等、自愿、公平、诚实信用等原则，也称之为横向经济关系。这种协作关系一般应以合同的形式确定。合同是用来确定以权利、义务为内容的协议。与一般合同不同的是，建设活动的合同关系大多具有较强的计划性，这是由建设活动和建设关系自身的特点所决定的。

3. 建设活动中的民事关系

建设活动中的民事关系是指因从事建设活动而产生的国家、单位法人、公民之间的民事权利、义务关系。主要包括：在建设活动中发生的有关自然人、法人的损害、侵权、赔偿关系；建设领域从业人员的人身和经济权利保护关系；房地产交易中买卖、租赁、产权关系；土地征用、房屋拆迁导致的拆迁安置关系等。

建设活动中的民事关系既涉及国家社会利益，又关系着个人的权益和自由，因此必须按照民法和建设法规中的民事法律规范予以调整。

应当指出的是，建设法律制度的三种具体调整对象，既彼此互相关联，又各具自身属性。它们都是因从事建设活动所形成的社会关系，都必须以建设法律制度来规范和调整。不能或不应当撇开建设法律制度来处理建设活动中所发生的各种关系。这是其共同点或相关联之处。同时这三种调整对象又不尽相同：它们各自的形成条件不同；处理关系的原则或调整手段不同；适用的范围不同；适用规范的法律后果也不完全相同。从这个意义上说，它们又是三种并行不悖的社会关系，既不能混同，也不能相互取代。在承认建设法规统一调整的前提下，应当侧重适用它们各自所属的调整规范。

二、建设法律法规的作用与实施

（一）建设法律制度的作用

在国民经济中，建筑业是一个重要的物质生产部门，建筑业要最大限度地满足各行各业最基本的环境，为人们创造良好的工作环境、生活环境、生产环境，推动社会主义各项事业的发展。完善合理的建设法律法规体系，可以在规范工程建设活动的同时，使建设活动市场有序运转，健康发展，为国家增加积累，使公民安居乐业。具体体现在以下三个方面。

1. 规范指导建设行为

建设法律规范是从事各种具体的建设活动所应遵循的行为规范。建设法律制度对人们建设行为的规范性表现为：①必须执行的建设行为。比如关于建设工程实行施工许可证制度，《中华人民共和国建筑法》（简称《建筑法》）第七条规定："建设工程开工前，建设单位应当按照国家有关规定向工程所在地县级以上地方人民政府建设行政主管部门申请领取施工许可证。"此为义务性的建设行为规定。②禁止施行的建设行为。如《中华人民共和国招标投标法》（简称《招标投标法》）第二十条规定："招标文件不得要求或者标明特定的生产供应者以及含有倾向或者排斥潜在投标人的其他内容。"第二十二条规定："投标不得向他人透露已获取招标文件的潜在投标人的名称、数量以及可能影响公平竞争的有关招标投标的其他情况。"根据已有的法律规定，建设行为主体能明确自己可以为、不得为和必须为的建设行为，并以此作为指导和制约自己的行为，这也体现出建设法律制度对建设行为的规范和指导作用。

2. 保护合法建设行为

建设法律制度的作用在对建设主体的行为加以规范和指导的同时还应对一切符合本法规的建设行为给予确认和保护。这种确认和保护性规定一般是通过建设法律制度的原则规定反映的。如《建筑法》第三条规定："建设活动应当确保建筑工程质量和安全，符合国家的建筑工程安全标准。"《中华人民共和国环境保护法》（简称《环境保护法》）第七条规定："国家支持环境保护科学技术研究、开发和应用，鼓励环境保护产业发展，促进环境保护信息化建设，提高环境保护科学技术水平。"同时在第十一条规定："对保护和改善环境有显著成绩的单位和个人，由人民政府给予奖励。"

3. 处罚违法建设行为

建设法规要实现对建设行为的规范和指导作用，必须对违法建设行为给予应有的处罚。否则，建设法规的制度由于得不到实施过程中强制制裁手段的法律保障，将变成无实际意义的规范。一般地讲，建设法规都有对违法建设行为的处罚规定。如《中华人民共和国城乡规划法》（简称《城乡规划法》）第三十九条："规划条件未纳入国有土地使用权出让合同的，该国有土地使用权出让合同无效；对未取得建设用地规划许可证的建设单位批准用地的，由县级以上人民政府撤销有关批准文件；占用土地的，应当及时退回；给当事人造成损失的，应当依法给予赔偿。"

（二）建设法律法规的实施

建设法律法规的实施是指国家机关及其公务员、社会组织、公民实现建设法律规范的活动，包括执法、司法和守法三个方面。

1. 建设行政执法

建设行政执法是指建设行政主管部门和被授权或被委托的单位，依法对各项建设活动和建设行为进行检查监督，并对违法行为执行行政处罚的行为。具体包括：

（1）建设行政决定，包括行政许可、行政命令和行政奖励；

（2）建设行政检查，包括实地检查和书面检查；

（3）建设行政处罚，包括财产处罚、行为处罚和惩诫；

（4）建设行政强制执行，指在相对人不履行行政机关所规定的义务时，特定的行政机关依法对其采取强制手段，迫使其履行义务。

2. 建设行政司法

建设行政司法是指建设行政机关依据法定的权限和程序进行行政调解、行政复议和行政仲裁，以解决相应争议的行政行为。具体包括：

（1）行政调解是指在行政机关的主持下，以法律为依据，以自愿为原则，通过说服教育等方法，促使双方当事人通过协商互谅达成协议；

（2）行政复议是指在相对人不服行政执法决定时，依法向指定的部门提出重新处理这一行为；

（3）行政仲裁是指国家行政机关以第三者身份对特定的民事、经济的劳动争议居中调解作出判断和裁决。

3. 遵守建设法规

遵守建设法规是指从事建设活动的所有单位与个人，应自觉遵守建设法规，依法按章办事，维护国家和人民生命财产的安全。具体包括：

（1）遵守宪法及法律规定；

（2）遵守行政法规及部门规章的规定；

（3）遵守地方性法规及规章的规定。

三、建设法律制度的立法原则

《建筑法》第一条："为了加强对建筑活动的监督管理，维护建筑市场秩序，保证建筑工程的质量和安全，促进建筑业健康发展，制定建筑法。"建设法律制度的制定内容应满足有利于规范和加强建设活动的管理，规范和维护建设市场发展的秩序；有利于新技术的有效推广与广泛应用，从而提高建设的科技水平；有利于加强建设工程质量管理和安全管理；有利于城乡建设事业的良好发展；有利于维护国家利益、社会团体和公民的权利。建设法律制度的立法原则主要包括以下三个方面。

（一）遵循市场经济规律

市场经济是指通过市场配置社会资源的经济形式。社会主义市场经济就是同社会主义基本社会制度结合在一起的市场经济，体现社会主义的根本性质，是使市场在社会主义国家宏观调控下对资源配置起决定性作用的经济体制。我国宪法规定"国家实行社会主义市场经济"。这不仅是宪法的基本原则，也是建设法律制度的立法基本原则。这项原则主要体现在：一是要建立健全市场主体体系。规定各种建设市场主体的法律地位，对他们在建设活动中的权利和义务作出明确的规定。二是要确立建设市场体系具有统一性和开放性。建设立法应当确立规划与设计市场、建设监理市场、工程承包的招投标市场、施工管理市场、房地产市场、市政公用事业市场、建设资金市场等多元化的建设活动大市场。三是要确立以间接手段为主的宏观调控体系。建设法律制度主要运用行政手段实现对建设行为的调整，但这种调整不应当是直接干预性的，而应该是间接性的。四是要求建设立法本身具有完备性。建设法律制度自身完备，才能有效地规范建设市场主体行为，维护建设市场活动秩序。

（二）法制统一

国家法律体系内的所有法律都应有着内在的统一联系，建设法规体系作为我国法律体系中的一个重要的组成部分，与其他所有体系法律一样都必须符合我国宪法的基本要求和精神，且不与其他体系法律相矛盾。具体来说，建设行政法规和部门规章以及地方性建设法规、规章，不得与宪法、法律以及上一层次的法规相抵触；与地位同等的法规所确立的有关内容应相互协调；建设法律制度系统内部高层次的法律、法规对低层次的法规、规章具有制约性和指导性；地位相等的建设法规和规章在内容规定上不应互为冲突。由于参与建设事业的有关部门较多，且具有很强的社会性、综合性，决定了建设立法不仅应当数量可观，而且应当十分健全。因此，坚持法制统一与协调配套原则，能保证我国建设法规体系科学化、系统化。另外，建设立法应能涉及建设事业的各个部门、领域以及建设行政管理的全过程，使建设活动的各个方面都有法可依、有章可循，使建设行政管理的每一个环节都纳入法制轨道。

（三）责权利相一致

责权利相一致是对建设行为主体的权利、义务或责任在建设立法上提出的一项基本要求。建设法律关系不是单一的，而带有明显的综合性，包括建设协作关系、民事关系，以及行政管理关系等几个方面。无论是哪一种关系，作为建设行为的主体都必须在权利与义务或责任上对等。建设立法的责权利相一致具体表现为：一是建设法律主体享有的权利和履行的义务是相统一的。任何一个主体享有建设法律制度规定的权利，同时必须履行建设法律制度规定的义务或责任。二是建设行政主管部门行使行政管理权既是其权利，也是其责任或义务。有责无权不仅束缚管理人员的积极性和主动性，而且使责任制度形同虚设，最后无法完成任务；有权无责必然助长瞎指挥、滥用权力和官僚主义。责权利相一致的原则可防止当事人滥用权力，有利于保护当事人的合法权益，维护和平衡当事人之间的利益。

四、建设法律制度涉及的基本法律知识

（一）法律体系

法律体系也称法的体系，通常指由一个国家现行的各个法律部门构成的有机联系的统一整

体。在我国法律体系中，根据所调整的社会关系性质不同，可以划分为不同的部门法。部门法又称法律部门，是根据一定标准、原则所制定的同类法律规范的总称。

建设工程法律具有综合性的特点，它包括新行政法、民法商法等内容。建设工程法律同时具有一定的独立性和完整性，具有它的完整体系。建设工程法律体系，是指把已经制定的和需要制定的建设工程方面的法律、行政法规、部门规章和地方法规、地方规章有机结合起来，形成的一个相互联系、相互补充、相互协调的完整统一的体系。

1. 法律体系的基本框架

（1）宪法及宪法相关法。宪法是国家的根本大法。通常规定一个国家的社会制度的基本原则、国家机关的组织和活动的基本原则、公民的基本权利和义务等重要内容。宪法具有最高的法律效力，是制定其他一切法律的依据。宪法保障了我国的改革开放和社会主义现代化建设，推动了我国社会主义法治建设，有利于调动广大公民群众的积极性和创造性，保障公民权利的实现，推进依法治国。宪法相关法指《全国人民代表大会组织法》《全国人民代表大会和地方各级人民代表大会选举法》《中华人民共和国国籍法》《地方各级人民代表大会和地方各级人民政府组织法》《中华人民共和国国务院组织法》《中华人民共和国民族区域自治法》等法律。

（2）民法商法。民法是规定并调整平等主体的公民间、法人间及公民与法人间的财产关系和人身关系的法律规范的总称。商法是调整市场经济关系中商人及其商事活动的法律规范的总称。我国采用的是民商合一的立法模式。商法被认为是民法的特别法和组成部分。具体如《民法通则》《合同法》《物权法》《侵权责任法》《公司法》《招标投标法》等属于民法商法。目前民法商法的内容已经全部纳入《民法典》中。民法与商法共同调整商品经济关系，同属私法，两者有着密切的联系。商法使用的一切原则也不断为民法所吸收。民法伴随商品经济的发展而发展。它所调整的财产关系主要是指财产归属和流转关系。民法所保护的利益是个人利益，而商法主要是商事交易习惯形成的商品交易规则，它所保护的利益也是个人利益。

（3）行政法。行政法是指行政主体在行使行政职权和接受行政法制监督过程中与行政相对人、行政法制监督主体之间发生的各种关系，以及行政主体内部发生的各种关系的法律规范的总称。行政法规是仅次于法律的重要立法层次。建设行政法规是指由国务院制定、颁布、施行的属于住房和城乡建设部主观业务范围的各项法规。如《建设工程勘察设计管理条例》《建设工程质量管理条例》《城市房地产开发经营管理条例》等。

（4）经济法。所谓经济法是调整现代国家进行宏观调控和市场规制过程中发生的社会关系的法律规范的总称。具体如《土地管理法》《预算法》《审计法》《政府采购法》等都属于经济法。

（5）社会法。社会法是我国近年来在完善市场经济法律体系，落实科学发展观、构建社会主义和谐社会的历史大潮中应运而生的新兴法律门类和法律学科。社会法是调整劳动关系、社会保障和社会福利关系的法律规范的总称。具体如《劳动法》《红十字会法》《职业病防治法》《公益事业捐赠法》《安全生产法》《老年人权益保障法》《劳动合同法》等。

（6）刑法。刑法是为了惩罚犯罪，保护人民，根据宪法，结合我国同犯罪作斗争的具体经验及实际情况，制定的法律。

（7）诉讼与非诉讼程序法。是指调整因诉讼活动和非诉讼活动而产生的社会关系的法律规范的总和。我国有三大诉讼法，即《民事诉讼法》《刑事诉讼法》《行政诉讼法》。非诉讼的程序法主要是《仲裁法》。

2. 法的形式和效力层级

（1）法的形式

法的形式是指法律创制方式和外部表现形式。它包括四层含义：①法律规范创制机关的性质及级别；②法律规范的外部表现形式；③法律规范的效力等级；④法律规范的地域效力。法的形式决定于法的本质。在世界历史上存在过的法律形式主要有习惯法、宗教法、判例、规范性法律文件、国际惯例、国际条约等。在我国，习惯法、宗教法、判例不是法的形式。我国法的形式是制定法形式，具体可分为七类：宪法；法律；行政法规；地方性法规及自治条例和单行条例；部门规章；地方政府规章；国际条约。制定法的形式通常表现为以下特征：法律表现为《中华人民共和国××法》，行政法规表现为《××管理条例》，地方性法规表现为《××管理条例》，地方政府规章表现为《××管理办法》，技术规范表现为《××技术规范》。

（2）法的效力层级

法的效力层级，是指法律体系中各种法的形式，由于制定的主体、程序、时间、适用范围等的不同，具有不同的效力，形成法的效力等级体系。法的效力层级主要体现以下原则：①宪法至上。宪法是具有最高法律效力的根本大法，具有最高的法律效力。②上位法优于下位法。行政法规的法律地位和法律效力仅次于宪法和法律，高于地方性法规和部门规章。地方性法规的效力，高于本级和下级地方政府规章。省、自治区人民政府制定的规章的效力，高于本行政区域内较大的市人民政府制定的规章。③特别法优于一般法。特别法优于一般法，是指公法权力主体在实施公法权力行为中，当一般规定与特别规定不一致时，优先适用特别规定。④新法优于旧法。新法、旧法对同一事项有不同规定时，新法的效力优于旧法。当代中国法的形式效力层级大致如表1-1所示。

当代中国法的形式效力层级　　　　　表1-1

法的形式	地位和效力	制定部门	举例
宪法	最高	全国人民代表大会	
法律	仅次于宪法	基本法律，由全国人民代表大会制定	刑法、刑事诉讼法等
		一般法律，由全国人民代表大会常委会制定	建筑法、商标法等
行政法规	仅次于宪法和法律	国务院	建设工程质量管理条例

续表

法的形式		地位和效力	制定部门	举例
地方性法规		本行政区域内具有法律效力，效力低于法律和行政法规	省、自治区、直辖市以及省级人民政府所在地的市和经国务院批准的较大城市的人民代表大会及常委会有权制定地方性法规	
行政规章	部门规章	次于行政法规	由国务院组成部门及直属机构制定	建设部门以部长令形式发布的规章
	地方性规章	低于行政法规，低于同级或上级地方性法规	省、自治区、直辖市人民政府以及省、自治区人民政府所在地的市和经国务院批准的较大城市的人民政府制定	
最高人民法院司法解释规范文件		具有法律效力		
特别行政区的法律		在本经济特区适用		
国际公约		是我国法的一种形式，具有法律效力		

（二）相关的民事法律制度

1. 代理制度

代理是指代理人在代理权限内，以被代理人的名义实施民事法律行为，其法律效果直接由被代理人承担的一种法律制度。

代理具有如下的法律特征：①代理人必须在代理权限范围内实施民事行为；②代理人应该以被代理人的名义实施行为；③代理行为具有法律意义；④代理行为的法律效果由被代理人承担。

代理的主要种类包括委托代理、法定代理、指定代理。委托代理按照被代理人的委托行使代理权。法定代理是指根据法律的规定而发生的代理。法定代理人依照法律的规定行使代理权。指定代理是根据人民法院或有关单位的指定而发生的代理，常发生在诉讼中。

建设工程活动中涉及的代理行为比较多，如材料设备采购代理、工程招标代理以及纠纷诉讼代理等。同时建设工程的承包活动存在不适用委托代理的行为，如《建筑法》第二十八条规定："禁止承包单位将其承包的全部建筑工程转包给他人，禁止承包单位将其承包的全部建筑工程肢解以后以分包的名义分别转包给他人。"

2. 物权制度

根据《民法典》有关物权法规定，物权是指权利人依法对特定的物享有直接支配和排他的权利，包括所有权、用益物权和担保物权。所有权是指所有人依法对自己财产（不动产或动产）所享有的占有、使用、收益和处分的权利，所有权是物权的核心。用益物权是指权利人对他人所有的不动产或者动产，依法享有占有、使用和收益的权利。用益物权包括土地承包经营权、建设用地使用权、宅基地使用权和地役权。其中，地役权，是指为使用自己不动产的便利或提高其效益而按照合同约定利用他人不动产的权利。他人的不动产为供役地，自己的不动产为需役地。从性质上说，地役权是按照当事人的约定设立的用益物权。担保物权是指权利人在债务人不履行到期债务或者发生当事人约定的实现担保物权的情形，依法享有就担保财产优先受偿的权利。

3. 债权制度

根据《民法典》对"债"的定义"债是按照合同的约定或者依照法律规定，在当事人之间产生的特定的权利和义务关系。享有权利的人是债权人，负有义务的人是债务人。债权人有权要求债务人按照合同的约定或者依照照法律规定履行义务。"债的内容，是指债的主体双方间的权利与义务，即债权人享有的权利和债务人负担的义务，即债权与债务。债权为请求特定人为特定行为作为或不作为的权利。债权与物权不同，物权是绝对权，而债权是相对权。债权相对性理论的内涵，可以归纳为以下三个方面：①债权主体的相对性；②债权内容的相对性；③债权责任的相对性。债务是根据当事人的约定或者法律规定，债务人所负担的应为特定行为的义务。

建设工程债的产生，是指特定当事人之间债权债务关系的产生。引起债产生的一定法律事实，就是债产生的根据。建设工程债产生根据有合同、侵权、无因管理和不当得利。建设工程债的常见种类有施工合同债、买卖合同债、侵权之债。

4. 知识产权制度

知识产权制度是智力成果所有人在一定的期限内依法对其智力成果享有独占权，并受到保护的法律制度。没有权利人的许可，任何人都不得擅自使用其智力成果。在建设工程中常见的知识产权主要是专利权、商标权、著作权以及发明权和其他科技成果。计算机软件也是工程建设中经常使用的，计算机软件属于著作权保护的客体。

5. 担保制度

担保是指当事人根据法律规定或者双方约定，为促使债务人履行债务实现债权人权利的法律制度。担保通常由当事人双方订立担保合同。担保活动应当遵循平等、自愿、公平、诚实信用的原则。担保根据法律规定有五种方式，即保证、抵押、质押、留置和定金。当事人在为合法的债权提供担保时，只能提供以上这五种担保，而不能创设新的担保形式。

所谓保证是指保证人和债权人约定，当债务人不履行债务时，保证人按照约定履行债务或者承担责任的行为。在建设工程活动中，保证是最常用的一种担保方式。建设工程中常见担保的种类有：①施工投标保证金。投标保证金除现金外，可以是银行出具的银行保函、保兑支票、银行汇票或现金支票。②施工合同履约保证金。施工合同履约保证金多为提供第三人的信用担保（保证），一般是由银行或者担保公司向招标人出具履约保函或者保证书。③工程款支付担保。这个支付担保是发包人向承包人提交的、保证按照合同约定支付工程款的担保。通常采用由银行出具保函的方式。④预付款担保。预付款担保是由承包人向发包人提供的，在发包人要求承包人提供的情况下提供，要求提供的，承包人应在发包人支付预付款规定的时间内提供预付款担保，专用合同条款另有约定的除外。

抵押是指债务人或者第三人不转移对财产的占有，将该财产作为债权的担保。债务人不履行债务时，债权人有权依照法律规定以该财产折价或者以拍卖、变卖该财产的价款优先受偿。其中，债务人或者第三人称为抵押人，债权人称为抵押权人。

质押分为动产质押和权利质押。动产质押是指债务人或者第三人将其动产移交债权人占有，将该动产作为债权的担保。能够用作质押的动产没有限制。权利质押一般是将权利凭证交付质押人的担保。可以质押的权利包括汇票、支票、本票、债券、存款单、仓单、提单；依法可以转让的股份、股票；依法可以转让的商标专用权、专利权、著作权中的财产权；依法可以质押的其他权利。

留置是指债权人按照合同约定占有债务人的动产，债务人不按照合同约定的期限履行债务的，债权人有权依照法律规定留置该财产，以该财产折价或者以拍卖、变卖该财产的价款优先受偿。由于留置是一种比较强烈的担保方式，必须依法行使。

定金。《民法典》规定，当事人可以约定一方向对方给付定金作为债权的担保。债务人履行债务后，定金应当抵作价款或者收回。给付定金的一方不履行约定的债务的，无权要求返还定金；收受定金的一方不履行约定的债务的，应当双倍返还定金。定金应当以书面形式约定。当事人在定金合同中应当约定交付定金的期限。定金合同从实际交付定金之日起生效。定金的数额由当事人约定，但不得超过主合同标的额的20%。

保证产生的权利为债权，不具有优先受偿性。定金产生的权利也是债权，同样不具有优先受偿性。抵押、留置、质押取得的是担保物权，对担保物及其变现所得的价款具有优先受偿的权利。

6. 保险制度

保险是指投保人根据合同约定，向保险人支付保险费，保险人对于合同约定的可能发生的事故因其发生所造成的财产损失承担赔偿保险金责任，或者当被保险人死亡、伤残、疾病或者达到合同约定的年龄、期限等条件时承担给付保险金责任的商业保险行为。建设工程活动涉及的部门较多，同时带来复杂的法律关系与风险种类，主要包括建筑工程一切险（及第三者责任险）、安装工程一切险（及第三者责任险）、机器损坏险、机动车辆险、建筑职工意外伤害险、勘察设计责任保险、工程监理责任保险等。

建筑工程一切险是承保各类民用、工业和公用事业建筑工程项目，在建造过程中因自然灾害或意外事故而引起的一切损失的险种。建筑工程一切险往往还加保第三者责任险。第三者责任险是指在保险有效期内因在施工工地上发生意外事故而造成在施工工地及邻近地区的第三者人身伤亡或财产损失，依法应由被保险人承担的经济赔偿责任。

安装工程一切险是针对各种设备、装置的安装工程的保险（包括电气、通风、给水排水及设备安装等工作内容，工业设备及管道等往往也涵盖在安装工程的范围内。简单来说，安装工程一般是介于土建工程和装潢工程之间的工作。土建工程包括地基与基础、主体结构、建筑装饰、装修、建筑屋面等分部工程。建筑安装工程包括建筑给水、排水及采暖，建筑电气，智能建筑，通风与空调，电梯安装等分部工程）。主要保险责任为自然灾害及意外事故。安装工程一切险往往还加保第三者责任险，安装工程一切险的第三者责任险，负责被保险人在保险期限内，因发生意外事故，造成在工地及邻近地区的第三者人身伤亡、疾病或财产损失，依法应由被保险人赔偿的经济损失，以及因此而支付的诉讼费用和经保险人书面同意支付的其他费用。

7. 时效制度

时效制度也即"诉讼时效制度"，指权利人在法定的时效期间内，未行使其权利的，依据法律规定消灭其胜诉权的制度。这是保障行政效率，增强行政行为的可预期性，防止行政许可机关以拖延时日的方式侵害相对一方当事人利益的根本制度。时效制度包含两方面的要求：一是行政主体在法定期限内如不行使职权，在法定期限届满后不得再行使，同时应承担相应的行政责任；二是行政相对人在法定期限内如不行使权利，即丧失了相应的权利，并承担相应的法律后果。

诉讼时效期间通常可划分为四类：①普通诉讼时效，即向人民法院请求保护民事权利的诉讼时效。普通诉讼时效期间通常为3年。②短期诉讼时效。诉讼时效期间为1年，例如身体受到伤害要求赔偿的、延付或拒付租金的、出售质量不合格的商品未声明的、寄存财物被丢失或损毁的。③特殊诉讼时效。特殊诉讼时效不是由民法规定的，而是由特别法规定的诉讼时效。例如《民法典》有关合同法规定，因国际货物买卖合同和技术进出口合同争议的时效期间为4年。④权利的最长保护期限。诉讼时效期间从知道或应当知道权利被侵害时起计算。但是，从权利被侵害之日起超过20年的，法院不予保护。

第二节　建设法律关系

一、建设法律关系的概念及特征

（一）法律关系的概念

法律关系是指由法律规范调整一定社会关系而形成的权利义务关系。其实质是法律关系主体之间存在的特定权利和义务的关系。建设法律关系是指建设法律规范所确认和调整，在建设活动中或建设行政管理活动的过程中所产生的权利义务关系。

（二）建设法律关系的特征

不同的法律关系有着不同的特征，构成其特征的条件是不同的法律关系的主体及其所依据的法律规范。建筑活动涉及部门众多，内容复杂，法律关系主体广泛，所依据的法律规范多样，因此建设法律关系具有如下特征。

1. 建设法律关系具有综合性。建设法律制度涉及行政的、民事的以及技术等方面的法律法规，因而带有明显的综合性。

2. 建设法律关系具有复杂性。建筑业的活动关系到国民经济和人民生活的方方面面，建设法律关系是一种涉及多部门参与、内容复杂的权利义务关系。

3. 建设法律关系具有协同性。建设法律关系是以受国家计划制约的，在建设管理、建设协作过程中形成的以权利和义务为内容的法律关系。建设业的法律调整是以行政管理法律法规为主的，建设行政关系决定、制约、影响着有计划因素的建设协作关系。

二、建设法律关系构成的三要素

任何法律关系都是由法律关系主体、法律关系客体和法律关系内容三个要素构成，缺少其中一个要素就不能构成法律关系。变更其中一个要素就不再是原来的法律关系。

主体是建设法律关系的参与者，是建设活动中享有权利和承担义务的当事人，是建设法律关系产生的先决条件。没有主体，就谈不上客体，更谈不上权利义务。客体是建设法律关系的重要因素，没有客体，享有权利履行义务的主体便失去了目标。内容是主体所享有的权利和承担的义务，是建设法律关系的实质。建设法律关系的三要素是密切联系、不可分割的有机组成部分。

（一）建设法律关系主体

建设法律关系主体是参加建设业活动，受建设法律规范调整，在法律上享有权利、承担义务的当事人。这里的主体可以是自然人、法人和其他组织。

1. 国家。中华人民共和国是全民所有制财产所有权的唯一主体，又是国民经济的领导、组织管理者。

2. 国家机关。包括国家权力机关和国家行政机关，国家机关是建设法律关系的重要主体。特别是国家经济管理机关，在行使国家领导、管理和组织经济的职能过程中，在建设法律关系中体现得最为广泛、直接。国家权力机关是指全国人民代表大会及其常务委员会。国家行政机关是指国务院及其所属部、委、局、办和地方政府的相应机构。

3. 法人。《民法典》第五十七条规定："法人是具有民事权利能力和民事行为能力，依法独立享有民事权利和承担民事义务的组织。"法人是民法中的一个概念，与自然人相对应，是法律赋予社会组织具有法律人格的一项制度。这一制度为确立社会组织的权利、义务，便于社会组织独立承担责任提供了基础。依据《民法典》第五十八条规定，"法人应当依法成立。法人应当有自己的名称、组织机构、住所、财产或者经费。法人成立的具体条件和程序，依照法律、行政法规的规定。设立法人，法律、行政法规规定须经有关机关批准的，依照其规定"。法人包括机关法人、事业单位法人、社会团体法人和企业法人。法人之间以及法人与其他建设法律关系的主体之间经常发生大量的经济关系，因此法人特别是企业法人，是建设法律关系中数量最多、范围最广泛的主体。

4. 其他经济组织。其他经济组织是指合法成立，有一定的组织机构和财产，但又不具备法人资格的组织，包括私营独资企业、合伙组织、法人依法设立的分支机构等。

5. 公民个人。公民个人在建筑业活动中也可以成为建设法律关系的主体，包括个体工商户、农村经营承包户等。如建设企业职工同企业单位签订劳动合同时，即成为建设法律关系主体。

（二）建设法律关系的客体

建设法律关系客体是指建设法律关系的主体享有的权利和承担的义务所共同指向的事物。在通常情况下，建设主体都是为了某一客体，彼此才设立一定的权利、义务，从而产生建设法律关系，这里的权利、义务所指向的事物，便是建设法律关系的客体。法律关系客体一般分为财、物、行为和智力成果，建设法律关系的客体也不外乎这四类。

1. 表现为财的客体。一般是指资金及各种有价证券。在建设法律关系中表现为财的客体主要是建设资金。

2. 表现为物的客体。法律意义上物是指可由人们所控制和支配的具有经济价值的生产资料和消费资料。物是最广泛的建设法律关系的客体。在建设法律关系中表现为物的客体主要是建筑材料，如钢材、水泥、混凝土，及其构成的建筑物，还有建筑机械等设备。某个具体基本建设项目即是建设法律关系中的客体。

3. 表现为行为的客体。法律意义上行为是指人的有意识的活动。在建设法律关系中，行为多表现为完成一定的工作，如勘察设计、土方开挖、施工安装等活动。

4. 表现为智力成果的客体。是指人们脑力劳动的成果或智力方面的创作，也称为非物质财富。它可以适用于生产，转化为生产力，主要包括商标、专利、非专利技术等。在建设法律关系中，如施工单位提供的具有创造性的施工技术，该施工单位依法可以享有专有权，使用单位未经允许不能无偿使用。

（三）建设法律关系的内容

建设法律关系的内容，是指建设法律关系主体之间的权利和义务。

1. 建设权利。即建设法律关系的主体可以要求其他主体做出某种行为或不做某种行为，以实现自己的权利，也可以因其他主体的行为而导致自己的权利不能实现时，要求国家机关予以保护或予以制裁。如施工合同中，建设单位享有获得符合质量要求的建筑产品的权利，施工单位享有获得工程进度款的权利。

2. 建设义务。是指建设法律关系主体因为按照法律规定或约定而承担的责任。权利和义务是相互对应的，相应主体应自觉履行建设义务，义务主体如果不履行或不适当履行，就要承担相应的法律责任。如建筑材料供应合同法律关系中，材料供应商的义务就是按照合同约定的时间、地点、质量标准、规格和数量向建设单位或施工单位提供符合合同约定要求的建筑材料,而采购方即建设单位或施工单位的义务就是按照合同约定的方式向材料供应商支付材料款。只有双方都按照合同约定履行了各自的义务,才能实现其相应的权利。

三、建设法律关系的产生、变更和消灭

建设法律关系不是从来就有的,而是由一定的法律事实发生后才产生的,并且它也可以由于一定的法律事实的发生而改变或消失。

(一)建设法律关系的产生、变更和消灭

1. 建设法律关系的产生

建设法律关系的产生是指建设法律关系的主体之间形成了一定的权利和义务关系。例如某建设单位与施工单位签订了建筑工程承包合同,主体双方产生了相应的权利和义务。此时,受建设法律规范调整的建设法律关系即告产生。

2. 建设法律关系的变更

建设法律关系的变更是指建设法律关系的三个要素发生变化。

(1)主体变更。主体变更一般是指建设法律关系主体数目增多或减少,也可以是主体改变。在建设合同中,客体不变,相应权利义务也不变,此时主体改变也称为合同转让。

(2)客体变更。客体变更是指建设法律关系中权利义务所指向的事物发生变化。客体变更可以是其范围变更,也可以是其性质变更。

(3)内容变更。建设法律关系主体与客体的变更,必定导致相应的权利和义务的变更,即内容的变更。

3. 建设法律关系的消灭

建设法律关系的消灭是指建设法律关系主体之间的权利义务不复存在,彼此丧失了约束力。

(1)自然消灭。建设法律关系自然消灭是指某类建设法律关系所规范的权利义务顺利得到履行,取得了各自的利益,从而使该法律关系达到完结。如一个建设工程合同履行完毕,发包人和承包人之间的建设法律关系就自然消灭。

(2)协议消灭。建设法律关系协议消灭是指建设法律关系主体之间协商解除某类建设法律关系规范的权利义务,致使该法律关系归于消灭。如建设工程合同双方协商一致取消已订立的合同,双方的建设法律关系就因协议而取消。

(3)违约消灭。建设法律关系违约消灭是指建设法律关系主体一方违约,或发生不可抗力,致使某类建设法律关系规范的权利不能实现。如建设工程合同的承包方可以因发包方不按合同约定的时间支付工程款的违约行为而停止履行合同,该建设法律关系就因一方的违约而消灭。

（二）建设法律关系产生、变更和消灭的原因

建设法律关系并不是由建设法律规范本身产生的，建设法律规范并不直接产生法律关系。建设法律关系只有在一定的情况下才能产生，而这种法律关系的变更和消灭也是由一定的情况决定的。这种引起建设法律关系产生、变更和消灭的情况，即是人们通常称之为的法律事实。法律事实即是建设法律关系产生、变更和消灭的原因。

1. 法律事实的概念

法律事实即能够引起建设法律关系产生、变更和消灭的原因。

建设法律关系不会自然而然地产生，不是任何客观现象都可以作为法律事实，也不能仅凭建设法律规范规定，就可在当事人之间发生具体的建设法律关系。只有通过法律规范确定为法律事实，才能在当事人之间产生一定的法律关系，或者使原来的法律关系变更或消灭。不是任何事实都可成为建设法律事实，只有当建设法规把某种客观情况同一定的法律后果联系起来时，这种事实才被认为是建设法律事实，成为产生建设法律关系的原因，从而和法律后果形成因果关系。

2. 建设法律事实的分类

建设法律事实按是否包含当事人的意志分为两类。

（1）事件。即不以当事人意志为转移而产生的，能够引起法律关系产生、变更和消灭的客观现象，主要包括自然事件和社会事件。当建设法律规范规定把某种自然现象和建设权利义务关系联系在一起的时候，这种现象就成为法律事实的一种，即事件。如疫情导致工程施工延期，致使建筑施工合同不能履行。

①自然事件是指由自然现象引起的，如地震、台风、水灾、火灾等自然灾害等。

②社会事件是指由社会现象引起的，如战争、暴乱、政府禁令等。

（2）行为。行为是指人的有意识的活动，包括积极的作为或消极的不作为。行为通常表现为以下几种。

①民事法律行为。民事法律行为是指基于法律规定或有法律依据，受法律保护的行为。如根据设计任务书进行的初步设计的行为、依法签订建设工程承包合同的行为。

②违法行为。违法行为是指受法律禁止的侵犯其他主体的建设权利和建设义务的行为。如违反法律规定或因过错不履行建设工程合同；没有国家批准的建设计划，擅自动工建设等行为。

③行政行为。行政行为是指国家授权机关依法行使对建设业管理权而发生法律后果的行为。如国家建设管理机关下达基本建设计划，监督执行工程项目建设程序的行为。

④立法行为。立法行为是指国家机关在法定权限内通过规定的程序，制定、修改、废止建设法律规范性文件的活动。如国家制定、颁布建设法律、法规、条例、标准定额等行为。

⑤司法行为。司法行为是指国家司法机关的法定职能活动。它包括各级检察机构所实施的法律监督，各级审判机构的审判、调解活动等。如人民法院对建设工程纠纷案件做出判决的行为。

第三节 建设法律责任

一、建设法律责任概述

法律责任是指行为人由于违法行为、违约行为或者按照法律规定必须承担的某种不利的法律后果;所谓建设法律责任,是指在建设活动中,行为人因侵犯他人权利或违反法律义务而应依法承担的不利的法律后果。这一概念包括以下几层含义。第一,承担建设法律责任的主体是建筑法律关系中的主体。它既包括公民、法人,也包括机关和其他社会组织;既包括中国人,也包括外国人和无国籍的人。第二,建设违法行为的实施是承担法律责任的前提。第三,建设法律责任是一种消极的法律后果。第四,建设法律责任只能由国家机关依法予以追究或者处理。

(一)建设法律责任的特点

建设法律责任具有以下几方面特点。

1. 建设法律责任是不履行建设法律制度规定的义务引起的后果

设定建设法律责任,是为了保证建设法律制度规定的义务的实现,它是以法定义务为基础的。这里的义务有作为的义务,也有不作为的义务。

2. 建设法律责任是必须有法律明文规定的

建设法律关系的主体如不履行法定的义务,需要承担什么样的法律后果,涉及其人身或者财产方面的权利。为了保护公民、法人及其他组织的基本权利,不能随意设置法律责任,必须在建设法律制度中有明文规定,否则不能构成建设法律责任。

3. 建设法律责任具有强制性

建设法律关系主体如果违反法律规定,不履行建设法律制度明文规定的义务,国家机关予以追究,也就是说国家强制力是保证法律责任实施的后盾。建设法律责任的追究机关有两类,一类是司法机关,另一类是建设行政主管部门和其他有关主管部门。

4. 建设法律责任主要形式是行政法律责任

刑事法律责任形式和民事法律责任形式缺一不可,但日常大量的责任形式是行政处罚和行政处分。这是由建设法律制度的性质决定的。

(二)设立建设法律责任的原则

建设法律责任是建设法律制度的重要组成部分。离开了建设法律责任的规定,建设法律制度所规定的权利和义务就会形同虚设。因此,立法过程中建筑法律责任设定是建设活动主体非常关注的问题。在立法中对设定建设法律责任要坚持以下原则。

1. 合法性原则

坚持法律责任的种类和幅度与该法律文件的地位和效力相吻合。建设法律制度如《建筑法》（目前已纳入《民法典》）等作为全国人大常委会制定的法律文件，可以设定任何一种责任形式，但必须符合我国最高宪法原则以及其他一些基本性法律的精神。

2. 协调性原则

坚持刑事责任与行政责任的衔接，坚持与同一层次的法律规范对性质和程度大致相同的违法行为的法律责任相衔接，建设法律制度与不同法律责任条款之间相协调，从而做到疏而不漏、相互协调、完整统一。

3. 可执行性原则

对法律责任做到明确具体且切实可行。明确有责主体，明确违法行为，明确处罚机关与处罚种类。做到能够量化的量化、能够细化的细化，做到有法可依、有法能依。

二、处罚种类与处罚机关

法律责任按不同性质的违法行为来划分，一般可以分为六种：刑事法律责任、民事法律责任、行政法律责任、经济法律责任、违宪责任、国家赔偿责任。建设法律制度一般规定了刑事法律责任、民事法律责任和行政法律责任三种形式。根据具体承担方式，又可分为人身责任、财产责任、行为（能力）责任等。行政法律责任是建设法律责任中最主要的责任形式。

（一）刑事法律责任

刑事法律责任又称"刑事责任"。指依照刑法的规定，行为人实施刑法所禁止的行为所必须承担的法律后果，只由实施的行为人承担。认定一个行为是否构成犯罪，要从行为是否违反刑法规定，是否侵害了刑法所保护的社会关系，是否具有了刑事责任能力，以及是否具有主观上的过错等方面加以综合考察。

刑事责任的基本特征在于：①强制性。刑事责任是国家强制犯罪人向国家承担刑事责任的法律责任。②专属性。刑事责任只能够对犯罪个人和犯罪单位适用，具有专属性，不能转移，不可替代。③严厉性。刑事责任在法律责任中性质最为严重，否定评价最为强烈，制裁后果最为严厉，它可以剥夺犯罪人的人身自由、政治权利，甚至剥夺其生命。④联系性。刑事责任体现了犯罪者与国家之间的社会关系。

通过刑事诉讼法程序对违法行为人所采取的刑事制裁措施，称为刑罚。刑罚是《建筑法》关于法律责任的规定中最严厉的一种处罚。根据《中华人民共和国刑法》第三十二条规定，根据犯罪行为性质、情节等方面的不同而要承担不同的刑事责任，"刑罚分为主刑和附加刑"。主刑，也称作基本刑，是对犯罪行为适用的主要刑罚方法，以单独使用为特点，不能附加适用。主刑包括管制、拘役、有期徒刑、无期徒刑和死刑五种。附加刑，是补充主刑的一种刑罚手段，通常是在判处犯罪分子主刑的同时附加判处。当前，根据《中华人民共和国刑法》第三十四条规定，"附加刑也可独立适用"。附加刑包括罚金、剥夺政治权利、没收财产三种。

为了加强国家对建筑活动的监督管理，维护建筑市场秩序，保证建筑工程质量和安全，促进建筑业健康发展，《中华人民共和国建筑法》共有17条条款规定了依法追究刑事责任的内容，主要体现在：第六十五条规定欺骗的刑事责任；第六十八条规定索贿、受贿、行贿构成犯罪的、追究刑事责任；第六十九条规定降低工程质量标准的刑事责任；第七十一条规定安全事故的刑事责任；第七十二条规定建设单位违反建筑工程质量、安全标准，降低工程质量的刑事责任；第七十三条规定建筑设计单位质量事故的刑事责任；第七十四条规定施工企业质量事故的刑事责任；第七十七条和第七十九条规定有关主管部门滥用职权或玩忽职守、徇私舞弊的刑事责任；第七十八条规定政府及有关主管部门限定招标单位的刑事责任。

在建设工程领域，常见的刑事法律责任有：工程重大安全事故罪、重大责任事故罪、串通投标罪。

（二）民事法律责任

民事法律责任，简称民事责任，是指民事主体违反民事法律规范规定的义务所承担的法律责任。其法律特征是：①有责主体的广泛性。承担民事责任的主体不仅包括自然人、法人，还包括国家机关，并且各有责主体在民事法律关系中地位是平等的。②民事责任是一种以财产为主要内容的法律责任，其任范围与所造成损害或者损失的数额相适应。③民事责任的强制程度具有不确定性。在一定范围、一定条件下，民事责任的范围和形式可以由当事人双方协商确定，国家不必介入。

民事责任根据责任人违反民事义务的性质和内容不同，可分违约责任、侵权责任和不履行其他义务的责任。建设法律制度中的民事责任以侵权责任为主，但也有违约责任和违反相邻关系等其他义务的责任。

违约责任是指当事人违反合同义务，或者履行合同义务不符合合同约定，所应承担的民事责任。其构成要件是：①行为人主观上须有过错，即主观上有故意或过失的心理状态；②行为必须是具有民事违法性，违反了合同规定的义务；③责任人具有民事法律责任能力，即具有行为能力。

行为人因故意或过失而侵犯国家、集体、他人合法权利，致使财产权利和人身权利受到损害，应承担侵权民事责任。侵权责任构成要件是：①行为人主观上有过错，即主观上有故意或过失的心理状态；②行为人须具有民事违法性，即侵犯国家、集体、他人合法权利；③责任人具有行为能力；④有财产权利和人身权利损害事实的存在；没有损害事实，一般不承担侵权责任；⑤损害事实与违法行为之间还要有因果关系；违法行为是导致损害事实发生的直接原因。

根据《民法通则》(现已纳入《民法典》)规定，对下列几种侵权责任，不需要有主观过错，直接实行无过错责任原则：①国家机关及其工作人员执行职务侵权责任；②产品质量责任；②高空作业对周围环境造成损害的责任；④饲养动物造成侵害的责任等。

根据不同当事人承担民事法律责任的不同形式，根据《民法典》第一百七十九条规定，承担民事责任的方式主要有11种，包括"停止侵害；排除妨碍；消极危险；返还财产；恢复原状；修理、重作、更换；继续履行；赔偿损失；支付违约金；消除影响；恢复名誉；赔礼道歉"。

建设工程民事责任的主要承担方式有返还财产、修理、赔偿损失、支付违约金。例如，在《建筑法》中法律责任有9条规定了赔偿责任（第六十六条、第六十七条、第六十九条、第七十条、第七十三条、第七十四条、第七十五条、第七十九条、第八十条），其中第七十四条还规定了返工、修理责任。同时，在实体部分，也规定了赔偿、排除妨碍、消除危险等责任形式（第三十五条、第四十一条、第六十条等）。

（三）行政法律责任

行政法律责任是指行政法律关系主体因违反行政法律义务，构成行政违法所应承担的否定性法律后果。特征包括：①行政法律责任属于对轻微违法失职行为或者违反内部纪律要求行为的行政制裁；②行政法律责任由法律规定的行政管理机关或者违法行为人所在单位和其上级主管机关进行的处罚；③行政法律责任是通过行政法律程序和行政奖惩程序进行的。

1. 行政法律责任的分类

行政法律责任一般分为行政处分和行政处罚两类。

（1）行政处分，是指国家行政机关依照行政隶属关系给予有违法失职行为的国家机关公务人员的一种惩罚措施，包括警告、记过、记大过、降级、撤职、开除。是一种内部行政行为，由行政主体基于行政隶属关系依法做出。它具有强烈的约束力，管理相对人不服，行政主体可以强制执行。对这种处罚不服，不能提起诉讼，只能向做出处罚决定的机关、单位或上级主管部门提出申诉或者提请劳动仲裁。

（2）行政处罚，是指行政主体依照法定职权和程序对违反行政法规范，尚未构成犯罪的相对人给予行政制裁的具体行政行为。我国《行政处罚法》为了使行政处罚科学化、规范化，对目前法律、法规中的行政处罚依上述标准进行规范，将行政处罚明确分成了六类：一是警告、通报批评；二是罚款、没收违法所得、没收非法财物；三是暂扣许可证件、降低资质等级、吊销许可证件；四是限制开展生产经营活动、责令停产停业、责令关闭、限制从业；五是行政拘留；六是法律、行政法规规定的其他行政处罚。行政处罚法对行政处罚种类的规定并没有否认法律、行政法规在行政处罚种类之外还设定其他处罚种类，但基本上应当以行政处罚法规定来设置处罚种类。

2. 行政处罚与民事责任、刑罚的区别

行政处罚与民事责任、刑罚相辅相成，但又有明显区别。

（1）行政处罚与民事责任的区别

①责任的性质不同。行政处罚是一种公法责任，是公民、法人或者其他组织对国家承担的一种责任，其保护的利益是非人格化的公共利益。民事责任则是一种私法责任，是平等主体之间相互承担的责任，其保护的利益是人格化的公民、法人和其他组织的个体利益。

②社会功能不同。行政处罚是一种对违法行为的制裁，是制止违法行为或者对违法行为人某种权利予以限制、剥夺的一种惩戒措施。而民事责任虽有惩戒作用，但主要目的是使受害人的合法权益得到补偿，体现了补偿性特点。

③有责主体不同。行政处罚由行政主体直接对违法行为人适用，不产生责任（主体）转让问题。而民事责任主体，在某些情况下可以由一个民事主体对受害人先承担民事责任，然后再向其他违法行为人追偿。

④程序不同。行政处罚是严格按行政程序进行的，行政程序的特点是体现行政权力的单方意志性，其追求的价值是行政效率。而民事责任原则上是按司法程序进行的，司法程序有双方当事人，其追求的价值是公正性，着眼点是解决纠纷，保护双方当事人的合法权益。

（2）行政处罚与刑罚的区别

①适用的客体不同。行政处罚一般是对违法情节和后果较轻或者某些特定性质的违法行为的制裁，是对尚未构成犯罪的行政违法行为的制裁；刑罚适用于一切危害国家、社会，情节严重的违法犯罪行为。

②作用不同。两者均有惩戒性，但内在作用不同。行政处罚是对破坏社会秩序和公共利益的行为的预防，一般着眼于将来；刑罚则是对犯罪行为的报应，是对犯罪恶害的排除，一般着眼于过去。

③权力性质的归属不同。行政处罚在总体上属于行政权范畴，一般只能由行政权主体实施；而刑罚所依据的是刑事法律规范，只能由人民法院实施。

④责任承受主体不同。行政处罚与刑罚的承受主体都是违法行为人。但是行政处罚的承受主体是行政管理相对人，包括公民、法人和其他组织；而刑罚的承受主体只是公民个人，是自然人。

3. 行政处罚的机关

行政处罚的机关，原则上应当是行政机关。《行政处罚法》把行政处罚权基本上赋予了行政机关，并规定行政机关应当依法定职权行使处罚权。但考虑到目前行政机构精简、编制压缩，而地方政府和有关部门如农业、卫生、建设、劳动等部门，管理范围广，人员编制少，完全由行政机关实施行政处罚比较困难，因此，行政处罚法也规定了授权或者委托处罚的条件。法律、行政法规或地方性法规可以授权具有管理公共事务职能的组织在法定授权范围内实施行政处罚。委托处罚也必须有法律、法规或规章的授权，没有法律、法规或者规章规定，行政机关不能自行委托。接受委托处罚的组织，必须是依法成立的管理公共事务的事业组织，并具有熟悉有关法律、法规、规章和业务的工作人员；如果对违法行为需要进行技术检查或者技术鉴定的，应当有条件进行相应的技术检查或者技术鉴定，即要有技术检查或鉴定的能力。因此，行政处罚的机关，从法律上讲其要求是极严格的：它主要是行政机关，但是在一定条件下可以由具有公共事务管理的事业组织依授权或者委托行使行政处罚权。

在建设工程领域，法律、行政法规所设定的行政处罚主要有警告、罚款、没收违法所得、责令限期改正、责令停业整顿、取消一定期限内参加依法必须进行招标的项目的投标资格、责令停止施工、降低资质等级、吊销资质证书（同时吊销营业执照）、责令停止执业、吊销执业资格证书或其他许可证等。例如，《建筑法》关于行政法律责任的规定，是建设法律责任的主要组成部分，是最普遍、最大量、经常适用的处罚方式。主要有：第六十八条、第七十七条、第七十九条规定了行政处分这种处罚方式；主要规定在工程发包与承包中索贿、受贿、行贿的行政处分，以及有关部门颁发资质证书、施工许可证、质量合格文件中玩忽职守、滥用职权、徇私舞弊的行政处分。《建筑法》第六十四条至第七十九条共有16条条款规定了违反本法的行政处罚，具体明确了建筑行政法律责任中行政处罚的种类，应当处罚的违法行为，以及执行行政处罚的主管机关等。

案例分析题

案例一

某物流公司（以下简称甲方）与某施工单位（以下简称乙方）签订了一份物流工厂建设施工合同。合同规定，乙方为甲方建设一座框架工厂，并明确乙方要保证工程质量和按工期完成工厂建设施工任务。工程竣工后，乙方向甲方提交了竣工报告。甲方为了加快正常业务运营，尚未组织验收就直接投入使用。使用过程中，甲方发现厂房存在质量问题，要求乙方进行修理。乙方认为工程未经验收，甲方擅自提前使用导致的质量问题乙方不应承担责任，应由甲方自行承担。

问题

1. 本案中涉及的建设法律关系三要素分别是什么？
2. 应如何具体地分析该工程质量问题的责任及责任的承担方式，为什么？

案例二

原告：甲电讯公司；第一被告：丙建筑设计院；第二被告：乙建筑承包公司。

基本案情：甲电讯公司因建办公楼与乙建筑承包公司签订了工程总承包合同。其后，经甲同意，乙分别与丙建筑设计院和丁建筑工程公司签订了工程勘察设计合同和工程施工合同。勘察设计合同约定：由丙对甲的办公楼及其附属工程提供设计服务并按勘察设计合同的约定交付有关的设计文件和资料。施工合同约定：由丁根据丙提供的设计图纸进行施工，工程竣工时，依据国家有关验收规定及设计图纸进行质量验收。合同签订后，丙按时将设计文件和有关资料交付给丁，丁依据设计图纸进行施工。工程竣工后，甲会同有关质量监督部门对工程进行验收，发现工程存在严重质量问题，是由于设计不符合规范所致。原来丙未对现场进行仔细勘察即自行进行设计，导致设计不合理，给甲带来了重大损失。丙以与甲没有合同关系为由拒绝承担责任，乙又以自己不是设计人为由推卸责任，甲遂以丙为被告向法院起诉，法院受理后，追加乙为共同被告，判决乙与丙对工程建设质量问题承担连带责任。

问题

1. 本案中的法律主体及相互关系是什么？
2. 对出现的质量问题，以上法律主体将如何承担责任？
3. 请对《建筑法》中关于连带责任进行分析。

思考题

1. 建设法规调整的社会关系有哪些？
2. 根据现行的立法权限，我国建设法律体系是如何构成的？
3. 建设活动中常见的法律责任包括哪些？
4. 概括建设法律责任的特点。

第二章

城乡规划法律制度

第一节 城乡规划法律制度概述

一、城乡规划法的概念和基本内容

（一）城乡规划法的概念

城乡规划，是指城乡人民政府为了实现一定时期内城乡的经济和社会发展目标，确定城乡性质、规模和发展方向，合理利用和节约使用城市土地，协调城市空间布局以及各项建设的综合部署、具体安排和实施管理。根据《城市规划编制办法》，城市规划是政府调控城市空间资源、指导城乡发展与建设、维护社会公平、保障公共安全和公众利益的重要公共政策之一。

城乡规划法是指调整城乡规划制定、实施和管理过程中各种社会关系的法律规范的总称。狭义的城乡规划法是指2007年10月28日，在中华人民共和国第十届全国人民代表大会常务委员会第30次会议上通过的《中华人民共和国城乡规划法》（简称《城乡规划法》），该法于2019年修订。

《城乡规划法》中所称城乡规划，包括城镇体系规划、城市规划、镇规划、乡规划和村庄规划。城市规划、镇规划分为总体规划和详细规划。详细规划分为控制性详细规划和修建性详细规划。

《城乡规划法》所称的规划区，是指城市、镇和村庄的建成区以及因城乡建设和发展需要，必须实行规划控制的区域。规划区的具体范围由有关人民政府在组织编制的城市总体规划、镇总体规划、乡规划和村庄规划中，根据城乡经济社会发展水平和统筹城乡发展的需要划定。

（二）《城乡规划法》的基本内容

城乡规划是政府指导和调控城乡建设和发展的基本手段，也是政府履行经济调节、市场监管、社会管理和公共服务职责的重要依据。但随着中国经济的发展和社会主义及国际建设体制的不断深入，原有相关规定已不能适应当前形势的需要，需进一步完善现行的城乡规划法律制度。我国自2008年1月1日起施行《中华人民共和国城乡规划法》，同时废止《中华人民共和国城市规划法》。《城乡规划法》的基本内容包括7个章节，各章节具体内容如下。

第一章为"总则"，明确了《城乡规划法》的立法目的、适用范围、相关概念以及城乡规划的基本原则和规划管理责任分配。

第二章为"城乡规划的制定"，阐述了《城乡规划法》的审批体制、各类规划的主要内容，以及规划编制单位的资质规定和城乡规划公布制度。

第三章为"城乡规划的实施"，对城乡规划实施的原则和要求、选址意见书制度、建设用地规划许可证制度、建设工程规划许可证制度、乡村建设规划许可证制度以及临时建设作了具体的规定。

第四章为"城乡规划的修改",对城乡规划修改的条件及各类规划修改的程序作了明确的规定。

第五章为"监督检查",论述了城乡规划的监督检查体制,包括立法监督、行政监督和社会监督。

第六章为"法律责任",明确了各类城乡规划相关行为的法律责任。

第七章为"附则",规定了《城乡规划法》具体的施行时间。

二、城乡规划法的立法目的、适用范围和管理机制

(一)城乡规划法的立法目的

《城乡规划法》第一条规定:"为了加强城乡规划管理,协调城乡空间布局,改善人居环境,促进城乡经济社会全面协调可持续发展,制定本法。"城乡规划是以促进我国城乡经济社会全面协调可持续发展为根本任务、促进土地科学使用为基础、促进人居环境根本改善为目的,涵盖城乡居民点的空间布局规划。如果进一步展开来说,制定《城乡规划法》就是为了落实科学发展观和构建社会主义和谐社会的要求,统筹城乡建设和发展,确立科学的城乡规划体系和严格的城乡规划实施制度,重点处理经济发展和资源环境保护、经济建设和历史文化保护、经济建设和长远发展、局部利益和整体利益的关系,协调城乡的空间布局,保护环境、节约资源,充分发挥城乡规划在引导有中国特色的城镇化进程,促进城乡经济社会可持续发展中的统筹协调和综合调控作用。

(二)城乡规划法的适用范围

1. 人的适用范围

人的适用范围,即参与城乡规划制定、审批、实施、管理活动的单位和个人,都应适用该法。具体包括负责编制、审批、管理的各级人民政府及其县级以上地方人民政府的城乡规划行政主管部门和其他有关主管部门;同规划编制工作有关的各生产、科研、教学、设计单位;进行建设活动的建设单位、设计单位、施工单位及其他单位。

2. 地域的适用范围

城乡规划的地域适用范围包括城市、镇以及某些确定区域内的乡和村。这里的乡和村不是指所有的乡和村,而是指县级以上地方人民政府根据本地农村社会经济发展的水平,按照因地制宜和切实可行的原则,确定应当制定乡规划、村规划的区域。对于区域以外的乡、村庄制定和实施的乡规划和村规划,县级以上地方人民政府应当予以鼓励和指导。

关于城乡规划法的适用范围还应当注意以下几点。

(1)按照国家有关划分城乡标准的规定,设市城市(地级市)和建制镇(设镇)属于城市的

范畴，因此本法适用于国家按行政建制设立的直辖市、市、镇以及规定的乡和村。按照本法规定，城市是包括市和镇的完整的法律概念，不管行政管理的分工如何，在相关立法中，这一完整的法律概念不能割裂和曲解。

我国的建制镇包括县人民政府所在地的镇和其他县以下的建制镇，数量比较多，规模和发展水平的差异也比较大，特别是近年来新设置的建制镇，有的只具备了城市型居民点的雏形，但是从城市化趋势和发展的角度看，本法确定的城乡规划与规划管理原则是完全适用的。为了防止建制镇盲目发展、浪费土地、布局混乱、环境污染等，按照本法规定加强建制镇的规划和管理工作是必要的。

（2）本法约束的行为范畴，是指制定和实施城乡规划，在城乡规划区内使用土地和进行建设。本法是制定和实施城乡规划，在城乡规划区内进行各项建设活动必须遵守的行为规范。

（3）从规划实施管理的角度，本法约束的地域范围是城乡规划区。为了满足城乡建设和长远发展的需要，保障城乡规划的实施，有必要对城市市区、近郊区以及外围地区规划确定的机场、水源、重要的交通设施、基础设施、风景旅游设施等用地进行统一的规划控制，特别是要对城乡接合部的土地利用和各项建设进行严格的规划管理。规划区内农村居民点、乡镇企业的建设也要纳入城乡统一的规划，服从统一的规划管理，才能避免各自为政，互相矛盾。城乡规划区还是城乡规划、建设、管理与有关部门职能分工的基本依据。

（三）城乡规划法的管理机制

《城乡规划法》第十一条规定："国务院城乡规划主管部门负责全国的城乡规划管理工作。县级以上地方人民政府城乡规划主管部门负责本行政区域内的城乡规划管理工作。"

负责全国城乡规划管理工作的国务院城乡规划主管部门是住房和城乡建设部。

在县一级，主管部门是指县规划局或者承担城乡规划职能的建设局；在直辖市，是指各直辖市的规划局；在市一级，主管部门是指市的规划局；在省、自治区，是指省、自治区的住房与建设厅。县级以上地方人民政府必须明确具体的城乡规划主管部门，以保证本法有关城乡规划的制定、实施、修改、监督检查等各项具体规定的落实。

三、城乡规划法的立法原则

《城乡规划法》第四条规定："制定和实施城乡规划，应当遵循城乡统筹、合理布局、节约土地、集约发展和先规划后建设的原则；改善生态环境，促进资源、能源节约和综合利用，保护耕地等自然资源和历史文化遗产，保持地方特色、民族特色和传统风貌，防止污染和其他公害，并符合区域人口发展、国防建设、防灾减灾和公共卫生、公共安全的需要。在规划区内进行建设活动，应当遵守土地管理、自然资源和环境保护等法律、法规的规定。县级以上地方人民政府应当根据当地经济社会发展的实际，在城市总体规划、镇总体规划中合理确定城市、镇的发展规模、步骤和建设标准。"

（一）城乡统筹

城乡统筹是制定和实施城乡规划应当遵循的首要准则。在制定和实施规划的过程中，就要将城市、镇、乡和村庄的发展统筹考虑，适应区域人口发展、国防建设、防灾减灾和公共卫生、公共安全，合理配置基础设施和公共服务设施，促进城乡居民均衡地享受公共服务，改善生态环境，防止污染和其他公害，促进基本形成城乡、区域协调互动发展机制目标的实现。

（二）合理布局

规划是对一定区域空间的利用布局做出安排。制定和实施城乡规划应当遵循合理布局的原则，优化空间资源的配置，维护空间资源利用的公平性，促进资源的节约和利用，保持地方特色、民族特色和传统特色，保障城市运行安全和效率，促进大、中、小城镇协调发展，促进城市、镇、乡和村庄的有序健康发展。省域城镇体系规划中的城镇空间布局和规模控制，城市和镇总体规划中的城市、镇的发展布局、功能分区、用地布局都要遵循合理布局的原则。

（三）节约土地

我国土地资源的基本国情是人多地少。制定和实施城乡规划，进行城乡建设活动，优化土地资源合理利用，必须始终把节约和集约利用土地，依法严格保护耕地，促进资源、能源节约和综合利用作为城乡规划制定和实施的重要目标，做到合理规划用地，进一步提高土地利用效率。

（四）集约发展

集约发展是珍惜和合理利用土地资源的最佳选择。编制城乡规划，必须充分认识我国长期面临的土地资源缺乏和环境容量压力大的基本国情，认真分析城镇发展的资源环境条件，推进城镇发展方式从粗放式向集约型转变，建设资源节约、环境友好型城镇，促进城乡经济社会全面协调可持续发展。

（五）先规划后建设

城乡规划法确定的实施规划管理的基本原则即为先规划后建设。这一原则要求城市和镇必须依法制定城市规划和镇规划，县级以上人民政府确定应当制定乡规划、村庄规划区域，区域内的乡村庄必须依法制定乡规划和村规划。各级人民政府及其城乡规划主管部门要严格依据法定职权编制城乡规划；要严格依照法定程序审批和修改规划，保障规划的严肃性和科学性；要加强对依据被批准的规划实施监督管理，在规划区内进行建设活动，必须依照本法的规定取得规划许可，对违法行为人要依法进行处罚。

第二节 城乡规划的制定

一、城乡规划制定概述

城镇体系规划是指在一定地域范围内，以区域生产力合理布局和城镇职能分工为依据，确定不同人口规模等级和职能分工的城镇的分布和发展规划，是政府综合协调区内城镇发展和空间资源配置的依据和手段。城镇体系规划分为全国城镇体系规划和省域城镇体系规划。全国城镇体系规划用于指导省域城镇规划体系、城市总体规划的编制。

（一）全国城镇体系规划与编制

《城乡规划法》第十二条规定："国务院城乡规划主管部门会同国务院有关部门组织编制全国城镇体系规划，用于指导省域城镇体系规划、城市总体规划的编制。全国城镇体系规划由国务院城乡规划主管部门报国务院审批。"2005年原建设部（现住房和城乡建设部）委托中国城市规划设计研究院编制完成《全国城镇体系规划（2006-2020年）》。2007年2月由原建设部（现住房和城乡建设部）部党组会议讨论同意上报国务院。

全国城镇体系规划涉及经济、社会、人文、资源环境、基础设施等相关内容，需要各部门的共同参与。在编制过程中要充分听取各省、自治区、直辖市人民政府的意见，提高规划的针对性和可操作性，广泛听取各方面的意见和建议，充分发挥各领域专家的作用，坚持"专家领衔、科学决策"的规划编制原则，组织对规划成果进行专家咨询和论证。

全国城镇体系规划是指"一定地域范围内，以区域生产力合理分布和城镇职能分工为依据，确定不同人口规模等级和职能分工的城镇的分布和发展规划"。城镇体系规划为政府引导区域城镇发展提供宏观调控的依据和手段，谋求整体性、层次性、关联性、动态性和开发性的协调发展。确立区域城镇发展的战略和政策，防止以邻为壑，合理分配区域资源，建设良好的区域化的基础设施和生态环境，通过合理、妥善的组织，实现城市基础设施及较大型公建的共享，降低区域开发成本，防止城镇间各自为政，重复建设和互相脱节；建立合理的产业结构，防止不正当竞争。

城镇体系规划重要内容可概括为"一化二系三结构"。"一化"是指预测各阶段区域城市化水平。"二系"是指规划交通、通信、供水、供电及社会公共服务设施系统，区域生态环境系统。"三结构"是指研究各城镇的人口规模（规模等级结构），各城镇在体系中的职能分工（职能结构），各城镇的空间布局（空间发展轴、增长极、生长点结构）。目前，最新修正版为2019年版的《中华人民共和国城乡规划法》。

(二）省域城镇体系规划与编制

《城乡规划法》第十三条规定："省、自治区人民政府组织编制省域城镇体系规划，报国务院审批。省域城镇体系规划的内容应当包括：城镇空间布局和规模控制，重大基础设施的布局，为保护生态环境、资源等需要严格控制的区域。"

省域城镇体系规划是合理配置和保护利用空间资源，统筹全省、自治区城镇空间布局，综合安排基础设施和公共设施建设，促进省域内各级各类城镇协调发展的综合性规划。

省、自治区人民政府组织编制省域城镇体系规划，在报国务院审批前，必须先经本级人民代表大会常务委员会审议，并且应当将省域城镇体系规划草案予以公告，并采取论证会、听证会或者其他方式征求专家和公众的意见，人大常委会的审议意见、根据审议意见修改省域城镇体系规划的情况，以及公众意见的采纳情况及理由一并报送国务院。国务院应当组织专家和有关部门进行审查。省域城镇体系规划的主要内容包括：①做好城镇空间布局和规模控制；②重大基础设施的布局；③划分保护生态环境、资源等需要严格控制的区域。

具体而言，省域内必须控制开发的区域，包括自然保护区、退耕还林（草）地区、大型湖泊、水源保护区、蓄滞洪区及其他生态敏感区；省域内的区域性重大基础设施的布局，包括高速公路、干线公路、铁路、港口、机场、区域性电厂和高压输电网、天然气主干管与门站、区域性防洪与滞洪骨干工程、水利枢纽工程、区域引水工程等；涉及相邻城市的重大基础设施的布局，包括城市取水口、城市污水排放口、城市垃圾处理场等。

(三）城市总体规划与编制

《城乡规划法》第十四条规定："城市人民政府组织编制城市总体规划。"

城市人民政府在组织编制城市总体规划时，要把为人民群众生产生活提供方便作为重要目标，统筹城乡和区域发展，积极稳妥地推进城镇化，统筹规划城市基础设施建设，加快建设节约型城市。要重视发挥专家作用，加强对总体规划纲要、成果等环节的技术把关。在规划编制的各个阶段，都要充分征求有关部门和单位的意见，广泛听取社会各界意见，扩大公众参与程度，推进科学民主决策，增强规划编制工作的公开性和透明性。

(四）镇总体规划与编制

《城乡规划法》第十五条规定："县人民政府组织编制县人民政府所在地镇的总体规划，报上一级人民政府审批。其他镇的总体规划由镇人民政府组织编制，报上一级人民政府审批。"

镇总体规划包括县人民政府所在地镇的规划和其他镇的规划。县人民政府所在地镇的总体规划由县人民政府组织编制，而不是由县人民政府所在地镇的人民政府组织编制。这是考虑到县人民政府所在地镇一般是整个县的经济、文化等中心，需要统筹考虑全县的经济、社会发展，以及全县的城乡空间布局和城镇规模，必须由县人民政府直接组织编制。县人民政府组织编制的镇总体规划应报上一级人民政府批准，这里上一级人民政府主要是设区的市人民政府。除县人民政府所在地镇以外的其他镇的总体规划则由镇人民政府根据镇的发展需要，依据《城乡规划法》有关规定组织编制。而其他镇人民政府组织编制的镇总体规划也应报上一级人民政府审批。这里的上一级人民政府主要是指县人民政府，包括不设区的市人民政府。

镇总体规划在报上级人民政府审批前，应当先经本级人民代表大会审议，审议意见和根据审议意见的修改情况应与规划成果一并报送审批。组织编制机关还应当依法将城市总体规划草案予以公告，采取论证会、听证会或者其他方式征求专家和公众的意见，并在报送审批的材料中附具意见采纳情况及理由。在镇总体规划批准前，审批机关应当组织专家和有关部门进行审查。

（五）乡、村庄规划与编制

《城乡规划法》第二十二条规定："乡、镇人民政府组织编制乡规划、村庄规划，报上一级人民政府审批。村庄规划在报送审批前，应当经村民会议或者村民代表会议讨论同意。"

并不是所有乡、村庄都编制规划，只有那些县级以上地方人民政府根据当地农村经济社会发展水平，按照因地制宜、切实可行的原则，认为应当制定乡、村庄规划的区域才制定乡、村庄规划，其他区域也可以制定规划，只是法律没有作强制性要求。应当制定乡规划和村庄规划的区域，由乡、镇人民政府组织编制。乡规划、村庄规划应报上一级人民政府审批，是为了实现城乡统筹发展，将乡、村庄规划纳入全县的国民经济和社会发展规划，结合镇总体规划等综合考虑，以城镇发展带动乡村发展，逐步实现城市化，同时也可对乡、镇人民政府编制乡、村庄规划的活动进行监督，进一步保证规划的科学性与严肃性。

（六）城乡规划编制机关的资质要求

《城乡规划法》第二十四条规定："城乡规划组织编制机关应当委托具有相应资质等级的单位承担城乡规划的具体编制工作。从事城乡规划编制工作应当具备下列条件：①有法人资格；②有规定数量的经国务院城乡规划主管部门注册的规划师；③有规定数量的相关专业技术人员；④有相应的技术装备；⑤有健全的技术、质量、财务管理制度。

编制城乡规划必须遵守国家有关标准。并经国务院城乡规划主管部门或者省、自治区、直辖市人民政府城乡规划主管部门依法审查合格，取得相应等级的资质证书后，方可在资质等级许可的范围内从事城乡规划编制工作。"

规划师执业资格管理办法，由国务院城乡规划主管部门会同国务院人事行政部门制定。

二、城市规划的制定

(一) 城市规划的编制

1. 城镇体系规划的编制

《城乡规划法》第十二条规定:"国务院城乡规划主管部门会同国务院有关部门组织编制全国城镇体系规划,用于指导省域城镇体系规划、城市总体规划的编制。全国城镇体系规划由国务院城乡规划主管部门报国务院审批。"第十三条规定:"省、自治区人民政府组织编制省域城镇体系规划,报国务院审批。省域城镇体系规划的内容应当包括:城镇空间布局和规模控制,重大基础设施的布局,为保护生态环境、资源等需要严格控制的区域。"这是总结了国内外城市规划的历史经验,适应改革开放形势发展的需要而提出来的,开展这项工作具有重要意义。

(1) 编制城镇体系规划是城市规划工作序列中不可缺少的重要环节

随着我国经济和社会的稳步发展,会有越来越多的人口转向第二、第三产业,转向城市。也就是说,在我国的工业化、现代化过程中,城市化水平将不断提高。在新的历史条件下,根据"严格控制大城市规模,合理发展中等城市和小城市"的方针,拟定符合我国国情、符合各省、自治区实际的城市化进程和目标,逐步形成合理的城镇体系,是引导生产力和人口合理分布,落实我国经济、社会发展战略的一项重要基础工作。城市的发展不是孤立的,在很大程度上受周围城市以及区域发展的影响和制约。因此,城镇体系规划不仅是指导城市规划编制的重要依据,也是国家设置市、镇建制和调整、变更行政区划的重要参考。

此外,城镇体系规划还是正确引导、合理控制各项城市基础设施和公共设施的规模与标准,避免重复建设、盲目发展的重要手段。

(2) 组织编制全国和各省、自治区城镇体系规划,是国务院城市规划行政主管部门和各省、自治区人民政府的一项重要职责

把组织编制城镇体系规划作为政府的一项重要职责,主要是考虑到该项工作所具有的综合性、区域性和宏观指导作用。城镇体系是社会经济发展的空间表现形式,是政府对全国和省域经济社会发展实行宏观调控与引导的重要手段,它涉及政治、经济、社会的广泛领域和许多部门,需要政府来组织并进行有效的综合、协调。

全国和省(自治区、直辖市)域城镇体系规划首先要在确定全国和省(自治区、直辖市)的经济社会发展战略的基础上,对产业结构的变化及城市化水平进行预测与规划;第二要根据生产力和区域交通运输网的发展,对城镇的规模及其分布进行预测与规划;第三要分析全国和省域各级中心城市的影响范围,并确定各中心城市的职能及发展方向;第四要在分析各城镇历史改革及发展条件的基础上,规划新设置市、镇的数量;第五要提出近期宜重点发展的城市,明确其发展方向以及人口和用地的规模;第六要提出完善城镇体系所必需的重要基础设施建设目标和布局;第七要提出实施规划的政策和措施。

2. 编制城市规划的组织领导

《城乡规划法》第十四条、第十五条分别规定，"城市人民政府组织编制城市总体规划"，"县人民政府组织编制县人民政府所在地镇的总体规划"。组织编制城市规划是市、县人民政府的一项重要职责，这是因为城市规划特别是城市总体规划涉及城市建设和发展的全局。城市规划要通盘考虑城市的土地、人口、环境、工业、农业、科技、文教、商业、金融、交通、市政、能源、通信、防灾等各方面的内容，统筹安排，综合部署。因此，需要收集多方面的基础资料，进行多方面的发展预测，协调多方面的相互联系又相互制约的关系。这样一件综合性很强的重要工作绝不是一个部门所能胜任的，必须由城市人民政府直接领导和组织。在城市人民政府的领导下，以城市规划行政主管部门为主，或委托具有相应规划设计资格的规划设计单位，协同其他有关部门共同完成。

在编制城市规划的过程中，应当广泛征求人民群众和有关部门的意见，进行充分的技术、经济论证和多方案比较和优化，使之尽量科学合理。城市规划编制完成后，一般应当由上级城市规划行政主管部门组织鉴定，以保证规划质量。

（二）城市规划的分类和内容

1. 城市规划的分类

城市规划一般分为总体规划和详细规划。大中城市根据城市的实际情况和实施管理的需要，可以在总体规划基础上编制不同地段的分区规划，为详细规划和规划管理提供比较具体的依据。详细规划可根据需要分为控制性详细规划和修建性详细规划两种类型。

（1）总体规划

城市总体规划是从宏观上控制城市土地利用和空间布局，引导城市合理发展的总体部署。它的任务是综合研究确定城市性质、人口用地规模、规划区范围、发展方向和空间布局；原则是确定市域城镇布局、综合交通系统和河湖绿地系统；统筹安排各类建设用地，合理配置城市各项基础工程设施系统，确定分步实施的目标、途径和发展程序，指导城市合理发展。大城市可在编制总体规划时事先制定城市规划纲要，结合国家经济长远规划、国土规划、区域规划，根据当地自然、历史、现状情况确定城市地域的战略部署，对总体规划需要确定的主要目标、方向和内容提出原则性意见，经城市人民政府同意后，作为编制总体规划的依据。城市总体规划的期限一般为20年，但对城市30年至50年的远景发展进程和方向应做出轮廓性的规划安排。在编制总体规划时，应提出近期建设规划。近期建设规划期限一般为5年，要求与国民经济和经济发展五年计划相协调，确定近期建设目标、内容和实施部署。

分区规划，基本上属于总体规划的范畴，它是城市总体规划在分区范围内的进一步深化和补充。分区规划的任务是在总体规划的基础上，对城市不同地区的土地利用、人口分布及公共设施的配置作出进一步的规划安排，原则确定各类用地的使用性质、界限和容量控制指标。

（2）详细规划

城市详细规划是以城市总体规划为依据、更为具体的规划，是对城市近期建设区域内的建设进行具体安排。详细规划详细规定了建设用地各项控制指标和其他规划管理要求，或者直接对建设做出具体的安排和规划设计。具体包括对城市近期建设地段各类用地的界线、适用范围和建设密度、建设高度、容积率、出入口方位等做出详细的控制性规定，或根据当前开发建设的需要做出修建性的具体规划设计。控制性详细规划应当自批准之日起20个工作日内，通过政府信息网站及当地主要新闻媒体等便于公众知晓的方式公布。

一般小城镇在初次进行城市规划时，可以将总体规划与详细规划两个阶段合并起来，一次性完成，使城市整体布局达到总体规划要求。并且将近期建设地区的工厂、住宅、交通、市政工程、公用事业、园林绿化、文教卫生、商业服务网点及其他必要的公共设施，具体深化到详细规划的深度。

2. 城市规划的内容

《城乡规划法》第十七条规定："城市总体规划、镇总体规划的内容应当包括：城市、镇的发展布局，功能分区，用地布局，综合交通体系，禁止、限制和适宜建设的地域范围，各类专项规划等。其中规划区范围、规划区内建设用地规模、基础设施和公共服务设施用地、水源地和水系、基本农田和绿化用地、环境保护、自然与历史文化遗产保护以及防灾减灾等内容，应当作为城市总体规划、镇总体规划的强制性内容。一般来说，城市总体规划、镇总体规划的规划期限为二十年，并且城市总体规划还应当对城市更长远的发展做出预测性安排。"

城市、镇总体规划是城镇发展与建设的基本依据，是调控各项资源（包括水资源、土地资源、能源等）、保护生态环境、维护社会公平、保障公共安全和公众利益的重要公共政策。为充分发挥城市、镇总体规划的综合调控作用，发挥其合理高效配置空间资源、优化城镇布局的功能，城市、镇总体规划的内容应当包括两个方面：应当包括的内容和强制性内容。其中强制性内容是必备的内容，在任何情况下都不能缺少。

区分应当包括的内容和强制性内容并不意味着应当包括的内容是可遵守可不遵守的，而强制性内容的意义也不在于其效力上由国家强制力保证实施，而在于以下两个方面。一方面，强制性内容是所有的城市、镇总体规划中必须要有的内容，没有这些内容的总体规划是不完整的，不能通过相关人民政府的审批。另一方面，强制性内容的修改需遵循专门的规定。一般来说，不允许进行修改。

城市、镇总体规划应当包括的内容有：①城市、镇的发展布局；②功能分区；③包括土地使用强度管制区划和相应的控制指标（建筑密度、建筑高度、容积率、人口容量等）在内的用地布局；④综合交通体系，如对外交通设施和主要道路交通设施布局；⑤禁止、限制和适宜建设的地域范围，即划定禁建区、限建区、适建区和已建区，并制定空间管制措施；⑥综合交通、环境保护、商业网点、医疗卫生、绿地系统、河湖水系、历史文化名城保护、地下空间、基础设施、综合防灾等各类专项规划等。

城市、镇总体规划的强制性内容有：①城市规划区范围。②城市建设用地规划，包括规划期限内城市建设用地的发展规模、土地使用强度管制区划和相应的控制指标（建设用地面积、容积率、人口容量等）。③城市基础设施和公共服务设施，包括城市干道系统网络、城市轨道交通网络、交通枢纽布局；城市水源地及其保护区范围和其他重大市政基础设施；文化、教育、卫生、体育等方面主要公共服务设施的布局。④市域内应当控制开发的地域，包括基本农田保护区，风景名胜区，湿地、水源保护区等生态敏感区，地下矿产资源分布地区；城市各类绿地的具体布局；城市地下空间开发布局。⑤城市历史文化遗产保护，包括历史文化保护的具体控制指标和规定；历史文化街区、历史建筑、重要地下文物埋藏区的具体位置和界线。⑥生态环境保护与建设目标，污染控制与治理措施。⑦城市防灾减灾工程，包括城市防洪标准、防洪堤走向；城市抗震与消防疏散通道；城市人防设施布局；地质灾害防护规定等。

（三）城市规划的审批

《城乡规划法》规定，全国城镇体系规划由国务院城乡规划主管部门报国务院审批。省、自治区人民政府组织编制省域城镇体系规划，报国务院审批。直辖市的城市总体规划由直辖市人民政府报国务院审批。省、自治区人民政府所在地的城市以及国务院确定的城市的总体规划，由省、自治区人民政府审查同意后，报国务院审批，其他城市的总体规划，由城市人民政府报省、自治区人民政府审批。县人民政府组织编制县人民政府所在地镇的总体规划，报上一级人民政府审批，其他镇的总体规划由镇人民政府组织编制，报上一级人民政府审批。同时规定：省、自治区人民政府组织编制的省域城镇体系规划，城市、县人民政府组织编制的总体规划，在报上一级人民政府审批前，应当先经本级人民代表大会常务委员会审议，常务委员会组成人员的审议意见交由本级人民政府研究处理。镇人民政府组织编制的镇总体规划，在报上一级人民政府审批前，应当先经镇人民代表大会审议，代表的审议意见交由本级人民政府研究处理。规划的组织编制机关报送审批省域城镇体系规划、城市总体规划或者镇总体规划，应当将本级人民代表大会常务委员会组成人员或者镇人民代表大会代表的审议意见和根据审议意见修改规划的情况一并报送。

第三节　城乡规划的实施

《城乡规划法》第二十八条规定："地方各级人民政府应当根据当地经济社会发展水平，量力而行，尊重群众意愿，有计划、分步骤地组织实施城乡规划。"城乡规划的实施，也就是有计划、分步骤地组织实施经过法律程序批准的城乡规划设计方案，核心任务是对城镇和乡村空间资源进行合理调控和优化配置，对土地开发建设行为（包括城镇国有土地和乡村集体土地）进行合理引导和必要控制，维护公共利益，促进社会公平，保障健康城镇化，实现经济、社会全面协调和可持续发展。

一、新区开发和旧城改造

（一）城市新区的开发

1. 新区开发的总体要求和含义

《城乡规划法》第三十条规定："城市新区的开发和建设，应当合理确定建设规模和时序，充分利用现有市政基础设施和公共服务设施，严格保护自然资源和生态环境，体现地方特色。在城市总体规划、镇总体规划确定的建设用地范围以外，不得设立各类开发区和城市新区。"这是组织城市新区开发的基本方针。统一规划、合理布局是新区开发建设的基础和前提，因地制宜就是要根据各个城市自身的特点和条件，确定开发和改建的方法、规模、速度和步骤，最终综合开发、配套建设，以取得经济、社会、环境综合效益。

新区开发是指按照城市总体规划的部署，在城市现有建成区以外的一定地段，进行集中成片、综合配套的开发建设活动。新区开发是随着城市经济与社会的发展、城市规模的扩大，为了满足城市生产、生活日益增长的需要，逐步实现城市预期的发展目标而进行的，是城市建设和发展的重要组成部分。根据不同城市建设和发展的规划要求，新区开发的内容主要包括以下几个方面。

（1）新区的开发建设。主要是为了解决城市建成区内由于布局混乱、密度过高、负荷过重造成的种种弊端，或为了比较完整地保护古城的传统风貌，在建成区外围进行集中成片的开发建设，以达到疏解旧区人口、调整旧区结构、完善旧区功能和改善旧区环境等目的。

（2）经济技术开发区的建设。它是随着我国经济体制改革和对外开放形势的发展而出现的一种开发建设形式，其目的是提供优惠政策、创造良好的投资环境，以吸引外资、引进先进技术和进行横向经济联合。经济技术开发区的建设主要集中在沿海城市及一些对外开放条件较好的城市。

（3）卫星城镇的开发建设。主要是为了有效地控制大城市市区的人口和用地规模，按照总体规划要求，将市区需要搬迁的项目或新建的大、中型项目安排到周围的小城镇去，而有计划、有重点地开发建设这些小城镇，逐步形成以大城市为中心的比较完善的城镇体系。

（4）新工矿区的开发建设。是指国家或地方政府根据矿产资源开发和加工的需要，在城市郊区或郊县建设大、中型工矿企业，并逐步形成相对独立的工矿区，在统一规划的指导下，进行配套建设。

2. 城市新区开发的原则

城市新区开发包括经济技术开发区的选址，应当尽量依托现有市区，充分考虑利用城市现有设施的可能性。要从实际出发，量力而行，确定适当的开发规模和开发程序，预先搞好规划，进行充分的技术经济论证，有计划、分期分批地实施，提高开发的综合效益。

为了严格控制大城市规模，防止大城市市区人口规模的过度膨胀，要有计划、有重点地开发建设卫星城镇。新建大、中型工业项目一般不应安排在市区，应当尽量安排在卫星城镇。要适当提高卫星城镇的建设标准和设施水平，采取优惠政策，提高吸引力，促使市区的工业和人口向外疏散。卫星城镇和市区之间应当有方便的交通和通信联系。

国家和地方安排大、中型工业项目，应当尽量依托现有中、小城市进行建设，由城市人民政府统一组织制定城市规划，协调发展目标，统一建设部署，兼顾生产和生活的要求，使城市建设和工业生产的发展相适应；需要独立开发建设的新工矿区，应当按照逐步形成工矿城镇的要求，统一制定城市规划。工矿城镇的建设和发展，应当注意工业项目和产业结构的合理配置，开辟多种就业门路，力求男女就业人口平衡，逐步形成比较完善的经济结构和社会结构。

城市新区开发应当在统一规划的指导下，按照合理的程序和社会化要求，尽量由城市建设主管部门统一组织基础设施和公共设施的建设。建设项目需要配套的外部市政、公共设施，应当尽量纳入城市统一的系统，不要自成体系、各行其是，以免重复建设、相互干扰，影响城市功能的协调，造成浪费。

（二）城市旧区的改造

1. 旧区改造的总体要求和涵义

《城乡规划法》第三十一条规定："旧城区的改建，应当保护历史文化遗产和传统风貌，合理确定拆迁和建设规模，有计划地对危房集中、基础设施落后等地段进行改建。历史文化名城、名镇、名村的保护以及受保护建筑物的维护和使用，应当遵守有关法律、行政法规和国务院的规定。"

城市旧区是城市在长期历史发展和演变过程中逐步形成的进行各项政治、经济、文化、社会活动的居民集聚区。城市旧区的形成，显示了各个不同历史阶段发展的轨迹，也集中地积累了历史遗留下来的种种矛盾和弊端。因此，我国不少城市的旧区都或多或少地存在布局混乱、房屋破旧、居住拥挤、交通阻塞、环境污染、市政和公共设施短缺等问题，不能适应城市经济、社会发展和改革、开放的需要。这就要求我们按照统一的规划，保护好优秀的历史文化遗产的传统风貌，充分利用并发挥现有各项设施的潜力，根据各城市的实际情况和存在的主要矛盾，有计划、有步骤、有重点地对旧区进行充实和更新。所以，保护、利用、充实和更新构成了旧区改建的完整概念。

2. 城市旧区改造的原则

城市旧区改建的重点是对危房棚户及设施简陋、交通阻塞、污染严重地区进行综合整治，有的需要集中成片地拆除重建；部分建筑质量低劣、设施短缺、需要填空补齐和提高质量的地区，应当进行局部的调整改建，使各项设施逐步配套完善。房屋和各项设施基本完好的地区，应当充分利用并加强维护，保证各项设施正常运行。

城市旧区的改建应当同产业结构的调整和工业企业的技术改造紧密结合，改善用地结构，优化城市布局。要按照规划迁出有严重危害和污染环境的项目，充分利用腾出和闲置的土地，扩展文教卫生和商业服务等公共设施，增加居住用地、城市绿地和文化体育活动场地，加强基础设施和公共设施建设，改善城市环境和市容景观，提高城市的综合功能。

城市旧区特别是历史文化名城和少数民族地区城市的旧区改建应当充分体现传统风貌、民族特点和地方特色。市、县人民政府应当采取有效措施，切实保护具有重要历史意义、革命纪念意义、文化艺术和科学价值的文物古迹和风景名胜；有选择地保护一定数量的代表城市传统风貌的街区、建筑物和构筑物，并划定保护区和建设控制地区。

二、城乡规划的公布制度

（一）城乡规划公布的涵义

所谓城乡规划公布就是指城乡人民政府将批准的城乡规划采用适当的方式向全社会公布。《城乡规划法》第八条规定："城乡规划组织编制机关应当及时公布经依法批准的城乡规划。但是，法律、行政法规规定不得公开的内容除外。"

城乡规划关系着城乡各行各业的发展和广大人民群众的根本利益，要保证它的顺利实施，必须依靠社会各界和广大人民群众的支持和合作。为了使全社会都能够了解、熟悉和执行城乡规划，近年来我国许多城乡人民政府和城乡规划行政主管部门采取多种方式，例如通过报纸公布、举办展览、举行报告会、设置宣传栏、印发小册子等，将经批准的城乡规划予以公布。城乡规划的内容，除按规定保密的以外，一般均可公布。采取什么样的方式公布和公布什么样的内容由城乡人民政府决定。实践证明，这样对于提高人民群众的规划意识、参与意识和知法守法的自觉性产生了良好的效果。

（二）城乡规划公布的意义

1. 便于群众了解

将批准后的城乡规划公布，城乡各行各业和广大人民群众了解城市的性质、发展方向和发展规模、各项用地的布局等，有利于把城市总体的利益与人民的自身局部的利益结合起来，以城乡规划作为进行建设活动的准则，并自觉维护城乡规划的权威。

2. 便于群众参与

将批准后的城乡规划公布，城乡各行各业和广大人民群众了解城乡规划所确定的城市发展目标与建设部署，从而提高广大群众参与城乡规划实施的积极性和主动性，使广大群众自觉配合各级城乡规划主管部门的工作，按照城乡规划的要求进行建设。

3. 便于群众监督

把行政机关及其工作人员的执法行为置于群众监督之下，是发扬民主，有效防止和反对官僚主义，同一切不良现象做斗争的重要手段。将批准后的城乡规划公布于众，广大人民群众就可以对城乡规划区内的活动进行监督，发现问题，及时举报，以便城乡规划主管部门能够及时制止并处理各种违法占地和违法建设活动。

三、选址意见书制度

（一）选址意见书的概念

选址意见书是指建设工程（主要是指新建大、中型工业和民用项目）在立项过程中，上报的设计任务书必须有由城市规划行政主管部门提出的关于建设项目选择地点和范围的意见。《城乡规划法》第三十六条规定："按照国家规定需要有关部门批准或者核准的建设项目，以划拨方式提供国有土地使用权的，建设单位在报送有关部门批准或者核准前，应当向城乡规划主管部门申请核发选址意见书。前款规定以外的建设项目不需要申请选址意见书。"

建设项目必须慎重地选择建设地点。要贯彻执行工业布局大分散、小集中、多搞小城镇的方针；要考虑战备和保护环境的需要；要注意经济合理和节约用地；要认真调查原料、燃料、工程地质、水文地质、交通、水源等建设条件；要在综合研究和进行多方案对比的基础上，提出选点报告。选择建设地点的工作，按下面隶属关系，由主管部门组织勘察设计等单位，和所在地的有关部门共同进行。凡在城市辖区内选点，要取得城市规划部门的同意，并且要有协议文件。凡与城镇有关的建设项目，应当按照有关规定，在当地城乡规划部门的参与下共同选址。各级计委在审批建设项目的项目建议书和设计任务时，应征求同级城乡规划主管部门的意见。

（二）选址意见书的内容

1. 建设项目的基本情况

建设项目的基本情况主要是指建设项目的名称、性质、用地和建设规模，供水与能源的需求量，采取的运输方式和运输量，以及废水、废气和废渣的排放方式和排放量。

2. 建设项目规划选址的依据

建设项目规划选址的依据主要有：经批准的项目建议书；建设项目与城乡规划布局是否协调；建设项目与城市交通、通信、能源、市政、防灾规划是否衔接和协调；建设项目配套的生活设施和城乡生活居住及公共设施规划是否衔接与协调；建设项目对城乡环境可能造成的影响，以及与城乡环境保护和风景名胜、文物古迹保护规划是否协调。

3. 建设项目选址意见书的审批管理

建设项目选址意见书的审批实行分级规划管理。国家对建设项目，特别是大、中型项目的宏观管理，在可行性研究阶段，主要是通过计划管理和规划管理来实现的，将计划管理和规划管理有效地结合起来，规定选址意见书制度，就能保证各项工程有计划并且按照规划的内容进行建设，以取得良好的经济效益、社会效益和环境效益。

四、建设用地规划许可证制度

（一）建设用地规划许可证的概念

建设用地规划许可证是由建设单位和个人提出建设用地申请，城乡规划主管部门根据规划和建设项目的用地需要，确定建设用地和范围的法定凭证。《城乡规划法》第三十七条规定："在城市、镇规划区内以划拨方式提供国有土地使用权的建设项目，经有关部门批准、核准、备案后，建设单位应当向城市、县人民政府城乡规划主管部门提出建设用地规划许可申请，由城市、县人民政府城乡规划主管部门依据控制性详细规划核定建设用地的位置、面积、允许建设的范围，核发建设用地规划许可证。建设单位在取得建设用地规划许可证后，方可向县级以上地方人民政府土地主管部门申请用地，经县级以上人民政府审批后，由土地主管部门划拨土地。"

核发建设用地规划许可证的目的在于确保土地利用符合城市规划，维护建设单位按照规划使用土地的合法权益，为土地管理部门在城乡规划区内行使权属管理职能提供必要的法律依据。土地管理部门在办理征用、划拨建设用地过程中，若需要改变建设用地规划许可证核定的用地位置和界限，必须与城乡规划主管部门协商并取得一致意见，保证修改后的用地位置和范围符合城乡规划要求。

（二）城市用地规划管理的基本内容

城市用地规划管理的基本内容是依据城市规划确定的不同地段的土地使用性质和总体布局，决定建设工程可以使用哪些土地，不可以使用哪些土地，以及在满足建设项目功能和使用要求的前提下，如何经济、合理地使用土地。城市规划行政主管部门对城市用地进行统一的规划管理，实行严格的规划控制是实施城市规划的基本保证。

（1）建设单位或者个人在申请用地以前，首先要向城市规划行政主管部门申请定点。只有根据规划要求，明确了可以使用哪一块土地、土地的具体位置和范围，才具备申请征用划拨土地、取得土地使用权的基本条件。因此，确定建设用地的位置和范围是申请用地必不可少的前期工作。申请定点应当具备必要的批准文件，主要是纳入国家或地方计划的批准文件，或按规定需要主管部门批准建设的文件。

（2）城市规划行政主管部门应当根据建设工程的性质、规模、使用要求和外部关系，综合研究其与周围环境的协调，现状条件的制约，地形和工程、水文地质状况，征用土地的具体条件，以及市政、交通、园林绿化、环境保护、日照通风、防洪、消防、人防、抗震等方面的技术要求，提出建设用地方案，具体确定建设用地的位置和范围，划出规划红线，并提供有关规划设计条件，作为进行总平面设计的重要依据。

（3）城市规划行政主管部门需要审查总平面设计，确认其符合规划要求，方可核发建设用地规划许可证。

（三）建设用地规划许可证的申办

1. 划拨用地的建设项目领取建设用地规划许可证

在城市、镇规划区内以划拨方式提供国有土地使用权的建设项目，经有关部门批准、核准、备案后，建设单位应当向城市、县人民政府城乡规划主管部门提出建设用地规划许可申请，由城市、县人民政府城乡规划主管部门依据控制性详细规划核定建设用地的位置、面积、允许建设的范围，核发建设用地规划许可证。建设单位在取得建设用地规划许可证后，方可向县级以上地方人民政府土地主管部门申请用地，经县级以上人民政府审批后，由土地主管部门划拨土地。

2. 出让用地的建设项目领取建设用地规划许可证

在城市、镇规划区内以出让方式提供国有土地使用权的，在国有土地使用权出让前，城市、县人民政府城乡规划主管部门应当依据控制性详细规划，提出出让地块的位置、使用性质、开发强度等规划条件，作为国有土地使用权出让合同的组成部分。未确定规划条件的地块，不得出让国有土地使用权。

以出让方式取得国有土地使用权的建设项目，在签订国有土地使用权出让合同后，建设单位应当持建设项目的批准、核准、备案文件和国有土地使用权出让合同，向城市、县人民政府城乡规划主管部门领取建设用地规划许可证。城市、县人民政府城乡规划主管部门不得在建设用地规划许可证中，擅自改变作为国有土地使用权出让合同组成部分的规划条件。

规划条件未纳入国有土地使用权出让合同的，该国有土地使用权出让合同无效；对未取得建设用地规划许可证的建设单位批准用地的，由县级以上人民政府撤销有关批准文件；占用土地的，应当及时退回；给当事人造成损失的，应当依法给予赔偿。

五、建设工程规划许可证制度

（一）建设工程规划许可证的概念

建设工程规划许可证是由城乡规划行政主管部门核发的，用于确认建设工程是否符合城乡规划要求的法律凭证。《城乡规划法》第四十条规定："在城市、镇规划区内进行建筑物、构筑物、道路、管线和其他工程建设的，建设单位或者个人应当向城市、县人民政府城乡规划主管部门或者省、自治区、直辖市人民政府确定的镇人民政府申请办理建设工程规划许可证。申请办理建设工程规划许可证，应当提交使用土地的有关证明文件、建设工程设计方案等材料。需要建设单位编制修建性详细规划的建设项目，还应当提交修建性详细规划。对符合控制性详细规划和规划条件的，由城市、县人民政府城乡规划主管部门或者省、自治区、直辖市人民政府确定的镇人民政府核发建设工程规划许可证。城市、县人民政府城乡规划主管部门或者省、自治区、直辖市人民政府确定的镇人民政府应当依法将经审定的修建性详细规划、建设工程设计方案的总平面图予以公布。"

（二）建设工程规划许可证的作用

建设工程规划许可证的作用表现在：一是确认有关建设活动的合法地位，保证有关建设单位和个人的合法利益；二是作为建设活动进行过程中接受监督检查的法定依据，城乡规划管理工作人员要根据建设工程规划许可证上规定的内容和要求进行监督和检查，并将其作为处罚违规建设活动的依据；三是作为城乡规划主管部门有关城乡建设活动的重要历史资料和城乡建设档案的重要内容。多年来，各地城乡规划主管部门一直实行核发建设工程规划许可证制度，实践证明，该制度对促进各项建设按照城乡规划要求进行，防止违法建设活动的发生是行之有效的。

（三）建设工程的规划审批程序

按照一定的审批程序，对城乡各项建设实行规划管理，是使建设活动有次序进行的基本保障。在这方面，我国各级城乡规划管理部门经过多年的实践，已经取得了比较成熟的经验，《城乡规划法》的有关规定总结了这些经验并使之规范化。具体地说，建设工程的规划审批程序是——

（1）建设申请。有关建设单位或个人持法律规定的有关文件向城乡规划主管部门提出申请建设的要求。

（2）建设申请的审查。城乡规划主管部门对建设申请的审查，以确定有关建设工程的性质、规模是否符合城乡规划的布局和发展要求；对于建设工程涉及相关行政主管部门业务的（如交通、环保、防疫、消防、人防、文物保护等），则应根据实际情况和需要，征求有关行政部门的意见，并进行综合协调；在现有居住区内插建房屋，还应特别注意其四邻的正当权益。

（3）提出规划设计要点。在建设申请进行审查后，城乡规划行政主管部门应根据建设工程所在地区详细规划的要求，提出具体的规划设计要点，作为进行工程设计的重要依据。

（4）核发建设工程规划许可证。对符合控制性详细规划和规划条件的，由城市、县人民政府城乡规划主管部门或者省、自治区、直辖市人民政府确定的镇人民政府核发建设工程规划许可证。

六、乡村建设规划许可证制度

在乡、村庄规划区内进行乡镇企业、乡村公共设施和公益事业建设的，建设单位或者个人应当向乡、镇人民政府提出申请，由乡、镇人民政府报城市、县人民政府城乡规划主管部门核发乡村建设规划许可证。在乡、村庄规划区内使用原有宅基地进行农村村民住宅建设的规划管理办法，由省、自治区、直辖市制定。

在乡、村庄规划区内进行乡镇企业、乡村公共设施和公益事业建设以及农村村民住宅建设，不得占用农用地；确需占用农用地的，应当依照《中华人民共和国土地管理法》有关规定办理农用地转用审批手续后，由城市、县人民政府城乡规划主管部门核发乡村建设规划许可证。

建设单位或者个人在取得乡村建设规划许可证后，方可办理用地审批手续。

七、建设工程管理的其他法律规定

（一）临时建设的管理

临时建设是指企、事业单位或个人因生产、生活的需要临时搭建的简易结构并在规定期限内必须拆除的建设工程或设施。临时建设应当办理临时建设工程许可证。临时建设的期限由各地城乡规划行政主管部门根据实际情况确定，一般不得超过2年。

在城市、镇规划区内进行临时建设的，应当经城市、县人民政府城乡规划主管部门批准。临时建设影响近期建设规划或者控制性详细规划的实施以及交通、市容、安全等的，不得批准。临时建设应当在批准的使用期限内自行拆除。

临时建设和临时用地规划管理的具体办法，由省、自治区、直辖市人民政府制定。

（二）规划条件变更的管理

建设单位应当按照规划条件进行建设；确需变更的，必须向城市、县人民政府城乡规划主管部门提出申请。变更内容不符合控制性详细规划的，城乡规划主管部门不得批准。城市、县人民政府城乡规划主管部门应当及时将依法变更后的规划条件通报同级土地主管部门并公示。建设单位应当及时将依法变更后的规划条件报有关人民政府土地主管部门备案。

（三）竣工验收的管理

县级以上地方人民政府城乡规划主管部门按照国务院规定对建设工程是否符合规划条件予以核实。未经核实或者经核实不符合规划条件的，建设单位不得组织竣工验收。建设单位应当在竣工验收后六个月内向城乡规划主管部门报送有关竣工验收资料。竣工验收是工程项目建设程序中的最后一个阶段。规划部门参加竣工验收，是对建设工程是否符合规划设计条件的要求进行最后把关，以保证城市规划区内各项建设符合城市规划。

第四节　城乡规划的修改

为了增强规划实施的严肃性，防止随意修改规划，新法特别增加了"城乡规划的修改"一章，目的显而易见，就是要控制频繁修改城乡规划，避免一些地方政府及其领导人违反法定程序，随意干预和变更规划。为此，《城乡规划法》第四章共5条，对城乡规划的修改作出了明确的规定。

一、城乡规划的评估

城乡是不断发展变化的，因此城乡规划必须适应城乡发展变化的需要，这就要求城乡规划的编制机关，必须时刻关注规划的具体实施情况以及城乡的发展变化，及时对城乡规划进行必要的调整和修改。《城乡规划法》第四十六条规定："省域城镇体系规划、城市总体规划、镇总体规划的组织编制机关，应当组织有关部门和专家定期对规划实施情况进行评估，并采取论证会、听证会或者其他方式征求公众意见。组织编制机关应当向本级人民代表大会常务委员会、镇人民代表大会和原审批机关提出评估报告并附具征求意见的情况。"其目的在于针对发展变化的城乡经济和社会条件，对城乡规划的具体实施情况有具体清晰的把握，以便为城乡规划的及时调整提供参考。

二、城镇体系规划、城市总体规划和镇总体规划的修改

《城乡规划法》第四十七条规定，有下列情形之一的，组织编制机关方可按照规定的权限和程序修改省域城镇体系规划、城市总体规划、镇总体规划：①上级人民政府制定的城乡规划发生变更，提出修改规划要求的；②行政区划调整确需修改规划的；③因国务院批准重大建设工程确需修改规划的；④经评估确需修改规划的；⑤城乡规划的审批机关认为应当修改规划的其他情形。

修改省域城镇体系规划、城市总体规划、镇总体规划前，组织编制机关应当对原规划的实施情况进行总结，并向原审批机关报告；修改涉及城市总体规划、镇总体规划强制性内容的，应当先向原审批机关提出专题报告，经同意后，方可编制修改方案。修改后的省域城镇体系规划、城市总体规划、镇总体规划，应当依照《城乡规划法》第十三条、第十四条、第十五条和第十六条规定的审批程序报批。

本条是关于省域城镇体系规划、城市总体规划、镇总体规划修改条件和审批程序的规定。省域城镇体系规划、城市总体规划、镇总体规划的规划期限一般是20年，是对城镇的一种长远规

划，具有长期性的特点，规划一经批准就要严格执行，不得擅自改变。在规划实施的20年的时间内，城镇的发展和空间资源配置总会不断产生新的情况，出现新的问题，提出新的要求，影响规划确定的目标的实现。作为指导城镇建设与发展的省域城镇体系规划、城市总体规划、镇总体规划，也不是一成不变的。也就是说，经过批准的省域城镇体系规划、城市总体规划、镇总体规划，在实施的过程中，出现某些不适应城镇经济和社会发展要求的情况，需要进行适当的调整和修改，是正常的。目前，修改规划的程序不规范，修改规划的成本过低，致使随意改变规划和违规建设在一些地方还较为严重。为了增强规划实施的严肃性，防止随意修改规划，本条对规划的修改条件和程序作出了具体规定。

三、控制性详细规划的修改

修改控制性详细规划的，组织编制机关应当对修改的必要性进行论证，征求规划地段内利害关系人的意见，并向原审批机关提出专题报告，经原审批机关同意后，方可编制修改方案。修改后的控制性详细规划，应当依照《城乡规划法》第十九条、第二十条规定的审批程序报批。控制性详细规划修改涉及城市总体规划、镇总体规划的强制性内容的，应当先修改总体规划。

在规划实施过程中，总体规划是指导城市空间合理布局的蓝图；分区规划是对大、中城市各分区的土地利用、人口分布和公共设施、城市基础设施的配置等做出进一步的安排；对城市近期的建设行为起更为直接指导作用的是城市控制性详细规划。控制性详细规划是城市、镇实施规划管理最直接的法律依据，详细制定了建设用地的各项控制指标和规划管理的要求，有的还直接对建设项目做出了具体安排和规划设计，是国有土地使用权出让、综合开发和建设的法定前置条件，直接决定着土地的市场价值和相关人的切身利益。因此，修改控制性详细规划必须依法进行，任何单位和个人不得擅自修改控制性详细规划的内容。

四、近期规划的修改

《城乡规划法》第四十九条规定："城市、县、镇人民政府修改近期建设规划的，应当将修改后的近期建设规划报总体规划审批机关备案。"近期建设规划是对已经依法批准的城市、镇总体规划的分阶段实施安排和行动计划，是对城市、镇近期建设进行控制和指导的一种规划安排。做好近期建设规划的编制工作，直接关系到保障城市、镇科学有序地发展建设，保障城市、镇总体规划实施的严肃性。修改近期建设规划，必须符合城市、镇的总体规划。按照国务院的有关规定，行政区划调整的城市，应当及时修改近期建设规划；各项建设用地必须控制在国家批准的用地标准和年度土地利用计划的范围内，凡不符合要求的近期建设规划，必须重新修订。近期建设规划内容的修改，只能在总体规划的范围内，对实施时序、分阶段目标和重点等进行调整。在实际工作中，绝不能通过对近期规划的修改，变相修改城市总体的内容。任何超出依法批准的城市、镇总体规划内容的近期建设规划，都不具有法律效力。根据本条规定，修改近期建设规划的主体为城市、县、镇人民政府，修改后的近期建设规划应当报主体规划批准机关备案。

五、规划修改的利益保护

在选址意见书、建设用地规划许可证、建设工程规划许可证或者乡村建设规划许可证发放后，因依法修改城乡规划给被许可人合法权益造成损失的，应当依法给予补偿。

经依法审定的修建性详细规划、建设工程设计方案的总平面图不得随意修改；确需修改的，城乡规划主管部门应当采取听证会等形式，听取利害关系人的意见；因修改给利害关系人合法权益造成损失的，应当依法给予补偿。

第五节 监督检查

一、我国的监督体制

根据我国的宪法规定，我国的监督体制由国家监督和社会监督两部分组成。其中，国家监督根据监督主体的不同，可以分为权力机关的监督、司法机关的监督和行政机关的监督。权力机关的监督又称为立法监督，其监督主体是各级人民代表大会及其常务委员会。司法机关的监督又称司法监督，其监督主体是各级人民法院和人民检察院。行政机关的监督又称为行政监督，其监督主体是各级行政机关及其所属的行政管理机关。根据法律规定，城乡规划的监督体制包括行政监督、立法监督和社会监督。

二、城乡规划的行政监督制度

《城乡规划法》第五十一条规定："县级以上人民政府及其城乡规划主管部门应当加强对城乡规划编制、审批、实施、修改的监督检查。"

另外，《城乡规划法》第五十三条还规定，县级以上人民政府城乡规划主管部门对城乡规划的实施情况进行监督检查，有权采取以下措施：

（1）要求有关单位和人员提供与监督事项有关的文件、资料，并进行复制；

（2）要求有关单位和人员就监督事项涉及的问题作出解释和说明，并根据需要进入现场进行勘测；

（3）责令有关单位和人员停止违反有关城乡规划的法律、法规的行为。

城乡规划主管部门的工作人员履行前款规定的监督检查职责，应当出示执法证件。被监督检查的单位和人员应当予以配合，不得妨碍和阻挠依法进行的监督检查活动。

对此，我们可以从以下几个方面来理解。

（1）各级人民政府及其城乡规划行政主管部门有责任对管辖范围内城市的总体的实施情况进行定期和不定期的监督检查，以便将经验和问题及时反馈，为正确执行和完善城市总体规划提供依据。

（2）国家和省、自治区城市规划行政主管部门有责任对各级城乡规划行政主管部门的城市规划管理执法情况进行定期和不定期的监督检查以便总结经验，纠正和解决可能出现的各种偏差。

（3）各级城乡规划行政主管部门有责任对内部机构和工作人员的执法情况进行监督检查，防止玩忽职守、滥用职权、徇私舞弊等违法行为和各种不正之风。

三、城乡规划的立法监督制度

《城乡规划法》第五十二条规定："地方各级人民政府应当向本级人民代表大会常务委员会或者乡、镇人民代表大会报告城乡规划的实施情况，并接受监督。"对此，我们可以从以下几个方面来理解。

（1）城乡人民政府在向上级人民政府报请审批已经完成或修改后的城乡总体规划前，必须报经同级人民代表大会或其常务委员会同意。对于审查中提出的问题和意见，城乡人民政府有责任给予明确的解释或做出相应的调整和修改。

（2）城乡人民代表大会或其常务委员会有权对城市规划的实施情况进行定期或不定期的检查，就实施城乡规划的进度情况、城乡规划实施管理的执法情况提出批评和建议，并督促城乡人民政府加以改进和完善。乡人民政府则有义务在任期内全面检查城市规划的实施情况，并向同级人民代表大会或常务委员会提出工作报告。

四、城乡规划的社会监督制度

《城乡规划法》第五十四条规定："监督检查情况和处理结果应当依法公开，供公众查阅和监督。"对此，我们可以从以下几个方面来理解。

（1）城乡规划行政主管部门有责任将城市规划实施过程中的各个环节公开，接受社会对其执法的监督。

（2）城乡中的一切单位和个人对于违反城乡规划的行为和随意侵犯其基本权利的行为，有监督、检举和控告的权利。城乡规划行政主管部门应当制定具体办法，保障公民的监督权，并及时对检举和控告涉及的有关违法行为进行落实和查处。

（3）城乡中一切单位和个人对于城市规划行政主管部门及其工作人员执法过程中的各种违法行为，有监督、检举和控告的权利。各级城乡规划行政主管部门有责任和义务制定切实有效的制度，随时听取意见、检举和控告，并对有关的违法行为做出公开的处理。

案例分析题

案例一

某房地产公司于2004年未经有关部门批准，在城区违法开发一处住宅楼，某局于2010年以在城区进行建设未经批准，违反《城乡规划法》第四十条第一款"在城市、镇规划区内进行建筑物、构筑物、道路、管线和其他工程建设的建设单位或者个人应当向城市、县人民政府城乡规划主管部门或者省、自治区、直辖市人民政府确定的镇人民政府申请办理建设工程规划许可证"的规定，根据《城乡规划法》第六十四条："未取得建设工程规划许可证或者未按照建设工程规划许可证的规定进行建设的，由县级以上地方人民政府城乡规划主管部门责令停止建设；尚可采取改正措施消除对规划实施的影响的，限期改正，处建设工程造价百分之五以上百分之十以下的罚款"，对该房地产公司处以罚款处罚。

对该行政处罚有两种意见。

一、不同意处罚。理由：一是超过行政处罚追诉时效。案件发生在2004年，按照《中华人民共和国行政处罚法》(简称《行政处罚法》)关于行政违法行为二年内未被行政机关发现的不再处罚的规定，不再给予行政处罚。二是《城乡规划法》第六十四条中所讲的"违法建设"是指正在建设的工程，不包括已经完工的工程。本案属于已经完工的工程，不能再实施处罚。

二、应当处罚。理由：一是《城乡规划法》中所指的建设应该是在城市、镇规划区内进行建筑物、构筑物、道路、管线和其他工程建设的行为。其中建筑物行为包括正在建和已经建成的行为。二是当事人的建设行为是在当初未经批准的情况下进行的，至今该行为仍未经批准，违法行为仍然存在，处于一种继续状态，所以它属于《行政处罚法》第二十九条第二款规定的"违法行为有连续和继续状态的，从行为终了之日起计算"，因此执法部门应该追究其违法行为的责任。

问题

1. 如何理解《城乡规划法》中关于"违法建设"的含义？
2. 根据《城乡规划法》，什么情况下可修改某地的控制性详细规划？

案例二

某市有一引资酒店工程,有关领导部门对该项建设特别重视。投资方坚持要占用该市总体规划中心地区的一块规划绿地,有关领导自引资开始至选址、设计方案均迁就投资方要求。市城乡规划行政主管部门曾提出过不一样的看法,建议另行选址,但未被采纳,也就未坚持。事后,投资方依据设计方案擅自开工,市城乡规划行政主管部门未予制止。省规划巡查执法部门在检查中发现该项目的建设情况,责令建设单位立即停工,听候处理。

问题

1. 该工程为什么受到查处?
2. 省、市城乡规划行政主管部门该如何处理此类事件?

思考题

1. 《城乡规划法》的立法原则是什么?
2. 编制城乡规划的有关机关需达到的资质要求包括哪些?
3. 城市、镇总体规划的强制性内容包括哪几个方面?
4. 阐述建设项目选址意见书核发程序和要求。
5. 在什么情形下,组织编制机关方可按照规定的权限和程序修改省域城镇体系规划、城市总体规划、镇总体规划?

第三章 土地管理法律制度

第一节　土地管理法律制度概述

一、土地管理法的概念和基本内容

（一）土地的概念和特征

土地的概念可以从广义和狭义两个方面来定义。广义的土地是以地球表层为主，包括大气、水文、地形、土壤、生物和人类活动结果所组成的自然和社会经济综合体。狭义的土地是指地球陆地的表层，是由土壤、岩石等堆积而成的固定的场所，是人类赖以生存和发展的最基本要素。一般而言，土地包括耕地、林地、草原、荒地、河流、湖泊、滩涂、城镇及农村居民点用地、工矿用地、交通用地、旅游及国防等特殊用地和暂不能利用的其他土地。

土地与国土、土壤及土地资源是不同的概念。国土是指一个国家主权范围内的整个版图，是一个包括政治、经济、自然科学和科学技术的综合概念。土地只是一个自然、经济概念，无国别之界，是国土的一部分。土地与土壤也是不同的。土壤是可移动之物，一般是指地球陆地表面具有肥力、能够生长植物的疏松表层，人力可以搬动土壤；而土地不能移动，在法律上属于不动产，其范围比土壤要广。土地资源是指已经被人类所利用和可预见的未来能被人类利用的土地。土地资源既包括自然范畴，即土地的自然属性，也包括经济范畴，即土地的社会属性，是人类的生产资料和劳动对象。

土地的特性包括自然特性和经济特性。土地的自然特性是指不以人的意志为转移的自然属性；土地的经济特性则指人们在利用土地的过程中，在生产力和生产关系方面表现的特性。

1. 土地的自然特性

（1）土地面积的有限性

土地是自然的产物，人类不能创造土地。广义土地的总面积，在地球形成后，就由地球表面积所决定。人类虽然能移山填海、扩展陆地，或围湖造田、增加耕地，但这仅仅是土地用途的转换，并没有增加土地面积。

（2）土地位置的固定性

土地最大的自然特性是地理位置的固定性，即土地位置不能互换，不能搬动。人们通常可以搬运一切物品，房屋及其他建筑物虽然移动困难，但可拆迁重建。只有土地固定在地壳上，占有一定的空间位置，无法搬动。这一特性决定了土地的有用性和适用性随着土地位置的不同而有着较大的变化，这就要求人们必须因地制宜地利用土地；同时，这一特性也决定了土地市场是一种不完全的市场，即不是实物交易意义上的市场，而只是土地产权流动的市场。

（3）土地质量的差异性（多样性）

不同地域，由于地理位置及社会经济条件的差异，不仅使土地构成的诸要素（如土壤、气候、水文、地貌、植被、岩石）的自然性状不同，而且人类活动的影响也不同，从而使土地的结构和功能各异，最终表现在土地质量的差异上。

（4）土地永续利用的相对性（土地功能的永久性）

土地作为一种生产要素，"只要处理得当，土地就会不断改良"。在合理使用和保护的条件下，农用土地的肥力可以不断提高，非农用土地可以反复利用，永无尽期。土地的这一自然特性，为人类合理利用和保护土地提出了客观的要求与可能。土地是一种非消耗性资源，它不会随着人们的使用而消失。相对于消耗性资源而言，土地资源在利用上具有永续性。土地利用的永续性具有两层含义：第一，作为自然的产物，它与地球共存亡，具有永不消失性；第二，作为人类的活动场所和生产资料，可以永续利用。其他的生产资料或物品，在产生过程或使用过程中，会转变成另一种资料、物品，或逐渐陈旧、磨损，失去使用价值而报废。土地则不然，只要人们在使用或利用过程中注意保护它，是可以年复一年地永远使用下去的。但是，土地的这种永续利用性是相对的。只有在利用过程中维持了土地的功能，才能实现永续利用。

2. 土地的经济特征

（1）土地供给的稀缺性；

（2）土地用途的多样性；

（3）土地利用方向变更的困难性（土地用途变更的困难性）；

（4）土地增值性；

（5）土地报酬递减的可能性；

（6）土地利用方式的相对分散性；

（7）土地利用后果的社会性。

我国政府十分重视土地的法制化管理，把"合理利用每寸土地，切实保护耕地"作为我国的一项基本国策。同时，还把每年的6月25日确定为全国"土地日"。保护土地就是保护我们的家园。

（二）土地管理法的概念和特征

土地管理法是指对国家运用法律和行政的手段，对土地财产制度和土地资源的合理利用所进行的管理活动予以规范的各种法律规范的总称。

《中华人民共和国土地管理法》（简称《土地管理法》）由中华人民共和国第六届全国人民代表大会常务委员会第十六次会议于1986年6月25日通过，自1987年1月1日起施行。

第二次修订自1999年1月1日起施行。第三次修订自2020年1月1日起施行。

我国《土地管理法》有以下特征。

（1）既包括了私法规范又包括了公法规范

土地管理法对土地财产关系进行了规范，建立了土地所有权制度、土地使用权制度，属于私法规范；国家为了实施对土地的管理，在土地管理法中规定了许多行政法律规范，如土地征用制度、土地划拨制度、土地登记制度等，属于公法规范。

（2）既包括实体规范，又包括程序规范

土地管理法中调整的土地所有者与相对人的权利义务关系、土地使用者与土地所有者之间的权利义务关系、国家土地管理机关与被管理者的权利义务关系，是实体规范；土地管理法中用于调整土地权属登记、建设用地规划、土地评估、土地纠纷处理等活动中的权利义务，是程序规范。

（3）既包括强行性规范，又包括任意性规范

土地管理法的强行性法律规范是指土地管理法律关系中的当事人不得自行更改或者约定改变已经成立的土地法律关系；由于土地主要表现为一种财产关系，那么，对当事人因土地发生的财产关系，应当依照民法中的平等自愿、等价有偿原则进行，当事人可以通过自愿约定以确定相互之间的权利义务关系，正是这种土地管理法中的任意性规范，使得土地能按照市场规律发挥其最大的经济效益。

（三）《土地管理法》的基本内容

《土地管理法》分为8章、46条。

第一章"总则"，明确了制定土地管理法的目的、基本国策、基本原则、土地的所有制度、国有土地有偿使用制度、土地用途管制制度、土地管理体制及公民在土地管理中的权利和义务。

第二章"土地的所有权和使用权"，主要包括两个方面的内容：一是土地所有权，含有国家土地所有权和集体土地所有权的性质、主体、内容、范围等；二是土地使用权，含有土地使用权的取得方式、承包经营、审批、管理等。

第三章"土地利用总体规划"，对编制土地利用总体规划及其编制原则、审批程序等作出了规定，并规定国家建立土地调查制度、土地统计制度及全国土地管理信息系统。

第四章"耕地保护"，明确了国家保护耕地的原则，主要对占用耕地的补偿制度、基本农田的保护制度等作出了规定。

第五章"建设用地"，对建设征用土地的程序、审批、补偿，以及土地的划拨、土地使用权的收回等作了具体的规定。

第六章"监督检查"，规定了土地监督检查的方法、主体、权限和程序等。

第七章"法律责任"，规定了哪些行为属于违反土地管理的行为、行政处罚的种类、处罚的主体及不服行政处罚的解决程序。

第八章"附则"，规定了本法的适用范围及本法的实行时间。

二、土地管理法的立法目的和土地管理体制

（一）土地管理法的立法目的

1. 加强土地管理

《土地管理法》是在面临下列形势下制定的：随着我国经济社会的发展，建设用地大量增长，大量侵占耕地，耕地面积锐减；违法用地情况日益严重；计划经济条件下的"分级限额"批地制度在经济体制改革不断深化的情况下，已难以控制建设用地总量；国有土地资源大量流失。在这种形势下，加强对土地的管理，防止国有土地资源流失，保护耕地，对于土地资源十分有限的我国来说，显得十分重要。加强对土地管理的最重要的方法莫过于进行土地立法，用国家强制力来加强对土地的管理。

2. 维护土地的社会主义公有制

社会主义公有制是我国的基本经济制度，土地作为一种重要的生产资料，也必然实行社会主义公有制。我国土地所有权公有制分为国家所有和集体所有。为了充分发挥土地作为一种资源的价值，对土地所有权和使用权进行分离。国有土地使用权可以进行出让、转让，既维护了我国土地的社会主义公有制性质，土地作为一种重要资源的价值又得到了充分发挥。《土地管理法》维护土地的社会主义公有制表现在：任何单位和个人不得侵占、买卖或者以其他形式非法转让土地；国家为公共利益的需要，可以依法对集体所有的土地实行征用；国家依法实行国家土地有偿使用制度。

3. 保护、开发土地资源，合理利用土地，切实保护耕地

保护、开发土地资源，合理利用土地资源，必然要运用经济手段，用价格杠杆进行调控，并辅之以行政手段，使土地利用者珍惜土地资源，切实保护耕地。为了做到这点，《土地管理法》所采取的主要措施包括：确立了十分珍惜、合理利用土地和切实加强保护耕地的基本国策；实行土地用途管制制度；编制土地利用总体规划控制城市建设用地规模；规定各级政府必须采取措施，确保本行政区域内耕地总量不得减少；建立占用耕地补偿制度；新增建设用地的土地有偿使用费均用于耕地开发；收紧了征用耕地的审批权，提高了征用耕地的补偿标准；建立了基本农田保护制度；禁止破坏、闲置和荒芜耕地；开发利用土地必须注意保护和改善生态环境；鼓励综合整治土地，提高耕地质量。

4. 促进社会经济的可持续发展

离开了土地，人类就不能生存，而土地资源又十分有限。随着我国人口的不断增长，人均耕地数量不断减少，人与地的矛盾日益尖锐。保护好有限的耕地资源，不仅为了我们自己，也是为了我们的子孙后代。用可持续发展的理论来看待我们的土地资源，保护好现有的耕地，为我们提供了一个崭新的视角。

(二）管理体制

根据《土地管理法》第五条的规定，国务院自然资源主管部门统一负责全国土地的管理和监督工作。县级以上地方人民政府土地行政主管部门的设置及其职责，由省、自治区、直辖市人民政府根据国务院有关规定确定。

由于我国的政府机构改革正在进行之中，中央一级的土地行政主管部门已确定为国土资源部。地方人民政府土地管理部门的设置及其职责，由省级人民政府根据本地的实际情况决定，同时，也不排除实行双重领导管理体制的可能性。

三、土地管理法的基本原则

（一）土地公有原则

《土地管理法》第二条规定："中华人民共和国实行土地的社会主义公有制，即全民所有制和劳动群众集体所有制。""任何单位和个人不得侵占、买卖或者以其他形式非法转让土地。土地使用权可以依法转让。国家为公共利益的需要，可以依法对集体所有的土地实行征用。"《土地管理法》第九条规定："城市市区的土地属于国家所有。农村和城市郊区的土地，除由法律规定属于国家所有的以外，属于农民集体所有；宅基地和自留地、自留山，属于农民集体所有。"土地公有制是我国社会主义公有制的重要内容。土地的公有制包括土地的全民所有制和集体所有制，它是我国《土地管理法》的一项重要原则。

（二）合理利用和保护土地原则

《土地管理法》第三条规定："十分珍惜、合理利用土地和切实保护耕地是我国的基本国策。各级人民政府应当采取措施，全面规划，严格管理，保护、开发土地资源，制止非法占用土地的行为。"把珍惜、利用和保护土地作为我国的一项长期基本国策，这既是对我国50年来实践经验的总结，也是未来我国实施可持续发展战略的重要保证。不仅如此，每个单位和个人都有保护和利用土地的义务。《土地管理法》第七条规定："任何单位和个人都有遵守土地管理法律、法规的义务，并有权对违反土地管理法律、法规的行为提出检举和控告。"

（三）土地用途管制原则

土地用途管制是指国家为了保证土地资源的合理利用，通过编制土地利用总体规划划分土地用途，分区确定土地使用的限制条件和土地所有者；使用者应严格按照规定的土地用途利用土地。土地用途管制制度的内容包括：按用途对土地进行科学、合理地分类；通过土地登记明确土地使用权性质；编制土地利用总体规划，划分土地利用区和确定各区内土地使用的限制条件，对用途改变进行行政审批，并对违反土地用途管制的行为进行处罚。

《土地管理法》第四条规定："国家实行土地用途管制制度。国家编制土地利用总体规划，规定土地用途，将土地分为农用地、建设用地和未利用地。严格限制农用地转为建设用地，控制建设用地总量，对耕地进行特殊保护。"农用地是指直接用于农业生产的土地，包括耕地、林地、草地、农田水利用地、养殖水面等。建设用地是指建造建筑物、构筑物的土地，包括城乡住宅和公共设施用地、工矿用地、交通水利设施用地、旅游用地、军事设施用地等。未利用地是指农用地和建设用地以外的土地。把土地分为农用地、建设用地和未利用地三类，不同的土地有不同的用途，而且使用土地的单位和个人必须严格按照国家土地利用总体规划确定的土地用途来使用土地。

土地用途管制是国家为了保护农地而对土地利用实行严格控制的一项具有财产所有权性质的法律制度。在我国，土地用途管制的产生是符合我国国情的。我国是一个人多地少且实行土地公有制的社会主义国家。改革开放以来，随着社会经济发展和人口数量剧增，我国人地关系呈人增地减趋势。在这种情况下，为了保护耕地和保证粮食安全供给，单纯采用价格杠杆调节会因为农地与建设用地利用的比较利益差别很大，而不发生作用或作用不明显，出现所谓市场失灵现象。借鉴国际上处理类似情况的成功经验，可采取政府干预手段，实施土地用途管制制度，借以消除城市盲目扩张、乱占滥用耕地所带来的外部不经济或成本溢出的现象，达到土地资源均衡配置的效果。

（四）耕地特殊保护原则

《土地管理法》第四条第二款规定了"国家编制土地利用总体规划"，"对耕地实行特殊保护"。单列第四章保护耕地，第三十条规定："国家保护耕地，严格控制耕地转为非耕地。"土地管理法把对耕地的保护作为一项特殊的法律原则，因为耕地是生产粮食的基地，耕地的减少必然影响我国的粮食总产量，会直接影响到人口的生计问题。

（五）土地有偿使用原则

《土地管理法》第二条第五款规定："国家依法实行国有土地有偿使用制度，但是，国家在法律规定的范围内划拨国有土地使用权的除外。"土地本身就是财富，能产生出极大的经济价值。过去我国实行土地的无偿使用制度，不仅没有发挥出土地应有的价值，而且正因为它不值钱，从而造成了土地资源的巨大浪费。实行土地有偿使用制度，国家可以通过出让土地使用权获得资金，土地使用者也会珍惜每一寸土地，合理利用每一寸土地，最大限度地发挥出土地的经济价值。

（六）国家对土地统一管理原则

《土地管理法》第二条第二款规定："全民所有，即国家所有土地的所有权由国务院代表国家行使。"第五条规定:"国务院自然资源主管部门统一负责全国土地的管理和监督工作。县级以上地方人民政府土地管理部门的设置及其职责,由省、自治区、直辖市人民政府根据国务院有关规定确定。"国家对土地统一管理的权限依法属于各级人民政府,任何单位和个人都无权对土地的权属进行确认、审批。这一原则有利于国家对土地进行管理,对土地的利用进行总体规划,保护耕地,制裁非法滥用土地行为。

(七)奖励原则

保护、开发和利用土地资源,不仅要依赖完善的法律制度,而且要靠先进的科学技术手段,在尊重自然规律的前提下,充分利用现代科技的成果,变不能利用的土地资源为可利用的土地资源,改造低产农田,提高土壤肥力,对沙漠化土地进行治理等。因此,《土地管理法》第八条规定:"在保护和开发土地资源、合理利用土地以及进行有关的科学研究等方面成绩显著的单位和个人,由人民政府给予奖励。"

第二节 土地所有权和使用权

一、土地所有权

(一)土地所有权概述

1. 土地所有权的概念

土地所有权是指土地所有人依法对其所有的土地占有、使用、收益和处分,并排除他人非法干涉的权利。

土地所有权是一项非常重要的财产权利,我国的土地所有权具有以下特征。

(1)主体的特定性。根据我国宪法和土地管理法的规定,土地只能为国家和集体所有,意即除国家和集体以外,其他民事主体不能成为土地所有权人。

(2)交易的限制性。按照我国法律规定,禁止任何形式的土地交易。土地所有权的买卖、互易、赠与和以土地所有权作为投资,均属非法,没有任何民事法律效力。

(3)权属的稳定性。土地所有权主体的特定性和交易的限制性,决定了我国土地所有权权属的高度稳定性,土地所有权的权属一般不会改变,除非国家为了公共利益对集体所有的土地进行征用。

(4)权能的分离性。要发挥土地应有的价值,土地必须进入市场才能实现。但我国法律规定土地所有权不可转让,即不能进行交易。为了充分利用土地资源,需要将土地使用权从土地所有权中分离出来，使土地使用权成为一种相对独立的物权形态，而且法律允许其交易，在不改变土地所有权属的前提下，使土地的经济价值得到充分的利用。因此，现代物权法观念已由近代物权法的以"所有为中心"转化为以"利用为中心"。

2. 土地所有权的类型

我国土地所有权分为国家土地所有权和集体土地所有权两种不同的类型，自然人不能成为土地所有权的主体。

（二）国家土地所有权

1. 国家土地所有权的性质

国家土地所有权是指国家代表全体人民对其所有的土地进行占有、使用、收益和处分，并排除他人干涉的权利。中华人民共和国是国家土地所有权的统一和唯一的主体，由其代表全体人民对国有土地享有独占性支配的权利。国家土地所有权是国家作为民事主体所享有的一种民事权利，在这种民事法律关系中，国家与其他民事主体处于平等地位。国家土地所有权不同于国家领土主权，国家领土主权是国际法上的权利，它所排除的是其他国家的侵犯。国家土地所有权是国内法上的权利，它所排除的是其他民事主体的侵犯。国家土地所有权也不同于国家土地征用权，国家土地征用权是宪法上的国家权力，而不是民法上的权利，是土地公益性的重要表现，国家与被征用者之间的关系是一种命令与服从的关系。

国家土地所有权是国家作为民事主体所享有的权利。国家土地所有权实质上是国家代表全体人民的利益对与全体人民利益密切相关的土地进行管理，国家的这种权利受到宪法和其他法律的保护。

2. 国家土地所有权的主体

国家土地所有权的主体只能是单一的，即是国家，但国家只是一个法律上虚拟的概念，行使国家土地所有权的应该是个体。《土地管理法》第二条第二款规定，国家所有土地的所有权由国务院代表国家行使。从权利归属上讲，国家土地所有权的主体只能是国务院，但权利行使的方式可以是多样的。在土地所有权的行使方法上，一般由国务院授权地方政府行使土地所有权。需要指出的是，国务院是国家土地所有权的唯一主体，地方政府不能代表国家行使国有土地所有权，只能根据国务院的授权管理和处置国有土地。地方人民政府依据法律和国务院的授权，实施有关土地所有权和土地使用权划拨、出让、投资、收回等所有者行为，应当向中央人民政府负责。国家土地所有权的分级行使，是为土地所有权行使方便而设。

3. 国家土地所有权的内容

国家土地所有权的内容包括国家对土地占有、使用、收益和处分的权利。

（1）国家土地所有权的占有职能。国家对土地的占有可以分为所有人占有和非所有人占有、事实上占有和法律上占有两类。

国家土地所有人的占有指国家作为所有人对国有土地实际控制。这种占有的特点是：①占有的主体是国家拥有的实体，这些实体可以是国家机关、事业单位和国有企业。②占有的目的是履行国家的政治、经济、文化和其他社会公共职能。③占有人取得对土地的占有是无偿的，一般而言，所有人占有国有土地都是通过土地划拨占有的。所有人占有的土地不能出让、出租、抵押。所有人占有的土地经过依法出让后，才能变为非所有人占有，才可以进入市场交易。

国家土地的非所有人占有是指国家以外的民事主体依法对国有土地进行实际控制的情形。国家以外的民事主体可以是法人或自然人。非所有人占有国有土地有两个特点：①占有人占有的目的不是履行国家职能，而是占有人为了实现自身所设定的利益目的。②占有者取得占有是有偿的，是经过市场交易而获得的。非所有人占有是国有土地进入市场的表现形式。

（2）国家土地所有权的使用权能

所有权的本来目的只是实现对所有物的现实支配，由所有人自己占有、使用、收益。在市场经济条件下，为充分发挥财产的价值，所有人不必亲自对所有物占有、使用和收益，而将所有权的内容予以分化，使用权即是从所有权分化出来的。国家对国有土地的使用，在法律上是以土地使用权形式实现的。土地资源是很重要的社会资源，它涉及整个社会的公共利益，因此，要充分发挥土地资源的有效利用。但国家土地所有者并不能对土地资源进行人为的分配，它需要借助市场机制的作用，才能发挥其最大效用。

（3）国家土地所有权的收益权能

过去国家对土地使用者实行的是无偿划拨制度，国家作为土地所有者，没有把土地作为一种重要的国有财产来看待，因而，缺乏土地的收益观、效益观，使得土地资产大量流失，得到土地使用权的单位和个人在土地使用中也不注重发挥土地的最大效益。随着我国土地法律制度的完善，国家在出让土地使用权上的各种税费制度也日益完善，而且，国家通过调整国家土地出让税费来对国家土地出让成本进行调控，国家垄断土地一级市场的价格，从而影响土地二级市场的价格，对土地市场进行宏观调控，使土地资源的效益得到最大限度的发挥，国家土地所有权的收益权能也能得到充分的实现。

（4）国家土地所有权的处分权能

在我国，国家土地所有权的处分权能受到很大的限制；国家土地所有权既不允许转让，也不允许放弃，国家土地所有权永远只能为国家所有，这是由我国的社会主义公有制性质决定的。国家对土地所有权的处分行为仅仅表现为国家可以将国家土地使用权划拨或者出让给法人、自然人或者其他经济组织，在保持国家土地所有权性质不变的情况下，发挥土地的最大经济效益。

4. 国家土地所有权的范围

《土地管理法》第九条规定："城市市区的土地属于国家所有。农村和城市郊区的土地，除由法律规定属于国家所有的以外，属于集体所有；宅基地和自留地、自留山，属于农民集体所有。"所谓国家土地所有权的范围，主要的问题是国家土地所有权与集体土地所有权之间的划分。由于我国对城市市区与农村的界限没有作出一个清晰的划分，所以，确定两者之间的界限就显得很困难。一般而言，国家土地所有权的客体范围包括城市市区的土地，农村和城市郊区中依法没收、征用、征收、征购、收归国有的土地，国家未确定为集体所有的林地、草地、山岭、荒地、滩涂、河滩地及其他土地。按《中华人民共和国土地管理法实施条例》第二条的规定，下列土地属于全民所有即国家所有。

（1）城市市区土地

城市土地的范围，一般可以作两方面的理解，一是以城市行政区为标准，一是以城市建成区为标准。按照我国《宪法》和《土地管理法》的立法精神，城市市区应理解为城市建成区，而不包括城市行政区所涵盖的广大郊区农村。所谓城市建成区，一般是指已进行城市配套建设、具备城市功能、基本连片的区域。

（2）城市市区以外的土地

下列城市市区以外的土地属于国家所有：①农村和城市郊区中已经依法没收、征收、征购为国有的土地；②国家依法征用的土地；③依法不属于集体所有的林地、草地、荒地、滩涂及其他土地；④农村集体经济组织全部成员转为城镇居民的，原属于其成员集体所有的土地；⑤因国家组织移民、自然灾害等原因，农民城建制集体迁移后不再使用的原属于迁移农民集体所有的土地。

在所有权的行使上，国家虽然拥有土地所有权，但国家一般将国有土地交由全民所有制单位、集体所有制单位、其他组织及个人经营使用，使用国有土地的单位和个人只拥有其使用土地的使用权。

（三）农民集体土地所有权

1. 集体土地所有权的概念

农民集体土地所有权是指农村劳动群众集体经济组织在法律规定范围内对其所有土地享有占有、使用、收益和处分，并排除他人非法干涉的权利。

2. 集体土地所有权的主体

农民集体土地所有权不像国家土地所有权一样，它没有一个在全国范围内的统一主体，集体所有的土地属于各级劳动群众集体所有。《土地管理法》第十一条规定："农民集体所有的土地依法属于村农民集体所有的，由村集体经济组织或者村民委员会经营、管理；已经分别属于村内两个以上农村集体经济组织的农民集体所有的，由村内各该农村集体经济组织或者村民小组经营、管理；已经属于乡（镇）农民集体所有的，由乡（镇）农村集体经济组织经营、管理。"

3. 集体土地的使用

集体土地的使用，必须服从国家的农业政策、耕地保护政策；农民集体土地所有权的占有、使用和收益权能可以以土地使用权的形式有偿或无偿地授予私人或者企业，但以本集体的成员和本集体兴办的企业为限；集体可以让渡集体土地所有权，但只能通过土地征用程序让渡给国家；集体可以放弃其土地所有权，集体放弃土地所有权后，土地所有权自动转为国家所有。

（四）土地所有权的变更

土地的社会主义公有制是我国的一项基本经济制度，因此，绝对不允许土地私有化。土地所有权的变更不是指把公有的土地变为私有，而是依照法律规定的条件和程序，在法律允许的范围内将集体所有的土地收归国有，或者将国家所有的土地调整为农民集体所有。《土地管理法》第十二条规定，土地的所有权和使用权的登记，依照有关不动产登记的法律、行政法规执行。依法登记的土地的所有权和使用权受法律保护，任何单位和个人不得侵犯。

1. 集体所有土地变为国家所有土地

随着社会经济的发展，城市市区要不断向外扩展，需要征用城市郊区的农民集体所有的土地；国家为了公共利益的需要，要进行大规模的基础设施建设，也需要征用农民集体所有的土地。国家的土地征用制度必然带来土地所有权属的变化，即通过征用，农民集体所有的土地就变为国家所有的土地。《土地管理法》第二条规定，国家为公共利益的需要，可以依法对集体所有的土地实行征用。国家依法实行国有土地有偿使用制度。但是，国家在法律规定的范围内划拨国有土地使用权的除外。《土地管理法》第四十四条规定，建设占用土地，涉及农用地转为建设用地的，应当办理农用地转用审批手续。永久基本农田转为建设用地的，由国务院批准。在土地利用总体规划确定的城市和村庄、集镇建设用地规模范围内，为实施该规划而将永久基本农田以外的农用地转为建设用地的，按土地利用年度计划分批次由原批准土地利用总体规划的机关或者其授权的机关批准。在已批准的农用地转用范围内，具体建设项目用地可以由市、县人民政府批准。在土地利用总体规划确定的城市和村庄、集镇建设用地规模范围外，将永久基本农田以外的农用地转为建设用地的，由国务院或者国务院授权的省、自治区、直辖市人民政府批准。

2. 国有土地所有权转为集体土地所有权

在一般情况下，不允许将国有土地转为集体所有的土地，但在以下特殊情况下，经过县级以上人民政府批准，可以将少量的国有土地转为集体所有的土地。

（1）需要调整权属地界或插花地。为了调整不合理的土地权属地界，或者为了解决地界分散、插花、弯曲等问题，需要通过将弯曲取直、进行土地交换等办法，改变土地权属关系，将少量国有土地变为集体所有的土地。

（2）因某种实际需要，如为了安置因国家大型建设项目而搬迁的移民，保证他们的生产和生活需要，可以将少量的国有荒地确定为农民集体所有，让农民耕种和放牧。

（3）如有其他特殊原因，可以将国有土地变为集体所有土地。如为了弥补土地利用中存在的缺陷，可以依法将国家所有的土地和集体所有的土地进行调换。

土地权属关系发生变更的，要依法进行变更登记，并更换土地证书。《土地管理法》第十二条规定："依法登记的土地的所有权和使用权受法律保护，任何单位和个人不得侵犯。"

二、土地使用权

（一）土地使用权概述

1. 土地使用权的概念

土地使用权是土地所有权派生出来的一种权利，是指土地使用者依法对其占有的土地进行开发利用，并取得收益的权利。土地使用权是土地所有权的权能之一，土地使用权的行使必须以对土地的占有为前提，在实际生活中，土地所有权与土地使用权常常是分离的，但这种分离是以法律为依据的。土地所有者占用土地的目的无非是为了获得土地上的收益，如果土地使用人更能发挥土地的效益，在保证土地所有人不失去土地所有权的情况下，可以出租、出让、转让给土地使用人使用。

2. 土地使用权的法律特征

（1）土地使用权的派生性。土地使用权的派生性是指所有权的享有权能在一定条件下与所有权相分离而形成的一种权利，土地所有者在不丧失所有权的情况下，将所有权的一部分权能暂时地或者长久地让渡给他人，而所有权人保留处分权。

（2）土地使用权的从属性。土地使用权的从属性是指土地使用权的发生、行使要受到所有权的制约。土地使用权人的发生需要所有权人有释出土地使用权的意思，依照法律规定的程序，对特定相对人授予土地使用权的单方行为或者合同行为，即为法律规定的划拨或者出让行为。土地使用权的行使附随有许多义务，如对土地要进行合理利用，不得随意改变土地的用途，要缴纳各种税费等。

（3）土地使用权的直接性。土地使用权的直接性是指权利人对土地具有直接的支配力，其对土地的占用、使用和收益不需要他人履行任何义务直接就可实现。土地使用权的这种直接性源于土地使用权的物权性质，具有排除他人干涉的权利。

（4）土地使用权的可转让性。土地使用权的可转让性是指土地使用权可以依据法律的规定转让给他人使用，土地使用权人有权处分使用权，有权以转让、出租和抵押等形式处分土地使用权。

（5）土地使用权的有期限性。土地使用权的有期限性是指依法律规定土地使用权有一定的有效期限，过了有效期限以后，土地所有权人收回土地使用权，或者续展土地使用权。

3. 土地使用权的分类

在我国，土地使用权可以分为国有土地使用权和农村集体土地使用权。

国有土地使用权是指公民和法人在法律许可的范围内，对依法取得的国有土地或者集体所有的土地所享有的占有、使用、收益，并排除他人非法干涉的权利。

农村集体土地使用权是指农村集体经济组织的成员，依照法律规定的方式对集体所有的土地进行开发和利用，对集体土地所享有的占有、使用和收益的权利。农村集体土地使用权可分为农用土地使用权、宅基地使用权和建设用地使用权。农用土地使用权是指农村集体经济组织的成员或者农村集体经济组织以外的单位和个人从事种植业、林业、畜牧业、渔业生产的土地使用权。宅基地使用权是指农村村民住宅用地的使用权。建设用地使用权是指农村集体经济组织兴办乡（镇）企业和乡（镇）村公共设施、公益事业建设用地的使用权。

4. 土地使用权的获取方式

土地使用权获取方式主要有出让、划拨、转让三种方式。

（1）以出让方式取得国有土地使用权

土地使用权出让，是指国家将土地使用权在一定年限内出让给土地使用者，由土地使用者向国家支付土地使用权出让金的行为。

出让方式：招标、拍卖、挂牌、协议。

土地使用权出让最高年限：居住用地七十年，工业用地五十年，教育、科技、文化、卫生、体育用地五十年，商业、旅游、娱乐用地四十年，综合或者其他用地五十年。

（2）以划拨方式取得国有土地使用权

土地使用权划拨，是指县级以上人民政府依法批准，在土地使用者缴纳补偿、安置等费用后将该幅土地交付其使用，或者将土地使用权无偿交付给土地使用者使用的行为。即划拨土地使用权不需要使用者出钱购买土地使用权，而是经国家批准其无偿、无年限限制地使用国有土地。但取得划拨土地使用权的使用者应当依法缴纳土地使用税。

年限：以划拨方式取得土地使用权的，除法律、行政法规另有规定外，没有使用期限的限制。虽然无偿取得划拨土地使用权没有年限限制，但因土地使用者迁移、解散、撤销、破产或者其他原因而停止使用土地的，国家应当无偿收回划拨土地使用权，并可依法出让。因城市建设发展需要和城市规划的要求，也可以对划拨土地使用权无偿收回，并可依法出让。无偿收回划拨土地使用权的，其地上建筑物和其他附着物归国家所有，但应根据实际情况给予适当补偿。

转让、出租、抵押的限制性规定：划拨土地使用权一般不得转让、出租、抵押，但符合法定条件的也可以转让、出租、抵押。即土地使用者为公司、企业、其他组织和个人，领有土地使用权证，地上建筑物有合法产权证明，经当地政府批准其出让并补交土地使用权出让金或者以转让、出租、抵押所获收益抵交出让金。未经批准擅自转让、出租、抵押划拨土地使用权的，没收其非法收入，并根据其情节处以相应罚款。

（3）以转让方式取得国有土地使用权

土地使用权转让是指土地使用者将土地使用权再转移的行为，即土地使用者将土地使用权单独或者随同地上建筑物、其他附着物转移给他人的行为。原拥有土地使用权的一方称为转让人，接受土地使用权的一方称为受让人。

转让方式：包括出售、交换和赠与等。

禁止性规定：未按土地使用权出让合同规定的期限和条件投资开发、利用土地的，土地使用权不得转让。

年限：土地使用者通过转让方式取得的土地使用权，其使用年限为土地使用权出让合同规定的使用年限减去原土地使用者已使用年限后的剩余年限。

"房地一并转移"：土地使用权转让时，其地上建筑物、其他附着物所有权随之转让。地上建筑物、其他附着物的所有人或者共有人，享有该建筑物、附着物使用范围内的土地使用权。土地使用者转让地上建筑物、其他附着物所有权时，其使用范围内的土地使用权随之转让，但地上建筑物、其他附着物作为动产转让的除外。

土地使用权转让价格明显低于市场价格的，市、县人民政府有优先购买权。土地使用权转让的市场价格不合理上涨时，市、县人民政府可以采取必要的措施。

（二）土地承包经营权

1. 土地承包经营权的概念和特征

土地承包经营权是指非土地所有人依法取得的对土地所有人的土地资源的占有、使用和收益的权利。其法律特征为：

（1）农村集体土地所有权和对国有土地的使用权是承包经营权产生的前提和基础，它是国家或集体赋予的，并依赖于国家、集体土地所有权的一项权利。

（2）土地承包经营权是土地所有权的一种衍生，承包经营权是具有与土地所有权相独立的物权性质的权利。

（3）土地承包经营权是一种他物权，是基于土地所有权而产生的权利，除受法律的规定外，还受当事人之间协议的约束。

（4）土地承包经营权是用益物权中的一种耕作权，仅限于在农业用地上进行耕作。

2. 土地承包范围和要求

根据《土地管理法》第十三条的规定，农民集体所有和国家所有依法由农民集体使用的耕地、林地、草地，以及其他依法用于农业的土地，采取农村集体经济组织内部的家庭承包方式承包，不宜采取家庭承包方式的荒山、荒沟、荒丘、荒滩等，可以采取招标、拍卖、公开协商等方式承包，从事种植业、林业、畜牧业、渔业生产。家庭承包的耕地的承包期为30年，草地的承包期为30~50年，林地的承包期为30~70年；耕地承包期届满后再延长30年，草地、林地承包期届满后依法相应延长。国家所有依法用于农业的土地可以由单位或者个人承包经营，从事种植业、林业、畜牧业、渔业生产。

3. 土地承包经营权的设立

土地承包经营权的设立以土地承包经营合同为基础。根据《土地管理法》第十三条第三款规定，发包方和承包方应当依法订立承包合同，约定双方的权利和义务。承包经营土地的单位和个人，有保护和按照承包合同约定的用途合理利用土地的义务。发包方的权利和义务一般为：①对所发包的土地行使所有权和合同约定的经营管理权；②监督承包者的生产经营活动；③收取承包金或者提留；④为承包方提供服务。

承包方的权利和义务主要有：①行使合同约定的经营自主权；②不得破坏土地的生产条件；③不得荒芜或者变相荒芜所承包的土地；④按照合同约定完成生产任务或者合同约定的开发经营项目；⑤按照合同约定交付承包金或者提留。

4. 土地承包经营权的期限

《中华人民共和国民法典》第三百三十二条规定，耕地的承包期为30年，草地的承包期为30年至50年，林地的承包期为30年至70年。前款规定的承包期限届满，由土地承包经营权人依照农村土地承包的法律规定继续承包。

5. 土地承包经营权争议的解决

在土地承包经营期间，如果双方因土地承包经营权发生争议，应当以双方签订的合同为依据确定双方相互之间的权利义务。解决土地承包经营权的争议，《土地管理法》第十四条规定，土地使用权的争议，由当事人协商解决；协商不成的，由人民政府处理。单位之间的争议，由县级以上人民政府处理；个人之间、个人与单位之间的争议，由乡级人民政府或者县级以上人民政府处理。当事人对有关人民政府的处理决定不服的，可以自接到处理决定通知书之日起30日内，向人民法院起诉。在土地使用权争议解决之前，任何一方不得改变土地利用现状。

第三节 土地利用总体规划

一、土地利用总体规划

（一）土地利用总体规划的概念

土地利用总体规划是指在一定区域内，根据国家社会经济可持续发展的要求和当地自然、经济、社会条件，对土地的开发、利用、治理、保护，在空间上、时间上所作的总体安排和布局，是国家实行土地用途管制的依据。土地利用总体规划是指在各级行政区域内，根据土地资源特点和社会经济发展要求，对今后一段时期内（通常为15年）土地利用的总安排。《土地管理法》第十五条规定："各级人民政府应当依据国民经济和社会发展规划、国土整治和资源环境保护的要求、土地供给能力以及各项建设对土地的需求，组织编制土地利用总体规划。"

我国的土地利用总体规划划分为全国、省、地（市）、县（市）、乡（镇）五个基本层次，分别由各级人民政府编制，由省级以上人民政府批准后实施。为了保证国家和社会的整体利益，土地利用总体规划必须是下级服从上级，地方服从中央。《土地管理法》第十六条规定："下级土地利用总体规划应当依据上一级土地利用总体规划编制"。"地方各级人民政府编制土地利用总体规划中的建设用地总量不得超过上一级土地利用总体规划确定的控制指标，耕地保有量不得低于上一级土地利用总体规划确定的控制指标"。

（二）土地利用总体规划的基本原则

根据《土地管理法》第十七条的规定，我国土地利用总体规划的编制应当坚持以下原则。

（1）落实国土空间开发保护要求，严格土地用途管制。优化国土空间开发保护格局，落实"多规合一"建立国土空间规划体系，严格国土空间用途管制，加强国土空间生态保护修复。

（2）严格保护基本农田，控制非农业建设占用农用地。除国家重点建设基础设施、能源、交通等对国民经济具有重大影响的项目，确实无法避开农用地的，经依法批准，才可以占用农地。

（3）提高土地节约集约利用水平。土地利用总体规划的编制必须充分考虑利用现有的土地，尤其是要充分利用现有的建设用地，避免规模的扩张。建设用地能避开农用地的，要尽量不用农用地或者尽量少用农用地，以保护基本农田不减少。

（4）统筹安排城乡生产、生活、生态用地，满足乡村产业和基础设施用地合理需求，促进城乡融合发展。土地利用总体规划对农用地、建设用地及建设用地中不同类别用地进行统筹安排，对不同区域的土地应当合理利用，统筹规划。

（5）保护和改善生态环境，保障土地的可持续利用。在制定土地利用总体规划时，应当把保护环境和改善环境作为非常重要的内容，只有环境得到了切实的保护和改善，土地的可持续利用才有保障。

（6）占用耕地与开发复垦耕地数量平衡、质量相当。随着我国经济的不断发展，基础设施和工业建设必然会占用一部分耕地，而我国的耕地资源又十分宝贵，在这种情况下，为了保证耕地总量不减少，就必须保持占用耕地与开发复垦耕地相平衡，才能达到这一要求。

（三）土地利用总体规划的审批程序

《土地管理法》第二十条规定，土地利用总体规划实行分级审批。省、自治区、直辖市的土地利用总体规划，报国务院批准。省、自治区人民政府所在地的市、人口在100万以上的城市以及国务院指定的城市的土地利用总体规划，经省、自治区人民政府审查同意后，报国务院批准。本条第二款、第三款规定以外的土地利用总体规划，逐级上报省、自治区、直辖市人民政府批准；其中，乡（镇）土地利用总体规划可以由省级人民政府授权的设区的市、自治州人民政府批准。土地利用总体规划一经批准，必须严格执行。土地利用总体规划应当将土地划分为农用地、建设用地和未利用地。土地利用总体规划的规划期限一般为15年。

(四）县、乡两级土地利用总体规划的具体要求

根据《土地管理法》第十九条，县级土地利用总体规划应当划分土地利用区，明确土地用途。乡（镇）土地利用总体规划应当划分土地利用区，根据土地使用条件，确定每一块土地的用途，并予以公告。

土地利用分区，是指在县、乡级土地利用总体规划中，根据土地资源的特点、社会经济可持续发展的要求和上级下达的规划指标和布局，划分土地用途相对一致的区域。县级和乡（镇）土地利用总体规划应当根据需要，划定基本农田保护区、土地开垦区、建设用地区和禁止开垦区等。明确土地利用分区，可以使土地利用总体规划具体化，便于操作，在上级土地利用总体规划的指导之下，保护耕地，控制建设用地规模。

乡（镇）土地利用总体规划还应当根据土地使用条件，确定每一块土地的用途。土地利用总体规划批准后，乡（镇）人民政府应当在本行政区域内予以公告。

（五）土地利用总体规划和城市总体规划、村庄和集镇规划的关系

土地利用总体规划与城市总体规划在内容上有相同点，也有不同点。其共同点为，土地利用总体规划和城市总体规划都以国民经济和社会发展计划为基础，以各部门发展规划为依据，安排各类用地，并通过制定一系列的实施措施合理调整用地布局、优化用地结构，以达到节约用地、合理用地的目的，促进社会经济的可持续发展。其不同点为，首先，两者侧重解决的问题不同。土地利用总体规划除了要分析城镇用地的综合平衡、优化调整和合理配置，更注重区域的自然性，强调保护自然资源和环境资源，追求整体环境的稳定性、物种多样性和可持续发展，是一种以指标定量调控为基础并积极向空间发展的地域规划。城市总体规划除了要分析城镇用地规模外，更重要的是对城市内部各类用地进行优化调整和合理配置，是一种以定性、定位为基础的物质、社会、经济相结合的整体空间规划。其次，两者所追求的效果不同。土地利用总体规划偏重于规划的结果，是一种指令性目标。而城市总体规划偏重于规划的过程性，它的结果只是一种预溯，强调的是为达到目标而进行的调控过程。

为了做到两者的协调，《土地管理法》第二十一条规定，城市建设用地规模应当符合国家规定的标准，充分利用现有建设用地，不占或者尽量少占农用地。城市总体规划、村庄和集镇规划，应当与土地利用总体规划相衔接，城市总体规划、村庄和集镇规划中建设用地规模不得超过土地利用总体规划确定的城市和村庄、集镇建设用地规模。在城市规划区内、村庄和集镇建设规划区内，城市和村庄、集镇建设用地应当符合城市规划、村庄和集镇规划。

（六）土地利用总体规划和江河、湖泊综合治理与开发利用的关系

我国除土地利用总体规划外，还有许多其他专业规划，如江河、湖泊综合治理和开发利用规划，土地利用总体规划要与它们相协调。《土地管理法》第二十二条规定，江河、湖泊综合治理和开发利用

规划，应当与土地利用总体规划相衔接。在江河、湖泊、水库的管理和保护范围以及蓄洪滞洪区内，土地利用应当符合江河、湖泊综合治理和开发利用规划，符合河道、湖泊行洪、蓄洪和输水的要求。

（七）土地利用年度计划

土地利用总体规划是对相对较长时期内的土地利用作出的规划，但要具体落实这个总体规划，增加土地利用计划编制的科学性、严肃性，保证土地利用总体规划的实施，还要采取土地利用年度计划管理的办法。因此，《土地管理法》第二十三条规定，各级人民政府应当加强土地利用计划管理，实行建设用地总量控制，编制土地利用年度计划。

土地利用年度计划，要根据国民经济和社会发展计划、国家产业政策、土地利用总体规划以及建设用地和土地利用总体规划的实际状况进行编制。土地利用年度计划的编制和审批程序与土地利用总体规划的编制和审批程序相同，一经审批下达，必须严格执行。

（八）土地利用总体规划的修订程序

土地利用总体规划是根据制定时的社会经济状况的实际来对土地利用的总体进行规划的，而且规划期限相对较长。随着社会经济的发展，往往会出现一些在制定土地利用总体规划时未预料到的情况，如果继续执行土地利用总体规划，会给经济的发展带来不利的影响，因此，对土地利用总体规划进行修订也是尊重社会发展客观规律的体现。

土地利用总体规划的修订是指在土地利用总体规划确定的期限内，由于某种不可抗力和不可预料的原因的出现，使已经批准的土地利用总体规划不能适应社会经济发展的需要，而对规划确定的内容进行调整的行为。土地利用总体规划一经制定和批准，就具有相当的法律约束力，不能随意修订。修订土地利用总体规划是十分严肃的事情，必须符合修订的条件和遵守严格的修订程序。《土地管理法》第二十五条规定，经批准的土地利用总体规划的修改，须经原批准机关批准；未经批准，不得改变土地利用总体规划确定的土地用途。

（1）经国务院批准的大型能源、交通、水利等基础设施建设用地，需要改变土地利用总体规划的，根据国务院的批准文件修改土地利用总体规划。

（2）经省、自治区、直辖市人民政府批准的能源、交通、水利等基础设施建设用地，需要改变土地利用总体规划的，属于省级人民政府土地利用总体规划批准权限内的，根据省级人民政府的批准文件修改土地利用总体规划。

二、土地管理

（一）土地调查制度

土地调查包括土地的数量、质量、权属和利用的调查。土地是一种重要资源，要充分利用好这一资源，就要掌握这一资源的基本情况。土地调查就是了解土地资源的重要手段，也是政府制定土地利用总体规划的重要依据。《土地管理法》第二十六条规定："国家建立土地调查制度。县级以上人民政府土地行政主管部门会同同级有关部门进行土地调查。土地所有者或者使用者应当配合调查，并提供有关资料。"

国家根据对土地调查的结果，对土地实行评定等级制度。《土地管理法》第二十七条规定："县级以上人民政府土地行政主管部门会同同级有关部门根据土地调查成果、规划土地用途和国家制定的统一标准，评定土地等级。"土地等级是土地基准地价的基础，是征收土地税费、计算土地补偿的重要依据。

土地利用现状调查结果，经本级人民政府审核，报上一级人民政府批准后，应当向社会公布；全国土地利用现状调查结果，报国务院批准后，应当向社会公布。

（二）土地统计制度

土地统计是指国家对土地的数量、质量、分布、权属和利用状况以及发展变化进行统计、调查、分析，提供土地统计资料，实行土地监督，为制定土地经济政策和规划，以及进行科学管理土地而实施的活动。国家在进行土地调查的基础上，建立土地统计制度对土地情况进行综合统计和分类统计，国家可以掌握全国土地资源的状况，为保护和利用土地提供基础性的条件。《土地管理法》第二十八条规定："国家建立土地统计制度。县级以上人民政府土地行政主管部门和同级统计部门共同制定统计调查方案，依法进行土地统计，定期发布土地统计资料。土地所有者或者使用者应当提供有关资料，不得虚报、瞒报、拒报、迟报。土地行政主管部门和统计部门共同发布的土地面积统计资料是各级人民政府编制土地利用总体规划的依据。"同时，国家通过所掌握的土地统计数据，对土地的状况进行动态的监测。《土地管理法》第二十九规定："国家建立全国土地管理信息系统，对土地利用状况进行监测。"

第四节　耕地保护

一、耕地保护制度

（一）国家保护耕地，严格控制耕地转为非耕地

近些年来，随着经济的快速发展，一些地方出现了乱占耕地、违法占地、浪费土地的问题，致使耕地面积逐年锐减，严重影响了我国的粮食生产和农业发展。《土地管理法》第三条规定："十分珍惜、合理利用土地和切实保护耕地是我国的基本国策。各级人民政府应当采取措施，全

面规划，严格管理，保护、开发土地资源，制止非法占用土地的行为。"对于土地管理特别是耕地保护这个事关全国大局和中华民族子孙后代的大问题，我们必须采取治理之策，扭转在人口继续增加情况下耕地大量减少的失衡趋势。《土地管理法》第三十条规定："国家保护耕地，严格控制耕地转为非耕地。"

（二）国家实行占用耕地补偿制度

《土地管理法》第三十条规定："国家实行占用耕地补偿制度。非农业建设经批准占用耕地的，按照'占多少，垦多少'的原则，由占用耕地的单位负责开垦与所占耕地的数量和质量相当的耕地；没有条件开垦或者开垦的耕地不符合要求的，应当按照省、自治区、直辖市的规定缴纳耕地开垦费，专款用于开垦新的耕地。省、自治区、直辖市人民政府应当制定开垦耕地计划，监督占用耕地的单位按照计划开垦耕地或者按照计划组织开垦耕地，并进行验收。"

（三）土壤改良

那些质量很好、肥力很好、产量很高的耕地，其耕作层是经过多年建设、改造和培养地力的结果，是历代耕作者勤劳和汗水的结晶。《土地管理法》第三十一条规定，要求占用耕地的单位将所占用耕地耕作层的土壤用于新开垦的耕地、劣质地或者其他耕地的土壤改良，这是一种保护耕地的切实可行的办法，也有利于新开垦的耕地与被占用的耕地质量相当，保证了新开垦耕地的质量。《土地管理法》第三十六条规定，应改良土壤，提高地力，维护排灌工程设施，防止土地荒漠化、盐渍化、水土流失和污染土地。

（四）确保耕地数量平衡

《土地管理法》第三十二条规定，省、自治区、直辖市人民政府应当严格执行土地利用总体规划和土地利用年度计划，采取措施，确保本行政区域内耕地总量不减少；耕地总量减少的，由国务院责令在规定期限内组织开垦与所减少耕地数量与质量相当的耕地，并由国务院土地行政主管部门会同农业行政主管部门验收。个别省、直辖市确因土地后备资源匮乏，新增建设用地后，新开垦耕地的数量不足以补偿所占用耕地的数量的，必须报经国务院批准减免本行政区域内开垦耕地的数量，易地开垦数量和质量相当的耕地。

耕地总量的动态平衡主要是指全国范围、全省范围内的动态平衡，要做到这一点，具体的措施为：一是在全国和省级土地利用总体规划中必须保证耕地总量不减少；二是实行耕地总量动态平衡的省级政府负责制；三是加强开发、复垦和整理，增加有效耕地面积；四是加强土地利用动态监测。

（五）节约用地

《土地管理法》第三十七条规定："非农业建设必须节约使用土地，可以利用荒地的，不得占用耕地；可以利用劣地的，不得占用好地。"同时规定"禁止占用耕地建窑、建坟或者擅自在耕地上建房、挖砂、采石、采矿、取土等。禁止任何单位和个人占用基本农田发展林果业和挖塘养鱼"。

（六）禁止闲置、荒芜耕地

《土地管理法》第三十八条规定，禁止任何单位和个人闲置、荒芜耕地。已经办理审批手续的非农业建设占用耕地，1年内不用而又可以耕种并收获的，应当由原耕种该幅耕地的集体或者个人恢复耕种，也可以由用地单位组织耕种；1年以上未动工建设的，应当按照省、自治区、直辖市的规定缴纳闲置费；连续2年未使用的，经原批准机关批准，由县级以上人民政府无偿收回用地单位的土地使用权；该幅土地原为农民集体所有的，应当交由原农村集体经济组织恢复耕种。

在城市规划区范围内，以出让方式取得土地使用权进行房地产开发的闲置土地，依照《中华人民共和国城市房地产管理法》的有关规定办理。

承包经营耕地的单位或者个人连续2年弃耕抛荒的，原发包单位应当终止承包合同，收回发包的基本农田。

（七）耕地开发

《土地管理法》第三十九条规定，国家鼓励单位和个人按照土地利用总体规划，在保护和改善生态环境、防止水土流失和土地荒漠化的前提下，开发未利用的土地；适宜开发为农用地的，应当优先开发成农用地。国家依法保护开发者的合法权益。第四十条规定，开垦未利用的土地，必须经过科学论证和评估，在土地利用总体规划划定的可开垦的区域内，经依法批准后进行。禁止毁坏森林、草原开垦耕地，禁止围湖造田和侵占江河滩地。根据土地利用总体规划，对破坏生态环境开垦、围垦的土地，有计划有步骤地退耕还林、还牧、还湖。第四十一条规定，开发未确定使用权的国有荒山、荒地、荒滩从事种植业、林业、畜牧业、渔业生产的，经县级以上人民政府依法批准，可以确定给开发单位或者个人长期使用。第四十二条规定，国家鼓励土地整理。县、乡（镇）人民政府应当组织农村集体经济组织，按照土地利用总体规划，对田、水、路、林、村综合整治，提高耕地质量，增加有效耕地面积，改善农业生产条件和生态环境。

二、基本农田保护制度

（一）基本农田的概念

基本农田，是指按照一定时期人口和社会经济发展对农产品的需求，依据土地利用总体规划确定的不得占用的耕地。为了对基本农田实行特殊保护，促进农业生产和社会经济的可持续发展，《土地管理法》第三十三条规定："国家实行永久基本农田保护制度。"

（二）基本农田保护区的划定

基本农田保护区是指为对基本农田实行特殊保护而依据土地利用总体规划和依照法定程序确定的特定保护区域。《土地管理法》第三十三条规定，下列耕地应当根据土地利用总体规划划为永久基本农田，实行严格保护：

（1）经国务院有关主管部门或者县级以上地方人民政府批准确定的粮、棉、油生产基地内的耕地；

（2）有良好的水利与水土保持设施的耕地，正在实施改造计划以及可以改造的中、低产田；

（3）蔬菜生产基地；

（4）农业科研、教学试验田；

（5）国务院规定应当划为永久基本农田的其他耕地。

各省、自治区、直辖市划定的永久基本农田应当占本行政区域内耕地的80%以上，具体比例由国务院根据各省、自治区、直辖市耕地实际情况规定。

第五节　建设用地

一、国家建设用地

（一）国家建设用地概述

1. 国家建设用地的概念

建设用地是指建造建筑物、构筑物的土地，包括城乡住宅和公共设施用地，工矿用地，能源、交通、水利、通信等基础设施用地，旅游用地，军事用地等。建设用地利用土地的承载能力或建筑空间，不以取得生物产品为主要目的。国家建设征用土地的主体必须是国家，这种建设征用土地行为是一种国家行政行为。按照我国土地公有的形式有土地国家所有制和农民集体所有制两种，所以，国家征用建设用地的标的只能是集体所有的土地。同时，国家征用土地必须以公平补偿为原则。

2. 国家建设用地的种类

国家建设用地根据用地时间的长短可分为长期用地和临时用地。

（1）长期用地

这是国家因社会公共利益的需要或国有企业等所占用的土地，如城镇居民点用地、国有企业建设用地、独立工矿用地、交通道路建设用地及水利工程用地、其他社会事业建设用地、国防建设用地和特殊用地等。这些都是长期用地，需要长期被占用。

（2）临时用地

临时用地是指国家建设项目依法取得长期用地范围以外，因堆放材料、运转通路和其他临时设施需要另行增加的短期用地，或者因架设地上线路、铺设地下管道、建设其他地下工程、进行地质勘探等需要临时使用的土地。《土地管理法》第五十七条规定，建设项目施工和地质勘探需要临时使用国有土地或者农民集体所有的土地的，由县级以上人民政府土地行政主管部门批准。其中，在城市规划区内的临时用地，在报批前，应当先经有关城市规划行政主管部门同意。土地使用者应当根据土地权属，与有关土地行政主管部门或者农村集体经济组织、村民委员会签订临时使用土地合同，并按照合同的约定支付临时使用土地补偿费。临时使用土地的使用者应当按照临时使用土地合同约定的用途使用土地，并不得修建永久性建筑物。临时使用土地期限一般不超过2年。从以上规定可以看出，临时用地有以下几个特点：①临时用地在性质上是一种建设用地，是一种特殊的建设用地；②临时用地只能用于建设项目施工或者地质勘查；③临时用地的使用期限一般不得超过2年；④在临时用地上不得修建永久性建筑物。

3. 建设用地的取得方式

目前我国建设用地的取得方式主要有两种：划拨土地和征用土地。

（1）划拨土地

划拨使用土地是指县级以上人民政府依法批准，在土地使用者缴纳补偿、安置费用后将该幅土地交付其使用，或者将土地使用权无偿交付给土地使用者使用的行为。根据《土地管理法》第五十四条的规定，下列建设用地，经县级以上人民政府依法批准，可以以划拨方式取得：①国家机关用地和军事用地；②城市基础设施用地和公益事业用地；③国家重点扶持的能源、交通、水利等基础设施用地；④法律、行政法规规定的其他用地。

只有国有土地才能适用划拨方式，集体所有的土地不能划拨给建设单位使用，只能采用征用方式。划拨土地的所有权仍然属于国家。划拨的土地上附有青苗或其他附着物的，建设单位应当支付一定的补偿费，但划拨土地一律不交土地补偿费，而且一般也没有期限限制。

（2）征用土地

土地征用是指国家或政府为了公共利益的目的而强制取得他人所有的土地并给予公平补偿的行为。根据各国土地征用制度的规定，土地征用制度一般都由以下基本要素构成：①土地征用权由代表国家的政府享有；②土地征用权的行使不需要征得土地所有人的同意；③土地征用权只能为公共利益的需要而行使；④行使土地征用权必须给予公平的补偿。

一般建设单位使用国有土地，应当以出让等有偿方式取得。关于征用土地，要注意以下几点：①征用的对象只能是集体所有的土地，国有的土地不需要征用，划拨就行；②征用土地是一种国家行为，体现的是国家意志，具有一定的强制性，被征用单位必须服从；③征用土地只是土地所有权由集体转移给国家，而不是土地买卖，在征用土地过程中所收取的各种税费，主要是为了安置被征土地的农民的生产和生活，并不是土地所有权的买卖价格；④征地的管理机关是各级人民政府土地行政主管部门。

通过有偿使用方式取得土地使用权的，除了土地使用权出让一种形式以外，还有一种国有土地使用权出租的方式。根据《中华人民共和国中外合资经营企业法》《中华人民共和国中外合作经营企业法》和《中华人民共和国外资企业法》的有关规定，外商投资企业使用国有土地，可以采用逐年交纳场地使用费的方式。

《土地管理法》第五十五条规定，以出让等有偿使用方式取得国有土地使用权的建设单位，按照国务院规定的标准和办法，缴纳土地使用权出让金等土地有偿使用费和其他费用后，方可使用土地。

（二）国家建设征用土地的程序

1. 申请

申请，是国家建设征用土地的开始。《土地管理法》第六十一条规定："乡（镇）村公共设施、公益事业建设，需要使用土地的，经乡（镇）人民政府审核，向县级以上地方人民政府自然资源主管部门提出申请，按照省、自治区、直辖市规定的批准权限，由县级以上地方人民政府批准。"

经国务院有关主管部门及县以上人民政府批准，按照国家基本建设程序列入固定资产投资计划的项目，或者按照国家规定准许建设的项目，并已经列入本年度固定资产投资计划或被批准列入预备项目的，建设单位才能申请用地。建设单位申请用地应向土地行政部门提供下列文件：①经批准的建设项目设计任务书，或者其他批准文件；②建设项目的初步设计批准文件及文字说明；③建设项目的总平面布置图和地理位置图；④扩建、续建项目的原批准用地文件、平面布置图、土地利用现状和有关文字说明；⑤建设项目资金来源的证明材料以及年度投资计划；⑥环保有关部门的审查意见；⑦凡是经过建设用地咨询服务的项目，须同时报送咨询论证报告。

2. 审批

建设项目进行可行性研究论证时，土地管理部门应当根据土地利用总体规划、土地利用年度计划和建设供地标准，对建设用地进行审查。

关于国家建设征用土地的审批权限，《土地管理法》第四十四条规定："建设占用土地，涉及农用地转为建设用地的，应当办理农用地转用审批手续。永久基本农田转为建设用地的，由国务院批准。在土地利用总体规划确定的城市和村庄、集镇建设用地规模范围内，为实施该规划而将永久基本农田以外的农用地转为建设用地的，按土地利用年度计划分批次按照国务院规定由原批准土地利用总体规划的机关或者其授权的机关批准。在已批准的农用地转用范围内，具体建设项目用地可以由市、县人民政府批准。在土地利用总体规划确定的城市和村庄、集镇建设用地规模范围外，将永久基本农田以外的农用地转为建设用地的，由国务院或者国务院授权的省、自治区、直辖市人民政府批准。"第四十六条规定了国务院关于批准征用土地的权限：①永久基本农田；②永久基本农田以外的耕地超过35公顷的；③其他土地超过70公顷的。

3. 征地补偿

被批准征用土地的,应当按照被征用土地的原有用途给予补偿。《土地管理法》第四十八条就土地补偿费的种类及补偿标准作出了规定:"征收土地应当依法及时足额支付土地补偿费、安置补助费以及农村村民住宅、其他地上附着物和青苗等的补偿费用,并安排被征地农民的社会保障费用。征收农用地的土地补偿费、安置补助费标准由省、自治区、直辖市通过制定公布区片综合地价确定。制定区片综合地价应当综合考虑土地原用途、土地资源条件、土地产值、土地区位、土地供求关系、人口以及经济社会发展水平等因素,并至少每三年调整或者重新公布一次。征收农用地以外的其他土地、地上附着物和青苗等的补偿标准,由省、自治区、直辖市制定。对其中的农村村民住宅,应当按照先补偿后搬迁、居住条件有改善的原则,尊重农村村民意愿,采取重新安排宅基地建房、提供安置房或者货币补偿等方式给予公平、合理的补偿,并对因征收造成的搬迁、临时安置等费用予以补偿,保障农村村民居住的权利和合法的住房财产权益。县级以上地方人民政府应当将被征地农民纳入相应的养老等社会保障体系。被征地农民的社会保障费用主要用于符合条件的被征地农民的养老保险等社会保险缴费补贴。被征地农民社会保障费用的筹集、管理和使用办法,由省、自治区、直辖市制定。"

4. 公告

《土地管理法》第四十七条第一款及第四款规定:"国家征收土地的,依照法定程序批准后,由县级以上地方人民政府予以公告并组织实施。拟征收土地的所有权人、使用权人应当在公告规定期限内,持不动产权属证明材料办理补偿登记。"第四十七条第二款规定:"县级以上地方人民政府拟申请征收土地的,应当开展拟征收土地现状调查和社会稳定风险评估,并将征收范围、土地现状、征收目的、补偿标准、安置方式和社会保障等在拟征收土地所在的乡(镇)和村、村民小组范围内公告至少三十日,听取被征地的农村集体经济组织及其成员、村民委员会和其他利害关系人的意见。"第四十九条规定:"被征地的农村集体经济组织应当将征用土地的补偿费用的收支状况向本集体经济组织的成员公布,接受监督。禁止侵占、挪用被征用土地单位的征地补偿费用和其他有关费用。"

5. 建设单位改变国有土地用途须经批准

《土地管理法》第五十六条规定,建设单位使用国有土地的,应当按照土地使用权出让等有偿使用合同的约定或者土地使用权划拨批准文件的规定使用土地;确需改变该幅土地建设用途的,应当经有关人民政府土地行政主管部门同意,报原批准用地的人民政府批准。其中,在城市规划区内改变土地用途的,在报批前,应当先经有关城市规划行政主管部门同意。

6. 征用土地的收回

对国家土地使用权的收回,是一种国家强制的行政行为,包括原来使用的国有土地、以有偿出让使用的国有土地及国家建设征用的土地。《土地管理法》第五十八条规定,有下列情形之一的,由有关人民政府土地行政主管部门报经原批准用地的人民政府或者有批准权的人民政府批准，可以收回国有土地使用权：①为公共利益需要使用土地的；②为实施城市规划进行旧城区改建，需要调整使用土地的；③土地出让等有偿使用合同约定的使用期限届满，土地使用者未申请续期或者申请续期未获批准的；④因单位撤销、迁移等原因，停止使用原划拨的国有土地的；⑤公路、铁路、机场、矿场等经核准报废的。

二、乡（镇）村建设用地

（一）乡（镇）村建设用地概述

乡（镇）村建设用地是指农村集体经济组织兴办企业、公益事业或者农民建设住宅所需占用的农村集体土地。乡（镇）村建设用地包括农村居民住宅建设用地，乡（镇）村企业建设用地，乡（镇）村公共设施、公益事业建设用地等几乎所有的农村建设用地。

批准乡（镇）村建设用地与国家建设征用土地虽然均是国家行政行为，二者所指向的都是农村集体所有的土地，但二者本质的不同在于：乡（镇）村建设用地的批准行为一旦完成，用地单位取得土地使用权，被用地单位丧失土地使用权；而国家建设征用土地行为的完成则标志着国家对被征用土地所有权的取得，被征地单位对被征土地所有权的丧失。

（二）乡（镇）村建设用地的批准权限及程序

1. 乡（镇）村企业建设用地

《土地管理法》第六十条规定："农村集体经济组织使用乡（镇）土地利用总体规划确定的建设用地兴办企业或者与其他单位、个人以土地使用权入股、联营等形式共同举办企业的，应当持有关批准文件，向县级以上地方人民政府土地行政主管部门提出申请，按照省、自治区、直辖市规定的批准权限，由县级以上人民政府批准；其中，涉及占用农用地的，依照本法第四十四条的规定办理审批手续。"

2. 乡（镇）村公共设施、公益事业建设用地

《土地管理法》第六十一条规定："乡（镇）村公共设施、公益事业建设，需要使用土地的，经乡（镇）人民政府审核，向县级以上人民政府土地行政主管部门提出申请，按照省、自治区、直辖市规定的批准权限，由县级以上地方人民政府批准；其中涉及占用农用地的，依照本法第四十四条的规定办理审批手续。"

3. 农村居民住宅建设用地

《土地管理法》第六十二条规定："农村村民一户只能拥有一处宅基地，其宅基地的面积不能超过省、自治区、直辖市规定的标准。人均土地少、不能保障一户拥有一处宅基地的地区，县级人民政府在充分尊重农村村民意愿的基础上，可以采取措施，按照省、自治区、直辖市规定的标准保障农村村民实现户有所居。农村村民建住宅，应当符合乡（镇）土地利用总体规划、村庄规

划，不得占用永久基本农田，并尽量使用原有的宅基地和村内空闲地。编制乡（镇）土地利用总体规划、村庄规划应当统筹并合理安排宅基地用地，改善农村村民居住环境和条件。农村村民住宅用地，经乡（镇）人民政府审核，由县级人民政府批准；其中，涉及占用农用地的，依照本法第四十四条的规定办理审批手续。农村村民出卖、出租住房后，再申请宅基地的，不予批准。"

（三）集体土地使用权的限制与收回

1. 使用集体土地的限制条件

《土地管理法》第六十三条规定："通过出让等方式取得的集体经营性建设用地使用权可以转让、互换、出资、赠与或者抵押，但法律、行政法规另有规定或者土地所有权人、土地使用权人签订的书面合同另有约定的除外。"第六十五条规定："在土地利用总体规划制定前已建的不符合土地利用总体规划确定的用途的建筑物、构筑物，不得重建、扩建。"

2. 集体土地使用权的收回

《土地管理法》第六十六条规定，有下列情形之一的，农村集体经济组织报经原批准用地的人民政府批准，可以收回土地使用权：①为乡（镇）村公共设施和公益事业建设，需要使用土地的；②不按照批准的用途使用土地的；③因撤销、迁移等原因而停止使用的。

案例分析题

案例一

甲村村委会与乙村村民赵某签订承包合同，将甲村的50亩荒地承包给赵某，承包期3年，承包费9万。赵某依合同付款后，未经批准在该地上建起了三间临时住房。甲村村民代表与赵某进行交涉，要求其返还土地并拆除房屋。但赵某以与村委会签过承包合同为由拒不同意。甲村村民一气之下将赵某的临时住房拆除。赵某于是向所在县人民法院提起诉讼，要求甲村村民赔偿损失。

问题

1. 本案中赵某与村委会签订的承包合同是否有效？为什么？
2. 赵某的房屋是否可以由村民拆除？
3. 此案法院最终将作如何判决？
4. 假设甲村在发包这50亩耕地前发出公告，看到公告后甲村村民王某与乙村村民赵某都想承包。这种情况下谁将取得承包权？

案例二

2019年8月，某市计划发展局批复同意该市某汽车维修有限公司新建综合业务用房900平方米及附属用房120平方米。同年9月，市建设局向该公司颁发了《建设用地规划许可证》。2020年1月，市国土资源局与该公司签订了《国有土地出让合同》，约定出让土地面积为5643平方米，用途为工业用地。2020年7月，市计划发展局再次批复同意该公司新建综合楼2800平方米，生产附属用房2000平方米。其后，该公司未向市国土局申请办理相关土地变更手续，以建"职工之家""职工宿舍"的名义，新建了联体别墅式二层住宅楼两幢，共占地1421.7平方米。因群众举报，该市国土局于2020年11月立案查处，并于2021年5月举行了听证会。2021年6月，国土局对该公司作出行政处罚决定，责令其交还非法改变用途的1421.7平方米的国有土地使用权，并处罚款54217元。该公司以市国土局的行政行为无事实和法律依据，系滥用行政职权行为而提起行政诉讼，要求法院撤销该处罚决定书。某市法院经审理，判决维持该市国土资源局对该公司作出的行政处罚决定书。

请用所学法律、法规知识作出评析。

思考题

1. 简述我国土地管理法律法规的立法现状。
2. 我国土地利用和保护的基本国策是什么？
3. 《土地管理法》中关于土地利用和保护的制度有哪些？
4. 随着城镇化快速推进，农业转移人口数量不断增加，农村宅基地闲置浪费问题日益突出，请针对如何盘活利用好农村闲置宅基地，并使这项工作有序实施、落到实处、惠及农民，谈谈你的看法。
5. 党的十九大以来，国家明确提出了要实施"休养生息"等围绕耕地资源可持续发展的新要求，新修订的《土地管理法》也强调严守耕地保护红线。如何在开展休养生息制度背景下进行耕地保护转型，实现耕地资源高效、公平利用？请提出相关建议。
6. 2019年新修订的《中华人民共和国农村土地承包法》及2021年起施行的《中华人民共和国民法典》都在法律上明确了"三权分置"制度（所有权、承包权、经营权三权分置，经营权流转）。稳定承包经营权是放活土地经营权之前提，然而，实践中的承包经营权却存在保障不足的问题，如何克服这一问题，更好地保障农民权益呢？请提出相关建议。

第四章
建筑法律制度

第一节 概述

一、《建筑法》的立法过程

1984年，建设部提出了建设领域系统改革的纲领性文件——《发展建筑业纲要》。同年9月，国务院颁发了《关于改革建筑业和基本建设管理体制若干问题的暂行规定》。这两个文件是建筑业全面改革的纲领性文件，也为建筑立法工作走向体系化的道路奠定了基础。此后，随着建筑业改革深化，亟须建立较为完善的建筑法体系。从1984年起，原城乡建设环境保护部就成立了《建筑法》起草小组起草《建筑法》，并于次年1月完成了初稿。随着建筑市场的日趋活跃，一些新情况、新问题不断出现，草案内容先后做了多次大的调整。为了加快立法工作的步伐，1994年建设部成立了建筑法起草领导小组，进一步收集、研究国外建筑立法的经验，到上海、江西、江苏、湖南、湖北等地进行专题调查研究，先后听取了30个省、自治区、直辖市以及国务院有关部门的意见，多次召开专家论证会，于1994年12月向国务院报送了《中华人民共和国建筑法（送审稿）》。国务院法制局对送审稿反复研究修改后，形成《中华人民共和国建筑法（草案）》。该草案于1996年8月经国务院常务会议通过。8月16日，国务院向全国人大常委会提出了《关于提请审议〈中华人民共和国建筑法（草案）〉的议案》。1997年11月1日，《中华人民共和国建筑法》（简称《建筑法》）由第八届全国人大常务委员会通过。该法律自1998年3月1日起实施。2011年，第十一届全国人民代表大会常务委员会第二十次会议决定对《中华人民共和国建筑法》进行修改：将第四十八条修改为："建筑施工企业应当依法为职工参加工伤保险缴纳工伤保险费。鼓励企业为从事危险作业的职工办理意外伤害保险，支付保险费。"该法自2011年7月1日起执行。

2019年4月23日，第十三届全国人民代表大会常务委员会第十次会议决定：一是根据国务院常务会议关于取消申请施工许可证时需提交的资金到位证明等一批证明事项的要求，草案删去了第八条第一款第七项"建设资金已经落实"的规定；二是为进一步优化申领施工许可证的条件，草案删去了第八条第一款第八项"法律、行政法规规定的其他条件"的兜底条款；三是为进一步压缩施工许可证审批时限，草案修改了第八条第二款，将施工许可证审批时限由申请之日起十五日内调整为申请之日起七日内。此外，为了与城乡规划法关于"在城市、镇规划区内进行建筑物等工程建设的，应当申请办理建设工程规划许可证"的规定保持一致，草案将第八条第一款第二项"在城市规划区的建筑工程，已经取得规划许可证"修改为"依法应当办理建设工程规划许可证的，已经取得建设工程规划许可证"。

《建筑法》是我国制定的第一部规范建筑活动的法律，作为一部重要的产业立法，适应了社会主义市场经济体制的要求，确立了保障建筑业健康发展的秩序。其将建筑活动纳入法制的轨道，为建设活动中错综复杂的社会经济关系提供了公认的权威规则。为保护有关当事人的合法权益，保障建筑活动的正常进行，公正有效地协调建筑活动中的经济关系提供了有力的法律保障。

二、《建筑法》的立法宗旨

（一）加强对建筑活动的监督管理

建筑业是国民经济的基础产业之一。建筑业通过自己的生产活动，为社会创造财富。近年来，我国的建筑业得到长足的发展，但同时还存在一些不容忽视的问题，如建筑市场中主体行为不规范，在工程承发包活动中行贿受贿，或者将承揽的工程进行层层转包层层扒皮，一批不具备从事建筑活动所应有的资质条件的包工队通过"挂靠"或其他违法手段承包工程，留下严重的建筑质量隐患，破坏了建筑市场的正常秩序。房屋建筑工程质量低劣，以致频频发生房屋倒塌的恶性事故，造成了极其恶劣的社会影响。通过制定《建筑法》，规定从事建筑活动和对建筑活动进行监督管理必须遵守的行为规范，以法律的强制力保证实施，为加强对建筑活动的有效监督管理提供法律依据和法律保障。

（二）维护建筑市场秩序

《建筑法》为维护建筑市场的正常秩序制定了一系列基本规则。

1. 市场进入规则

进入建筑市场从事建筑活动的施工企业、勘察单位、设计单位和工程监理单位，都必须具备法定的从业资格条件，并按其拥有的注册资本、专业技术人员、技术装备和已完成的建筑工程业绩等资质条件，划分为不同的资质等级，经资质审查合格，取得相应等级的资质证书后，方可在其资质等级许可的业务范围内从事建筑活动。禁止任何未依法取得建筑业资质证书的单位或者个人以任何形式进入建筑市场从事建筑活动，违者将依法取缔，追究其法律责任。

2. 市场竞争规则

除对不适于进行招标发包的建筑工程可以直接发包外，其他多数的建筑工程都应当依法实行招标发包；建筑工程的发包与承包的招标投标活动，应当遵循公开、公正和平等竞争的原则择优选择承包单位；禁止以贿赂、回扣等任何形式的不正当竞争手段承揽工程；政府及其所属部门不得滥用行政权力，限定发包单位将招标发包的建筑工程发包给指定的承包单位；禁止转包和违法分包。

3. 市场交易规则

建筑工程的发包方与承包方应当依法订立书面合同，明确双方的权利义务；建筑工程的造价由发包方与承包方在合同中依法约定；发包单位不得违法指定承包单位购入用于工程的建筑材料、建筑构配件或者指定生产厂、供应商。

（三）保证建筑工程的质量和安全

建筑工程具有造价高、一旦建成后将长期存在长期使用的特点，与其他产品相比，其质量问题显得更为重要。建筑工程发生质量问题，特别是建筑物的主体结构或隐蔽工程发生质量问题，将因难以弥补而造成巨大的经济损失。同时，建筑工程作为供人们居住或公众使用的场所，如果存在危及安全的质量问题，可能会造成重大的人身伤亡和财产损失。这方面国内外都有许多血的教训。"百年大计，质量第一"，这是从事建筑活动必须始终坚持的基本准则。《建筑法》将保证建筑工程的质量和安全作为立法宗旨和立法重点，从总则到分则作了若干重要规定，这对保证建筑工程的质量和安全具有重要意义。

（四）促进建筑业的健康发展

法律作为上层建筑，是为经济基础服务，为促进社会生产力发展服务的。制定《建筑法》，确立从事建筑活动必须遵守的基本规范，依法加强对建筑活动的监督管理，其最终目的，是为了促进建筑业的健康发展，以适应社会主义现代化建设的需要。这里讲的促进建筑业的健康发展，不仅包括对建筑业在发展速度和经济效益方面的要求，更重要的是对建筑业在确保工程质量和安全方面的要求，使我国的建筑业真正做到在"质量好、效益高"的基础上，得到持续、稳定、快速的发展。

三、《建筑法》的适用范围

《建筑法》适用范围的规定，包括两层含义：

1. 适用的地域范围（或称空间效力范围）是中华人民共和国境内，即中华人民共和国主权所及的全部领域内。法律空间效力范围的普遍原则，是适用于制定它的机关所管辖的全部领域。《建筑法》作为我国最高权力机关的常设机构全国人大常委会制定的法律，其效力自然及于中华人民共和国的全部领域。按照我国香港、澳门两个特别行政区建筑法的规定，香港和澳门的建筑立法，应由这两个特别行政区的立法机关自行制定。

2. 适用的主体范围包括一切从事建筑活动的主体和各级依法对建筑活动实施监督管理的政府机关。

（1）一切从事《建筑法》所称的建筑活动的主体，包括从事建筑工程的勘察、设计、施工、监理等活动的国有企业事业单位、集体所有制的企业事业单位、中外合资经营企业、中外合作经营企业、外资企业、合伙企业、私营企业以及依法可以从事建筑活动的个人，不论其经济性质如何、规模大小，只要从事《建筑法》规定的建筑活动，都应遵守《建筑法》的各项规定，违反《建筑法》规定的行为将受到法律的追究。

（2）行政机关依法行政，是社会主义法制建设的基本要求。各级依法对建筑活动实施监督管理的政府机关，包括建设行政主管部门和其他有关主管部门，都应当依照《建筑法》的规定，对建筑活动实施监督管理。包括依照《建筑法》的规定，对从事建筑活动的施工企业、勘察单位、设计单位和工程监理单位进行资质审查，依法颁发资质等级证书；对建筑工程的招标投标活动是否符合公开、公正、公平的原则及是否遵守法定程序进行监督，但不应代替建设单位组织招标；对建筑工程的质量和建筑安全生产依法进行监督管理；以及对违反《建筑法》的行为实施行政处罚等。对建筑活动负有监督管理职责的机关及其工作人员不依法履行职责、玩忽职守或者滥用职权的，将受到法律的追究。

四、《建筑法》的基本原则

《建筑法》的基本原则，即在从事建筑活动、实施建筑活动管理的过程中，必须遵循的行为准则包括：

（1）建筑活动应当坚持质量、安全和效益相统一的原则；
（2）国家扶持建筑业的发展原则；
（3）国家支持、鼓励提高房屋建筑设计水平的原则；
（4）国家鼓励在建筑活动中节约能源、保护环境的原则；
（5）建筑活动遵守法律、法规的原则；
（6）进行建筑活动，不得损害社会公共利益和他人的合法权益的原则；
（7）建筑活动的统一监督管理原则。

五、现行《建筑法》的主要结构及其内容

《建筑法》一共有8章，这8章分别是：总则、建筑许可、从业资格、建筑工程的发包与承包、一般规定、发包、承包、建筑工程监理、建筑安全生产管理、建筑工程质量管理、法律责任、附则。

（1）总则，规定了《建筑法》的目的、适用范围、建筑活动的含义及基本原则等。
（2）建筑许可，规定了建筑工程施工许可的条件、从事建筑活动的单位的资质审查制度和有关人员的资格审查制度等。
（3）建筑工程的发包与承包，规定了建筑工程发包与承包应当遵循的基本原则、行为准则等。

（4）建筑工程监理，规定了建筑工程监理的任务、工程监理单位的资质和责任以及有关要求等。

（5）建筑安全生产管理，规定了安全责任制现场管理安全措施、人员培训等。

（6）建筑工程质量管理，规定了企业质量体系认证制度企业质量责任制度、建筑工程竣工验收制度、建筑质量保修制度等。

（7）法律责任，规定了违反《建筑法》的有关法律责任及处罚办法等。

（8）附则，明确了参照该法执行的范围及该法生效时间。

第二节 建设工程施工许可制度

《建筑法》规定，建筑工程开工前，建设单位应当按照国家有关规定向工程所在地县级以上人民政府建设行政主管部门申请领取施工许可证；但是，国务院建设行政主管部门确定的限额以下的小型工程除外。按照国务院规定的权限和程序批准开工报告的建筑工程，不再领取施工许可证。

一、施工许可证和开工报告的适用范围

我国目前对建设工程开工条件的审批，存在着颁发施工许可证和批准开工报告两种形式。多数工程是办理施工许可证，少数工程为批准开工报告。

（一）施工许可证的适用范围

1. 需要办理施工许可证的建设工程

《建筑法》规定，建筑工程开工前，建设单位应当按照国家有关规定向工程所在地县级以上人民政府建设行政主管部门申请领取施工许可证。

《建筑工程施工许可管理办法》规定，在中华人民共和国境内从事各类房屋建筑及其附属设施的建造、装修装饰和与其配套的线路、管道、设备的安装，以及城镇市政基础设施工程的施工，建设单位在开工前应当依照本办法的规定，向工程所在地的县级以上地方人民政府住房和城乡建设主管部门（以下简称发证机关）申请领取施工许可证。

《住房城乡建设部办公厅关于工程总承包项目和政府采购工程建设项目办理施工许可手续有关事项的通知》中规定，各级住房和城乡建设主管部门可以根据工程总承包合同及分包合同确定设计、施工单位，依法办理施工许可证。对在工程总承包项目中承担分包工作，且已与工程总承包单位签订分包合同的设计单位或施工单位，各级住房和城乡建设主管部门不得要求

其与建设单位签订设计合同或施工合同,也不得将上述要求作为申请领取施工许可证的前置条件。

对依法通过竞争性谈判或单一来源方式确定供应商的政府采购工程建设项目,应严格执行《建筑法》《建筑工程施工许可管理办法》等规定,对符合申请条件的,应当颁发施工许可证。

2. 不需要办理施工许可证的建设工程

(1)限额以下的小型工程

按照《建筑法》的规定,国务院建设行政主管部门确定的限额以下的小型工程,可以不申请办理施工许可证。据此,《建筑工程施工许可管理办法》规定,工程投资额在30万元以下或者建筑面积在300平方米以下的建筑工程,可以不申请办理施工许可证。省、自治区、直辖市人民政府住房和城乡建设主管部门可以根据当地的实际情况,对限额进行调整,并报国务院住房和城乡建设主管部门备案。

(2)抢险救灾等工程

《建筑法》规定,抢险救灾及其他临时性房屋建筑和农民自建低层住宅的建筑活动,不适用本法。鉴于这些工程的特殊性,无需办理施工许可证。

3. 不重复办理施工许可证的建设工程

《建筑法》规定,按照国务院规定的权限和程序批准开工报告的建筑工程,不再领取施工许可证。这有两层含义:一是实行开工报告批准制度的建设工程,必须符合国务院的规定,其他任何部门的规定无效;二是开工报告与施工许可证不要重复办理。

4. 另行规定的建设工程

军用房屋建筑工程有其特殊性。所以《建筑法》规定,军用房屋建筑工程建筑活动的具体管理办法,由国务院、中央军事委员会依据本法制定。

(二)实行开工报告制度的建设工程

开工报告制度是我国沿用已久的一种建设项目开工管理制度,其审查的内容主要包括:①资金到位情况;②投资项目市场预测;③设计图纸是否满足施工要求;④现场条件是否具备"三通一平"等的要求。

二、申请主体和法定批准条件

(一)施工许可证的申请主体

《建筑法》规定,建设单位应当按照国家有关规定向工程所在地县级以上人民政府建设行政主管部门申请领取施工许可证。

建设单位(又称业主或项目法人)是建设项目的投资者,为建设项目开工和施工单位进场做好各项前期准备工作,是建设单位应尽的义务。因此,施工许可证的申请领取,应该是由建设单位负责,而不是施工单位或者其他单位。

(二)施工许可证的法定批准条件

《建筑法》规定,申请领取施工许可证,应当具备下列条件:①已经办理该建筑工程用地批准手续;②依法应当办理建设工程规划许可证的,已经取得建设工程规划许可证;③需要拆迁的,其拆迁进度符合施工要求;④已经确定建筑施工企业;⑤有满足施工需要的资金安排、施工图纸及技术资料;⑥有保证工程质量和安全的具体措施。

《建筑工程施工许可管理办法》进一步规定,建设单位申请领取施工许可证,应当具备下列条件,并提交相应的证明文件:①依法应当办理用地批准手续的,已经办理该建筑工程用地批准手续;②在城市、镇规划区的建筑工程,已经取得建设工程规划许可证;③施工场地已经基本具备施工条件,需要征收房屋的,其进度符合施工要求;④已经确定施工企业;⑤有满足施工需要的技术资料,施工图设计文件已按规定审查合格;⑥有保证工程质量和安全的具体措施;⑦建设资金已经落实,建设单位应当提供建设资金已经落实承诺书;⑧法律、行政法规规定的其他条件。

具体说明如下。

1. 依法应当办理用地批准手续的,已经办理该建筑工程用地批准手续

《土地管理法》规定,任何单位和个人进行建设,需要使用土地的,必须依法申请使用国有土地。依法申请使用的国有土地包括国家所有的土地和国家征收的原属于农民集体所有的土地。经批准的建设项目需要使用国有建设用地的,建设单位应当持法律、行政法规规定的有关文件,向有批准权的县级以上人民政府土地行政主管部门提出建设用地申请,经土地行政主管部门审查,报本级人民政府批准。

办理用地批准手续是建设工程依法取得土地使用权的必经程序,也是建设工程取得施工许可的必要条件。

2. 在城市、镇规划区的建筑工程,已经取得规划许可证

在城市、镇规划区,规划许可证包括建设用地规划许可证和建设工程规划类许可证。在乡、村庄规划区内进行乡镇企业、乡村公共设施和公益事业建设的,须核发乡村建设规划许可证。

《国务院关于印发清理规范投资项目报建审批事项实施方案的通知》要求,将原建设工程规划许可证核发、历史建筑实施原址保护审批等四项合并为"建设工程规划类许可证核发"。

(1)建设用地规划许可证

《城乡规划法》规定,在城市、镇规划区内以划拨方式提供国有土地使用权的建设项目,经有关部门批准、核准、备案后,建设单位应当向城市、县人民政府城乡规划主管部门提出建设用地规划许可申请,由城市、县人民政府城乡规划主管部门依据控制性详细规划核定建设用地的位

置、面积、允许建设的范围，核发建设用地规划许可证。建设单位在取得建设用地规划许可证后，方可向县级以上地方人民政府土地主管部门申请用地，经县级以上人民政府审批后，由土地主管部门划拨土地。

以出让方式取得国有土地使用权的建设项目，建设单位在取得建设项目的批准、核准、备案文件和签订国有土地使用权出让合同后，向城市、县人民政府城乡规划主管部门领取建设用地规划许可证。

（2）建设工程规划类许可证

在城市、镇规划区内进行建筑物、构筑物、道路、管线和其他工程建设的，建设单位或者个人应当向城市、县人民政府城乡规划主管部门或者省、自治区、直辖市人民政府确定的镇人民政府申请办理建设工程规划类许可证。

上述两个规划许可证，分别是申请用地和确认有关建设工程符合城市规划要求的法律凭证。

3. 施工场地已经基本具备施工条件，需要征收房屋的，其进度符合施工要求

施工场地应该具备的基本施工条件，通常要根据建设工程项目的具体情况决定。例如：已进行场区的施工测量，设置永久性经纬坐标桩、水准基桩和工程测量控制网；处理好"三通一平"或"七通一平"；在施工现场要设安全纪律牌、施工公告牌、安全标志牌等。实行监理的建设工程，一般要由监理单位查看后填写"施工场地已具备施工条件的证明"，并加盖单位公章确认。

《民法典》"物权篇"规定，为了公共利益的需要，依照法律规定的权限和程序可以征收集体所有的土地和单位、个人的房屋及其他不动产。需要先期进行征收的，征收进度必须能满足建设工程开始施工和连续施工的要求。

4. 已经确定施工企业

建设工程的施工必须由具备相应资质的施工企业来承担。因此，在建设工程开工前，建设单位必须依法通过招标或直接发包的方式确定承包该建设工程的施工企业，并签订建设工程承包合同，明确双方的责任、权利和义务。

按照规定应当招标的工程没有招标，应当公开招标的工程没有公开招标，肢解发包工程，以及将工程发包给不具备相应资质条件的企业的，所确定的施工企业无效。

5. 有满足施工需要的技术资料，施工图设计文件已按规定审查合格

技术资料一般包括地形、地质、水文、气象等自然条件资料，以及主要原材料、燃料来源，水电供应和运输条件等技术经济条件资料。我国有严格的施工图设计文件审查制度。

《建设工程勘察设计管理条例》规定，编制施工图设计文件，应当满足设备材料采购、非标准设备制作和施工的需要，并注明建设工程合理使用年限。

施工图设计文件审查机构应当对房屋建筑工程、市政基础设施工程施工图设计文件中涉及公共利益、公众安全、工程建设强制性标准的内容进行审查。县级以上人民政府交通运输等有关部

门也应当按照职责对施工图设计文件中涉及公共利益、公众安全、工程建设强制性标准的内容进行审查。

《建设工程质量管理条例》规定，施工图设计文件未经审查批准的，不得使用。

6. 有保证工程质量和安全的具体措施

《建设工程质量管理条例》规定，建设单位在开工前，应当按照国家有关规定办理工程质量监督手续。工程质量监督手续可以与施工许可证或者开工报告合并办理。

《建设工程安全生产管理条例》规定，建设单位在申请领取施工许可证时，应当提供建设工程有关安全施工措施的资料。建设行政主管部门在审核发放施工许可证时，应当对建设工程是否有安全施工措施进行审查，对没有安全施工措施的，不得颁发施工许可证。

《建筑工程施工许可管理办法》中进一步规定，施工企业编制的施工组织设计中应有根据建筑工程特点制定的相应的质量、安全技术措施。建立工程质量安全责任制并落实到人。专业性较强的工程项目应编制专项质量、安全施工组织设计，并按照规定办理工程质量、安全监督手续。

7. 建设资金已经落实，建设单位应当提供建设资金已经落实承诺书

建设资金的落实是建设工程开工后能否顺利实施的关键。在实践中，许多"烂尾楼"都是建设资金不到位的恶果。

8. 法律、行政法规规定的其他条件

由于施工活动自身的复杂性，以及各类工程的建设要求不同，申领施工许可证的条件会随着国家对建设活动管理的不断完善而作相应调整。但是，按照《建筑法》的规定，只有全国人大及其常委会制定的法律和国务院制定的行政法规，才有权增加施工许可证新的申领条件，其他如部门规章、地方性法规、地方规章等都不得规定增加施工许可证的申领条件。据此，《建筑工程施工许可管理办法》明确规定，县级以上地方人民政府住房和城乡建设主管部门不得违反法律法规规定，增设办理施工许可证的其他条件。

目前，已增加的施工许可证申领条件主要是消防设计审核。《中华人民共和国消防法》规定，特殊建设工程未经消防设计审查或者审查不合格的，建设单位、施工单位不得施工；其他建设工程，建设单位未提供满足施工需要的消防设计图纸及技术资料的，有关部门不得发放施工许可证或者批准开工报告。

上述各项法定条件必须同时具备，缺一不可。发证机关应当自收到申请之日起7日内，对符合条件的申请颁发施工许可证。对于证明文件不齐全或者失效的，应当当场或者5日内一次告知建设单位需要补正的全部内容，审批时间可以自证明文件补正齐全后作相应顺延；对于不符合条件的，应当自收到申请之日起7日内书面通知建设单位，并说明理由。

《建筑工程施工许可管理办法》还规定，应当申请领取施工许可证的建筑工程未取得施工许可证的，一律不得开工，任何单位和个人不得将应当申请领取施工许可证的工程项目分解为若干限额以下的工程项目，规避申请领取施工许可证。

三、延期开工、核验和重新办理批准的规定

(一)申请延期的规定

《建筑法》规定,建设单位应当自领取施工许可证之日起3个月内开工。因故不能按期开工的,应当向发证机关申请延期;延期以两次为限,每次不超过3个月。既不开工又不申请延期或者超过延期时限的,施工许可证自行废止。

(二)核验施工许可证的规定

《建筑法》规定,在建的建筑工程因故中止施工的,建设单位应当自中止施工之日起一个月内,向发证机关报告,并按照规定做好建筑工程的维护管理工作。建筑工程恢复施工时,应当向发证机关报告;中止施工满一年的工程恢复施工前,建设单位应当报发证机关核验施工许可证。

所谓中止施工,是指建设工程开工后,在施工过程中因特殊情况的发生而中途停止施工的情形。中止施工的原因很复杂,如地震、洪水等不可抗力,以及宏观调控压缩基建规模、停建缓建建设工程等。

对于因故中止施工的建设单位应当按照规定的时限履行相关义务或责任,以防止建设工程在中止施工期间遭受不必要的损失,保证在恢复施工时可以尽快启动。例如,建设单位与施工单位应当确定合理的停工部位,并协商提出善后处理的具体方案,明确双方的职责、权利和义务;建设单位应当派专人负责,定期检查中止施工工程的质量状况,发现问题及时解决;建设单位要与施工单位共同做好中止施工的工地现场安全、防火、防盗、维护等项工作,防止因工地脚手架、施工铁架、外墙挡板等腐烂、断裂、坠落、倒塌等导致人身安全事故,并保管好工程技术档案资料。

在恢复施工时,建设单位应当向发证机关报告恢复施工的有关情况。中止施工满一年的,在建设工程恢复施工前,建设单位还应当报发证机关核验施工许可证,看是否仍具备组织施工的条件。经核验符合条件的,应允许恢复施工,施工许可证继续有效;经核验不符合条件的,应当收回其施工许可证,不允许恢复施工,待条件具备后,由建设单位重新申领施工许可证。

(三)重新办理批准手续的规定

对于实行开工报告制度的建设工程,《建筑法》规定,按照国务院有关规定批准开工报告的建筑工程,因故不能按期开工或者中止施工的,应当及时向批准机关报告情况。因故不能按期开工超过6个月的,应当重新办理开工报告的批准手续。

按照国务院有关规定批准开工报告的建筑工程,一般都属于大中型建设项目。对于这类工程因故不能按期开工或者中止施工的,在审查和管理上应该更严格。

第三节　施工企业从业资格制度

《建筑法》规定，从事建筑活动的建筑施工企业、勘察单位、设计单位和工程监理单位，应当具备下列条件：①有符合国家规定的注册资本；②有与其从事的建筑活动相适应的具有法定执业资格的专业技术人员；③有从事相关建筑活动所应有的技术装备；④法律、行政法规规定的其他条件。该法还规定，本法关于施工许可、建筑施工企业资质审查和建筑工程发包、承包、禁止转包，以及建筑工程监理、建筑工程安全和质量管理的规定，适用于其他专业建筑工程的建筑活动。

《建设工程质量管理条例》进一步规定，施工单位应当依法取得相应等级的资质证书，并在其资质等级许可的范围内承揽工程。本条例所称建设工程，是指土木工程、建筑工程、线路管道和设备安装工程及装修工程。

《建筑业企业资质管理规定》中规定，建筑业企业是指从事土木工程、建筑工程、线路管道设备安装工程的新建、扩建、改建等施工活动的企业。

一、企业资质的法定条件和等级

工程建设活动不同于一般的经济活动，其从业单位所具备条件的高低直接影响到建设工程质量和安全生产。因此，从事工程建设活动的单位必须符合相应的资质条件。

（一）施工企业资质的法定条件

根据《建筑法》《行政许可法》《建设工程质量管理条例》《建设工程安全生产管理条例》等法律、行政法规，《建筑业企业资质管理规定》中规定，企业应当按照其拥有的资产、主要人员、已完成的工程业绩和技术装备等条件申请建筑业企业资质，经审查合格，取得建筑业企业资质证书后，方可在资质许可的范围内从事建筑施工活动。

1. 有符合规定的净资产

企业资产是指企业拥有或控制的能以货币计量的经济资源，包括各种财产、债权和其他权利。企业净资产是指企业的资产总额减去负债以后的净额。净资产是属于企业所有并可以自由支配的资产，即所有者权益。相对于注册资本而言，它能够更准确地体现企业的经济实力。所有建筑业企业都必须具备基本的责任承担能力。这是法律上权利与义务相一致、利益与风险相一致原则的体现，是维护债权人利益的需要。显然，对净资产要求的全面提高意味着对企业资信要求的提高。

以建筑工程施工总承包企业为例,《建筑业企业资质标准》中规定,一级企业净资产1亿元以上,二级企业净资产400万元以上,三级企业净资产800万元以上。

2. 有符合规定的主要人员

工程建设施工活动的专业性、技术性较强。因此,建筑业企业应当拥有注册建造师及其他注册人员、工程技术人员、施工现场管理人员和技术工人。但为了简化企业资质标准,住房和城乡建设部《关于简化建筑业企业资质标准部分指标的通知》(建市〔2016〕226号)要求,除各类别最低等级资质外,取消关于注册建造师、中级以上职称人员、持有岗位证书的现场管理人员、技术工人的指标考核。取消通信工程施工总承包三级资质标准中关于注册建造师的指标考核。

住房和城乡建设部办公厅《关于取消建筑业企业最低等级资质标准现场管理人员指标考核的通知》(建办市〔2018〕53号)进一步要求,取消建筑业企业最低等级资质标准中关于持有岗位证书现场管理人员的指标考核。

3. 有符合规定的已完成工程业绩

《关于简化建筑业企业资质标准部分指标的通知》中要求,调整建筑工程施工总承包一级及以下资质的建筑面积考核指标。按照调整后的企业工程业绩考核指标,建筑工程施工总承包的一级企业需满足近5年承担过下列4类中的2类工程的施工总承包或主体工程承包,工程质量合格:①地上25层以上的民用建筑工程1项或地上18~24层的民用建筑工程2项;②高度100米以上的构筑物工程1项或高度80~100米(不含)的构筑物工程2项;③建筑面积12万平方米以上的建筑工程1项或建筑面积10万平方米以上的建筑工程2项;④钢筋混凝土结构单跨30米以上(或钢结构单跨36米以上)的建筑工程1项或钢筋混凝土结构单跨27~30米(不含)(或钢结构单跨30~36米〈不含〉)的建筑工程2项。

二级企业需满足近5年承担过下列4类中的2类工程的施工总承包或主体工程承包,工程质量合格:①地上12层以上的民用建筑工程1项或地上8~11层的民用建筑工程2项;②高度50米以上的构筑物工程1项或高度35~50米(不含)的构筑物工程2项;③建筑面积6万平方米以上的建筑工程1项或建筑面积5万平方米以上的建筑工程2项;④钢筋混凝土结构单跨21米以上(或钢结构单跨24米以上)的建筑工程1项或钢筋混凝土结构单跨18~21米(不含)(或钢结构单跨21~24米〈不含〉)的建筑工程2项。

三级企业不再要求已完成的工程业绩。

同时,《关于简化建筑业企业资质标准部分指标的通知》进一步规定,对申请建筑工程、市政公用工程施工总承包特级、一级资质的企业,未进入全国建筑市场监管与诚信信息发布平台的企业业绩,不作为有效业绩认定。

4. 有符合规定的技术装备

施工单位必须使用与其从事施工活动相适应的技术装备,而许多大中型机械设备都可以采用租赁或融资租赁的方式取得。因此,目前的企业资质标准中对技术装备的要求并不多。

（二）施工企业的资质序列、类别和等级

1. 施工企业的资质序列

《建筑业企业资质管理规定》指出，建筑业企业资质分为施工总承包资质、专业承包资质、施工劳务资质三个序列。

2. 施工企业的资质类别和等级

施工总承包资质、专业承包资质按照工程性质和技术特点分别划分为若干资质类别，各资质类别按照规定的条件划分为若干资质等级。施工劳务资质不分类别与等级。

按照《建筑业企业资质标准》的规定——

施工总承包资质序列设有12个类别，分别是：建筑工程施工总承包、公路工程施工总承包、铁路工程施工总承包、港口与航道工程施工总承包、水利水电工程施工总承包、电力工程施工总承包、矿山工程施工总承包、冶金工程施工总承包、石油化工工程施工总承包、市政公用工程施工总承包、通信工程施工总承包、机电工程施工总承包。施工总承包资质一般分为4个等级，即特级、一级、二级和三级。

专业承包资质序列设有36个类别，分别是：地基基础工程专业承包、起重设备安装工程专业承包、预拌混凝土专业承包、电子与智能化工程专业承包、消防设施工程专业承包、防水防腐保温工程专业承包、桥梁工程专业承包、隧道工程专业承包、钢结构工程专业承包、模板脚手架专业承包、建筑装修装饰工程专业承包、建筑机电安装工程专业承包、建筑幕墙工程专业承包、古建筑工程专业承包、城市及道路照明工程专业承包、公路路面工程专业承包、公路路基工程专业承包、公路交通工程专业承包、铁路电务工程专业承包、铁路铺轨架梁工程专业承包、铁路电气化工程专业承包、机场场道工程专业承包、民航空管工程及机场弱电系统工程专业承包、机场目视助航工程专业承包、港口与海岸工程专业承包、航道工程专业承包、通航建筑物工程专业承包、港航设备安装及水上交管工程专业承包、水工金属结构制作与安装工程专业承包、水利水电机电安装工程专业承包、河湖整治工程专业承包、输变电工程专业承包、核工程专业承包、海洋石油工程专业承包、环保工程专业承包、特种工程专业承包。

（三）施工企业的资质许可

我国对建筑业企业的资质管理，实行分级实施与有关部门相配合的管理模式。

1. 施工企业资质管理体制

《建筑业企业资质管理规定》中规定，国务院住房和城乡建设主管部门负责全国建筑业企业资质的统一监督管理。国务院交通运输、水利、工业信息化等有关部门配合国务院住房和城乡建设主管部门实施相关资质类别建筑业企业资质的管理工作。

省、自治区、直辖市人民政府住房和城乡建设主管部门负责本行政区域内建筑业企业资质的统一监督管理。省、自治区、直辖市人民政府交通运输、水利、通信等有关部门配合同级住房和

城乡建设主管部门实施本行政区域内相关资质类别建筑业企业资质的管理工作。

企业违法从事建筑活动的,违法行为发生地的县级以上地方人民政府住房和城乡建设主管部门或者其他有关部门应当依法查处,并将违法事实、处理结果或者处理建议及时告知该建筑业企业资质的许可机关。

2. 施工企业资质的许可权限

(1)下列建筑业企业资质,由国务院住房和城乡建设主管部门许可:①施工总承包资质序列特级资质、一级资质及铁路工程施工总承包二级资质;②专业承包资质序列公路、水运、水利、铁路、民航方面的专业承包一级资质及铁路、民航方面的专业承包二级资质;③涉及多个专业的专业承包一级资质。

《建筑业企业资质管理规定》中规定,申请本规定第9条所列资质的(注:即上述由国务院住房和城乡建设主管部门许可的资质),可以向企业工商注册所在地省、自治区、直辖市人民政府住房和城乡建设主管部门提交申请材料。省、自治区、直辖市人民政府住房和城乡建设主管部门收到申请材料后,应当在5日内将全部申请材料报审批部门。

(2)下列建筑业企业资质,由企业工商注册所在地省、自治区、直辖市人民政府住房和城乡建设主管部门许可:①施工总承包资质序列二级资质及铁路、通信工程施工总承包三级资质;②专业承包资质序列一级资质(不含公路、水运、水利、铁路、民航方面的专业承包一级资质及涉及多个专业的专业承包一级资质);③专业承包资质序列二级资质(不含铁路、民航方面的专业承包二级资质);铁路方面专业承包三级资质;特种工程专业承包资质。

(3)下列建筑业企业资质,由企业工商注册所在地设区的市人民政府住房和城乡建设主管部门许可:①施工总承包资质序列三级资质(不含铁路、通信工程施工总承包三级资质);②专业承包资质序列三级资质(不含铁路方面专业承包资质)及预拌混凝土、模板脚手架专业承包资质;③施工劳务资质;④燃气燃烧器具安装、维修企业资质。

(四)施工企业资质证书的申请、延续和变更

国务院办公厅《关于开展工程建设项目审批制度改革试点的通知》(国办发〔2018〕33号)规定,对通过事中事后监管能够纠正不符合审批条件的行为且不会产生严重后果的审批事项,实行告知承诺制。公布实行告知承诺制的审批事项清单及具体要求,申请人按照要求作出书面承诺的,审批部门可以直接作出审批决定。

1. 企业资质的申请

《建筑业企业资质管理规定》中规定,企业可以申请一项或多项建筑业企业资质。企业首次申请或增项申请资质,应当申请最低等级资质。

企业申请建筑业企业资质,在资质许可机关的网站或审批平台提出申请事项,提交资金、专业技术人员、技术装备和已完成业绩等电子材料。

住房和城乡建设部办公厅《关于实行建筑业企业资质审批告知承诺制的通知》（建办市〔2019〕20号）中规定，我部负责审批的建筑工程、市政公用工程施工总承包一级资质（不含重新核定、延续）实行告知承诺审批。企业根据建设工程企业资质标准作出符合审批条件的承诺，我部依据企业承诺直接办理相关资质审批手续，不再要求企业提交证明材料。着力强化审批事中事后监管力度，实现对企业承诺的业绩现场核查全覆盖。以虚构、造假等欺骗手段取得资质的企业，依法撤销其相应资质，并列入建筑市场主体"黑名单"。

2. 企业资质证书的使用与延续

住房和城乡建设部办公厅《关于规范使用建筑业企业资质证书的通知》中指出，为切实减轻企业负担，各有关部门和单位在对企业跨地区承揽业务监督管理、招标活动中，不得要求企业提供建筑业企业资质证书原件，企业资质情况可通过扫描建筑业企业资质证书复印件的二维码查询。

《建筑业企业资质管理规定》中规定，资质证书有效期为5年。建筑业企业资质证书有效期届满，企业继续从事建筑施工活动的，应当于资质证书有效期届满3个月前，向原资质许可机关提出延续申请。

资质许可机关应当在建筑业企业资质证书有效期届满前作出是否准予延续的决定；逾期未作出决定的，视为准予延续。

3. 企业资质证书的变更

企业在建筑业资质证书有效期内名称、地址、注册资本、法定代表人等发生变更的，应当在工商部门办理变更手续后1个月内办理资质证书变更手续。

由国务院住房和城乡建设主管部门颁发的建筑业企业资质证书的变更，企业应当向企业工商注册所在地省、自治区、直辖市人民政府住房和城乡建设主管部门提出变更申请，省、自治区、直辖市人民政府住房和城乡建设主管部门应当自受理申请之日起2日内将有关变更证明材料报国务院住房和城乡建设主管部门，由国务院住房和城乡建设主管部门在2日内办理变更手续。

上述规定以外的资质证书的变更，由企业工商注册所在地的省、自治区、直辖市人民政府住房和城乡建设主管部门或者设区的市人民政府住房和城乡建设主管部门依法另行规定。变更结果应当在资质证书变更后15日内，报国务院住房和城乡建设主管部门备案。营业价涉及公路、水运、水利、通信、铁路、民航等方面的建筑业企业资质证书的变更，办理变更手续的住房和城乡建设主管部门应当将建筑业企业资质证书变更情况告知同级有关部门。

第四节 建造师注册执业制度

执业资格制度是指对具有一定专业学历和资历并从事特定专业技术活动的专业技术人员，通过考试和注册确定其执业的技术资格，获得相应文件签字权的一种制度。

一、建设工程专业人员执业资格的准入管理

《建筑法》规定，从事建筑活动的专业技术人员，应当依法取得相应的执业资格证书，并在执业资格证书许可的范围内从事建筑活动。因为，建设工程的技术要求比较复杂，建设工程的质量和安全生产直接关系到人身安全及公共财产安全，责任极为重大。因此，对从事建设工程活动的专业技术人员，应当建立起必要的个人执业资格制度；只有依法取得相应执业资格证书的专业技术人员，方可在其执业资格证书许可的范围内从事建设工程活动。

二、建造师考试、注册和继续教育的规定

注册建造师是指通过考核认定或考试合格取得中华人民共和国建造师资格证书，并按照规定注册，取得中华人民共和国建造师注册证书和执业印章，担任施工单位项目负责人及从事相关活动的专业技术人员。未取得注册证书和执业印章的，不得担任大中型建设工程项目的施工单位项目负责人，不得以注册建造师的名义从事相关活动。

《建造师执业资格制度暂行规定》中规定，建造师分为一级建造师和二级建造师。经国务院有关部门同意，获准在中华人民共和国境内从事建设工程项目施工管理的外籍及港、澳、台地区的专业人员，符合本规定要求的，也可报名参加建造师执业资格考试以及申请注册。

（一）二级建造师的考试

二级建造师执业资格实行全国统一大纲，各省、自治区、直辖市命题并组织考试的制度。各省、自治区、直辖市人事厅（局）、建设厅（委）按照国家确定的考试大纲和有关规定，在本地区组织实施二级建造师执业资格考试。

凡遵纪守法并具备工程类或工程经济类中等专科以上学历并从事建设工程项目施工管理工作满2年，可报名参加二级建造师执业资格考试。二级建造师执业资格考试设"建设工程施工管理""建设工程法规及相关知识""专业工程管理与实务"三个科目。

二级建造师执业资格考试合格者，由省、自治区、直辖市人事部门、住房和城乡建设部门颁

发《中华人民共和国二级建造师执业资格证书》。按照人事部办公厅、住建部办公厅《关于建造师考试专业类别调整的通知》的规定，二级建造师资格考试"专业工程管理与实务"科目设置六个专业类别：建筑工程、公路工程、水利水电工程、市政公用工程、矿业工程和机电工程。

（二）二级建造师的注册

《注册建造师管理规定》中规定，取得二级建造师资格证书的人员申请注册，由省、自治区、直辖市人民政府住房和城乡建设主管部门负责受理和审批。对批准注册的，核发由国务院住房和城乡建设主管部门统一样式的《中华人民共和国二级建造师注册证书》和执业印章，并在核发证书后30日内送国务院住房和城乡建设主管部门备案。

1. 申请初始注册和延续注册

申请初始注册时应当具备以下条件：①经考核认定或考试合格取得资格证书；②受聘于一个相关单位；③达到继续教育要求；④没有《注册建造师管理规定》中规定的不予注册的情形。初始注册者，可自资格证书签发之日起3年内提出申请。逾期未申请者，须符合本专业继续教育的要求后方可申请初始注册。

申请初始注册需要提交下列材料：①注册建造师初始注册申请表；②资格证书、学历证书和身份证明复印件；③申请人与聘用单位签订的聘用劳动合同复印件或其他有效证明文件；④逾期申请初始注册的，应当提供达到继续教育要求的证明材料。注册证书和执业印章是注册建造师的执业凭证，由注册建造师本人保管、使用。注册证书与执业印章有效期为3年。注册有效期满需继续执业的，应当在注册有效期届满30日前，按照规定申请延续注册。延续注册的，有效期为3年。

申请延续注册的，应当提交下列材料：①注册建造师延续注册申请表；②原注册证书；③申请人与聘用单位签订的聘用劳动合同复印件或其他有效证明文件；④申请人注册有效期内达到继续教育要求的证明材料。

《注册建造师执业管理办法（试行）》规定，注册建造师应当通过企业按规定及时申请办理变更注册、续期注册等相关手续。多专业注册的注册建造师，其中一个专业注册期满仍需以该专业继续执业和以其他专业执业的，应当及时办理续期注册。

2. 变更注册和增加执业专业

《注册建造师管理规定》中规定，在注册有效期内，注册建造师变更执业单位，应当与原聘用单位解除劳动关系，并按照规定办理变更注册手续，变更注册后仍延续原注册有效期。申请变更注册的，应当提交下列材料：①注册建造师变更注册申请表；②注册证书和执业印章；③申请人与新聘用单位签订的聘用合同复印件或有效证明文件；④工作调动证明（与原聘用单位解除聘用合同或聘用合同到期的证明文件、退休人员的退休证明）。

注册建造师需要增加执业专业的，应当按照规定申请专业增项注册，并提供相应的资格证明。

《注册建造师执业管理办法（试行）》规定，注册建造师变更聘用企业的，应当在与新聘用企业签订聘用合同后的1个月内，通过新聘用企业申请办理变更手续。因变更注册申报不及时影响注册建造师执业、导致工程项目出现损失的，由注册建造师所在聘用企业承担责任，并作为不良行为记入企业信用档案。

聘用企业与注册建造师解除劳动关系的，应当及时申请办理注销注册或变更注册。聘用企业与注册建造师解除劳动合同关系后无故不办理注销注册或变更注册的，注册建造师可向省级住房城乡建设主管部门申请注销注册证书和执业印章。注册建造师要求注销注册或变更注册的，应当提供与原聘用企业解除劳动关系的有效证明材料。住房城乡建设主管部门经向原聘用企业核实，聘用企业在7日内没有提供书面反对意见和相关证明材料的，应予办理注销注册或变更注册。

（三）二级建造师的继续教育

《注册建造师继续教育管理暂行办法》规定，各省级住房和城乡建设主管部组织二级注册建造师参加继续教育。

注册建造师应通过继续教育，掌握工程建设有关法律法规、标准规范，增强职业道德和诚信守法意识，熟悉工程建设项目管理新方法、新技术，总结工作中的经验教训，不断提高综合素质和执业能力。注册建造师按规定参加继续教育，是申请初始注册、延续注册、增项注册和重新注册（以下统称注册）的必要条件。

1. 必修课、选修课的学时和内容

注册一个专业的建造师在每一注册有效期内应参加继续教育不少于120学时，其中必修课60学时，选修课60学时。注册两个及以上专业的，每增加一个专业还应参加所增加专业60学时的继续教育，其中必修课30学时，选修课30学时。

必修课内容包括：①工程建设相关的法律法规和有关政策；②注册建造师职业道德和诚信制度；③建设工程项目管理的新理论、新方法、新技术和新工艺；④建设工程项目管理案例分析。选修课内容包括：各省级住房和城乡建设主管部门认为二级建造师需要补充的与建设工程项目管理有关的知识。

2. 充抵继续教育选修课部分学时的规定

注册建造师在每一注册有效期内从事以下工作并取得相应证明的，可充抵继续教育选修课部分学时：①参加全国建造师执业资格考试大纲编写及命题工作，每次计20学时；②从事注册建造师继续教育教材编写工作，每次计20学时；③在公开发行的省部级期刊上发表有关建设工程项目管理的学术论文的，第一作者每篇计10学时；公开出版5万字以上专著、教材的，第一、二作者每人计20学时；④参加建造师继续教育授课工作的按授课学时计算。

每一注册有效期内，充抵继续教育选修课学时累计不得超过60学时。二级注册建造师继续教育学时的充抵认定，由各省级住房和城乡建设主管部门负责。

3. 继续教育的方式及参加继续教育的保障

注册建造师继续教育以集中面授为主，同时探索网络教育方式。

注册建造师在参加继续教育期间享有国家规定的工资、保险、福利待遇。建筑业企业及勘察、设计、监理、招标代理、造价咨询等用人单位应重视注册建造师继续教育工作，督促其按期接受继续教育。其中，建筑业企业应为从事在建工程项目管理工作的注册建造师提供经费和时间支持。

三、建造师的受聘单位和执业岗位范围

（一）建造师的受聘单位

《注册建造师管理规定》中规定，取得资格证书的人员应当受聘于一个具有建设工程勘察、设计、施工、监理、招标代理、造价咨询等一项或者多项资质的单位，经注册后方可从事相应的执业活动。担任施工单位项目负责人的，应当受聘并注册于一个具有施工资质的企业。

据此，建造师不仅可以在施工单位担任建设工程施工项目的项目经理，也可以在勘察、设计、监理、招标代理、造价咨询等单位或具有多项上述资质的单位执业。

（二）二级建造师执业岗位范围

《建造师执业资格制度暂行规定》中规定，建造师的执业范围包括：①担任建设工程项目施工的项目经理；②从事其他施工活动的管理工作；③法律、行政法规或国务院建设行政主管部门规定的其他业务。二级建造师可以担任二级及以下建筑业企业资质的建设工程项目施工的项目经理。

《注册建造师管理规定》中规定，注册建造师可以从事建设工程项目总承包管理或施工管理，建设工程项目管理服务，建设工程技术经济咨询，以及法律、行政法规和国务院住房和城乡建设主管部门规定的其他业务。

《注册建造师执业管理办法（试行）》规定，二级注册建造师可以承担中、小型工程施工项目负责人。各专业大、中、小型工程分类标准按《注册建造师执业工程规模标准（试行）》（建市〔2007〕171号）执行。注册建造师不得同时担任两个及以上建设工程施工项目负责人。发生下列情形之一的除外：①同一工程相邻分段发包或分期施工的；②合同约定的工程验收合格的；③因非承包方原因致使工程项目停工超过120天（含），经建设单位同意的。

注册建造师担任施工项目负责人期间原则上不得更换。如发生下列情形之一的，应当办理书面交接手续后更换施工项目负责人：①发包方与注册建造师受聘企业已解除承包合同的；②发包方同意更换项目负责人的；③因不可抗力等特殊情况必须更换项目负责人的。建设工程合同履行期间变更项目负责人的，企业应当于项目负责人变更5个工作日内报建设行政主管部门和有关部

门及时进行网上变更。

注册建造师担任施工项目负责人，在其承建的建设工程项目竣工验收或移交项目手续办结前，除以上规定的情形外，不得变更注册至另一企业。

四、建造师的基本权利和义务

（一）建造师的基本权利

《建造师执业资格制度暂行规定》中规定，建造师经注册后，有权以建造师名义担任建设工程项目施工的项目经理及从事其他施工活动的管理。

《注册建造师管理规定》进一步规定，注册建造师享有下列权利：①使用注册建造师名称；②在规定范围内从事执业活动；③在本人执业活动中形成的文件上签字并加盖执业印章；④保管和使用本人注册证书、执业印章；⑤对本人执业活动进行解释和辩护；⑥接受继续教育；⑦获得相应的劳动报酬；⑧对侵犯本人权利的行为进行申述。

建设工程施工活动中形成的有关工程施工管理文件，应当由注册建造师签字并加盖执业印章。施工单位签署质量合格的文件上，必须有注册建造师的签字盖章。

（二）建造师的基本义务

《建造师执业资格制度暂行规定》中规定，建造师在工作中，必须严格遵守法律、法规和行业管理的各项规定，恪守职业道德。建造师必须接受继续教育，更新知识，不断提高业务水平。《注册建造师管理规定》进一步规定，注册建造师应当履行下列义务：①遵守法律、法规和有关管理规定，恪守职业道德；②执行技术标准、规范和规程；③保证执业成果的质量，并承担相应责任；④接受继续教育，努力提高执业水准；⑤保守在执业中知悉的国家秘密和他人的商业、技术等秘密；⑥与当事人有利害关系的，应当主动回避；⑦协助注册管理机关完成相关工作。

（三）注册机关的监督管理

《注册建造师管理规定》中规定，县级以上人民政府住房和城乡建设主管部门和有关部门履行监督检查职责时，有权采取下列措施：①要求被检查人员出示注册证书；②要求被检查人员所在聘用单位提供有关人员签署的文件及相关业务文档；③就有关问题询问签署文件的人员；④纠正违反有关法律、法规、本规定及工程标准规范的行为。

有下列情形的，注册机关依据职权或者根据利害关系人的请求，可以撤销注册建造师的注册：①注册机关工作人员滥用职权、玩忽职守作出准予注册许可的；②超越法定职权作出准予注册许可的；③违反法定程序作出准予注册许可的；④对不符合法定条件的申请人颁发注册证书和执业印章的；⑤依法可以撤销注册的其他情形。申请人以欺骗、贿赂等不正当手段获准注册的，应当予以撤销。

《注册建造师执业管理办法（试行）》规定，注册建造师违法从事相关活动的，违法行为发生地县级以上地方人民政府建设主管部门或有关部门应当依法查处，并将违法事实、处理结果告知注册机关；依法应当撤销注册的，应当将违法事实、处理建议及有关材料报注册机关，注册机关或有关部门应当在7个工作日内作出处理，并告知行为发生地人民政府建设行政主管部门或有关部门。

注册建造师异地执业的，工程所在地省级人民政府建设主管部门应当将处理建议转交注册建造师注册所在地省级人民政府建设主管部门，注册所在地省级人民政府建设主管部门应当在14个工作日内作出处理，并告知工程所在地省级人民政府建设行政主管部门。

案例分析题

案例一

甲电讯公司因建办公楼与乙建筑承包公司签订了工程总承包合同。其后，经甲同意，乙分别与丙建筑设计院和丁建筑工程公司签订了工程勘察设计合同和工程施工合同。勘察设计合同约定：由丙对甲的办公楼及其附属工程提供设计服务，并按勘察设计合同的约定交付有关的设计文件和资料。施工合同约定：由丁根据丙提供的设计图纸进行施工，工程竣工时依据国家有关验收规定及设计图纸进行质量验收。合同签订后，丙按时将设计文件和有关资料交付给丁，丁依据设计图纸进行施工。工程竣工后，甲会同有关质量监督部门对工程进行验收，发现工程存在严重质量问题，是由于设计不符合规范所致。原来丙未对现场进行仔细勘察即自行进行设计，导致设计不合理，给甲带来了重大损失。丙以与甲没有合同关系为由拒绝承担责任，乙又以自己不是设计人为由推卸责任，甲遂以丙为被告向法院起诉。

【问题】

1. 本案中的法律主体及相互关系是什么？
2. 对出现的质量问题，以上法律主体将如何承担责任？

案例二

2018年3月中旬，某工程接受有关部门检查时，发现该工程建设单位将工程桩基部分肢解发包给A、B两家桩施工单位（其中A桩基施工单位不具有相应资质等级），且开工时未办理工程质量监督手续和建筑工程施工许可证；A桩基施工单位超越本单位资质等级允许范围承接工程，且无建筑工程施工许可证违法施工；B桩基施工单位无建筑工程施工许可证违法施工。

该工程总建筑面积约150000平方米,工程合同总造价约20000万元,共有19个单体,地下室一层,工程分为两个标段。

A桩基施工单位(为地基基础专业承包三级资质)承接部分工程桩基合同造价约800万元;B桩基施工单位承接部分工程桩基合同造价约1000万元,工程于2017年12月下旬开工,2018年1月中旬才办理工程质量监督手续和建筑工程施工许可证,至检查时工程桩全部施工完毕。

问题

1. 本项目中建设单位的行为是否违法?请详细说明。
2. A、B两单位存在着哪些违法行为?应承担哪些责任?

思考题

1. 《建筑法》的立法宗旨是什么?
2. 施工许可证的法定批准条件有哪些?
3. 建筑业是我国的重要支柱产业,对经济社会发展意义重大。但与发达国家相比,我国建筑业依然是劳动密集型行业,建造技术落后,缺乏必要的组织变革、技术创新、资源集成能力和现代化的管理机制,国际竞争力不强,《建筑法》修订对建筑业发展有哪些作用?
4. 2021年6月,国务院发布《关于深化"证照分离"改革进一步激发市场主体发展活力的通知》,提出要大力推动照后减证和简化审批,并在"中央层面设定的涉企经营许可事项改革清单"中明确,取消工程造价咨询企业甲级、乙级资质认定,自2021年7月1日起施行。有人认为建筑施工企业资质也应该逐步取消,弱化企业资质,强化个人执业资格。查找相关资料,谈谈你的看法。
5. 近年来,我国严厉打击资质挂靠行为,但目前建筑市场仍然存在着挂靠现象,并以各种形式存在。请你谈谈资质挂靠有哪些危害?

第五章
建设工程招标投标法律制度

建设工程招标投标,是建设单位对拟建的建设工程项目通过法定的程序和方式吸引承包单位进行公平竞争,并从中选择条件优越者来完成建设工程任务的行为。这是在市场经济条件下常用的一种建设工程项目交易方式。其目的为规范招标投标活动,保护国家利益、社会公共利益和招标投标活动当事人的合法权益,提高经济市场配置资源的效益和效率,保证项目质量,推动经济高质量发展。

第一节 建设工程法定招标的范围、招标方式和交易场所

一、建设工程必须招标的范围

2017年12月经修改后公布的《中华人民共和国招标投标法》(简称《招标投标法》)规定,在中华人民共和国境内进行下列工程建设项目的勘察、设计、施工、监理、造价以及与工程建设有关的重要设备、材料等的采购,达到规定规模标准的,必须进行招标:①大型基础设施、公用事业等关系社会公共利益、公众安全的项目;②全部或者部分使用国有资金投资或者国家融资的项目;③使用国际组织或者外国政府贷款、援助资金的项目。

2019年3月经修改后公布的《中华人民共和国招标投标法实施条例》(简称《招标投标法实施条例》)指出,工程建设项目是指工程以及与工程建设有关的货物、服务。工程是指建设工程,包括建筑物和构筑物的新建、改建、扩建及其相关的装修、拆除、修缮等;与工程建设有关的货物,是指构成工程不可分割的组成部分,且为实现工程基本功能所必需的设备、材料等;与工程建设有关的服务,是指为完成工程所需的勘察、设计、监理等服务。

经国务院批准,2018年3月国家发展和改革委员会发布的《必须招标的工程项目规定》中规定,全部或者部分使用国有资金投资或者国家融资的项目包括:①使用预算资金200万元人民币以上,并且该资金占投资额10%以上的项目;②使用国有企业事业单位资金,并且该资金占控股或者主导地位的项目。

使用国际组织或者外国政府贷款、援助资金的项目包括:①使用世界银行、亚洲开发银行等国际组织贷款、援助资金的项目;②使用外国政府及其机构贷款、援助资金的项目。

不属于以上规定情形的大型基础设施、公用事业等关系社会公共利益、公众安全的项目,必须招标的具体范围由国务院发展改革部门会同国务院有关部门按照确有必要、严格限定的原则制定,报国务院批准。

本规定范围内的项目,其勘察、设计、施工、监理以及与工程建设有关的重要设备、材料等的采购达到下列标准之一的,必须招标:①施工单项合同估算价在400万元人民币以上;②重

要设备、材料等货物的采购，单项合同估算价在200万元人民币以上；③勘察、设计、监理等服务的采购，单项合同估算价在100万元人民币以上。同一项目中可以合并进行的勘察、设计、施工、监理以及与工程建设有关的重要设备、材料等的采购，合同估算价合计达到以上规定标准的，必须招标。

二、可以不进行招标的建设工程项目

《招标投标法》规定，涉及国家安全、国家秘密、抢险救灾或者属于利用扶贫资金实行以工代赈、需要使用农民工等特殊情况，不适宜进行招标的项目，按照国家有关规定可以不进行招标。

《招标投标法实施条例》还规定，除《招标投标法》规定可以不进行招标的特殊情况外，有下列情形之一的，可以不进行招标：①需要采用不可替代的专利或者专有技术；②采购人依法能够自行建设、生产或者提供；③已通过招标方式选定的特许经营项目投资人依法能够自行建设、生产或者提供；④需要向原中标人采购工程、货物或者服务，否则将影响施工或者功能配套要求；⑤国家规定的其他特殊情形。

2014年8月经修改后颁布的《中华人民共和国政府采购法》规定，政府采购工程进行招标投标的，适用《招标投标法》。2015年1月颁布的《中华人民共和国政府采购法实施条例》进一步规定，政府采购工程依法不进行招标的，应当依照政府采购法和本条例规定的竞争性谈判或者单一来源采购方式采购。

2013年12月财政部颁发的《政府采购非招标采购方式管理办法》进一步规定，竞争性谈判是指谈判小组与符合资格条件的供应商就采购货物、工程和服务事宜进行谈判，供应商按照谈判文件的要求提交响应文件和最后报价，采购人从谈判小组提出的成交候选人中确定成交供应商的采购方式。单一来源采购是指采购人从某一特定供应商处采购货物、工程和服务的采购方式。

《国务院办公厅关于促进建筑业持续健康发展的意见》（国办发〔2017〕19号）中规定，在民间投资的房屋建筑工程中，探索由建设单位自主决定发包方式。对依法经过谈判或单一来源方式确定供应商的政府采购工程建设项目，符合相应条件的应当颁发施工许可证。

三、建设工程招标方式

（一）公开招标和邀请招标

《招标投标法》规定，招标分为公开招标和邀请招标。

公开招标，是指招标人以招标公告的方式邀请不特定的法人或者其他组织招标。依法必须进行招标的项目的招标公告，应当通过国家指定的报刊、信息网络或者其他媒介发布。

邀请招标，是指招标人以投标邀请书的方式邀请特定的法人或者其他组织投标。招标人采用邀请招标方式的，应当向三个以上具备承担招标项目的能力、资信良好的特定的法人或者其他组织发出投标邀请书。国务院发展计划部门确定的国家重点项目和省、自治区、直辖市人民政府确定的地方重点项目不适宜公开招标的，经国务院发展计划部门或者省、自治区、直辖市人民政府批准，可以进行邀请招标。

《招标投标法实施条例》进一步规定，国有资金占控股或者主导地位的依法必须进行招标的项目，应当公开招标；但有下列情形之一的，可以邀请招标：①技术复杂、有特殊要求或受自然环境限制，只有少量潜在投标人可供选择；②采用公开招标方式的费用占项目合同金额的比例过大。

2017年7月财政部经修改后发布的《政府采购货物和服务招标投标管理办法》规定，货物服务招标分为公开招标和邀请招标。公开招标，是指采购人依法以招标公告的方式邀请非特定的供应商参加投标的采购方式。邀请招标，是指采购人依法从符合相应资格条件的供应商中随机抽取三家以上供应商，并以投标邀请书的方式邀请其参加投标的采购方式。

（二）总承包招标和两阶段招标

《招标投标法实施条例》规定，招标人可以依法对工程以及与工程建设有关的货物、服务全部或者部分实行总承包招标。以暂估价形式包括在总承包范围内的工程、货物、服务属于依法必须进行招标的项目范围且达到国家规定规模标准的，应当依法进行招标。以上所称暂估价，是指总承包招标时不能确定价格而由招标人在招标文件中暂时估定的工程、货物、服务的金额。

对技术复杂或者无法精确拟定技术规格的项目，招标人可以分两阶段进行招标。第一阶段，投标人按照招标公告或者投标邀请书的要求提交不带报价的技术建议，招标人根据投标人提交的技术建议确定技术标准和要求，编制招标文件。第二阶段，招标人向在第一阶段提交技术建议的投标人提供招标文件，投标人按照招标文件的要求提交包括最终技术方案和投标报价的投标文件。

四、建设工程招标投标交易场所和招标公告发布

《招标投标法实施条例》规定，设区的市级以上地方人民政府可以根据实际需要，建立统一规范的招标投标交易场所，为招标投标活动提供服务。招标投标交易场所不得与行政监督部门存在隶属关系，不得以营利为目的。国家推广以数据电文形式开展电子招标投标活动，推进交易流程、公共服务、行政监督电子化和规范化，以及招标投标信息资源全国互联共享。除特殊情形外，依法必须进行招标的项目应当采用电子招标投标方式。电子招标投标交易平台建设和运营机

构应当确保平台安全性、保密性和可靠性，符合国家规定的技术规范和监督管理要求。

2017年11月国家发展和改革委员会发布的《招标公告和公示信息发布管理办法》规定，依法必须招标项目的招标公告和公示信息，除依法需要保密或者涉及商业秘密的内容外，应当按照公益服务、公开透明、高效便捷、集中共享的原则，依法向社会公开。

依法必须招标项目的资格预审公告和招标公告，应当载明以下内容：①招标项目名称、内容、范围、规模、资金来源；②投标资格能力要求，以及是否接受联合体投标；③获取资格预审文件或招标文件的时间、方式；④递交资格预审文件或投标文件的截止时间、方式；⑤招标人及其招标代理机构的名称、地址、联系人及联系方式；⑥采用电子招标投标方式的，潜在投标人访问电子招标投标交易平台的网址和方法；⑦其他依法应当载明的内容。

依法必须招标项目的中标候选人公示应当载明以下内容：①中标候选人排序、名称、投标报价、质量、工期（交货期），以及评标情况；②中标候选人按照招标文件要求承诺的项目负责人姓名及其相关证书名称和编号；③中标候选人响应招标文件要求的资格能力条件；④提出异议的渠道和方式；⑤招标文件规定公示的其他内容。依法必须招标项目的中标结果公示应当载明中标人名称。

依法必须招标项目的招标公告和公示信息应当在"中国招标投标公共服务平台"或者项目所在地省级电子招标投标公共服务平台（以下简称发布媒介）发布。发布媒介应当免费提供依法必须招标项目的招标公告和公示信息发布服务，并允许社会公众和市场主体免费、及时查阅前述招标公告和公示的完整信息。

任何单位和个人认为招标人或其招标代理机构在招标公告和公示信息发布活动中存在违法违规行为的，可以依法向有关行政监督部门投诉、举报；认为发布媒介在招标公告和公示信息发布活动中存在违法违规行为的，根据有关规定可以向相应的省级以上发展改革部门或其他有关部门投诉、举报。

第二节 招标基本程序和禁止肢解发包、限制排斥投标人的规定

一、招标基本程序

《招标投标法》规定，招标投标活动应当遵循公开、公平、公正和诚实信用的原则。

建设工程招标的基本程序主要包括：履行项目审批手续，委托招标代理机构，编制招标文件、标底及工程量清单计价，发布招标公告或投标邀请书，资格审查，开标，评标，中标和签订合同，以及终止招标等。

(一) 履行项目审批手续

《招标投标法》规定,招标项目按照国家有关规定需要履行项目审批手续的,应当先履行审批手续,取得批准。招标人应当有进行招标项目的相应资金或者资金来源已经落实,并应当在招标文件中如实载明。

《招标投标法实施条例》进一步规定,按照国家有关规定需要履行项目审批、核准手续的依法必须进行招标的项目,其招标范围、招标方式、招标组织形式应当报项目审批、核准部门审批、核准。项目审批、核准部门应当及时将审批、核准确定的招标范围、招标方式、招标组织形式通报有关行政监督部门。

(二) 委托招标代理机构

《招标投标法》规定,招标人具有编制招标文件和组织评标能力的,可以自行办理招标事宜。任何单位和个人不得强制其委托招标代理机构办理招标事宜。

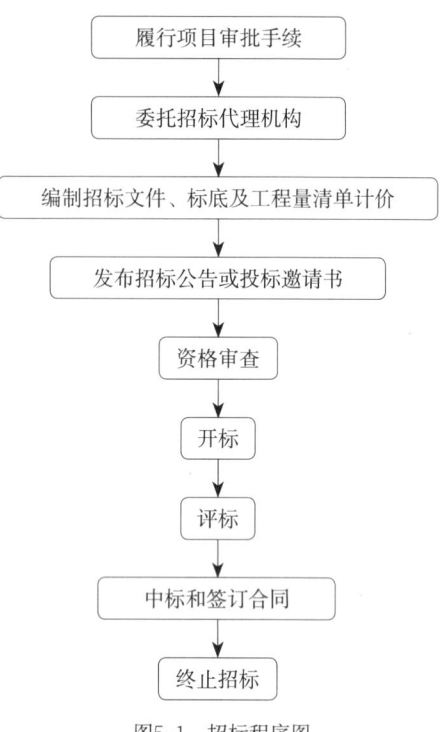

图5-1 招标程序图

依法必须进行招标的项目,招标人自行办理招标事宜的,应当向有关行政监督部门备案。

《招标投标法实施条例》进一步规定,招标人具有编制招标文件和组织评标能力,是指招标人具有与招标项目规模和复杂程度相适应的技术、经济等方面的专业人员。

《招标投标法》规定,招标代理机构是依法设立、从事招标代理业务并提供相关服务的社会中介组织。招标代理机构应当具备策划招标方案、编制招标文件、组织资格审查和组织评标的相应专业能力。招标代理机构应当具备下列条件:①有从事招标代理业务的营业场所和相应资金;②有能够编制招标文件和组织评标的相应专业力量。招标人对招标过程和招标结果承担主体责任。

按照《招标投标法实施条例》的规定,招标代理机构在招标人委托的范围内开展招标代理业务,任何单位和个人不得非法干涉。招标代理机构不得在所代理的招标项目中投标或者代理投标,也不得为所代理的招标项目的投标人提供服务。

(三) 编制招标文件、标底及工程量清单计价

《招标投标法》规定,招标人应当根据招标项目的特点和需要编制招标文件。招标文件应当包括招标项目的技术要求、对招标人资格审查的标准、投标报价要求和评标标准等所有实质性要求和条件以及拟签订合同的主要条款。国家对招标项目的技术、标准有规定的,招标人应当按照其规定在招标文件中提出相应要求。

《招标投标法》还规定，招标文件不得要求或者标明规定的生产供应者以及含有倾向或者排斥潜在投标人的其他内容。招标人对已发出的招标文件进行必要的澄清或者修改的，应当在招标文件要求提交投标文件截止时间至少15日前，以书面形式通知所有招标文件收受人。该澄清或者修改的内容为招标文件的组成部分。

招标人应当确定投标人编制投标文件所需要的合理时间；但是，依法必须进行招标的项目，应当在招标文件要求提交投标文件截止时间至少10日前通知；其中属于采购标准通用设备、材料的，或者施工技术方案简单、工期较短、季节性强的小型工程的，应当在至少5日前通知。

《招标投标法实施条例》进一步规定，招标人可以对已发出的资格预审文件或者招标文件进行必要的澄清或者修改。澄清或者修改的内容可能影响资格预审申请文件或者投标文件编制的，招标人应当在提交资格预审申请文件截止时间至少3日前，或者投标截止时间至少15日前，以书面形式通知所有获取资格预审文件或者招标文件的潜在投标人；不足3日或者15日的，招标人应当顺延提交资格预审申请文件或者投标文件的截止时间。

《招标投标实施条例》还规定，招标人对招标项目划分标段的，应当遵守《招标投标法》的有关规定，不得利用划分标段限制或者排斥潜在投标人。依法必须进行招标的项目的招标人不得利用划分标段规避招标。招标人应当在招标文件中载明投标有效期。投标有效期从提交投标文件的截止之日起算。

潜在投标人或者其他利害关系人对招标文件有异议的，应当在投标截止时间10日前提出。招标人应当自收到异议之日起3日内作出答复；作出答复前，应当暂停招标投标活动。招标人编制招标文件的内容违反法律、行政法规的强制性规定，违反公开、公平、公正和诚实信用原则，影响潜在投标人投标的，依法必须进行招标的项目的招标人应当在修改招标文件后重新招标。

招标人可以自行决定是否编制标底。一个招标项目只能有一个标底。标底必须保密。接受委托编制标底的中介机构不得参加受托编制标底项目的投标，也不得为该项目的投标人编制投标文件或者提供咨询。招标人设有最高投标限价的，应当在招标文件中明确最高投标限价或者最高投标限价的计算方法。招标人不得规定最低投标限价。

《国务院办公厅关于促进建筑业持续健康发展的意见》要求完善工程量清单计价体系和工程造价信息发布机制，形成统一的工程造价计价规则，合理确定和有效控制工程造价。

住房和城乡建设部2013年12月经修改后发布的《建筑工程施工发包与承包计价管理办法》中规定，国有资金投资的建筑工程招标的，应当设有最高投标限价；非国有资金投资的建筑工程招标的，可以设有最高投标限价或者招标标底。最高投标限价应当依据工程量清单、工程计价有关规定和市场价格信息等编制。招标人设有最高投标限价的，应当在招标时公布最高投标限价的总价，以及各单位工程的分部分项工程费、措施项目费、其他项目费、规费和税金。招标标底应当依据工程计价有关规定和市场价格信息等编制。

全部使用国有资金投资或者以国有资金投资为主的建筑工程、非国有资金投资的建筑工程，鼓励采用工程量清单计价。工程量清单应当依据国家制定的工程量清单计价规范、工程量计算规范等编制。工程量清单应当作为招标文件的组成部分。

（四）发布招标公告或投标邀请书

《招标投标法》规定，招标人采用公开招标方式的，应当发布招标公告。招标公告应当载明招标人的名称和地址，招标项目的性质，数量，资金来源，项目估算或投资概算，实施地点和时间，投标人资格条件要求，递交投标文件的时间和方式，评标办法和定标方法，对投标担保和履约担保的要求，潜在的利益冲突事项以及获取招标文件的办法等事项。招标人采用邀请招标方式的，应当向三个以上具备承担招标项目的能力、资信良好的特定的法人或者其他组织发出投标邀请书。投标邀请书也应当载明招标人的名称和地址，招标项目的性质、数量、实施地点和时间以及获取招标文件的办法等事项。

《招标投标法》还规定，招标人可以根据招标项目本身的要求，在招标公告或者投标邀请书中，要求潜在投标人提供有关资质证明文件和业绩情况，并对潜在投标人进行资格审查。招标人不得以不合理的条件限制或者排斥潜在投标人，不得对潜在投标人实行歧视待遇。

招标人不得向他人透露已获取招标文件的潜在投标人的名称、数量以及可能影响公平竞争的有关招标投标的其他情况。招标人设有标底的，标底必须保密。招标人根据招标项目的具体情况，可以组织潜在投标人踏勘项目现场。

《招标投标法实施条例》进一步规定，招标人应当按照资格预审公告、招标公告或者投标邀请书规定的时间、地点发售资格预审文件或者招标文件。资格预审文件或者招标文件的发售期不得少于5日。招标人发售资格预审文件、招标文件收取的费用应当限于补偿印刷、邮寄的成本支出，不得以营利为目的。

（五）资格审查

资格审查分为资格预审和资格后审。

《招标投标法实施条例》规定，招标人采用资格预审办法对潜在投标人进行资格审查的，应当发布资格预审公告、编制资格预审文件。招标人应当合理确定提交资格预审申请文件的时间。依法必须进行招标的项目提交资格预审申请文件的时间，自资格预审文件停止发售之日起不得少于5日。

资格预审应当按照资格预审文件载明的标准和方法进行。国有资金占控股或者主导地位的依法必须进行招标的项目，招标人应当组建资格审查委员会审查资格预审申请文件。资格审查委员会及其成员应当遵守招标投标法和本条例有关评标委员会及其成员的规定。资格预审结束后，招标人应当及时向资格预审申请人发出资格预审结果通知书，并向未通过的告知原因。未通过资格预审的申请人不具有投标资格。通过资格预审的申请人少于3个的，应当重新招标。

潜在投标人或者其他利害关系人对资格预审文件有异议的，应当在提交资格预审申请文件截止时间2日前提出。招标人应当自收到异议之日起3日内作出答复；作出答复前，应当暂停招标投标活动。招标人编制资格预审文件的内容违反法律、行政法规的强制性规定，违反公开、公平、公正和诚实信用原则，影响资格预审结果的，依法必须进行招标的项目的招标人应当在修改资格预审文件后重新招标。

招标人采用资格后审办法对投标人进行资格审查的，应当在开标后由评标委员会按照招标文件规定的标准和方法对投标人的资格进行审查。

（六）开标

《招标投标法》规定，开标应当在招标文件确定的提交投标文件截止时间的同一时间公开进行；开标地点应当为招标文件中预先确定的地点或者发出招标文件的电子招标投标交易平台。开标由招标人主持，邀请所有投标人自主决定是否参加，实行电子开标的，所有投标人应当在线参加。开标时，由投标人或其推选的代表检查投标文件的密封情况，也可以由招标人委托的公证机构检查并公证；确认无误后，由工作人员当众拆封或解密，宣读投标人名称、投标价格和投标文件，开标时都应当当众予以拆封或解密、宣读。未将开标公布的投标文件不得进入评标环节。开标过程应当记录，并存档备查。

《招标投标法实施条例》进一步规定，招标人应当按照投标文件规定的时间、地点开标。投标人少于3个的，不得开标；招标人应当重新招标。投标人对开标有异议的，应当在开标现场提出，招标人应当当场作出答复，并制作记录。

（七）评标

《招标投标法》规定，评标由招标人依法组建的评标委员会负责。招标人应当采取必要的措施，保证评标在严格保密的情况下进行。任何单位和个人不得非法干预、影响评标的过程和结果。

依法必须进行招标的项目，其评标委员会由招标人的代表和有关技术、经济等方要的专家组成，成员人数为5人以上单数，并应当满足专业分工需求，其中技术、经济或者法律等方面的专家不得少于三分之二。与投标人有利害关系的人不得进入相关项目的评标委员会；已经进入的应当更换。评标委员会成员的名单在中标结果确定前应当保密。

招标人根据需要可以组成工作组或利用电子信息系统辅助评标委员会工作，辅助评标工作应当客观、准确，不得对投标文件作出任何更改或评价。

评标委员会可以要求投标人对投标文件中含义不明确的内容作必要的澄清或者说明，但是澄清或者说明不得超出投标文件的范围或者改变投标文件的实质性内容。评标委员会应当按照招标文件确定的评标标准和方法，集体研究并分别独立对投标文件进行评审和比较；设有标底的，应当参考标底。评标委员会完成评标后,应当向招标人提出书面评标报告,并推荐不超过三个合格的中标候选人,并对每个中标候选人的优势、风险等评审情况进行说明;除招标文件明确要求排序的外,推荐中标候选人不标明排序。

招标人根据评标委员会提出的书面评标报告和推荐的中标候选人,按照招标文件规定的定标方法,结合对中标候选人合同履行能力和风险进行复核的情况,自收到评标报告之日起20日内自主确定中标人。定标方法应当科学、规范、透明。招标人也可以授权评标委员会直接确定中标人。国务院对特定招标项目的评标有特别规定的,从其规定。

评标委员会经评审,认为所有投标都不符合招标文件要求的,应当否决所有投标。依法必须进行招标的项目的所有投标被否决的,招标人应当分析招标失败的原因,必要时采取对招标文件设定的投标人资格条件等进行修改或者其他相应措施后,依照本法重新招标。重新招标后,投标人少于三个的,可以开标、评标,或者依法以其他方式从现有投标人中确定中标人,并向有关行政监督部门备案;所有投标再次被否决的,可以不再进行招标,并向有关行政监督部门备案。

《招标投标法实施条例》进一步规定,评标委员会成员应当依照《招标投标法》和本条例的规定,按照招标文件规定的评标标准和方法,客观、公正地对投标文件提出评审意见。招标文件没有规定的评标标准和方法不得作为评标的依据。评标委员会成员不得私下接触投标人,不得收受投标人给予的财物或者其他好处,不得向招标人征询确定中标人的意向,不得收受任何单位或者个人明示或者暗示提出的倾向或者排斥特定投标人的要求,不得有其他不客观、不公正履行职务的行为。

招标项目设有标底的,招标人应当在开标时公布。标底只能作为评标的参考,不得以投标报价是否接近标底作为中标条件,也不得以投标报价超过标底上下浮动范围作为否决投标的条件。有下列情形之一的,评标委员会应当否决其投标:①投标文件未经投标单位盖章和单位负责人签字;②投标联合体没有提交共同投标协议;③投标人不符合国家或者招标文件规定的资格条件;④同一投标人提交两个以上不同的投标文件或者投标报价,但招标文件要求提交备选投标的除外;⑤投标报价低于成本或者高于招标文件设定的最高投标限价;⑥投标文件没有对招标文件的实质性要求和条件作出响应;⑦投标人有串通投标、弄虚作假、行贿等违法行为。

投标文件中有含义不明确的内容、明显文字或者计算错误,评标委员会认为需要投标人作出必要澄清、说明的,应当书面通知该投标人。投标人的澄清、说明应当采用书面形式,并不得超出投标文件的范围或者改变投标文件的实质性内容。评标委员会不得暗示或者诱导投标人作出澄清、说明,不得接受投标人主动提出的澄清、说明。

评标委员会完成评标后,应当向招标人提出书面评标报告,并推荐不超过三个合格的中标候选人,并对每个中标候选人的优势、风险等评审情况进行说明;除招标文件明确要求排序的外,推荐中标候选人不标明排序。评标报告应当由评标委员会全体成员签字。对评标结果有不同意见的评标委员会成员应当以书面形式说明其不同意见和理由，评标报告应当注明该不同意见。评标委员会成员拒绝在评标报告上签字又不书面说明其不同意见和理由的，视为同意评标结果。

（八）中标和签订合同

《招标投标法》规定，招标人根据评标委员会提出的书面评标报告和推荐的中标候选人确定中标人。招标人也可以授权评标委员会直接确定中标人。招标人应当自中标通知书发出之日起3日内在发布招标公告的媒介公布中标结果。招标人和中标人应当自中标通知书发出之日起30日内，按照招标文件和中标人的投标文件订立书面合同。招标人可以和中标人进行合同谈判，但谈判内容不得更改招标文件和中标人投标文件的实质性内容。招标人和中标人不得再行订立背离合同实质性内容的其他协议。

《招标投标法实施条例》进一步规定，招标人和中标人应当依照《招标投标法》和本条例的规定签订书面合同，合同的标的、价款、质量、履行期限等主要条款应当与招标文件和中标人的投标文件的内容一致。

《最高人民法院关于审理建设工程施工合同纠纷案件适用法律问题的解释》（法释〔2004〕14号）第二十一条规定："当事人就同一建设工程另行订立的建设工程施工合同与经过备案的中标合同实质性内容不一致的，应当以备案的中标合同作为结算工程价款的根据。"因此，招标人与中标人另行签订合同的行为属违法行为，所签订的合同是无效合同。

（九）终止招标

《招标投标法实施条例》规定，招标人终止招标的，应当及时发布公告，或者以书面形式通知被邀请的或者已经获取资格预审文件、招标文件的潜在投标人。已经发售资格预审文件、招标文件或者已经收取投标保证金的，除因不可抗力、国家政策变化等导致招标投标活动不能正常进行外，不得擅自终止招标；确需终止招标的，应当向有关行政监督部门备案后，及时在发布招标公告的媒介发布终止公告并说明原因，或者以书面形式通知被邀请的或者已经获取资格预审文件、招标文件的潜在投标人。招标人终止招标的，依法承担相应责任。同时，招标人应当及时退还所收取的资格预审文件、招标文件的费用，以及所收取的投标保证金及银行同期存款利息。

二、禁止肢解发包的规定

肢解发包是指建设单位将本应由一个承包单位整体承建完成的建设工程肢解成若干部分，分别发包给不同承包单位的行为。在实践中，由于一些发包单位肢解发包工程，使施工现场缺乏应有的组织协调，不仅承建单位之间容易出现推诿、扯皮与掣肘，还会造成施工现场秩序混乱、责任不清、工期拖延、成本增加，甚至发生严重的建设工程质量和安全问题。肢解发包还往往与发包单位有关人员徇私舞弊、收受贿赂、索拿回扣等违法行为有关。

为此，《招标投标法》规定，招标项目需要划分标段、确定工期的，招标人应当合理划分标段、确定工期，并在招标文件中载明。《建筑法》还规定，提倡对建筑工程实行总承包，禁止将建筑工程肢解发包。建筑工程的发包单位可以将建筑工程的勘察、设计、施工、设备采购一并发包给一个工程总承包单位，也可以将建筑工程的勘察、设计、施工、设备采购的一项或者多项发包给一个工程总承包单位；但是，不得将应当由一个承包单位完成的建筑工程肢解成若干部分发包给几个承包单位。

2019年4月经修改后公布的《建设工程质量管理条例》进一步规定，建设单位不得将建设工程肢解发包。建设单位将建设工程肢解发包的，责令改正，处工程合同价0.5%以上1%以下的罚款；对全部或者部分使用国有资金的项目，并可以暂停资金拨付。

三、禁止限制、排斥投标人的规定

《招标投标法》规定，依法必须进行招标的项目，其招标投标活动不受地区或者部门的限制。任何单位和个人不得违法限制或者排斥本地区、本系统以外的法人或者其他组织参加投标，不得以任何方式非法干涉招标投标活动。

《招标投标法实施条例》进一步规定，招标人不得以不合理的条件限制、排斥潜在投标人或者投标人。招标人有下列行为之一的，属于以不合理条件限制、排斥潜在投标人或者投标人：①就同一招标项目向潜在投标人或者投标人提供有差别的项目信息；②设定的资格、技术、商务条件与招标项目的具体特点和实际需要不相适应或者与合同履行无关；③依法必须进行招标的项目以特定行政区域或者特定行业的业绩、奖项作为加分条件或者中标条件；④对潜在投标人或者投标人采取不同的资格审查或者评标标准；⑤限定或者指定特定的专利、商标、品牌、原产地或者供应商；⑥依法必须进行招标的项目非法限定潜在投标人或者投标人的所有制形式或者组织形式；⑦以其他不合理条件限制、排斥潜在投标人或者投标人。

招标人不得组织单个或者部分潜在投标人踏勘项目现场。

《住房和城乡建设部办公厅关于支持民营建筑企业发展的通知》（建办市〔2019〕8号）中还规定，民营建筑企业在注册地以外的地区承揽业务时，地方各级住房和城乡建设主管部门要给予外地民营建筑企业与本地建筑企业同等待遇，不得擅自设置任何审批和备案事项，不得要求民营建筑企业在本地区注册设立独立子公司或分公司。

招标人不得排斥民营建筑企业参与房屋建筑和市政基础设施工程招投标活动，对依法必须进行招标的项目不得非法限定潜在投标人或者投标人的所有制形式或者组织形式，不得对民营建筑企业与国有建筑企业采取不同的资格审查或者评标标准等。

第三节　投标人、投标文件和投标保证金

一、投标人

《招标投标法》规定，投标人是响应招标、参加投标竞争的法人或者其他非法人组织。依法招标的科研项目、创意方案等智力技术服务等允许个人自然人参加投标的，投标的个人自然人适用本法投标人的规定。投标人应当具备承担招标项目的能力；国家有关规定或者招标文件对投标人资格条件有规定的，投标人应当具备规定的资格条件。

《招标投标法实施条例》规定，投标人参加依法必须进行招标的项目的投标，不受地区或者部门的限制，任何单位和个人不得非法干涉。

与招标人存在利害关系可能影响招标公正性的法人、其他组织或者个人，不得参加投标。单位负责人为同一人或者存在控股、管理关系的不同单位，不得参加同一标段投标或者未划分标段的同一招标项目投标。违反以上规定的，相关投标均无效。

投标人发生合并、分立、破产等重大变化的，应当及时书面告知招标人。投标人不再具备资格预审文件、招标文件规定的资格条件或者其投标影响招标公正性的，其投标无效。

二、联合体投标

联合体投标是一种特殊的投标人组织形式，一般适用于大型的或结构复杂的建设项目。

《招标投标法》规定，两个以上法人或者其他组织可以组成一个联合体，以一个投标人的身份共同投标。联合体各方均应当具备承担招标项目的相应能力；国家有关规定或者招标文件对投标人资格条件有规定的，联合体各方均应当具备规定的相应资格条件。由同一专业的单位组成的联合体，按照资质等级较低的单位确定资质等级。联合体的各专业资质等级，根据共同投标协议约定的专业分工，分别按照承担相应专业工作的资质等级最低的单位确定。

联合体各方应当签订共同投标协议，明确约定各方拟承担的工作和责任，并将共同投标协议连同投标文件一并提交招标人。联合体中标的，联合体各方应当共同与招标人签订合同，就中标项目向招标人承担连带责任。招标人不得强制投标人组成联合体共同投标，不得限制投标人之间的竞争。

《招标投标法实施条例》进一步规定，招标人应当在资格预审公告、招标公告或者投标邀请书中载明是否接受联合体投标。招标人接受联合投标并进行资格预审的，联合体应当在提交资格预审申请文件前组成。资格预审后联合体增减、更换成员的，其投标无效。联合体各方在同一招

标项目中以自己名义单独投标或者参加联合体投标的,相关投标均无效。

三、投标文件

(一)投标文件的内容要求

《招标投标法》规定,投标人应当按照招标文件的要求编制投标文件。投标文件应当对招标文件提出的实质性要求和条件作出响应。招标项目属于建设施工项目的,投标文件的内容应当包括拟派出的项目负责人与主要技术人员的简历、业绩和拟用于完成招标项目的机械设备等。

2013年3月国家发展和改革委员会、财政部、住房和城乡建设部等9部门经修改后发布的《〈标准施工招标资格预审文件〉和〈标准施工招标文件〉暂行规定》中进一步明确,投标文件应包括下列内容:①投标函及投标函附录;②法定代表人身份证明或附有法定代表人身份证明的授权委托书;③联合体协议书;④投标保证金;⑤已标价工程量清单;⑥施工组织设计;⑦项目管理机构;⑧拟分包项目情况表;⑨资格审查资料;⑩投标人须知前附表规定的其他材料。但是,投标人须知前附表规定不接受联合体投标的,或投标人没有组成联合体的,投标文件不包括联合体协议书。

《建筑工程施工发包与承包计价管理办法》中规定,投标报价不得低于工程成本,不得高于最高投标限价。投标报价应当依据工程量清单、工程计价有关规定、企业定额和市场价格信息等编制。

(二)投标文件的修改与撤回

《招标投标法》规定,投标人在招标文件要求提交投标文件的截止时间前,可以补充、修改或者撤回已提交的投标文件,并书面通知招标人。补充、修改的内容为投标文件的组成部分。

《招标投标法实施条例》进一步规定,投标人撤回已提交的投标文件,应当在投标截止时间前书面通知招标人。

(三)投标文件的送达与签收

《招标投标法》规定,投标人应当在招标文件要求提交投标文件的截止时间前,将投标文件送达投标地点或者提交至电子招标投标交易平台。招标人或者提交电子招标投标交易平台收到投标文件后,应当签收保存,不得开启或者解密。投标人少于3个的,招标人应当分析招标失败的原因,必要时采取对招标文件设定的投标人资格条件等进行修改或者其他相应措施后,依照本法重新招标。重新招标后,投标人少于三个的,也可以开标、评标,或者依法以其他方式从现有投标人中确定中标人,并向有关行政监督部门备案;所有投标再次被否决的,可以不再进行招标,并向有关行政监督部门备案。在招标文件要求提交投标文件的截止时间后送达的投标文件,招标人应当拒收。

《招标投标法实施条例》进一步规定，未通过资格预审的申请人提交的投标文件，以及逾期送达或者不按照招标文件要求密封的投标文件，招标人应当拒收。招标人应当如实记载投标文件的送达时间和密封情况，并存档备查。

四、投标保证金

《招标投标法实施条例》规定，招标人在招标文件中要求投标人提交投标保证金的，投标保证金不得超过招标项目估算价的2%。投标保证金有效期应当与投标有效期一致。招标人不得挪用投标保证金。

《国务院办公厅关于清理规范工程建设领域保证金的通知》（国办发〔2016〕49号）中规定，对建筑业企业在工程建设中需缴纳的保证金，除依法依规设立的投标保证金、履约保证金、工程质量保证金、农民工工资保证金外，其他保证金一律取消。对保留的投标保证金、履约保证金、工程质量保证金、农民工工资保证金，推行银行保函制度，建筑业企业可以银行保函方式缴纳。

住房和城乡建设部、国家发展和改革委员会、财政部、人力资源和社会保障部、中国人民银行、中国银行保险监督管理委员会《关于加快推进房屋建筑和市政基础设施工程实行工程担保制度的指导意见》（建市〔2019〕68号）规定，加快推行银行保函制度，在有条件的地区推行工程担保公司保函和工程保证保险。严禁任何单位和部门将现金保证金挪作他用，保证金到期应当及时予以退还。

招标人要求中标人提供履约担保的，应当同时向中标人提供工程款支付担保。以银行保函替代工程质量保证金的，银行保函金额不得超过工程价款结算的3%。在工程项目竣工前，已经缴纳履约保证金的，建设单位不得同时预留工程质量保证金。农民工工资支付保函全部采用具有见索即付性质的独立保函，并实行差别化管理。

建设单位在办理施工许可时，应当有满足施工需要的资金安排。政府投资项目所需资金应当按照国家有关规定确保落实到位，不得由施工单位垫资建设。对于未履行工程款支付责任的建设单位，将其不良行为记入信用记录。

2013年3月国家发展和改革委员会、工业和信息化部、财政部、住房和城乡建设部、交通运输部、铁道部、水利部、国家广播电影电视总局、中国民用航空局经修改后发布的《工程建设项目施工招标投标办法》进一步规定，投标保证金不得超过项目估算价的2%，但最高不得超过80万元人民币。

实行两阶段招标的，招标人要求投标人提交投标保证金的，应当在第二阶段提出。招标人终止招标，已经收取投标保证金的，招标人应当及时退还所收取的投标保证金及银行同期存款利息。投标人撤回已提交的投标文件，招标人已收取投标保证金的，应当自收到投标人书面撤回通知之日起5日内退还。投标截止后投标人撤销投标文件的，招标人可以不退还投标保证金。

招标人最迟应当在书面合同签订后5日内向中标人和未中标的投标人退还投标保证金及银行同期存款利息。

第四节 禁止串通投标和其他不正当竞争行为的规定

2019年4月经修改后公布的《中华人民共和国反不正当竞争法》（简称《反不正当竞争法》）规定，本法所称的不正当竞争行为，是指经营者在生产经营活动中，违反本法规定，扰乱市场竞争秩序，损害其他经营者或者消费者的合法权益的行为。

在建设工程招标投标活动中，投标人的不正当竞争行为主要是：投标人相互串通投标、招标人与投标人串通投标、投标人以行贿手段谋取中标、投标人以低于成本的报价竞标、投标人以他人名义投标或者以其他方式弄虚作假骗取中标。

一、禁止投标人相互串通投标

《招标投标法》规定，投标人不得相互串通投标报价，不得排挤其他投标人的公平竞争，损害招标人或者其他投标人的合法权益。

《招标投标法实施条例》进一步规定，禁止投标人相互串通投标。有下列情形之一的，属于投标人相互串通投标：①投标人之间协商投标报价等投标文件的实质性内容；②投标人之间约定中标人；③投标人之间约定部分投标人放弃投标或者中标；④属于同一集团、协会、商会等组织成员的投标人按照该组织要求协同投标；⑤投标人之间为谋取中标或者排斥特定投标人而采取的其他联合行动。

有下列情形之一的，视为投标人相互串通投标：①不同投标人的投标文件由同一单位或者个人编制；②不同投标人委托同一单位或者个人办理投标事宜；③不同投标人的投标文件载明的项目管理成员为同一人；④不同投标人的投标文件异常一致或者投标报价呈规律性差异；⑤不同投标人的投标文件相互混装；⑥不同投标人的投标保证金从同一单位或者个人的账户转出。

二、禁止招标人与投标人串通投标

《招标投标法》规定，投标人不得与招标人串通投标，损害国家利益、社会公共利益或者他人的合法权益。

《招标投标法实施条例》进一步规定，禁止招标人与投标人串通投标。有下列情形之一的，属于招标人与投标人串通投标：①招标人在开标前开启投标文件并将有关信息泄露给其他投标人；②招标人直接或者间接向投标人泄露标底、评标委员会成员等信息；③招标人明示或者暗示投标人压低或者抬高投标报价；④招标人授意投标人撤换、修改投标文件；⑤招标人明示或者暗示投标人为特定投标人中标提供方便；⑥招标人与投标人为谋求特定投标人中标而采取的其他串通行为。

三、禁止投标人以行贿手段谋取中标

《反不正当竞争法》规定，经营者不得采用财物或者其他手段贿赂下列单位或者个人，以谋取交易机会或者竞争优势：①交易相对方的工作人员；②受交易相对方委托办理相关事务的单位或者个人；③利用职权或者影响力影响交易的单位或者个人。经营者的工作人员进行贿赂的，应当认定为经营者的行为；但是，经营者有证据证明该工作人员的行为与为经营者谋取交易机会或者竞争优势无关的除外。同时，《反不正当竞争法》还规定，经营者在交易活动中，可以以明示方式向交易相对方支付折扣，或者向中间人支付佣金。经营者向交易相对方支付折扣、向中间人支付佣金的，应当如实入账。接受折扣、佣金的经营者也应当如实入账。

《招标投标法》也规定，禁止投标人以向招标人或者评标委员会成员行贿的手段谋取中标。

投标人以行贿手段谋取中标是一种严重的违法行为，其法律后果是中标无效，有关责任人和单位要承担相应的行政责任或刑事责任，给他人造成损失的还应承担民事赔偿责任。

四、投标人不得以低于成本的报价竞标

1. 投标人不得以低于成本的报价、可能影响合同履行的异常低价竞标

发现投标人的报价为异常低价，有可能影响合同履行的，应当要求投标人在合理期限内作澄清或者说明，并提供必要的证明材料。不能说明其报价合理性，导致合同履行风险过高的，应当否决其投标。

2. 招标人应当按照招投标项目实际需求和技术特点，从以下方法中选择确定评标方法

（1）综合评估法，即明确投标文件能够最大限度满足招标文件中规定的各项综合评价标准的投标人为中标候选人的方法。

（2）经评审的最低投标价法，即投标文件能够满足招标文件的实质性要求，并且经评审的投标价格最低的投标人为中标人候选人的评标办法；但是投标价格低于成本、可能影响合同履行的异常低价的除外。

（3）法律、行政法规、部门规章规定的其他评标方法。

经评审的最低投标价法仅适用于具有通用的技术、性能标准或者招标人对其技术、性能没有

特殊要求的项目。

国家鼓励招标人将全生命周期成本纳入价格评审因素，并在同等条件下优先选择全生命周期内能源资源消耗最低、环境影响最小的投标。

除法律、行政法规另有规定外，在确定中标人前，招标人不得与投标人就投标价格、投标方案等实质性内容进行谈判；但在不影响公平的前提下，招标人可以与投标人就投标方案的实施细节进行谈判。

五、投标人不得以他人名义投标或以其他方式弄虚作假骗取中标

《反不正当竞争法》规定，经营者不得实施下列混淆行为，引人误认为是他人商品或者与他人存在特定联系：①擅自使用与他人有一定影响的商品名称相同或者近似的标识；②擅自使用他人有一定影响的企业名称（包括简称、字号等）、社会组织名称（包括简称等）、姓名（包括笔名、艺名、译名等）；③擅自使用他人有一定影响的域名主体部分、网站名称、网页等；④与他人存在特定联系的混淆行为。

《招标投标法》第三十三条规定，投标人"不得以他人名义投标或者以其他方式弄虚作假，骗取中标"。《招标投标法实施条例》进一步规定，使用通过受让或者租借等方式获取的资格、资质证书投标的，属于《招标投标法》第三十三条规定的以他人名义投标。投标人有下列情形之一的，属于《招标投标法》第三十三条规定的以其他方式弄虚作假的行为：①使用伪造、变造的许可证件；②提供虚假的财务状况或者业绩；③提供虚假的项目负责人或者主要技术人员简历、劳动关系证明；④提供虚假的信用状况；⑤其他弄虚作假的行为。

第五节　中标的法定要求和招标投标投诉处理

一、中标的法定要求

（一）公示中标候选人

《招标投标法实施条例》规定，依法必须进行招标的项目，招标人应当自收到评标报告之日起3日内公示中标候选人，公示期不得少于3日。

投标人或者其他利害关系人对依法必须进行招标的项目的评标结果有异议的，应当在中标候选人公示期间提出。招标人应当自收到异议之日起3日内作出答复；作出答复前，应当暂停招标投标活动。

（二）确定中标人

《招标投标法》规定，招标人根据评标委员会提出的书面评标报告和推荐的中标候选人确定中标人。招标人也可以授权评标委员会直接确定中标人。中标人的投标应当符合下列条件之一：①能够最大限度地满足招标文件中规定的各项综合评价标准；②能够满足招标文件的实质性要求，并且经评审的投标价格最低，但是投标价格低于成本的除外。在确定中标人前，招标人不得与投标人就投标价格、投标方案等实质性内容进行谈判。

《国务院办公厅关于促进建筑业持续健康发展的意见》中规定，对采用常规通用技术标准的政府投资工程，在原则上实行最低价中标的同时，有效发挥履约担保的作用，防止恶意低价中标，确保工程投资不超预算。

《招标投标法实施条例》还规定，国有资金占控股或主导地位的依法必须进行招标的项目，招标人应当确定排名第一的中标候选人为中标人。排名第一的中标候选人放弃中标、因不可抗力不能履行合同、不按照招标文件要求提交履约保证金，或者被查实存在影响中标结果的违法行为等情形，不符合中标条件的，招标人可以按照评标委员会提出的中标候选人名单排序依次确定其他中标候选人为中标人，也可以重新招标。

评标委员会应当按照招标文件确定的评标标准和方法，集体研究并分别独立对投标文件进行评审和比较；设有标底的，应当参考标底。评标委员会完成评标后，应当向招标人提出书面评标报告，并推荐不超过三个合格的中标候选人，并对每个中标候选人的优势、风险等评审情况进行说明；除招标文件明确要求排序的外，推荐中标候选人不标明排序。

招标人根据评标委员会提出的书面评标报告和推荐的中标候选人，按照招标文件规定的定标方法，结合对中标候选人合同履行能力和风险进行复核的情况，自收到评标报告之日起20日内自主确定中标人。定标方法应当科学、规范、透明。国务院对特定招标项目的评标有特别规定的，从其规定。

中标候选人的经营、财务状况发生较大变化或者存在违法行为，招标人认为可能影响其履约能力的，应当在发出中标通知书前由原评标委员会按照招标文件规定的标准和方法审查确认。

（三）中标通知书和报告招标投标情况

《招标投标法》规定，中标人确定后，招标人应当向中标人发出中标通知书，并同时将中标结果通知所有未中标的投标人。中标通知书对招标人和中标人具有法律效力。通知书发出后，招标人改变中标结果的，或者中标人放弃中标项目的，应当依法承担法律责任。

依法必须进行招标的项目，招标人应当自确定中标人之日起15日内，向有关行政监督部门提交招标投标情况的书面报告。

（四）履约保证金

《招标投标法》规定，招标文件要求中标人提交履约保证金的，中标人应当提交。

《招标投标法实施条例》进一步规定，履约保证金不得超过中标合同金额的10%。中标人应当按照合同约定履行义务，完成中标项目。

《国务院办公厅关于促进建筑业持续健康发展的意见》还规定，引导承包企业以银行保函或担保公司保函的形式，向建设单位提供履约担保。

二、招标投标投诉与处理

（一）投诉的规定

《招标投标法实施条例》规定，投标人或者其他利害关系人认为招标投标活动不符合法律、行政法规规定的，可以自知道或者应当知道之日起10日内向有关行政监督部门投诉。投诉应当有明确的请求和必要的证明材料。

但是，对资格预审文件、招标文件、开标以及对依法必须进行招标项目的评标结果有异议的，应当依法先向招标人提出异议，其异议答复期间不计算在以上规定的期限内。

（二）投诉处理的规定

《招标投标法实施条例》规定，投诉人就同一事项向两个以上有权受理的行政监督部门投诉的，由最先收到投诉的行政监督部门负责处理。行政监督部门应当自收到投诉之日起3个工作日内决定是否受理投诉，并自受理投诉之日起30个工作日内作出书面处理决定；需要检验、检测、鉴定、专家评审的，所需时间不计算在内。投诉人捏造事实、伪造材料或者以非法手段取得证明材料进行投诉的，行政监督部门应当予以驳回。

行政监督部门处理投诉，有权查阅、复制有关文件、资料，调查有关情况，相关单位和人员应当予以配合。必要时，行政监督部门可以责令暂停招标投标活动。行政监督部门的工作人员对监督检查过程中知悉的国家秘密、商业秘密，应当依法予以保密。

第六节　违法行为应承担的法律责任

一、招标人违法行为应承担的法律责任

《招标投标法》规定，必须进行招标的项目而不招标的，将必须进行招标的项目化整为零或者以其他任何方式规避招标的，应当重新招标的项目不依法重新招标的，责令限期改正，可以处项目合

同金额或者项目估算金额5‰以上10‰以下的罚款；对全部或者部分使用国有资金的项目，可以暂停项目执行或者暂停资金拨付；对单位直接负责的主管人员和其他直接责任人员依法给予处分。

招标人以不合理的条件限制或者排斥潜在投标人的，对潜在投标人实行歧视待遇的，强制要求投标人组成联合体共同投标的，或者限制投标人之间竞争的，责令改正，可以处1万元以上5万元以下的罚款。

依法必须进行招标的项目的招标人向他人透露已获取招标文件的潜在投标人的名称、数量或者可能影响公平竞争的有关招标投标的其他情况的，或者泄露标底的，给予警告，可以并处1万元以上10万元以下的罚款；对单位直接负责的主管人员和其他直接责任人员依法给予处分；构成犯罪的，依法追究刑事责任。影响中标结果的，中标无效。

依法必须进行招标的项目，招标人违反规定，与投标人就投标价格、投标方案等实质性内容进行谈判的，给予警告，对单位直接负责的主管人员和其他直接责任人员依法给予处分。影响中标结果的，中标无效。

招标人在评标委员会依法推荐的中标候选人以外确定中标人的，依法必须进行招标的项目在所有投标被评标委员会否决后自行确定中标人的，中标无效，责令改正，可以处中标项目金额5‰以上10‰以下的罚款；对单位直接负责的主管人员和其他直接责任人员依法给予处分。

招标人与中标人不按照招标文件和中标人的投标文件订立合同的，或者招标人、中标人订立背离合同实质性内容的协议的，责令改正，可以处中标项目金额5‰以上10‰以下的罚款。

《招标投标法实施条例》规定，招标人有下列限制或者排斥潜在投标人行为之一的，由有关行政监督部门依照《招标投标法》第五十一条的规定处罚（即责令改正，可以处1万元以上5万元以下的罚款）：①依法应当公开招标的项目不按照规定在指定媒介发布资格预审公告或者招标公告；②在不同媒介发布的同一招标项目的资格预审公告或者招标公告的内容不一致，影响潜在投标人申请资格预审或者投标。依法必须进行招标的项目的招标人不按照规定发布资格预审公告或者招标公告，构成规避招标的，依照《招标投标法》第49条的规定处罚（即责令限期改正，可以处项目合同金额5‰以上10‰以下的罚款；对全部或者部分使用国有资金的项目，可以暂停项目执行或者暂停资金拨付；对单位直接负责的主管人员和其他直接责任人员依法给予处分）。

招标人有下列情形之一的，由有关行政监督部门责令改正，可以处10万元以下的罚款：①依法应当公开招标而采用邀请招标；②招标文件、资格预审文件的发售、澄清、修改的时限，或者确定的提交资格预审申请文件、投标文件的时限不符合《招标投标法》和本条例规定；③接受未通过资格预审的单位或者个人参加投标；④接受应当拒收的投标文件。招标人有以上第①、③、④所列行为之一的，对单位直接负责的主管人员和其他直接责任人员依法给予处分。

依法必须进行招标的项目的招标人不按照规定组建评标委员会，或者确定、更换评标委员会成员违反《招标投标法》和本条例规定的，由有关行政监督部门责令改正，可以处10万元以下的罚款，对单位直接负责的主管人员和其他直接责任人员依法给予处分；违法确定或者更换的评标委员会成员作出的评审结论无效，依法重新进行评审。

招标人超过本条例规定的比例收取投标保证金、履约保证金或者不按照规定退还投标保证金及银行同期存款利息的，由有关行政监督部门责令改正，可以处5万元以下的罚款；给他人造成损失的，依法承担赔偿责任。

依法必须进行招标的项目的招标人有下列情形之一的，由有关行政监督部门责令改正，可以处中标项目金额10‰以下的罚款；给他人造成损失的，依法承担赔偿责任；对单位直接负责的主管人员和其他直接责任人员依法给予处分：①无正当理由不发出中标通知书；②不按照规定确定中标人；③中标通知书发出后无正当理由改变中标结果；④无正当理由不与中标人订立合同；⑤在订立合同时向中标人提出附加条件。

招标人和中标人不按照招标文件和中标人的投标文件订立合同，合同的主要条款与招标文件、中标人的投标文件的内容不一致，或者招标人、中标人订立背离合同实质性内容的协议的，由有关行政监督部门责令改正，可以处中标项目金额5‰以上10‰以下的罚款。

招标人不按照规定对异议作出答复，继续进行招标投标活动的，由有关行政监督部门责令改正，拒不改正或者不能改正并影响中标结果的，依照本条例第82条的规定处理（即招标、投标、中标无效，应当依法重新招标或者评标）。

二、招标代理机构违法行为应承担的法律责任

《招标投标法》第五十条规定，招标代理机构违反规定，泄露应当保密的与招标投标活动有关的情况和资料的，或者与招标人、投标人串通损害国家利益、社会公共利益或者他人合法权益的，处5万元以上25万元以下的罚款，对单位直接负责的主管人员和其他直接责任人员处单位罚款数额5%以上10%以下的罚款；有违法所得的，并处没收违法所得；情节严重的，禁止其1年至2年内代理依法必须进行招标的项目并予以公告，直至由工商行政市场监督管理机关吊销营业执照；对单位直接负责的主管人员和其他直接负责人员禁止1年到3年内从事招标代理业务，直至终身禁止从事招标代理业务。构成犯罪的，依法追究刑事责任；给他人造成损失的，依法承担赔偿责任；影响中标结果的，中标无效。

《招标投标法实施条例》规定，招标代理机构在所代理的招标项目中投标、代理投标或者向该项目投标人提供咨询的，接受委托编制标底的中介机构参加受托编制标底项目的投标或者为该项目的投标人编制投标文件、提供咨询的，依照《招标投标法》第五十条的规定追究法律责任。

三、评标委员会成员违法行为应承担的法律责任

《招标投标法》规定，评标委员会成员违反规定，不客观、公正、勤勉履行评标职责的，责

令改正；拒不改正或者有其他严重情节的，处1万元以上5万元以下的罚款，禁止三个月至一年内参加依法必须进行招标项目的评标；情节特别严重的，禁止三年内参加依法必须进行招标项目的评标，并将其从各级评标专家库除名，三年内不再接受其入库申请。

《招标投标法实施条例》规定，评标委员会成员有下列行为之一的，由有关行政监督部门责令改正；情节严重的，禁止其在一定期限内参加依法必须进行招标的项目的评标；情节特别严重的，取消其担任评标委员会成员的资格：①应当回避而不回避；②擅离职守；③不按照招标文件规定的评标标准和方法评标；④私下接触投标人；⑤向招标人征询确定中标人的意向或者接受任何单位或者个人明示或者暗示提出的倾向或者排斥特定投标人的要求；⑥对依法应当否决的投标不提出否决意见；⑦暗示或者诱导投标人作出澄清、说明或者接受投标人主动提出的澄清、说明；⑧其他不客观、不公正履行职务的行为。

《招标投标法实施条例》还规定，评标委员会成员收受投标人的财物或者其他好处的，没收收受的财物，处3000元以上5万元以下的罚款，取消担任评标委员会成员的资格，不得再参加依法必须进行招标的项目的评标；构成犯罪的，依法追究刑事责任。

《最高人民法院、最高人民检察院关于办理商业贿赂刑事案件适用法律若干问题的意见》第6条规定，依法组建的评标委员会的组成人员，在招标等事项的评标活动中，索取他人财物或者非法收受他人财物，为他人谋取利益，数额较大的，依照《刑法》第163条的规定，以非国家工作人员受贿罪定罪处罚。依法组建的评标委员会中国家机关或者其他国有单位的代表有以上行为的，依照《刑法》第385条的规定，以受贿罪定罪处罚。

四、投标人违法行为应承担的法律责任

《招标投标法》规定，投标人相互串通投标或者与招标人串通投标的，投标人以向招标人或者评标委员会成员行贿的手段谋取中标的，中标无效，处中标项目金额5‰以上10‰以下的罚款，对单位直接负责的主管人员和其他直接责任人员处单位罚款数额5%以上10%以下的罚款；有违法所得的，并处没收违法所得；情节严重的，取消其1年至2年内参加依法必须进行招标的项目的投标资格并予以公告，直至由工商行政管理机关吊销营业执照；构成犯罪的，依法追究刑事责任。给他人造成损失的，依法承担赔偿责任。

投标人以他人名义投标或者以其他方式弄虚作假，骗取中标的，中标无效，给招标人造成损失的，依法承担赔偿责任；构成犯罪的，依法追究刑事责任。依法必须进行招标的项目的投标人有以上所列行为尚未构成犯罪的，处中标项目金额5‰以上10‰以下的罚款，对单位直接负责的主管人员和其他直接责任人员处单位罚款数额5%以上10%以下的罚款；有违法所得的，并处没收违法所得；情节严重的，取消其1年至3年内参加依法必须进行招标的项目的投标资格并予以公告，直至由工商行政管理机关吊销营业执照。

《招标投标法实施条例》规定，投标人相互串通投标或者与招标人串通投标的，投标人向招标人或者评标委员会成员行贿谋取中标的，中标无效；构成犯罪的，依法追究刑事责任；尚不构成犯罪的，依照《招标投标法》第五十三条的规定处罚（即中标无效，处中标项目金额5‰以上10‰以下的罚款，对单位直接负责的主管人员和其他直接责任人员处单位罚款数额5%以上10%以下的罚款；有违法所得的，并处没收违法所得；情节严重的，取消其1年至2年内参加依法必须进行招标的项目的投标资格并予以公告，直至由工商行政管理机关吊销营业执照；构成犯罪的，依法追究刑事责任；给他人造成损失的，依法承担赔偿责任）。投标人违法未中标的，对单位的罚款金额按照招标项目合同金额依照《招标投标法》规定的比例计算。投标人有下列行为之一的，属于《招标投标法》第五十三条规定的情节严重行为，由有关行政监督部门取消其1年至2年内参加依法必须进行招标的项目的投标资格：①以行贿谋取中标；②3年内2次以上串通投标；③串通投标行为损害招标人、其他投标人或者国家、集体、公民的合法利益，造成直接经济损失30万元以上；④其他串通投标情节严重的行为。投标人自以上规定的处罚执行期限届满之日起3年内又有以上所列违法行为之一的，或者串通投标、以行贿谋取中标情节特别严重的，由工商行政管理机关吊销营业执照。

投标人以他人名义投标或者以其他方式弄虚作假骗取中标的，中标无效；构成犯罪的，依法追究刑事责任；尚不构成犯罪的，依照《招标投标法》第五十四条的规定处罚（即中标无效，给招标人造成损失的，依法承担赔偿责任；构成犯罪的，依法追究刑事责任。依法必须进行招标的项目的投标人有以上所列行为尚未构成犯罪的，处中标项目金额5‰以上10‰以下的罚款，对单位直接负责的主管人员和其他直接责任人员处单位罚款数额5%以上10%以下的罚款；有违法所得的，并处没收违法所得；情节严重的，取消其1年至3年内参加依法必须进行招标的项目的投标资格并予以公告，直至由工商行政市场监督管理机关吊销营业执照）。依法必须进行招标的项目的投标人违法未中标的，对单位的罚款金额按照招标项目合同金额依照招标投标法规定的比例计算。投标人有下列行为之一的，属于《招标投标法》第五十四条规定的情节严重行为，由有关行政监督部门取消其1年至3年内参加依法必须进行招标的项目的投标资格：①伪造、变造资格、资质证书或其他许可证件骗取中标；②3年内2次以上使用他人名义投标；③弄虚作假骗取中标给招标人造成直接经济损失30万元以上；④其他弄虚作假骗取中标情节严重的行为。投标人自以上规定的处罚执行期限届满之日起3年内又有以上所列违法行为之一的，或者弄虚作假骗取中标情节特别严重的，由工商行政管理机关吊销营业执照。

出让或者出租资格、资质证书供他人投标的，依照法律、行政法规的规定给予行政处罚；构成犯罪的，依法追究刑事责任。

投标人或者其他利害关系人捏造事实、伪造材料或者以非法手段取得证明材料进行投诉，给他人造成损失的，依法承担赔偿责任。

五、中标人违法行为应承担的法律责任

《招标投标法》规定，中标人将中标项目转让给他人的，将中标项目肢解后分别转让给他人的，违反本法规定将中标项目的部分主体、关键性工作分包给他人的，或者分包人再次分包的，转让、分包无效，处转让、分包项目金额5‰以上10‰以下的罚款；有违法所得的，并处没收违法所得；可以责令停业整顿；情节严重的，由工商行政市场监督管理机关吊销营业执照。

《招标投标法》还规定，中标人不履行与招标人订立的合同的，履约保证金不予退还，招标人可以要求履约担保人承担担保责任。给招标人造成的损失超过履约保证金数额的，还应当对超过部分予以赔偿；没有提交履约保证金的，应当对招标人的损失承担赔偿责任。中标人不按照与招标人订立的合同履行义务，情节严重的，取消其2年至5年内参加依法必须进行招标的项目的投标资格并予以公告，直至由工商行政市场监督管理机关吊销营业执照。因不可抗力不能履行合同的，不适用以上规定。

《招标投标法实施条例》规定，中标人无正当理由不与招标人订立合同，在签订合同时向招标人提出附加条件，或者不按照招标文件要求提交履约保证金的，取消其中标资格，投标保证金不予退还。对依法必须进行招标的项目的中标人，由有关行政监督部门责令改正，可以处中标项目金额10‰以下的罚款。

中标人将中标项目转让给他人的，将中标项目肢解后分别转让给他人的，违反招标投标法和本条例规定将中标项目的部分主体、关键性工作分包给他人的，或者分包人再次分包的，转让、分包无效，处转让、分包项目金额5‰以上10‰以下的罚款；有违法所得的，并处没收违法所得；可以责令停业整顿；情节严重的，由工商行政市场监督管理机关吊销营业执照。

六、政府主管部门和国家工作人员违法行为应承担的法律责任

《招标投标法》规定，对招标投标活动依法负有行政监督职责的国家机关工作人员徇私舞弊、滥用职权或者玩忽职守，构成犯罪的，依法追究刑事责任；不构成犯罪的，依法给予行政处分。

《招标投标法实施条例》规定，项目审批、核准部门不依法审批、核准项目招标范围、招标方式、招标组织形式的，对单位直接负责的主管人员和其他直接责任人员依法给予处分。有关行政监督部门不依法履行职责，对违反招标投标法和本条例规定的行为不依法查处，或者不按照规定处理投诉、不依法公告对招标投标当事人违法行为的行政处理决定的，对直接负责的主管人员和其他直接责任人员依法给予处分。项目审批、核准部门和有关行政监督部门的工作人员徇私舞弊、滥用职权、玩忽职守，构成犯罪的，依法追究刑事责任。

国家工作人员利用职务便利，以直接或者间接、明示或者暗示等任何方式非法干涉招标投标活动，有下列情形之一的，依法给予记过或者记大过处分；情节严重的，依法给予降级或者撤职

处分；情节特别严重的，依法给予开除处分；构成犯罪的，依法追究刑事责任：①要求对依法必须进行招标的项目不招标，或者要求对依法应当公开招标的项目不公开招标；②要求评标委员会成员或者招标人以其指定的投标人作为中标候选人或者中标人，或者以其他方式非法干涉评标活动，影响中标结果；③以其他方式非法干涉招标投标活动。

七、其他法律责任

《招标投标法》规定，任何单位违反本法规定，限制或者排斥本地区、本系统以外的法人或者其他组织参加投标的，为招标人指定招标代理机构的，强制招标人委托招标代理机构办理招标事宜的，或者以其他方式干涉招标投标活动的，责令改正；对单位直接负责的主管人员和其他直接责任人员依法给予警告、记过、记大过的处分，情节较重的，依法给予降级、撤职、开除的处分。个人利用职权进行以上违法行为的，依照以上规定追究责任。

依法必须进行招标的项目违反本法规定，中标无效的，应当依照本法规定的中标条件从其余投标人中重新确定中标人或者依照本法重新进行招标。

《招标投标法实施条例》规定，依法必须进行招标的项目的招标投标活动违反招标投标法和本条例的规定，对中标结果造成实质性影响，且不能采取补救措施予以纠正的，招标投标、中标无效，应当依法重新招标或者评标。

案例分析题

案例一

某公司两栋高层住宅装修工程，地上装修建筑面积2.1万平方米，装修标准为1200元/平方米。现拟邀请8家单位参与投标。招标人2020年9月16日17：00时编制完资格预审文件并发布资格预审公告，要求拟邀请单位于9月22日上午12：00时前提交资格预审申请文件。收到各家单位资格预审文件，招标人进行简单汇总，具体情况见下表。

某高层住宅装修工程拟投标单位信息　　表5-1

序号	拟投标单位	基本情况
1	云南××装饰工程有限公司	注册资本500万元，建筑装修装饰工程专业二级资质
2	云南××建筑装修工程有限公司	注册资本1000万元，建筑装修装饰工程专业一级资质
3	云南××建设工程有限公司	注册资本5600万元，建筑装修装饰工程专业一级资质

续表

序号	拟投标单位	基本情况
4	深圳市××装饰集团有限公司	注册资本10100万元，建筑装修装饰工程专业一级资质
5	深圳市××建设集团有限公司	注册资本18000万元，建筑装修装饰工程专业一级资质；有买卖合同纠纷案，被法院撤回起诉
6	四川××建设股份有限公司	注册资本6457.6571万元，建筑装修装饰工程专业一级资质
7	长沙××建筑装饰有限公司	注册资本10080万元，建筑装修装饰工程专业一级资质
8	云南××装饰设计工程集团有限公司	注册资本10000万元，建筑装修装饰工程专业一级资质

问题

1. 指出案例中有哪些不合理之处，并说明理由。
2. 指出拟邀请投标单位有哪家不能通过资质预审，并说明理由。

案例二

某公司人防设备工程邀请已通过资质预审的8家单位参与投标。招标方标前策划的时间节点是：①2020年4月30日完成招标文件审批，并发标；②2020年5月11日投标方回标；③2020年5月13日组织专家评标谈标；④2020年5月21日选定中标单位并与其签订合同。采用电子文件招标。5月8日招标方收到7份投标文件，一家单位不参与投标。在评标过程中，通过对EXCEL清单报价检查，发现有6家单位表格属性中最后一次保存者均为"某人防小潘"。因工程需要人防单位快速进场施工，最后定标给本次投标合理低价单位。

指出案例中有哪些不合理之处，并说明理由。

思考题

1. 施工单位投标报价，在开标前常用的投标技巧有哪些？
2. 电子招标投标是近几年来随着网络信息技术和经济的不断发展而迅速形成的全新的招标投标方式，但在不断发展的过程中总会遇到各种问题。试问电子招标投标会出现了哪些问题？如何防范？请提出你的建议。
3. 我国的招标投标制度处于不断完善中，其实施过程中存在很多弊端，如部分地方串标、围标现象严重，招标投标工作形式化。随着区块链技术的不断发展和完善，区块链技术正在加速落地应用，利用区块链技术解决招标投标行业的痛点问题也成为一大趋势和方向。查找相关资料，提出你的建议或解决方案。

第六章

城市房地产管理法律制度

第一节　城市房地产管理法律制度概述

一、城市房地产管理法的概念和基本内容

（一）房地产的概念和特征

房地产既是一种客观存在的物质形态，也是一项法律权利。前者是指房产和地产的合称，是指在一定所有制关系下受一定所有权支配的房屋财产和土地财产，包括土地和土地上永久建筑物及其所衍生的权利。房产是指建筑者按照规划、设计要求，通过施工安装，将各种建筑材料有机组合而成，以供人类居住和从事其他活动的物质结构体。《城市房地产管理法》第二条第二款规定："本法所称房屋，是指土地上的房屋等建筑物及构筑物。"地产是土地、地上附着物和地下各项基础设施的总称。地上附着物包括道路、水坝、水渠等，地下基础设施包括供水、供电、供热、供气、照明、排污管道等各种线路和管网。房地产由于其位置的固定性和不可移动性，在经济学上又被称为不动产。有三种存在形态，即土地、建筑物、房地合一。

房地产具有以下特征。

（1）固定性

房地产属不动产，占有固定空间而不能移动，故它作为商品进入市场流通时，移转的只是其使用价值而不是物质实体。

（2）单一性

房地产属典型的特定物，在地势、地质、面积、位置、气候、结构、质量、装饰等方面彼此之间都存在着较大的差别。

（3）稳定性

房地产作为一种有形财产，较其他财产而言具有更大的稳定性。这一方面表现在它有较长的使用寿命，另一方面表现在其产权和使用权的变动较其他财产发生得少。

（4）保值增值性

由于需求的不断扩大，土地和空间显得日益短缺，房地产不但不会像其他一些财产那样随着时间的推移而逐渐贬值，相反会不断增值。

（5）供给有限性

土地总量有限，具有不可再生性，尤其是城市土地。随着经济的发展和人们生活水平的提高，对土地、房屋的需求不断上涨，房地产供给的有限性更加突出。

房地产的上述特征是相互联系的，它们决定着房地产经济运行的规律及房地产相关法律调整的特点。

(二)城市房地产管理法的概念

城市房地产管理法是指调整在城市房地产开发、经营、管理和各种服务活动中所形成的一定的社会关系的法律规范的总称。

城市房地产管理法有狭义和广义之分。狭义的城市房地产管理法是指1994年7月5日由第八届全国人民代表大会常务委员会第八次会议通过的,于1995年1月1日起施行的《中华人民共和国城市房地产管理法》(简称《城市房地产管理法》)。它是调整我国房地产关系的基本法律。广义的城市房地产管理法,是指与《城市房地产管理法》配套的所有调整房地产关系的法律规范的总和,包括我国的宪法、法律、行政法规、部门规章、地方性法规、地方规章等。由这些不同法律层次的调整房地产关系的法律规范的有机结合体,即是广义的城市房地产管理法。

(三)《城市房地产管理法》的基本内容

《城市房地产管理法》分为七章,共七十二条。

第一章"总则",明确了制定城市房地产管理法的立法目的、城市房地产管理法的适用范围、立法原则以及管理体制等。

第二章"房地产开发用地",主要包括两方面的内容:一是土地使用权的出让,含有土地使用权出让的定义、出让的要求、出让方式、出让的最高年限、出让合同、土地使用权终止和续期等;二是土地使用权划拨,含有土地使用权划拨的定义、土地使用权划拨的范围等。

第三章"房地产开发",对房地产开发的原则、土地的开发管理、开发项目的设计、施工与竣工验收,以及房地产开发企业等作出了规定。

第四章"房地产交易",明确了房地产交易的一般规定,对房地产转让、房地产抵押、房屋租赁、中介服务机构等作出了具体的规定。

第五章"房地产权属登记管理",规定了土地使用权和房屋所有权登记发证制度、房地产权属登记、权属变更登记、抵押登记等程序。

第六章"法律责任",规定了哪些行为属于违反城市房地产管理的行为,处罚的种类、处罚的主体等。

第七章"附则",规定了参照本法执行的范围及本法施行的时间。

二、房地产管理法的立法目的、适用范围及管理体制

(一)房地产管理法立法的目的

《城市房地产管理法》第一条规定:"为了加强对城市房地产的管理,维护房地产市场秩序,保障房地产权利人的合法权益,促进房地产业的健康发展,制定本法。"此条回答了我国城市房地产立法的目的。

1. 加强对城市房地产的管理

房地产是与社会生产和生活密切相关的基础性产业，它为整个国民经济的发展提供了基本的物质保证，为劳动者提供了必要的生活条件；房地产业作为第三产业中具有高附加值的一个综合产业，为繁荣城市经济、增加财政收入、促进建筑业及相关产业的发展发挥着重要作用。房地产业作为经济发展的先导性产业，可以促进社会消费结构的合理化，有利于产业结构的合理调整，对社会投资起着导向作用。同时，房地产业的改革和发展，可以加快我国社会主义市场经济体制的建立。正因为房地产业是我国经济发展的基础性、先导性产业，国家必须加强对房地产的管理。

2. 维护房地产市场秩序

房地产市场秩序是指人们在从事房地产市场活动中应当遵循的准则。随着房地产行业的迅猛发展，房地产行业出现了一些亟待解决的问题。如，建设用地供应总量失控，国家土地资源流失，房地产开发投资结构不合理，房地产市场行为不规范等。要解决这些问题，国家可以通过行政手段、经济手段、法律手段来加强管理，维护房地产市场秩序。其中，法律手段更具有严肃性、稳定性和权威性，国家采用行政手段和经济手段维护房地产秩序，都必须依法行政、依法管理。所以，只有加强房地产立法，才能更有效地维护房地产市场秩序。

3. 保障房地产权利人的合法利益

房地产权利人是指在房地产法律关系中，依法享受权利，承担相应义务的自然人、法人、其他社会组织和国家。保障房地产权利人的合法权益，就是国家确认房地产权利人的一切合法房地产权益，不允许任何组织和个人加以侵犯，否则，房地产权利人可要求得到国家法律的保护，而国家也将追究侵权行为人的法律责任，对他们实行法律制裁。当然，凡是不合法的房地产权益，就不可能受到国家法律的保护。

4. 促进房地产业的健康发展

促进房地产业的健康发展，就是要在国家宏观调控管理之下，使得我国房地产业持续、快速、稳定、有序地向前发展，使其真正成为我国经济发展的基础性、先导性产业。促进房地产业的健康发展，是房地产立法的根本目的，也是国家加强对房地产的管理，维护房地产市场秩序，保障房地产权利人合法权益的必然结果。城市房地产管理法正是通过立法的形式，加强管理制度，实现房地产管理的规范化、法制化。

（二）城市房地产管理法的适用范围

《城市房地产管理法》第二条规定："在中华人民共和国城市规划区国有土地（以下简称国有土地）范围内取得房地产开发用地的土地使用权，从事房地产开发、房地产交易，实施房地产管理，应当遵守本法。"

1. 对主体的效力范围

所谓对主体的效力范围,就是该法所调整的主体的范围。本法适用于从事以下活动的社会组织和个人:

(1)取得房地产开发用地的土地使用权;

(2)从事房地产开发,是指在依据本法取得国有土地使用权的土地上进行基础设施、房屋建设的行为;

(3)从事房地产交易,包括房地产转让、房地产抵押和房屋租赁;

(4)实施房地产管理。

2. 地域效力范围

所谓地域效力范围,是指该法在哪些空间范围内有效。本法的地域效力范围为"中华人民共和国城市规划区国有土地范围内"。

(1)本法适用于城市规划区。《中华人民共和国城乡规划法》第二条规定:"本法所称规划区,是指城市、镇和村庄的建成区以及因城乡建设和发展需要,必须实行规划控制的区域。规划区的具体范围由有关人民政府在组织编制的城市总体规划、镇总体规划、乡规划和村庄规划中,根据城乡经济社会发展水平和统筹城乡发展的需要划定。"

(2)本法适用于在中华人民共和国城市规划区国有土地范围内取得房地产开发用地的土地使用权,从事房地产开发、房地产交易,实施房地产管理。按照我国的土地所有权性质,我国土地分为国家所有的土地和农村集体所有的土地。《城市房地产管理法》只适用于国有土地,而不能适用于集体土地。本法第九条还特别规定,城市规划区内的集体所有的土地,经依法征收转为国有土地后,该幅国有土地的使用权方可有偿出让,但法律另有规定的除外。

(3)在城市规划区外的国有土地范围内取得房地产开发用地的土地使用权,从事房地产开发、交易活动以及实施房地产管理,参照本法执行。这是《城市房地产管理法》第七十二条的规定。

3. 时间效力范围

《城市房地产管理法》第七十三条规定:"本法自1995年1月1日起施行。"

(三)房地产管理体制

1. 国务院主管部门

《城市房地产管理法》第七条第一款规定:"国务院建设行政主管部门、土地管理部门依照国务院规定的职权划分,各司其职,密切配合,管理全国房地产工作。"按照我国现行行政体系,国务院建设行政主管部门是指住房和城乡建设部。

2. 地方人民政府主管部门

《城市房地产管理法》第七条第二款对地方各级人民政府的房产管理、土地管理体制作了如下规定:"县级以上地方人民政府房产管理、土地管理部门的机构设置及其职权由省、自治区、直辖市人民政府确定。"县级以上地方人民政府房地产开发主管部门按照级别及行政区划的不同分住房和城乡建设厅、住房和城乡建设局、住房和城乡建设委员会。

《城市房地产管理法》第六十三条规定，经省、自治区、直辖市人民政府确定，县级以上地方人民政府由一个部门统一负责房产管理和土地管理工作的，可以制作、颁发统一的房地产权证书。这个规定，既充分肯定了一些城市的改革经验，又为进一步改革指明了方向。

（四）城市房地产管理法的基本原则

节约用地，保护耕地，作为国家的一项基本国策，理应成为城市房地产管理法的基本原则。同时，按照《城市房地产管理法》总则中的规定，本法的基本原则还有：国家实行国有土地有偿、有限期使用的原则，国家扶持发展居民住宅建设的原则，国家保护房地产权利人合法权益和房地产权利人必须守法的原则。《城市房地产管理法》的基本原则，也是其主要宗旨和基本准则，它是制定和实施《城市房地产管理法》的出发点。《城市房地产管理法》的基本原则贯穿于整部法律条文之中。

1. 节约用地，保护耕地的基本原则

土地不可再生，这决定了我们必须十分珍惜土地，合理利用土地资源，切实保护耕地。全国各地都要采取有效措施，全面规划，严格管理，对土地进行科学的开发与利用，坚决贯彻执行土地用途管理制度，严格制止一切非法使用土地的行为。耕地是人们基本生活的本源，对耕地必须实行特殊保护，尤其是要执行基本农田保护制度和确保耕地总量的动态平衡，坚持耕地占补平衡、占用补偿制度。

2. 国家实行国有土地有偿、有限期使用的原则

《城市房地产管理法》第三条中规定："国家依法实行国有土地有偿、有限期使用制度。但是，国家在本法规定的范围内划拨国有土地使用权的除外。"

我国的土地实行社会主义公有制，即土地分别是属于全民所有和集体所有，并且不允许土地的买卖和出租。党的十一届三中全会以后，我国实行改革开放政策，土地的使用制度也经历了一个从单一的无偿使用到无偿使用和有偿使用并存的过程。1988年七届全国人大一次会议通过的《宪法修正案》中规定，"土地的使用权可以依照法律的规定转让"。《中华人民共和国土地管理法》（2019年修正）中规定，"土地使用权可以依法转让"，"国家依法实行国有土地有偿使用制度"，从此确立了我国国有土地的有偿使用制度。实践证明，实行土地的有偿使用制度，对于保护耕地，合理利用土地，节约用地，增加财政收入等，都具有十分重要的意义。因此，《城市房地产管理法》明确规定了国家实行国有土地有偿、有限期使用的原则。

考虑到我国的基本国情和国际上的一些通行做法，《城市房地产管理法》在明确国家实行国有土地有偿、有限期使用制度这一原则的同时，也规定了国家机关用地和军事用地，城市基础设施用地和公益事业用地，国家重点扶持的能源、交通、水利等项目用地，以及法律、行政法规规

定的其他用地，可以由县级以上人民政府依法批准划拨。

3. 国家扶持发展居民住宅建设的原则

《城市房地产管理法》第四条规定："国家根据社会、经济发展水平，扶持发展居民住宅建设，逐步改善居民的居住条件。"

发展居民住宅是房地产的主要任务，在我国目前的房地产开发建设中，应当被放在优先发展的地位。这样有利于保障人民群众对住房消费的需求，改变居民缺房或居住条件差，同时大量成品套房无人购买的现象，从而促进房地产业的繁荣，使之早日进入我国国民经济支柱产业的前列。在房地产开发中，应当将解决城镇居民住房特别是困难户的住房问题作为一项重要的任务，要做好"安居工程房"、微利房和商品房的建设，加快危旧房的改造。《城市房地产管理法》第二十九条规定："国家采取税收等方面的优惠措施鼓励和扶持房地产开发企业开发建设居民住宅。"

4. 国家保护房地产权利人合法权益和房地产权利人必须守法的原则

《城市房地产管理法》第五条规定："房地产权利人应当遵守法律和行政法规，依法纳税。房地产权利人的合法权益受法律保护，任何单位和个人不得侵犯。"

国家保护房地产权利人的合法权益和房地产权利人必须守法，是维护房地产市场秩序，建立和培育完善房地产市场体系的一个重要条件。在房地产市场中，房地产权利人的合法权益能否得到保护，直接影响到房地产开发、房地产交易等活动能否正常、有序、健康地进行；同样，房地产权利人能否遵守法律和行政法规，不但直接影响到国家对房地产的管理，而且直接影响能否建立规范的房地产市场。

第二节 房地产开发用地

一、土地使用权出让

（一）土地使用权出让的概念

《城市房地产管理法》第八条规定："土地使用权出让，是指国家将国有土地使用权（以下简称土地使用权）在一定年限内出让给土地使用者，由土地使用者向国家支付土地使用权出让金的行为。"土地使用权出让具有以下几个特征。

（1）法律关系的主体身份具有特定性

土地使用权出让的主体，一方为出让方，一方为受让方。由于国家是国有土地的所有权人，因此出让一方只能是国家。根据《中华人民共和国城市房地产管理法》第十五条第二款的规定，土地使用权出让合同由市、县人民政府土地管理部门与土地使用者签订。这意味着市、县人民政府有权作为国有土地所有者的代表出让土地使用权。

土地使用权出让中的受让方是指土地使用者。中华人民共和国《城镇国有土地使用权出让和转让暂行条例》第三条规定:"中华人民共和国境内外的公司、企业、其他组织和个人,除法律另有规定者外,均可依照本条例的规定取得土地使用权,进行土地开发、利用、经营。"

(2)土地使用权出让是有期限的

我国是实行土地公有制的社会主义国家,这就决定了土地使用权只能在一定年限内出让给土地使用者。土地使用权出让的最高年限,是由国家法律按照土地的不同用途规定的,它是指一次出让签约的最高年限。土地使用权出让年限届满时,土地使用者可以申请续期。

(3)土地使用权出让是有偿的

土地使用者取得一定年限内的国有土地使用权,须向国家支付土地使用权出让金。土地使用权出让金是土地使用权有偿出让的货币表现形式,其本质是国家凭借土地所有权取得的土地经济效益。土地使用权出让金主要包括一定年期内的地租,此外还包括土地使用权出让前国家对土地的开发成本以及有关的征地拆迁补偿安置等费用。当土地使用者支付全部土地使用权出让金后,由市、县人民政府发给土地使用权证书,土地使用者方取得受让的土地使用权。

(4)土地使用权出让是法律行为

土地使用权出让,应当签订书面出让合同,同时向县级以上地方人民政府土地管理部门申请登记。如果不签订书面出让合同即办理土地使用权登记,则土地使用权出让行为无效。

(二)土地使用权出让的法律限制

我国对土地使用权出让采取国家垄断经营的方式,即由国家垄断土地的一级市场,其目的在于加强政府对土地使用权出让的管理,保证土地使用权出让有计划、有步骤地进行。根据《城市房地产管理法》,土地使用权出让的法律限制主要有以下方面。

1. 关于土地使用权出让的范围

土地使用权出让的范围包括三个方面。一是土地使用权出让的地域范围。《城市房地产管理法》第二条规定,土地使用权出让的特定空间地域范围是城市规划区国有土地,也就是说,土地使用权出让只能在城市规划区的范围内进行。二是土地使用权出让的土地范围。《城市房地产管理法》第二条规定,土地使用权出让是在城市规划区范围内的国有土地上进行的;城市规划区范围内的集体所有的土地,在未经依法征用为国有土地之前,不得出让;《城市房地产管理法》第九条规定,城市规划区内的集体所有的土地,经依法征收转为国有土地后,该幅国有土地的使用权方可有偿出让,但法律另有规定的除外。三是土地使用权出让的建设项目范围。根据《城市房地产管理法》第二十四条规定,国家机关用地和军事用地、城市基础设施用地和公益事业用地、国家重点扶持的能源、交通、水利等项目用地以及法律规定的其他建设用地,确属必需的,可以由县级以上人民政府依法批准划拨。其他建设项目如商业、旅游、娱乐、居住、工业等用地,都应采取有偿出让方式供地。

2. 关于土地使用权出让的要求

《城市房地产管理法》第十条规定:"土地使用权出让,必须符合土地利用总体规划、城市规划和年度建设用地计划。"土地利用总体规划是在一定区域内,根据国家社会经济可持续发展的要求和当地自然、经济、社会条件,对土地的开发、利用、治理、保护在空间上、时间上所作的总体安排和布局,是国家实行土地用途管制的基础。土地利用总体规划是指在各级行政区域内,根据土地资源特点和社会经济发展要求,对今后一段时期内(通常为15年)土地利用的总安排。

3. 关于土地使用权出让的宏观调控

《城市房地产管理法》第十一条规定:"县级以上地方人民政府出让土地使用权用于房地产开发的,须根据省级以上人民政府下达的控制指标拟订年度出让土地使用权总面积方案,按照国务院规定,报国务院或者省级人民政府批准。"这是国家对土地使用权出让实行总量控制和宏观调控的重要的法律规定。根据这一规定,各级政府必须将出让土地使用权的总面积严格控制在下达的指标之内。

(三)土地使用权出让的方式

根据《城市房地产管理法》第十三条,我国的国有土地使用权出让,有拍卖、招标、协议三种基本方式。

1. 拍卖出让,指出让人在指定的时间、地点,组织符合条件的土地使用权受让人到场,就出让的地块公开叫价竞投,按"价高者得"的原则确定土地受让人的出让方式。其特点是,竞争具有公开性,价格是确定受让人的唯一条件。

2. 招标出让,指国家确定土地规划和开发任务后,由符合条件的申请人以书面形式竞争某块土地的使用权,国家根据一定的要求,择优确定土地受让人的出让方式。其特点是,引入竞争机制,但不以土地投标价格为唯一选择土地使用人的条件,而是既要充分考虑投标报价,又要考虑规划设计方案、企业业绩,在综合评比的基础上择优而定。

3. 协议出让,指土地使用人的申请人直接向政府提出有偿使用土地的愿望,由政府和申请使用人进行一对一的谈判、磋商,从而出让土地使用权的方式。其特点是,申请使用人在获取土地使用权过程中竞争少,对合同的主要条款有较大的发言权,特别是对出让金有较大的讨价还价的余地。

对以上三种方式,《城市房地产管理法》明确规定,商业、旅游、娱乐和豪华住宅用地,有条件的,必须采用拍卖、招标方式;没有条件,不能采用拍卖、招标方式的,可以采取双方协议的方式。但采取协议方出让土地使用权的,其土地使用权出让金,不得低于国家规定所确定的最低价。

(四)土地使用权出让的最高年限

所谓土地使用权出让的最高年限,是指法律规定的土地使用者可以使用国有土地的最高年限。《城市房地产管理法》第三条规定:"国家依法实行国有土地有偿、有限期使用制度。"既然是有期限使用土地,就有必要对国有土地使用权出让的最高年限作出相应的法律规定。根据2020年《国务院关于修改和废止部分行政法规的决定》新修订的《中华人民共和国城镇国有土地使用权出让和转让暂行条例》第十二条的规定,土地使用权出让最高年限按用途分别为:①居住用地70年;②工业用地50年;③教育科技、文化、卫生、体育用地50年;④商业、旅游、娱乐用地40年;⑤综合或其他用地50年。

规定土地使用权出让最高年限,具有非常重要的意义。

(1)它说明了土地使用权出让不是土地买卖

土地买卖是土地所有权的买断,而出让的是一定年限的土地使用权。在我国,土地使用权具有相对独立性,土地使用权的取得,虽然来源于土地所有权,但它一经设定,即具有相对独立性。在土地使用权存续期间,土地使用者在规定的权利范围内,对土地有使用权、转让权、出租权等,其他任何人都不能非法干预。土地使用权实际上是一种物权。如果不在法律、法规中明确规定土地使用权出让的最高年限,土地使用权出让就会演变成为土地买卖。

(2)它明示了我国实行的是土地有偿、有限期的使用制度

过去几十年来,我国一直长期实行土地无偿、无限期的使用制度,国有土地一旦划拨,就变成了实际上的单位所有,使国有土地的所有权无从体现。法律、法规规定土地使用权出让的最高年限,是我国土地使用制度改革的重要成果。

(3)它说明了国家作为土地所有者对土地使用权有最终处置权

土地使用权出让年限届满,土地使用者或申请续期使用土地,或由国家收回。这对合理配置和利用土地资源,提高土地资产效益,建立完善的房地产市场,都有不可估量的作用。

(五)土地使用权出让合同

1. 土地使用权出让合同的概念、特征和分类

《城市房地产管理法》第十五条规定:"土地使用权出让,应当签订书面出让合同","土地使用权出让合同由市、县人民政府土地管理部门与土地使用者签订",因为只有签订合同,出让行为才能成立,出让双方的权利义务才能明确,才能受法律保护。土地使用权出让合同是指市、县人民政府土地管理部门代表国家与土地使用者签订的关于城市国有土地使用权的权利和义务关系的合同。土地使用权出让合同具有以下几方面特征:①土地使用权出让合同是当事人之间设立、变更土地使用权法律关系的协议;②土地使用权出让合同中的出让方是特定的,必须是市、县人民政府土地管理部门;③土地使用权出让合同中的受让方,一般为境内外的企业法人;④土地使用权出让合同是订立土地使用权转让合同的前提条件。

土地使用权出让合同可分为以下三种类型。

（1）成片开发土地使用权出让合同

此类合同指市、县土地管理部门根据《城市房地产管理法》《城镇国有土地使用权出让和转让暂行条例》以及《外商投资开发经营成片土地暂行管理办法》，将国有土地使用权出让给外商投资企业，与外商签订的投资从事经营成片土地（即成片土地的开发），明确双方权利与义务的合同。外商取得土地使用权的目的不是自用，而是为了经营，即按规划要求对土地进行综合性的开发建设，平整场地，建设供水排水、供电、供热、道路交通、通信等公用设施，形成工业用地和其他建设用地条件，然后进行转让土地使用权，经营公用事业，或者进而建设通用工业厂房以及相配套的生产和生活服务设施等地面建筑物，并从事转让或出租这些地面建筑物的经营活动。

（2）宗地土地使用权出让合同

此类合同亦称项目用地土地使用权出让合同。它是指市、县土地管理部门根据《城镇国有土地使用权出让和转让暂行条例》和《城市房地产管理法》的规定，出让国有土地使用权，与土地使用者签订的有关双方权利与义务的合同。土地使用者取得土地使用权以自用为主，而不主要用于转让、出租等经营活动。

（3）划拨土地使用权补办出让合同

此类合同指划拨土地使用权和地上建筑物、其他附着物所有权，因转让、出租、抵押而需要依《城镇国有土地使用权出让和转让暂行条例》第七章以及《城市房地产管理法》第二章第二节的规定，补签土地使用权出让的合同。这类合同实质上是将划拨土地依法纳入有偿出让的轨道，使土地使用权的隐形交易显现化。该类合同对土地使用权及建筑物的转让、出租、抵押作了较为详细的规定。

2. 土地使用权出让合同的变更

出让合同的变更，是指合同尚未履行或尚未完全履行之前，由出让方和土地使用者依法对合同的内容进行修改、补充的法律行为。在土地使用权出让合同变更中，比较多见的是土地使用者提出改变土地用途。为此，《城市房地产管理法》第十八条规定了变更土地用途的批准程序和处理方法。土地使用者需要改变土地使用权出让合同约定的土地用途的，必须取得出让方和市、县人民政府城市规划行政主管部门的同意，签订土地使用权出让合同变更协议或者重新签订土地使用权出让合同，相应调整土地使用权出让金。

3. 土地使用权出让合同的解除

出让合同的解除，是指合同订立后因主客观条件的变化，使合同的履行成为不必要或不可能，由出让方和土地使用者按法律程序提前终止合同关系，从而使合同当事人双方权利和义务归于消灭的一种法律行为。在土地使用权出让合同解除中，比较多见的是当事人双方违约，或土地使用者不按法律规定开发、利用、经营土地而导致土地管理部门将土地使用权收回。

《城市房地产管理法》第十六条规定："土地使用者必须按照出让合同约定，支付土地使用权出让金；未按照出让合同约定支付土地使用权出让金的，土地管理部门有权解除合同，并可以请求违约赔偿。"第十七条规定："土地使用者按照出让合同约定支付土地使用权出让金，市、县人民政府城市规划行政主管部门必须按照出让合同约定，提供出让的土地；未按照出让合同约定提供出让的土地的，土地使用者有权解除合同，由土地管理部门返还土地使用权的出让金，土地使用者并可以请求违约赔偿。"

（六）土地使用权终止和续期

1. 土地使用权的终止

土地使用权终止，是指因法律规定的原因致使受让人丧失土地使用权。《城市房地产管理法》规定了导致受让人土地使用权终止的四种原因。

（1）使用年限届满

《城市房地产管理法》第二十二条第二款规定："土地使用权出让合同约定的使用年限届满，土地使用者未申请续期或者虽申请续期但依照前款规定未获批准的，土地使用权由国家无偿收回。"

（2）根据社会公共利益的需要而提前收回

《城市房地产管理法》第二十条规定："国家对土地使用者依法取得的土地使用权，在出让合同约定的使用年限届满前不收回；在特殊情况下，根据社会公共利益的需要，可以依照法律程序提前收回，并根据土地使用者使用土地的实际年限和开发土地的实际情况给予相应的补偿。"

（3）因逾期开发而被无偿收回

根据《城市房地产管理法》第二十六条的规定，以出让方式取得土地使用权进行房地产开发的，必须按照土地使用权出让合同约定的土地用途、动工开发期限开发土地。超过出让合同约定的动工开发日期满二年未动工开发的，可以无偿收回土地使用权。但是，因不可抗力或者政府、政府有关部门的行为或者动工开发必需的前期工作造成动工开发迟延的除外。

（4）土地灭失

土地灭失，是指由于自然力量或人为造成原土地性质的彻底改变或原土地面貌的彻底改变。如因地震或战争而使原有土地变成湖泊或河流等。土地灭失导致土地使用权客体丧失，受让人因此而终止其土地使用权。

需要说明的是，提前终止土地使用权，地上建筑物和其他附着物亦一并收归国有，除土地使用权出让合同规定必须拆除的技术设备等外，土地使用权受让人不得毁坏一切地上建筑物及其他附着物。但是，国家必须根据土地使用者使用土地的实际年限和开发土地的实际情况以及地上建筑物和其他附着物的现存价值等情况，给土地使用者以相应补偿，从而保护土地使用者的合法权益。

2. 土地使用权的续期

土地使用权续期是指土地使用权出让合同约定的使用年期届满，土地使用者需要继续使用土地的，应当至迟于期满前一年向土地管理部门提出申请。

土地使用权续期有如下条件：①该块土地的用途与期满时的城市规划不相矛盾；②使用人有继续使用该块土地的必要；③继续使用该块土地不影响其他的社会公共利益。

土地使用权续期应当不迟于土地使用权出让合同的使用年限届满前一年申请，除根据社会公共利益需要收回该块土地的，应当予以批准。经批准准予续期的，应当重新签订土地使用权出让合同，依照规定支付土地使用权出让金。

二、土地使用权划拨

（一）土地使用权划拨的概念和形式

1. 土地使用权划拨的概念

《城市房地产管理法》第二十三条规定："土地使用权划拨，是指县级以上人民政府依法批准，在土地使用者缴纳补偿、安置等费用后将该幅土地交付其使用，或者将国有土地使用权无偿交付给土地使用者使用的行为"。"依照本法规定以划拨方式取得土地使用权的，除法律、行政法规另有规定外，没有使用期限的限制"。这一规定，阐明了土地使用权划拨的法律概念。

2. 土地使用权划拨的形式。

（1）缴纳补偿、安置等费用的划拨

这种形式的划拨，是经县级以上人民政府依法批准，在土地使用者缴纳补偿、安置等费用后，将该幅土地交付其使用。如国家征用城市规划区内的集体所有的土地，在土地使用者缴纳补偿、安置补助等费用后，国家再将其征用的土地划拨给土地使用者使用。这种形式的划拨，具有两个最基本的特征：第一，须经县级以上人民政府批准；第二，土地使用者须缴纳补偿、安置等费用。

（2）无偿交付的划拨

这种形式的划拨，是经县级以上人民政府依法批准，将国有土地使用权无偿交付给土地使用者使用。也就是说，土地使用者完全无偿地取得国有土地使用权，征地、拆迁中所需要的补偿和安置等费用全部由国家承担。对国家建设使用国有荒山、荒地按照国家建设征用土地的程序和审批权限批准后，将其国有荒山、荒地无偿划拨给土地使用者使用。它也具有两个最基本的特征：第一，须经县级以上人民政府依法批准；第二，土地使用者取得土地使用权是无偿的。

3. 划拨土地使用权主要特征

（1）公益目的

划拨土地使用权只适用于公益事业或国家重点工程项目。

（2）行政行为性

《城市房地产管理法》第二十三条规定，"土地使用权划拨，是指县级以上人民政府依法批准，在土地使用者缴纳补偿、安置等费用后将该幅土地交付其使用，或者将土地使用权无偿交付给土地使用者使用的行为。"

(3) 无偿性

划拨土地使用权直接由政府的批准行为产生，在交纳征用补偿、安置费后即可取得土地使用权，不需要向国家交纳出让金和签订任何合同。只是需要进行登记以确定土地使用权的范围并表明取得划拨土地使用权。

(4) 无期限性

《城市房地产管理法》第二十二条规定，"依照本法规定以划拨方式取得土地使用权的，除法律、行政法规另有规定外，没有使用期限的限制。"但土地使用权是有期限的，住房用地70年，到期后有偿使用。

(二) 土地使用权划拨的范围

《城市房地产管理法》第二十四条规定，下列建设用地的土地使用权，确属必要的，可以由县级以上人民政府依法批准划拨。

1. 国家机关用地和军事用地

国家机关用地，是指行使国家职能的各种机关用地的总称，它包括国家权力机关、国家行政机关、国家审判机关、国家检察机关、国家军事机关的用地。

军事用地，是指军事设施用地。2014年第十二届全国人民代表大会常务委员会第九次会议修订的《中华人民共和国军事设施保护法》第二条规定：本法所称军事设施，是指国家直接用于军事目的的下列建筑、场地和设备：①指挥机关，地面和地下的指挥工程、作战工程；②军用机场、港口、码头；③营区、训练场、试验场；④军用洞库、仓库；⑤军用通信、侦察、导航、观测台站，测量、导航、助航标志；⑥军用公路、铁路专用线，军用通信、输电线路，军用输油、输水管道；⑦边防、海防管控设施；⑧国务院和中央军事委员会规定的其他军事设施。

2. 城市基础设施用地和公益事业用地

城市基础设施用地，是指城市给水、排水、污水处理、供电、通信、煤气、热力、道路、桥梁、市内公共交通、园林绿化、环境卫生以及消防、路标、路灯等设施用地。

城市公益事业用地，是指城市内的学校、医院、体育场馆、图书馆、文化馆、博物馆、纪念馆、福利院、敬老院、防疫站等不以经营为目的的文体、卫生、教育、福利事业用地。

3. 国家重点扶持的能源、交通、水利等项目用地

这类用地是指由中央投资，中央与地方共同投资或者共同引进外资，以及其他投资者投资，国家采取各种优惠政策重点扶持的煤炭、石油、天然气、电力等能源项目用地；铁路、港口码头等交通项目用地；水库、防洪、防溃、治碱、农田灌溉、水力发电、江河治理、城市供水和排水等水利工程项目用地。

4. 法律、行政法规规定的其他用地。

第三节　房地产开发

一、房地产开发的概念和基本原则

（一）房地产开发的概念

《城市房地产管理法》第二条规定："本法所称房地产开发，是指在依据本法取得国有土地使用权的土地上进行基础设施、房屋建设的行为。"这是从法律角度对房地产开发所作的界定。房地产开发与城市规划紧密相关，是城市建设规划的有机组成部分。为了确定城市的规模和发展方向，实现城市的经济和社会发展目标，必须合理地制定城市规划和进行城市建设以适应社会主义现代化建设的需要。作为不动产，与其他商品的开发相比，房地产开发具有投资大、耗力多、周期长、高赢利、高风险的特点，使房地产开发活动在人们的生活中占据越来越重要的地位，经济越发达，时代越进步，房地产开发的范围越广，程度越深，内容越丰富。房地产开发的概念包括以下内涵。

1. 房地产开发是在依法取得使用权的国有土地上进行的

我国土地所有制存在两种形式，一是国家所有，二是集体所有。根据《城市房地产管理法》第二条的规定，依法取得国有土地使用权是房地产开发的前提，房地产开发用地只能是城市规划区范围内的国有土地；集体所有的土地只有在被国家征用转为国有土地后，才能成为房地产开发用地。

2. 房地产开发包括土地开发和房屋开发

土地开发主要是指房屋建设的前期工作，主要有两种情形：一是新区土地开发，即把农业或者其他非城市用地改造为适合工商业、居民住宅、商品房以及其他城市用途的城市用地；二是旧城区改造或二次开发，即对已经是城市土地，但因土地用途的改变、城市规划的改变以及其他原因，需要拆除原来的建筑物，并对土地进行重新改造，投入新的劳动。房屋开发是指在城市土地开发或再开发之后的建筑物及构筑物开发。房屋开发包括四个层次：第一层次为住宅开发；第二层次为生产与经营性建筑物开发，如工厂厂房、各类商店、各种仓库、办公用房等；第三层次为生产、生活服务性建筑物及构筑物的开发，如交通运输设施、公用事业和服务事业设施、娱乐设施；第四层次为城市其他基础设施的开发。

3. 房地产开发是以经营为目的的开发

房地产开发是一种经营性的行为，由专业化的房地产开发企业进行。它从事的是房地产的投资和经营，即从有偿取得土地使用权，到勘察设计和建筑施工，直到最终将开发产品（房屋、基础设施及其相应的土地使用权）作为商品在房地产市场转让，寻求利润回报。我们通常所说的房地产开发，就是指这种以营利为目的的开发。

(二）房地产开发的基本原则

房地产开发基本原则是指在城市规划区国有土地范围内从事房地产开发并实施房地产开发管理中应依法遵守的基本原则。《城市房地产管理法》第二十五条规定，房地产开发必须严格执行城市规划，按照经济效益、社会效益、环境效益相统一的原则，实行全面规划、合理布局、综合开发、配套建设。我国房地产开发的基本原则主要有开发原则、城市规划原则、统一原则、综合开发原则、符合政策原则。

1. 开发原则

开发原则是指依法在取得土地使用权的城市规划区国有土地范围内从事房地产开发的原则。在我国，通过出让或划拨方式依法取得国有土地使用权是房地产开发的前提条件，房地产开发必须是国有土地。我国另一类型的土地即农村集体所有土地不能直接用于房地产开发，集体土地必须经依法征用转为国有土地后，才能成为房地产开发用地。

2. 城市规划的原则

城市规划是城市人民政府对建设进行宏观调控和微观管理的重要措施，是城市发展的纲领，也是对城市房地产开发进行合理控制、实现土地资源合理配置的有效手段。科学制定和执行城市规划，是合理利用城市土地，合理安排各项建设，指导城市有序、协调发展的保证。

3. 统一原则

统一原则指坚持经济效益、社会效益和环境效益相统一的原则。经济效益是房地产所产生的经济利益的大小，是开发企业赖以生存和发展的必要条件。社会效益指房地产开发给社会带来的效果和利益。环境效益是指房地产开发对城市自然环境和人文环境所产生的积极影响。以上三方面是矛盾统一的辩证关系，既有联系，又有区别，还会产生冲突。这就需要政府站在国家和社会整体利益的高度上，进行综合整合和管理。

4. 综合开发原则

综合开发原则指的是应当坚持全面规划、合理布局、综合开发、配套建设的原则。综合开发较之以前的分散建设，具有不可比拟的优越性。综合开发有利于实现城市总体规划，加快改变城市的面貌；有利于城市各项建设的协调发展，促进生产，方便生活；有利于缩短建设周期，提高经济效益和社会效益。

5. 符合政策原则

这指的是符合国家产业政策、国民经济与社会发展计划的原则。国家产业政策、国民经济与社会发展计划是指导国民经济相关产业发展的基本原则和总的战略方针，房地产业作为第三产业应受国家产业政策、国民经济与社会发展计划的制约。

二、房地产开发的管理

（一）土地开发管理

《城市房地产管理法》第二十六条规定："以出让方式取得土地使用权进行房地产开发的，必须按照土地使用权出让合同约定的土地用途、动工开发期限开发土地。超过出让合同约定的动工开发日期满一年未动工开发的，可以征收相当于土地使用权出让金百分之二十以下的土地闲置费；满二年未动工开发的，可以无偿收回土地使用权；但是，因不可抗力或者政府、政府有关部门的行为或者动工开发必需的前期工作造成动工开发迟延的除外。"

土地是不可替代的稀缺资源，这一特点决定了必须节约和合理开发利用土地。但是，由于管理制度不完善等原因，土地供给总量失控，批租土地缺乏必要的调控手段，出现了圈而不用、早圈晚用、多圈少用等现象，给极为宝贵的土地资源造成了极大的浪费。同时，部分获取土地使用权的单位或个人，并不进行任何开发建设，转手倒卖"地皮"，从中牟取暴利，导致国家收益流失、房地产价格扭曲等严重后果。因此，必须采取法律手段对这些现象予以制止。

但是，造成房地产开发逾期的原因，除了土地使用者自身行为外，往往还有客观因素和政府行为等，这些原因造成的开发迟延，当然不能由土地使用者承担责任。因此，本条规定了因不可抗力或者政府、政府有关部门的行为或者动工开发必需的前期工作造成动工开发迟延的除外。这样规定体现了法律的严密性，避免出现漏洞。不可抗力包括自然灾害等因素，如洪水淹没了开发的土地，造成无法开工。政府、政府有关部门的行为不规范或者某些行政措施、决定导致开发迟延；或动工开发的"三通一平""七通一平"等基础设施条件不具备，规划设计方案未及时予以批准等。这些都属于政府、政府有关部门的行为或者动工开发必需的前期工作造成的动工开发迟延。

（二）房地产开发项目的设计、施工与竣工验收的管理

《城市房地产管理法》第二十七条规定："房地产开发项目的设计、施工，必须符合国家的有关标准和规范。"这是一切开发项目建设必须遵循的原则，是保证工程质量的根本措施。之所以作这样的规定，是因为房地产项目同其他建设项目一样，具有投资量大、使用期限长等特点，如果不按标准和规范进行设计、施工，所出现的质量问题不仅直接影响项目的寿命，造成巨大的经济损失，甚至会发生房毁人亡的悲剧。

竣工验收是全面考核开发成果、检验设计和工程质量的重要环节，也是开发成果转入流通和使用阶段的标志。为了防止不符合质量要求的房屋、基础设施投入使用，保护使用者、消费者的合法权益，《城市房地产管理法》第二十七条规定："房地产开发项目竣工，经国家验收合格后，方可交付使用。"房地产开发项目的竣工验收工作，一般由开发公司组织设计单位、施工单位、质量监督部门、建设银行以及城市规划、环境保护、抗震、消防等部门，共同成立专门机构即验收委员会或验收小组来进行。

(三)房地产开发经营方式

《城市房地产管理法》第二十八条规定:"依法取得的土地使用权,可以依照本法和有关法律、行政法规的规定,作价入股,合资、合作开发经营房地产。"

三、房地产开发企业

(一)房地产开发企业的概念

房地产开发企业是指按照城市房地产管理法的规定,是以营利为目的,从事房地产开发和经营的企业。按房地产开发业务在企业经营范围中地位的不同,可将房地产开发企业分为房地产开发专营企业、兼营企业和项目公司。专营企业是指以房地产开发经营为主业的企业;兼营企业是指以其他经营项目为主,兼营房地产开发经营业务的企业;项目公司是指以开发项目为对象从事单项房地产开发经营的公司。

(二)房地产开发企业的设立条件

《城市房地产管理法》第三十条规定,设立房地产开发企业必须具备下列条件。

1. 有自己的名称和组织机构

作为独立的法人,房地产开发企业只准使用一个名称。此外,房地产有限责任公司、房地产股份有限公司的名称中必须分别含有"有限责任"和"股份有限"的字样。企业名称须在企业设立登记时由工商行政主管部门核准。

所谓"组织机构",就是要有完整的、系统的经营决策层,有职能明确、分工合理的生产经营组织以及相应的分支机构和下属机构。是有限责任公司和股份有限公司的,一般须设股东(大)会、董事会、监事会和经理等组织机构,然后分别按各自的权限行使职权。

2. 有固定的经营场所

房地产开发企业不能流动性地从事开发经营活动,必须有固定的经营场所,有企业法人的固定地址。所谓有固定的经营场所,是指开发企业的主要办事机构应有固定的住所。企业登记的住所只能有一个。在设立房地产开发企业时,应提供固定的经营场所使用权或所有权的合法证明文件。

3. 有符合国务院规定的注册资本

房地产开发企业是资金密集性企业,对其注册资金的要求高于一般经营性、劳务性、中介性的企业。住房和城乡建设部按照房地产开发企业的资质等级,规定了不同的注册资本要求。这有助于扼制房地产开发领域过于严重的投机态势,降低房地产投资风险,保障交易安全。

4. 有足够的专业技术人员

房地产开发是一项专业性很强的经营活动。开发商拥有足够的专业技术人员是保障开发项目产品的安全及开发中其他社会效益和环境效益实现的必要条件。住房和城乡建设部按照房地产开发企业的资质等级，规定了不同的专业技术人员要求。

5. 法律、行政法规定的其他条件

例如，按照《中华人民共和国公司法》的规定，设立房地产有限责任公司或股份有限公司的，股东或发起人必须符合法定人数。又如，根据《中华人民共和国外商投资法》的规定，设立外商投资的房地产开发企业，须经外贸部门批准并执行有关法律的规定。

（三）房地产开发企业的设立程序

《城市房地产管理法》第三十条不仅规定了设立房地产开发企业的条件，而且规定了设立房地产开发企业的法定程序。具体程序如下。

1. 房地产开发企业的设立登记

《城市房地产管理法》第三十条第二款规定："设立房地产开发企业，应当向工商行政管理部门申请设立登记，工商行政管理部门对符合本法规定条件的，应当予以登记，发给营业执照；对不符合本法规定条件的，不予登记。"这一规定，改变了过去设立开发企业先由建设行政管理部门进行资质审查，经批准后才到工商行政管理部门办理设立登记的制度。这是我国房地产开发企业设立登记制度的重要改革。其目的在于，适应发展社会主义市场经济的要求，并与《中华人民共和国公司法》衔接，与国际惯例接轨。设立开发企业实行直接登记制度，对于减少政府管理部门的行政干预，真正实现企业的自主经营，建立现代企业制度，具有重要的意义。

2. 设立房地产开发企业的备案

房地产开发企业向工商行政管理部门登记并领取营业执照之后，还须接受政府行业管理部门的监督管理。《城市房地产管理法》第三十条第四款规定："房地产开发企业在领取营业执照后的一个月内，应当到登记机关所在地的县级以上地方人民政府规定的部门备案。"这一程序性规定，目的是将设立登记后的房地产开发企业纳入房地产业的行业管理，以促进房地产开发企业的健康发展，实现企业市场行为的规范化。

3. 设立房地产开发有限责任公司和房地产开发股份有限公司的程序

（1）公司名称预先核准

所有公司在设立登记以前，都必须首先申请名称预先核准。设立房地开发有限责任公司，由全体股东指定的代表或者共同委托的代理人向公司登记机关（当地工商行政管理机关）申请名称预先核准；设立房地产开发股份有限公司，由全体发起人指定的代表或共同委托的代理人向公司登记机关申请名称预先核准。公司登记机关决定核准后，发给《企业名称预先核准通知书》，预先核准的公司名称保留期为6个月。

（2）公司设立登记

设立房地产开发有限责任公司，由全体股东指定的代表或者共同委托的代理人向公司登记机关申请设立登记；设立房地产开发股份有限公司，董事会应于创立大会结束后30日内向公司登记机关申请设立登记。申请设立登记时，应提交有关文件。公司登记机关收到规定的全部文件后30日内，作出核准登记或者不予登记的决定。核准登记的，发给《企业法人营业执照》，公司即告成立。

（3）公司向有关的主管部门备案

房地产开发有限责任公司和房地产开发股份有限公司在领取营业执照后的一个月内，到登记机关所在地的县级以上地方人民政府规定的部门备案。

第四节 房地产交易

一、一般规定

（一）房地产交易的概念

房地产交易是房地产交易主体之间以房地产这种特殊商品作为交易对象所从事的市场交易活动。《城市房地产管理法》第二条规定："本法所称房地产交易，包括房地产转让、房地产抵押和房屋租赁。"

房地产转让是指合法拥有土地使用权及土地上建筑物、附（引）着物所有权的自然人、法人和其他组织，通过买卖、交换、赠与将房地产转移给他人的法律行为。房地产抵押，是指抵押人以其合法的房地产以不转移占有的方式向抵押权人提供债务履行担保的行为，包括房地产抵押和房屋典当等。房地产租赁是指出租人将土地使用权同地上建筑物、其他附着物或房屋出租给承租人使用，由承租人向出租人支付租金的行为，如房屋出租等。

（二）房地产交易的特性要求

《城市房地产管理法》第三十二条规定："房地产转让、抵押时，房屋的所有权和该房屋占用范围内的土地使用权同时转让、抵押。"

根据房屋所有权与其所占土地使用权主体同一的规定，房地产在转让时，受让人在获得房屋所有权的同时，必须获得该房屋占用范围内的土地使用权；同样，受让人在获得土地使用权时，也必须获得该土地上的房屋所有权。

虽然房地产抵押时，并不改变房地产当事人的权利，但当债务人不履行债务时，抵押权人有权依法将抵押的房地产拍卖，以拍卖所得价款优先受偿。也就是说，房地产一旦被抵押，就有改变房地产产权的可能。而房地产特性要求房屋的所有权与该房屋的占用范围内的土地使用权主体必须是同一的。所以，房地产抵押时，房屋的所有权和该房屋占用范围内的土地使用权同时抵押。

《城市房地产管理法》第三十六条规定:"房地产转让、抵押,当事人应当依照本法第五章的规定办理权属登记。"关于这部分内容的规定在第五节介绍。

(三)房地产价格评估制度

由于房地产属于不动产,这就决定了相同结构和标准的房屋,在不同的城市,甚至在同一城市的不同地段,其价格差别很大。因此,交易价格的确定,对于当事人和国家来说都十分重要。《城市房地产管理法》第三十四条规定:"国家实行房地产价格评估制度,房地产价格评估,应遵循公正、公平、公开的原则,按照国家规定的技术标准和评估程序,以基准地价、标定地价和各类房屋的重置价格为基础,参照当地的市场价格进行评估。"房地产价格的评估是指房地产专业估价人员根据估价目的,遵循估价原则,按照估价程序,运用估价方法,在综合分析影响房地产价格因素的基础上,结合估价经验及对影响房地产价格因素的分析,对房地产的特定权益,在特定时间最可能实现的合理价格所作出的估计、推测与判断。实行这一制度,目的是为进行各类经济活动的民事主体,提供一个公平、合理的价格标准,同时也为国家征收税费划定基数。

所谓基准地价,是按不同的土地级别、区域分别评估和测算的商业、工业、住宅等各类用地的平均价格。所谓标定地价,是指在基准地价基础上,按土地使用年限、地块大小、形状、容积率、微观区域、市场行情条件,修订评估出的具体地块在某一时期的价格。所谓房屋的重置价格,是指按照当前的建筑技术和工艺水平、建筑材料价格、人工和运输费用条件,重新建造同类结构、式样、质量标准的房屋标准价。《城市房地产管理法》第三十三条规定:"基准地价、标定地价和各类房屋的重置价格应当定期确定并公布。具体办法由国务院规定。"

(四)房地产成交价格申报制度

《城市房地产管理法》第三十五条规定,"国家实行房地产成交价格申报制度";"房地产权利人转让房地产,应当向县级以上地方人民政府规定的部门如实申报成交价格,不得瞒报或做不实申报"。这一制度就是要求房地产交易的当事人或其代理人在买卖、交换房地产时,应当向房屋所在地的房地产管理部门如实申报成交价。由于房地产成交价格是多种税(如契税、土地增值税)的计税基础,所以,如果交易人隐瞒交易额或少报交易额,都会给国家税费造成损失。因此,房地产法规定了国家实行房地产成交价格申报制度,目的是禁止房地产交易人利用瞒价来偷税。缴纳税费的依据,一般是成交申报价格,但是成交申报价格明显偏低的,以评估价格作为缴纳税费的依据。

房地产权利人转让房地产、房地产抵押权人依法处分抵押房地产,应当向房屋所在地县级以上地方人民政府房地产管理部门如实申报成交价格,由国家对成交价格实施登记审验后,才予办理产权转移手续,取得确定的法律效力。房地产管理部门在接到价格申报后,如发现成交价格明显低于市场正常价格,应当及时通知交易双方,并不要求交易双方当事人更改合同约定的成交价格，但交易双方应当按不低于房地产行政主管部门确认的评估价格缴纳了有关税费后，方为其办理房地产交易手续，核发权属证书。

二、房地产转让

（一）房地产转让的概念

《城市房地产管理法》第三十七条规定："房地产转让，是指房地产权利人通过买卖、赠与或者其他合法方式将其房地产转移给他人的行为。"

（二）房地产转让的条件

1. 以出让方式取得土地使用权的转让条件

《城市房地产管理法》第三十九条对此规定的条件是：①按照出让合同约定已经支付全部土地使用权出让金，并取得土地使用权证书；②按照出让合同约定进行投资开发，属于房屋建设工程的，完成投资开发总额的25%以上，属于成片开发用地的，形成工业用地或其他用地条件。

2. 以划拨方式取得土地使用权的转让条件

（1）以划拨方式取得土地使用权的，转让房地产时，应当按照国务院规定，报有批准权的人民政府审批。有批准权的人民政府准予转让的，应当由受让方办理土地使用权出让手续，并按照国家有关规定缴纳土地使用权出让金。

（2）以划拨方式取得土地使用权的，转让房地产时，有批准权的人民政府按照国务院规定可以不办理土地使用权出让手续的，转让方应当按照国务院规定将转让房地产所获得收益中的土地收益上缴国家或作其他处理。这是《城市房地产管理法》第四十条的规定。

（三）不得转让的房地产

《城市房地产管理法》第三十八条规定，下列房地产不得转让：①以出让方式取得土地使用权的，不符合本法第三十九条规定的条件的；②司法机关和行政机关依法裁定、决定查封或者以其他形式限制房地产权利的；③依法收回土地使用权的；④共有房地产，未经其他共有人书面同意的；⑤权属有争议的；⑥未依法登记领取权属证书的；⑦法律、行政法规规定禁止转让的其他情形。

（四）房地产转让合同

《城市房地产管理法》第四十一条规定："房地产转让，应当签订书面转让合同，合同中应当载明土地使用权取得的方式。"第四十二条规定："土地使用权出让合同载明的权利、义务随之转移。"

1. 房地产转让合同概念

房地产转让合同是指房地产转让当事人之间签订的用于明确各方权利、义务关系的协议。房地产转让时，应当签订书面转让合同。

2. 主要内容

根据《城市房地产管理法》及《城市房地产转让管理规定》的规定，房地产转让合同应载明下列主要内容：①双方当事人的姓名或者名称、住所；②房地产权属证书名称和编号；③房地产坐落位置、面积、四至界限；④土地宗地号、土地使用权取得方式及年限；⑤房地产的用途或使用性质；⑥成交价格及支付方式；⑦房地产交付使用的时间；⑧违约责任；⑨双方约定的其他事项。

（五）商品房预售

1. 商品房预售的概念

商品房预售也称房屋预售、楼花买卖，是指房地产开发企业与购房者约定，由购房者交付定金或预付款，而在未来一定日期拥有现房的房产交易行为。其实质是房屋期货买卖，买卖的只是房屋的一张期货合约。它与成品房的买卖已成为我国商品房市场中两种主要的房屋销售形式。

2. 商品房预售的条件

为防止"炒地皮"和"烂尾楼"事件的发生，保证正常的房地产开发活动，《城市房地产管理法》第四十五条对商品房预售的条件作了明确规定：①已交付全部土地使用权出让金，取得土地使用权证书；②持有建设工程规划许可证；③按提供预售的商品房计算，投入开发建设的资金达到工程建设总投资的25%以上，并已经确定施工进度和竣工交付日期；④向县级以上人民政府房产管理部门办理预售登记，取得商品房预售许可证明。

3. 商品房预售合同的备案

商品房预售时除必须同时符合上述四个条件外，商品房预售人应当同认购人签订预售房屋的合同，合同订立后应当按照国家有关规定将预售合同报县级以上人民政府房产管理部门和土地管理部门备案，以便于对商品房预售活动的监督与管理。

4. 商品房预售款的使用

按照《城市房地产管理法》第四十五条规定，商品房预售所得款项，必须用于有关的工程建设。

三、房地产抵押

（一）房地产抵押的概念

《城市房地产管理法》第四十七条规定，房地产抵押，是指抵押人以其合法的房地产以不转移占有的方式向抵押权人提供债务担保的行为。当债务人不履行债务时，抵押权人有权以抵押的房地产拍卖所得的价款优先受偿。

（二）房地产抵押的设定

所谓房地产抵押的设定，是指抵押人和抵押权人根据我国有关法律法规的规定，就抵押的房地产及其担保的债务等有关事项协商一致达成协议，签订抵押合同，并到县级以上地方人民政府规定部门办理抵押登记的过程。《城市房地产管理法》第四十八条至五十二条作出了规定：①依法取得的房屋所有权连同该房屋占用范围内的土地使用权，可以设定抵押权；以出让方式取得的土地使用权，可以设定抵押权；②房地产抵押，应当凭土地使用权证书、房屋所有权证书办理；③房地产抵押，抵押人和抵押权人应当签订书面抵押合同；④设定房地产抵押权的土地使用权是以划拨方式取得的，依法拍卖该房地产后，应当从拍卖所得的价款中交纳相当于应交纳的土地使用权出让金的款额后，抵押权人方可优先受偿；⑤房地产抵押合同签订后，土地上新增的房屋不属于抵押财产；需要拍卖该抵押的房地产时，可以依法将土地上新增的房屋与抵押财产一同拍卖，但对拍卖新增房屋所得，抵押权人无权优先受偿。

四、房屋租赁

（一）房屋租赁的概念

《城市房地产管理法》第五十三条规定，房屋租赁，是指房屋所有权人作为出租人将其房屋出租给承租人使用，由承租人向出租人支付租金的行为。对此定义的理解应注意以下几点：①出租房屋的人必须是房屋的所有权人；②房屋租赁不转移出租房屋的所有权；③承租人向出租人支付租金；④房屋租赁有效期限届满，承租人必须把该房屋返还给出租人；⑤房屋租赁是房屋使用价值零星出售的一种商品流通方式。

（二）房屋租赁合同

《城市房地产管理法》第五十四条规定，房屋租赁，出租人和承租人应当签订书面租赁合同。约定租赁期限、租赁用途、租赁价格、修缮责任等条款，以及双方的其他权利和义务，并向房产管理部门登记备案。

（三）对租赁住宅用房的特殊规定

《城市房地产管理法》第五十五条规定，住宅用房的租赁，应当执行国家和房屋所在城市人民政府规定的租赁政策。之所以这样规定，一方面考虑了各地经济发展水平的不平衡和住房标准的差异；另一方面既要使租赁行为逐步走向市场经济的轨道，又要保证居民不会因此承受太重的负担。而对于租用房屋从事生产、经营活动的，由租赁双方协商议定租金和其他租赁条款。

（四）房屋租赁登记

房屋租赁实行登记备案制度。当事人应在签订合同之日起30日内持下列文件到直辖市、市、县人民政府房地产管理部门办理登记备案手续：①房屋租赁合同；②房屋租赁当事人身份证明；③房屋所有权证书或者其他合法权属证明；④直辖市、市、县人民政府建设（房地产）主管部门规定的其他材料。

五、中介服务机构

（一）房地产中介服务机构的种类

《城市房地产管理法》第五十七条规定，房地产中介服务机构包括房地产咨询机构、房地产价格评估机构、房地产经纪机构等。

1. 房地产咨询机构

房地产咨询机构是指为从事房地产活动的当事人提供法律、法规、政策、信息、技术等方面服务的机构。它可以从事编制房地产投资可行性报告、招商、促销与培训等方面的工作。

2. 房地产价格评估机构

房地产价格评估机构是指对房地产进行测算，评定其经济价值和价格的机构。房地产专业估价人员，根据估价目的，遵循一定的原则，按照一定的程序，采用科学的方法，并结合估价经验与对影响房地产价格的因素的分析，对房地产的真实、客观、合理的价格所作出的估价、推测与判断。

3. 房地产经纪机构

房地产经纪机构是指为委托人提供房地产信息和居间代理业务的机构。在现实生活中常出现当事人对房地产市场行情、交易对手等不了解，从而不知如何进行交易的情况，而房地产经纪则恰好满足了当事人的需要。当事人可通过房地产经纪机构准确、及时地了解市场行情、交易对手等情况，积极稳妥地进行交易。

（二）房地产中介机构设立的条件

《城市房地产管理法》第五十八条规定，房地产中介机构应当具备下列条件：①有自己的名称和组织机构；②有固定的服务场所；③有必要的财产和经费；④有足够数量的专业人员；⑤法律、行政法规规定的其他条件。

设立房地产中介服务机构，应当向工商行政管理部门申请设立登记，领取营业执照后，方可开业。

（三）关于从业人员的规定

由于房地产价格评估关系到国家的税费和当事人的重大权益，同时房地产价格评估又需要一定的工作经历、工作经验、专业理论和良好的职业道德,因此,《城市房地产管理法》第五十九条规定:"国家实行房地产价格评估人员资格认证制度。"

第五节 房地产权属登记管理

一、实行房地产权属登记的意义

《城市房地产管理法》第六十条规定:"国家实行土地使用权和房屋所有权登记发证制度。"

房地产权属登记,是指法律规定的管理机构对房地产的权属状况进行持续的记录,对拥有房地产的人的权利进行登记,包括权利的种类、权利的范围等情况的记录。

现代房地产法律制度由产权制度、交易制度和管理制度三部分组成,房地产权属登记为这些制度的运行,提供了对房地产权属以及相关权利的确认服务。房地产权属登记作为现代房地产法律制度的基础,具有产权确认职能、公示职能和管理职能。

这一制度有利于消除长期以来房地产权属不清的现象;这一制度有利于保护房地产权利人的合法权益,这也是建立房地产权属登记制度的直接目的;这一制度有利于减少、解决房地产权益纠纷,维护社会安定团结。

二、房地产权属登记程序

(一)土地使用权登记

《城市房地产管理法》第六十一条第一款规定:"以出让或者划拨方式取得土地使用权,应当向县级以上地方人民政府土地管理部门申请登记,经县级以上地方人民政府土地管理部门核实,由同级人民政府颁发土地使用权证书。"

土地使用权登记分为初始土地登记和变更土地登记两种。

(1)初始土地使用权登记

初始土地登记,是在一定时间内,对辖区全部土地,或者全部农村土地,或者全部城镇土地进行的普遍登记。初始土地登记涉及土地使用权、土地所有权及他项权利。

初始土地登记的程序如下:申报;地籍调查;权属审核;注册登记;颁发土地证书。

(2)变更土地使用权登记

变更登记是指初始登记后,因土地权属或其他事项发生改变而进行的登记。变更土地登记是经常性的登记工作。在初始土地登记完成之后,国有土地使用权等权利及土地的主要用途发生变更的，土地使用者等权利拥有者必须及时申请变更登记。不经变更登记的土地使用权转移，属于非法转让，不具有法律效力。

变更土地登记的程序如下：申请；调查；审核；变更登记注册；换发证书。

（二）房屋所有权登记

《城市房地产管理法》第六十一条第二款规定："在依法取得的房地产开发用地上建成房屋的，应当凭土地使用权证书向县级以上地方人民政府房产管理部门申请登记，由县级以上地方人民政府房产管理部门核实并颁发房屋所有权证书。"

房屋是不动产，取得、变更房屋所有权是以房屋所有权登记为标志的，这与动产不同。

房屋所有权登记即房屋产权登记，可分为房屋产权总登记和房屋产权变更登记。房屋产权总登记是指在一定期间内，在较大的行政区域内举行的全面房屋产权登记。

房地产登记具有权利确认、权利公示和管理职能。在中国，房地产权属登记是一项行政法律制度，具有强行性。未经登记的权利，法律不予认可和保护。

（三）房地产权属变更登记

关于房地产权属变更登记，普遍存在以房地产转让或变更时需要办理两种变更登记的情况。《城市房地产管理法》第六十一条第三款对此作了规定："房地产转让或者变更时，应当向县级以上地方人民政府房产管理部门申请房产变更登记，并凭变更后的房屋所有权证书向同级人民政府土地管理部门申请土地使用权变更登记，经同级人民政府土地管理部门核实，由同级人民政府更换或者更改土地使用权证书。"

（四）房地产抵押登记

《城市房地产管理法》第六十二条对此作了规定：①房地产抵押时，应当向县级以上地方人民政府规定的部门办理抵押登记；②因处分抵押房地产而取得土地使用权和房屋所有权的，应当依照本章规定办理过户登记。

三、房地产权属登记机关

房地产权属登记一般分为土地权属登记和房屋权属登记。分别由土地管理机关和房产管理机关主管。

《城市房地产管理法》第六十一条规定，土地使用权、房屋所有权的登记机关分别由土地所在地的县级以上地方人民政府土地管理部门和房屋所在地的县级以上地方人民政府房产管理部门负责。

但《城市房地产管理法》第六十三条规定，经省、自治区、直辖市人民政府确定，县级以上地方人民政府由一个部门统一负责房产管理和土地管理工作的，可以制作、颁发统一的房地产权证书，依照本法第六十一条的规定，将房屋的所有权和该房屋占用范围内的土地使用权的确认和变更，分别载入房地产权证书。

四、不动产权证书

自2015年3月1日起，《不动产登记暂行条例》正式进入实操阶段，为房地产税的征收起到基础性作用，并推动遗产税、物权保护等"一揽子"制度改革。

"不动产权证"和居民手握的"房产证"有差异。不动产权证的外页除了"中华人民共和国不动产权证"字样外，在其右上角写有不动产登记抵押权、异地登记、查封登记等登记类型；内页内容规定了权利人、证件种类、证件号、共有情况、权利人类型、登记原因、使用期限、取得价格（以"万元/平方米"为单位）。房产证的外页只有"中华人民共和国房屋所有产权证"字样，并无其他内容，房产证的内页内容包括房屋所有权人、共有情况、房屋坐落、登记时间、房屋性质、规划用途、房屋状况和土地状况。

两者对比来看，不动产权证比房产证产权内容更详细，因房产证对房屋使用年限和房屋价格采取了规避态度，这两点直接与公民利益相关；不动产证则明确规定"起和止日期"和房屋取得价格，让交易透明化、明确化。

第六节 物业管理

一、物业管理概述

物业管理又称物业服务，是指业主（房屋所有权人）通过选聘物业服务企业，由业主和物业服务企业按照物业服务合同约定，对房屋及配套的设施设备和相关场地进行维修、养护、管理，维护物业管理区域内的环境卫生和相关秩序的活动。

为规范物业管理服务行为，明确物业所有权人、使用权人和物业服务企业之间的合法关系和责任，保障业主和物业服务企业的合法权益，推进物业管理服务的市场化，促进和谐社区建设，实现社会效益、经济效益和环境效益的共同提高，国家先后发布了一系列重要的物业管理法规和部门规章，其中比较重要的有《物业管理条例》（2003年6月国务院发布，于2007年、2018年两次修订）《中华人民共和国民法典》（2020年5月28日十三届全国人大三次会议表决通过，自2021年

1月1日起施行）和《物业服务收费管理办法》（国家发改委、中华人民共和国住房和城乡建设部2003年发布）。

二、业主及其组织

（一）业主的权利和义务

业主是房屋的所有权人，业主的财产权利是物业管理的基础。《物业管理条例》规定，业主在物业管理活动中享有以下权利：

①按照物业服务合同的约定，接受物业服务企业提供的服务；

②提议召开业主大会会议，并就物业管理的有关事项提出建议；

③提出制定和修改管理规约、业主大会议事规则的建议；

④参加业主大会会议，行使投票权；

⑤选举业主委员会成员，并享有被选举权；

⑥监督业主委员会的工作；

⑦监督物业服务企业履行物业服务合同；

⑧对物业共用部位、共用设施设备和相关场地使用情况享有知情权和监督权；

⑨监督物业共用部位、共用设施设备专项维修资金（以下简称专项维修资金）的管理和使用；

⑩法律、法规规定的其他权利。

业主在物业管理活动中，履行下列义务：

①遵守管理规约、业主大会议事规则；

②遵守物业管理区域内物业共用部位和共用设施设备的使用、公共秩序和环境卫生的维护等方面的规章制度；

③执行业主大会的决定和业主大会授权业主委员会作出的决定；

④按照国家有关规定交纳专项维修资金；

⑤按时交纳物业服务费用；

⑥法律、法规规定的其他义务。

（二）业主大会

业主大会由物业管理区域内的全体业主组成，业主大会应当代表和维护物业管理区域内全体业主在物业管理活动中的合法权益。一个物业管理区域只成立一个业主大会。物业管理区域的划分应当考虑物业的共用设施设备、建筑物规模、社区建设等因素。

业主大会会议分为定期会议和临时会议。业主大会定期会议应当按照业主大会议事规则的规定召开。业主大会议事规则应当就业主大会的议事方式、表决程序、业主委员会的组成和成员任期等事项作出约定。经20%以上的业主提议，业主委员会应组织召开业主大会临时会议。召开业主大会会议，应当于会议召开15日以前通知全体业主。住宅小区的业主大会会议应当同时告知相关的居民委员会。

业主大会会议可以采用集体讨论的形式，也可以采用书面征求意见的形式，但应当有物业管理区域内专有部分占建筑物总面积过半数且占业主总人数过半数的业主参加。

业主大会履行以下职责：①制定和修改业主大会议事规则；②制定和修改管理规约；③选举业主委员会或者更换业主委员会成员；④选聘和解聘物业服务企业；⑤筹集和使用专项维修资金；⑥改建、重建建筑物及其附属设施；⑦有关共有和共同管理权利的其他重大事项。

以上第⑤项、第⑥项应当经专有部分占建筑物总面积2/3以上的业主且占总人数2/3以上的业主同意；决定该条例第十一条规定的其他事项，应当经专有部分占建筑物总面积过半数的业主且占总人数过半数的业主同意。业主大会作出的决定对物业管理区域内的全体业主都具有约束力。业主大会或者业主委员会作出的决定侵害业主合法权益的，受侵害的业主可以请求人民法院予以撤销。

（三）业主委员会

业主委员会是业主大会的执行机构。业主委员会委员应当由热心公益事业、责任心强、具有一定组织能力的业主担任，业主委员会主任、副主任在业主委员会会员中推选产生。只有一个业主，或业主人数较少且经全体业主一致同意，决定不成立业主大会的，由业主共同履行业主大会、业主委员会职责。业主委员会应当自选举产生之日起30日内，向物业所在地的区、县人民政府房地产行政主管部门和街道办事处、乡镇人民政府备案。

业主委员会履行下列职责：①召集业主大会会议，报告物业管理的实施情况；②代表业主与业主大会选聘的物业服务企业签订物业服务合同；③及时了解业主、物业使用人的意见和建议，监督和协助物业服务企业履行物业服务合同；④监督管理规约的实施；⑤业主大会赋予的其他职责。

（四）物业管理规约

物业管理规约是为了维护和增进物业管理区域内全体业主的共同利益，由业主大会制定并通过的、对全体业主具有约束力的行为公约。管理规约的效力不局限于参与订立规约和表决通过规约的业主，对于同一物业管理区域内的全体业主及其继承人，以及代管人、承租人、借用人等非业主的物业实际使用人，管理规约同样有效。

对于管理规约的法律性质，学术界一般有"契约说""协约说"和"法律规则说"三种观点。管理规约的效力及于未签约的业主，与一般的契约明显不同；管理规约的内容具有较强的强制性，也不同于劳动协议等协约。相对来说，管理规约的性质更类似于企业的章程，属于业主团体的"自治规则",其法律效力来自于关于物权、物业管理等法律法规的授权,应属于一种"准法律规则"。

管理规约对物业的使用、维护、管理,业主的共同利益,业主应当履行的义务,违反管理规约应当承担的责任等事项依法作出约定。管理规约应当尊重社会公德,不得违反法律、法规或者损害社会公共利益。业主认为物业规约的内容、业主大会或者业主委员会作出的决定侵害业主合法权益的,可以向法院起诉,请求法院予以撤销。在法院撤销之前,管理规约的规定和业主大会或业主委员会作出的决定均为有效,业主应严格遵守。

由于法律并未授予物业服务企业、业主大会和业主委员会对业主采取强制措施的权力,因此在业主行为违反管理规约时,物业服务企业、业主大会、业主委员会不能采取强制措施,而只能采用说服劝告、在本物业管理区域内公布违约业主或物业使用人的姓名及违约事实等措施,要求其改正违约行为,并可要求其承担规约中规定的责任。如果业主拒不改正或拒绝承担责任,物业服务企业、业主大会、业主委员会或其他业主可以向有行政执法权的相关政府部门和机构举报其违法行为,请求行政机关采取行政强制措施或作出行政处罚;或者直接向法院起诉。

三、物业管理服务

(一)前期物业管理

在业主、业主大会选聘物业服务企业之前,建设单位可以选聘物业服务企业提供前期物业管理服务。住宅物业的建设单位应当通过招标投标的方式选聘具有相应资质的物业服务企业。建设单位应当在销售物业之前制定临时管理规约,对有关物业的使用、维护、管理,业主的共同利益,业主应当履行的义务,违反临时管理规约应当承担的责任等事项,依法作出约定。建设单位应当按照规定在物业管理区域内配置必要的物业管理用房,业主依法享有的物业共用部位、共用设施设备的所有权或者使用权,建设单位不得擅自处分。

在物业销售前,建设单位应将临时管理规约向物业买受人明示并予以说明,物业买受人在与建设单位签订物业买卖合同时,应当书面承诺遵守临时管理规约。前期物业服务合同可以约定期限;但是业主委员会与物业服务企业签订的物业服务合同生效的,前期物业服务合同自动终止。

(二)物业服务合同

1. 物业服务合同概述

根据《中华人民共和国民法典》第九百三十七条:"物业服务合同是物业服务人在物业服务区域内,为业主提供建筑物及其附属设施的维修养护、环境卫生和相关秩序的管理维护等物业服务,业主支付物业费的合同。"这里的物业服务人包括物业服务企业和其他管理人。

物业服务合同的内容一般包括服务事项、服务质量、服务费用的标准和收取办法、维修资金的使用、服务用房的管理和使用、服务期限、服务交接等条款。

2. 物业服务合同的约束

根据《中华人民共和国民法典》第九百四十一至第九百五十条，业主及物业服务人应该按照物业服务合同的规定，履行以下义务。

（1）物业服务人

①物业服务人将物业服务区域内的部分专项服务事项委托给专业性服务组织或者其他第三人的，应当就该部分专项服务事项向业主负责。

物业服务人不得将其应当提供的全部物业服务转委托给第三人，或者将全部物业服务支解后分别转委托给第三人。

②物业服务人应当按照约定和物业的使用性质，妥善维修、养护、清洁、绿化和经营管理物业服务区域内的业主共有部分，维护物业服务区域内的基本秩序，采取合理措施保护业主的人身、财产安全。

对物业服务区域内违反有关治安、环保、消防等法律法规的行为，物业服务人应当及时采取合理措施制止、向有关行政主管部门报告并协助处理。

③物业服务人应当定期将服务的事项、负责人员、质量要求、收费项目、收费标准、履行情况，以及维修资金使用情况、业主共有部分的经营与收益情况等以合理方式向业主公开并向业主大会、业主委员会报告。

④物业服务合同终止的，原物业服务人应当在约定期限或者合理期限内退出物业服务区域，将物业服务用房、相关设施、物业服务所必需的相关资料等交还给业主委员会、决定自行管理的业主或者其指定的人，配合新物业服务人做好交接工作，并如实告知物业的使用和管理状况。

原物业服务人违反前款规定的，不得请求业主支付物业服务合同终止后的物业费；造成业主损失的，应当赔偿损失。

⑤物业服务合同终止后，在业主或者业主大会选聘的新物业服务人或者决定自行管理的业主接管之前，原物业服务人应当继续处理物业服务事项，并可以请求业主支付该期间的物业费。

（2）业主

①业主应当按照约定向物业服务人支付物业费。物业服务人已经按照约定和有关规定提供服务的，业主不得以未接受或者无需接受相关物业服务为由拒绝支付物业费。

业主违反约定逾期不支付物业费的，物业服务人可以催告其在合理期限内支付；合理期限届满仍不支付的，物业服务人可以提起诉讼或者申请仲裁。

物业服务人不得采取停止供电、供水、供热、供燃气等方式催交物业费。

②业主装饰装修房屋的，应当事先告知物业服务人，遵守物业服务人提示的合理注意事项，

并配合其进行必要的现场检查。

业主转让、出租物业专有部分、设立居住权或者依法改变共有部分用途的,应当及时将相关情况告知物业服务人。

③业主依照法定程序共同决定解聘物业服务人的,可以解除物业服务合同。决定解聘的,应当提前60日书面通知物业服务人,但是合同对通知期限另有约定的除外。

依据前款规定解除合同造成物业服务人损失的,除不可归责于业主的事由外,业主应当赔偿损失。

④物业服务期限届满前,业主依法共同决定续聘的,应当与原物业服务人在合同期限届满前续订物业服务合同。

3. 物业服务合同的效力

在合同生效期间,业主及物业服务人必须按照合同内容,依法履行合同。根据《中华人民共和国民法典》,具体规定如下。

①建设单位依法与物业服务人订立的前期物业服务合同,以及业主委员会与业主大会依法选聘的物业服务人订立的物业服务合同,对业主具有法律约束力。

②建设单位依法与物业服务人订立的前期物业服务合同约定的服务期限届满前,业主委员会或者业主与新物业服务人订立的物业服务合同生效的,前期物业服务合同终止。

物业服务期限届满前,物业服务人不同意续聘的,应当在合同期限届满前90日书面通知业主或者业主委员会,但是合同对通知期限另有约定的除外。

③物业服务期限届满后,业主没有依法作出续聘或者另聘物业服务人的决定,物业服务人继续提供物业服务的,原物业服务合同继续有效,但是服务期限为不定期。

当事人可以随时解除不定期物业服务合同,但是应当提前60日书面通知对方。

案例分析题

案例一

郭先生和黄女士为夫妻,拥有A、B两套住房。2019年3月,郭先生未与黄女士商量,擅自将A房租给了刘先生,两人签订了租赁合同,租期三年,但未到房地产管理部门办理租赁登记。事后,郭先生将此事告诉了黄女士,黄女士未表态。2020年8月,房地产价格大涨,郭、黄决定将A房卖掉,遂与李女士签订了房屋买卖合同,还到公证处办理了公证手续,但未将该房已出租的情况告知李女士。随后,郭、黄以A房已出卖为由要求刘先生尽快搬走,刘先生不同意,理由是租期未到。而郭、黄认为,该租赁合同一是未经黄女士签名同意,二是未到房地产管理部门办理租赁登记,故无效。此后,李女士也持房屋买卖合同要求刘先生搬离A房,认为房屋买卖合同已由买卖双方签字并已到公证处公证，具有法律效力。遭到刘先生拒绝后，李女士要求郭、黄退款并赔偿损失。

问题

1. 郭先生和刘先生签订的租赁合同是否有效，为什么？
2. 郭、黄与李女士签订的房屋买卖合同是否有效，为什么？
3. 刘先生不搬走的理由是否成立，为什么？
4. 李女士能否要求刘先生搬走，为什么？
5. 李女士对郭、黄的请求能否得到法律的支持，为什么？

案例二

2019年3月，某企业培训中心向中国工商银行某支行贷款3000万元，贷款期限为2019年4月1日至2020年3月31日，并对利息、违约责任等相关事项进行了约定。培训中心将自己的一栋培训楼和一栋办公楼作抵押。按照抵押合同，如果培训中心不能按期清偿债务，则该办公楼及培训楼将由某支行变卖，以清偿贷款。随后，双方办理了抵押登记手续。到2020年4月1日，该培训中心只归还了1000万元贷款本金及部分利息，尚欠2000万余元。某支行对该培训中心催要后，该培训中心仍然不能清偿。2020年7月，某支行与该培训中心协商行使抵押权，拟将培训中心的培训楼、办公楼变卖给甲公司，用所得款项清偿所欠银行的全部债务后，剩余归该培训中心。为此，三方共同签订了协议。甲公司购买该培训楼及办公楼后，计划拆除并进行重新开发，但由于甲公司资金不足，故打算与乙公司进行合作，由甲公司提供土地，乙公司提供资金并负责项目管理，房屋建成后双方按照4∶6的比例进行分配。甲公司与乙公司合作过程中，由于甲公司未能按期办好土地使用的有关手续，影响了房产项目的开发，双方由此产生纠纷而诉至法院。法院审理中查明，该培训中心隶属于某国有大型企业，后来随着国家推行国有企业改革政策，该培训中心被剥离出来，成为一独立经济实体，该培训中心使用的土地最初依划拨方式而获得。

问题

1. 培训中心以自己的培训楼进行抵押是否影响该抵押合同的效力？为什么？
2. 如果培训中心还有其他债权人的到期债权，那么，除该培训中心的贷款本金之外，对于2020年4月到2020年7月的贷款利息，以及培训中心未能按期还款产生的违约金，工行某支行能否对变卖培训楼及办公楼的款项优先受偿？为什么？
3. 甲公司与乙公司合作是否可以不办理土地使用权出让手续？为什么？

案例三

A建设单位选聘了B物业服务企业（简称B公司）从事某住宅小区的前期物业服务，合同期限为3年。合同履行2年后，该小区召开首次业主大会，选举了业主委员会。因该小区多数业主对B公司的工作不满，业主大会经表决定解聘B公司，然后选聘了C物业服务企业（简称C公司）并与之签订了物业服务合同。但在C公司进场时，B公司以原合同期未到期、部分业主欠物业费为由，拒绝退出。

问题

1. B公司拒绝退出的理由是否成立？为什么？
2. 本案例物业移交主体有哪些？正确的程序是什么？
3. 如果C公司进场过程中遇到B公司不配合，你是C公司的项目经理，你会怎样做？
4. B公司应如何收回部分业主拖欠的物业费？

案例四

在2020年以前，国人的房产交易和买卖几乎全部通过房产中介进行，从房屋挂牌、网签备案到房子成交、贷款过户，房产中介成为不可或缺的中间平台，也掌握着比政府统计更为翔实的房产信息。严格来说，二手房市场交易具有公共属性，算得上房地产行业的基础设施和公共产品，政府应该承担必要的职能，确保房产信息透明，规范交易市场秩序。房产中介在很大程度上提高了房产交易的效率，在经济发展和居民财富增长方面扮演着极为重要的角色。硬币的另一面，巨大的利益诱惑，也催生了很多中介交易乱象，信息披露不真实、不规范，交易成本高、交易效率低、权益保护不得当等现象屡见不鲜。为了整治以上现象，陆续有地方政府开始行动起来。早在2017年12月，深圳市和腾讯公司就曾联合推出过一个新型智慧租赁平台；2020年5月，河南永城成立了永城房产信息中心；2020年6月，深圳市房地产信息平台测试"二手房交易系统"的模块；2020年9月，哈尔滨市推出房屋交易服务平台；2021年8月18日，杭州住保房管局旗下的"二手房交易监管服务平台"正式上线"个人自主挂牌房源"的功能。这是全国首个政府主导、集二手房交易和经纪管理于一体的网络平台上线，房主可以在平台上自行挂牌自家房源，直接跟潜在买家进行沟通，彻底打破了过去买卖房子要通过中介的销售模式。随着"房住不炒"政策的加压推进，房子正在逐渐回归居住属性，房产交易市场的热度正在持续降温。

问题

1. 查找相关资料，梳理近年来国家和你所在地方政府实施"房住不炒"的各项政策和措施。
2. 根据以上背景，谈谈你对这种销售模式的看法。

思考题

1. 简述我国房地产管理相关法律法规的立法现状。
2. 商品房预售应满足哪些条件？
3. 国有土地上房屋征收的补偿标准如何确定？
4. 简述不动产统一登记的意义和程序。
5. 为了实现物业管理权与所有权的分离，根据法律规定，物业管理企业的权利主要有哪些？
6. 保障性住房建设是解决低收入群体住房难的主要措施，也是解决我们民生现实问题的关键。尽管国家投入大量的财政资金用于兴建保障房，但目前我国的保障性住房建设仍存在很多问题，比如资金缺口较大、土地供应不足、质量堪忧等。如何更好地解决这些问题，改善当前保障性住房的落实情况呢？从完善政策法规的角度，请谈谈你的看法。

第七章
环境保护法律制度

第一节 环境保护法律制度概述

一、环境保护法的概念与基本内容

（一）环境、环境保护的概念

"环境"是指影响人类生存和发展的各种天然的和经过人工改造的自然因素的总体，包括大气、水、海洋、土地、矿藏、森林、草原、野生生物、自然遗迹、人文遗迹、自然保护区、风景名胜区、城市和乡村等。

"环境保护"是指为保证自然资源的合理开发利用、防止环境污染和生态环境破坏，以协调人类与环境的关系、保障经济社会的持续发展为目的而采取的行政管理、经济、法律、科学技术以及宣传教育等各种措施和行动的总称。

环境保护的内容概括起来可分为两个方面：第一，保护环境和自然资源；第二，防治环境污染和其他公害。此外，防治酸雨、臭氧层破坏、气候变暖、国土整治、城乡规划、植树造林、控制水土流失和土地沙化、控制人口的增长和分布、合理配置生产力等，也都属于环境保护的范畴。环境保护已成为我国的一项基本国策。原因如下：一是环境保护是自然发展规律的客观要求；二是我国面临严峻的环境状况，如人口众多、人均自然资源贫乏，环境压力大，自然环境破坏严重，环境污染严重等；三是促进经济社会持续发展的需要。

（二）《中华人民共和国环境保护法》的基本内容

环境保护法是调整人们在开发、利用、保护、改善环境，防治环境污染和其他公害的活动中所产生的各种社会关系的法律规范的总称。环境保护法有狭义和广义之分。狭义的环境保护法是指2014年4月24日由中华人民共和国第十二届全国人民代表大会常务委员会第八次会议修订通过、2015年1月1日起施行的《中华人民共和国环境保护法》（简称《环境保护法》）。而广义的环境保护法还包括与《中华人民共和国环境保护法》配套的所有关于环境保护的法律法规、规章和规范性文件，包括《环境噪声污染防治法》《大气污染防治法》《水污染防治法》《环境保护行政处罚办法》《环境行政复议与行政应诉办法》《环境信访办法》。

《环境保护法》共有七章，七十条。

第一章"总则"，明确了制定环境保护法的目的、环境的定义、环境保护法的适用范围、环境保护的基本原则、环境保护的管理体制，以及单位和公民对环境保护的义务等。

第二章"监督管理"，对环境质量标准、污染物排放标准、环境监测制度、环境影响评价制度等作了具体规定。

第三章"保护和改善环境",规定了污染源限期治理制度,并对自然保护区、风景名胜区、文物古迹保护,以及农业环境保护、海洋环境保护、城乡环境保护等作出了具体规定。

第四章"防治污染和其他公害",明确了"三同时"制度、排污申报登记和环境保护许可证制度、征收排污费制度。

第五章"信息公开和公众参与",明确了公众的知情权、参与权和监督权,公民、法人和其他组织依法享有获取环境信息、参与监督环境保护的权利。

第六章"法律责任",规定了哪些行为属于违反环境保护管理的行为、行政处罚的种类、处罚的主体以及不服行政处罚的解决程序。

第七章"附则",规定了本法的生效时间。

二、环境保护法律体系

我国于1989年12月26日发布《中华人民共和国环境保护法》。国家制定环境保护法的目的在于保护和改善生活环境和生态环境、防治污染和其他公害、保护生态平衡、保障人体健康、促进社会主义现代化建设的发展,为国家的经济可持续发展提供法律保障。环境保护法的任务是保证合理地利用自然资源,保证防治污染和生态破坏。

与工程建设相关的环境保护法律体系包括以《中华人民共和国环境保护法》为核心的一系列法律、法规、部门规章,主要包括以下文件:

①《中华人民共和国环境保护法》;
②《建设项目环境保护管理条例》;
③《中华人民共和国固体废物污染环境防治法》;
④《中华人民共和国水污染防治法》;
⑤《中华人民共和国大气污染防治法》;
⑥《中华人民共和国环境影响评价法》;
⑦《中华人民共和国环境噪声污染防治法》。

第二节 环境影响评价

《中华人民共和国环境影响评价法》由中华人民共和国第九届全国人民代表大会常务委员会第三十次会议于2002年10月28日通过,自2003年9月1日起施行。分别于2016年7月2日、2018年12月29日进行了修正。

一、环境影响评价的概念及意义

(一)环境影响评价的概念

环境影响评价是指对规划和建设项目实施后可能造成的环境影响进行分析、预测和评估,提出预防或者减轻不良环境影响的对策和措施,进行跟踪监测的方法与制度。在中华人民共和国领域和中华人民共和国管辖的其他海域内建设对环境有影响的项目,应当依照本法进行环境影响评价。

(二)环境影响评价的意义

国家为了实施可持续发展战略,预防因规划和建设项目实施后对环境造成不良影响,促进经济、社会和环境的协调发展,制定环境影响评价法。

建立环境影响评价制度:①可以贯彻预防为主的原则,实现经济建设和环境保护协调发展的重要法律手段。实行环境影响评价制度,在建设项目的可行性研究阶段,不仅要考虑资源、能源、交通、经济、技术等因素,而且还要考虑该建设项目本身对周围环境的影响,为建设项目决策者选择技术上可行,经济和布局上合理,对环境的有害影响较小的最佳方案提供科学依据,从而做到有利于经济建设和环境保护的协调发展。②可以为确定一个地区的发展方向和规模提供依据。正确确定一个地区的发展方向和规模,不仅要考虑社会、经济和自然条件,还要考虑该地区的环境特点和环境保护的要求。只有通过环境影响评价,才能弄清该地区的环境现状以及开发建设活动对周围环境可能产生影响的范围和程度。这样有助于优化设计方案,取得最大的经济效益和最小的环境影响,做到既能满足社会主义现代化建设的需要,又符合保护环境的要求,从而科学合理地确定其经济发展方向和规模。③可以为加强建设项目"三同时"管理提供合理对策。进行环境影响评价,不仅要弄清建设项目周围环境的现状和它们对周围环境影响的范围、程度和趋势,同时还要提出防范和减少这些影响的要求和措施。由于这些要求和措施是建立在深入调查、全面分析和综合评价的基础之上的,因而具有科学性和可靠性。这些要求和措施的落实可以有效地加强建设项目的环境管理。

国家鼓励有关单位、专家和公众以适当方式参与环境影响评价。

国家加强环境影响评价的基础数据库和评价指标体系建设,鼓励和支持对环境影响评价的方法、技术规范进行科学研究,建立必要的环境影响评价信息共享制度,提高环境影响评价的科学性。

国务院环境保护行政主管部门应当会同国务院有关部门,组织建立和完善环境影响评价的基础数据库和评价指标体系。

二、规划的环境影响评价

(一)指导性规划

国务院有关部门、设区的市级以上地方人民政府及其有关部门,对其组织编制的土地利用的有关规划,区域、流域、海域的建设、开发利用规划,应当在规划编制过程中组织进行环境影响评价,编写该规划有关环境影响的篇章或者说明。

规划有关环境影响的篇章或者说明,应当对规划实施后可能造成的环境影响作出分析、预测和评估,提出预防或者减轻不良环境影响的对策和措施,作为规划草案的组成部分一并报送规划审批机关。

未编写有关环境影响的篇章或者说明的规划草案,审批机关不予审批。

(二)专项规划

国务院有关部门、设区的市级以上地方人民政府及其有关部门,对其组织编制的工业、农业、畜牧业、林业、能源、水利、交通、城市建设、旅游、自然资源开发的有关专项规划(以下简称专项规划),应当在该专项规划草案上报审批前,组织进行环境影响评价,并向审批该专项规划的机关提出环境影响报告书。

专项规划的环境影响报告书应当包括下列内容:
①实施该规划对环境可能造成影响的分析、预测和评估;
②预防或者减轻不良环境影响的对策和措施;
③环境影响评价的结论。

对专项规划的环境影响评价,由规划的编制机关自行组织进行,专项规划应在该规划草案上报审批之前组织进行。具体开始时间可由规划编制机关根据规划的不同情况确定。

在《环境影响评价法》中,规划的编制机关既可以自己对规划进行环境影响评价并编写环境影响报告书,也可以组织有关部门、机构的专业人员组成评价组,还可以组织专门的环境影响评价机构对规划进行环境影响评价。

规划的编制机关对可能造成不良环境影响并直接涉及公众环境权益的规划,应当在该规划草案报送审批前,举行论证会、听证会,或者采取其他形式,征求有关单位专家和公众对环境影响报告书草案的意见。但是,国家规定需要保密的情形除外。

编制机关应当认真考虑有关单位、专家和公众对环境影响报告书草案的意见,并应当在报送审查的环境影响报告书中附具对意见采纳或者不采纳的说明。

专项规划的编制机关在报批规划草案时,应当将环境影响报告书一并附送审批机关审查;未附送环境影响报告书的,审批机关不予审批。

设区的市级以上人民政府在审批专项规划草案,作出决策前,应当先由人民政府指定的环境保护行政主管部门或者其他部门召集有关部门代表和专家组成审查小组，对环境影响报告书进行审查。审查小组应当提出书面审查意见。

参加前款规定的审查小组的专家，应当从按照国务院环境保护行政主管部门的规定设立的专家库内的相关专业的专家名单中，以随机抽取的方式确定。

由省级以上人民政府有关部门负责审批的专项规划，其环境影响报告书的审查办法，由国务院环境保护行政主管部门会同国务院有关部门制定。

审查小组提出修改意见的，专项规划的编制机关应当根据环境影响报告书结论和审查意见对规划草案进行修改完善，并对环境影响报告书结论和审查意见的采纳情况作出说明；不采纳的，应当说明理由。

设区的市级以上人民政府或者省级以上人民政府有关部门在审批专项规划草案时，应当将环境影响报告书结论以及审查意见作为决策的重要依据。

在审批中未采纳环境影响报告书结论以及审查意见的，应当作出说明，并存档备查。

对环境有重大影响的规划实施后，编制机关应当及时组织环境影响的跟踪评价并将评价结果报告审批机关；发现有明显不良环境影响的，应当及时提出改进措施。

三、建设项目的环境影响评价

（一）建设项目环境影响评价的分类管理

国家根据建设项目对环境的影响程度，对建设项目的环境影响评价实行分类管理。

1. 环境影响评价文件

建设单位应当按照下列规定组织编制环境影响报告书、环境影响报告表或者填报环境影响登记表（以下统称环境影响评价文件）：①可能造成重大环境影响的，应当编制环境影响报告书，对产生的环境影响进行全面评价；②可能造成轻度环境影响的，应当编制环境影响报告表，对产生的环境影响进行分析或者专项评价；③对环境影响很小、不需要进行环境影响评价的，应当填报环境影响登记表。

建设项目的环境影响评价分类管理名录，由国务院环境保护行政主管部门制定并公布。

2. 建设项目环境影响报告书的内容

环境影响报告书是环境影响评价的书面表现形式，是供开发建设活动决策用的技术文件之一，也是履行环境保护法律程序的法律文件。因此，对报告书的内容要求论据充分、观点明确、结论可信。

建设项目的环境影响报告书应当包括下列内容：①建设项目概况；②建设项目周围环境现状；③建设项目对环境可能造成影响的分析、预测和评估；④建设项目环境保护措施及其技术、经济论证；⑤建设项目对环境影响的经济损益分析；⑥对建设项目实施环境监测的建议；⑦环影响评价的结论。

环境影响报告书的基本技术要求是：①报告书的篇幅不宜过长，一般应控制在两万字以内。②内容安排上凡带有综合性、结论性的图表放在报告书的正文中，对有参考价值的资料、计算过程图表和清单等放在正文的后面作为附件，并列出附件目录以供参考。③在报告书的前面要有摘要，高度概括项目概况、环境现状、评价重点、评价标准、项目对环境影响的结论及重要建议等最关键的问题。④评价资格证明。报告书中应有持《建设项目环境影响评价资格证书》的证明。⑤报告书的署名。报告书中要写明编写报告书的负责人及参加人员。

（二）建设项目环境影响评价的规定

环境影响报告表和环境影响登记表的内容和格式，由国务院环境保护行政主管部门制定。

建设项目的环境影响评价，应当避免与规划的环境影响评价重复。一项整体建设项目的规划，应按照建设项目进行环境影响评价，不进行规划的环境影响评价。已经进行了环境影响评价的规划所包含的具体建设项目，建设单位可以简化其环境影响评价内容。

接受委托为建设项目环境影响评价提供技术服务的机构，应当经国务院环境保护行政主管部门考核审查合格后，颁发资质证书，按照资质证书规定的等级和评价范围，从事环境影响评价服务，并对评价结论负责。为建设项目环境影响评价提供技术服务的机构的资质条件和管理办法，由国务院环境保护行政主管部门制定。

国务院环境保护行政主管部门对已取得资质证书的为建设项目环境影响评价提供技术服务的机构的名单，应当予以公布。为建设项目环境影响评价提供技术服务的机构，不得与负责审批建设项目环境影响评价文件的环境保护行政主管部门或者其他有关审批部门存在任何利益关系。

环境影响评价文件中的环境影响报告书或者环境影响报告表，应当由具有相应环境影响评价资质的机构编制。任何单位和个人不得为建设单位指定对其建设项目进行环境影响评价的机构。

除国家规定需要保密的情形外，对环境可能造成重大影响、应当编制环境影响报告书的建设项目，建设单位应当在报批建设项目环境影响报告书前，举行论证会、听证会，或者采取其他形式，征求有关单位、专家和公众的意见。建设单位报批的环境影响报告书应当附具对有关单位、专家和公众的意见采纳或者不采纳的说明。

建设项目的环境影响报告书、报告表，由建设单位按照国务院的规定报有审批权的环境保护行政主管部门审批。

海洋工程建设项目的海洋环境影响报告书的审批，依照《中华人民共和国海洋环境保护法》的规定办理。审批部门应当自收到环境影响报告书之日起60日内，收到环境影响报告表之日起30日内，分别作出审批决定并书面通知建设单位。预审、审核审批建设项目环境影响报告书、报告表以及备案环境影响登记表，不得收取任何费用。

国务院环境保护行政主管部门负责审批下列建设项目的环境影响评价文件：核设施、绝密工程等特殊性质的建设项目；跨省、自治区、直辖市行政区域的建设项目由国务院审批的或者由国务院授权有关部门审批的建设项目。上述规定以外的建设项目的环境影响评价文件的审批权限，由省、自治区、直辖市人民政府规定。

建设项目可能造成跨行政区域的不良环境影响，有关环境保护行政主管部门对该项目的环境影响评价结论有争议的，其环境影响评价文件由共同的上一级环境保护行政主管部门审批。

建设项目的环境影响评价文件经批准后，建设项目的性质、规模、地点、采用的生产工艺或者防治污染、防止生态破坏的措施发生重大变动的，建设单位应当重新报批建设项目的环境影响评价文件。

建设项目的环境影响评价文件自批准之日起超过五年，方决定该项目开工建设的，其环境影响评价文件应当报原审批部门重新审核；原审批部门应当自收到建设项目环境影响评价文件之日起十日内，将审核意见书面通知建设单位。

建设项目的环境影响评价文件未经法律规定的审批部门审查或者审查后未予批准的，建设单位不得开工。

建设项目建设过程中，建设单位应当同时实施环境影响报告书、环境影响报告表以及环境影响评价文件审批部门审批意见中提出的环境保护对策措施。

在项目建设、运行过程中产生不符合经审批的环境影响评价文件的情形的，建设单位应当组织环境影响的后评价，采取改进措施，并报原环境影响评价文件审批部门和建设项目审批部门备案；原环境影响评价文件审批部门也可以责成建设单位进行环境影响的后评价，采取改进措施。

环境保护行政主管部门应当对建设项目投入生产或者使用后所产生的环境影响进行跟踪检查，对造成严重环境污染或者生态破坏的，应当查清原因、查明责任。对属于为建设项目环境影响评价提供技术服务的机构编制不实的环境影响评价文件的，依照《环境影响评价法》第三十三条的规定追究其法律责任；属于审批部门工作人员失职渎职，对依法不应批准的建设项目环境影响评价文件予以批准的，依照本法规定追究其法律责任

第三节　保护和改善环境

一、特殊环境的保护

（一）特殊环境概述

特殊环境是指在科学、美学、历史、文化、教育、保健、旅游、经济等方面具有特殊价值，由国家或地方人民政府划定并公布的自然区域和自然景观、与自然环境融为一体的人文景观等。

特殊环境的特点在于它们是大自然在漫长的岁月中和特殊的自然条件下进行演变的结果，是自然界和社会历史留给人类的宝贵财富。一般而言，它们是不能再生的，一旦毁灭就不可能恢复。因此，它们是无价之宝，国家对其进行特殊保护，禁止或限制对其进行一般的开发利用，而只允许在严加保护的前提下用于特定的目的。

特殊环境不仅是一个国家的宝贵财富，而且是全人类的珍贵遗产。因此，不仅各个国家重视保护这些无价之宝，国际社会还通过平等的合作予以共同保护。为此，联合国教科文组织大会第17届会议于1972年11月16日在巴黎通过了《保护世界文化和自然遗产公约》，并为世界上多数国家批准和接受。我国全国人大常委会1985年11月22日通过决定，批准该公约。根据这项公约的规定，联合国教科文组织于1987年12月11日正式接纳我国泰山、长城、故宫、莫高窟、秦始皇陵、周口店北京猿人遗址为世界文化和自然遗产。

目前我国法律明确规定对以下特殊环境予以法律保护，即：自然保护区、风景名胜区、国家自然公园、自然遗迹和人文遗迹等。《环境保护法》第二十九条规定："各级人民政府对具有代表性的各种类型的自然生态系统区域，珍稀、濒危的野生动植物自然分布区域，重要的水源涵养区域，具有重大科学文化价值的地质构造、著名溶洞和化石分布区、冰川、火山、温泉等自然遗迹，以及人文遗迹、古树名木，应当采取措施予以保护，严禁破坏。"

《环境保护法》第二十九条还规定："国家在重点生态功能区、生态环境敏感区和脆弱区等区域划定生态保护红线，实行严格保护。"第三十条规定："开发利用自然资源，应当合理开发，保护生物多样性，保障生态安全，依法制定有关生态保护和恢复治理方案并予以实施。引进外来物种以及研究、开发和利用生物技术，应当采取措施，防止对生物多样性的破坏。"这里要注意的是，红线就是底线，如果再开发就会危及种群安全，非常紧迫。

重要生态功能区的保护红线，指的是水源涵养区，保持水土、防风固沙、调蓄洪水等。城市发展需要安全健康的水源，这是一条经济社会的生态保护安全线，是国家生态安全的底线，能够从根本上解决经济发展过程中资源开发与生态保护之间的矛盾。生态脆弱区或敏感区保护红线，即重大生态屏障红线，可以为城市、城市群提供生态屏障。建立这条红线，可以减轻外界对城市生态的影响和风险。广东韶关便是珠三角地区重要的生态屏障。生物多样性保育区红线是我国生物多样性保护的红线，是为保护的物种提供最小生存面积。

（二）对特殊环境保护的意义

（1）可以完整保存自然环境的本来面目，为人类观察研究自然界的发展规律，为环境监测、环境评价提供依据。如保护古文物，有利于开展科学研究工作，对继承我国优秀的自然、文化遗产，进行爱国主义教育、科普教育以及社会主义精神文明建设等方面具有重要意义；各种自然保护区的设立为保存生物物种多样性和繁殖生物资源提供了可能性；自然保护区是动植物及微生物物种的天然贮存库，能使自然资源得到保护、繁殖、引种、发展，并对保持水土、涵养水源、维护生态平衡起到重要作用。自然保护区对促进生产、教育、医疗、科研等事业的发展有重要意义。

（2）可以改善环境质量，丰富人们精神文化生活，满足人类对优美舒适的生存环境的需求，以提高人类生活水平，增进人民身心健康。如各种风景名胜区、国家自然公园等既保持了生态系统平衡，又为人类提供了欣赏自然、享受自然、发展旅游业的条件。

（3）可以促进环境污染的防治、改善区域环境质量。环境污染和破坏的产生都有显著的区域性特征，针对不同区域的环境结构特征进行环境污染的防治和生态环境的保护，是环境保护的客观要求。通过特殊环境的保护可以做到以点带面、以点带线地改善区域、流域乃至全国的环境状况。

二、农业、海洋和城乡环境的保护

（一）农业环境的保护

1. 相关规定

环境问题不仅存在于城市和工业，在农村和农业生产过程中，也存在污染问题。农村环境污染既包括乡镇工业污染，又包括农业污染，还包括其他方面污染，如建筑业、交通运输业的污染等。工业、建筑业的污染形式在城市和农村基本相同，但农业污染的危害面广、持续时间长。因此，《环境保护法》第三十三条规定："各级人民政府应当加强对农业环境的保护，促进农业环境保护新技术的使用，加强对农业污染源的监测预警，统筹有关部门采取措施，防治土壤污染和土地沙化、盐渍化、贫瘠化、石漠化、地面沉降以及防治植被破坏、水土流失、水体富营养化、水源枯竭、种源灭绝等生态失调现象，推广植物病虫害的综合防治。县级、乡级人民政府应当提高农村环境保护公共服务水平，推动农村环境综合整治。"

2. 保护农业环境的意义

（1）可以保证农业生产持续稳定地发展

国务院早在《关于一九八六年农村工作的部署》中就指出："今后农业转向持续稳定的发展，将取决于政策的稳定和不断完善，农民积极性的不断提高和改善农业生产条件。"由此可见农业环境对农业生产持续稳定发展的重要性。农业生产对农业环境依赖性很大，土壤的质量、水源状况（水量和水质）、气候条件、森林、草地数量等都对农业生产产生重大影响。而我国目前农业经济的基础还不够雄厚，农业生产的条件和抗灾能力还比较薄弱，加上某些工业"三废"和乡镇企业废弃物的排放，不合理地使用农药、化肥和农膜，以及滥用农业自然资源等，对农业环境造成的污染和破坏都相当严重。因此必须加强农业环境的保护和改善，才能保障农业生产持续稳定发展。

（2）保证农、畜、水产品质量，从而保障城乡人民身体健康

农业环境受到污染后，不仅影响到农、畜、水产品的产量，而且还会影响其质量，最终影响

到城乡人民的身体健康。因为组成农业环境的各种要素受到污染后，就会导致农作物、牲畜和水生生物受到污染，它们通过"食物链"的传递，最终会造成对人体健康的危害。

（3）可以促进生态农业的发展

农业环境是人类生存环境的重要组成部分，是人类食物的生产基地。农业生产是在由农业生物和农业环境组成的农业生态系统中进行的。农业生态系统的结构合理，这个系统的整体功能就能得到充分的发挥，从而促进系统的良性循环。这是促进农业生产良性循环的基本前提。农业环境一旦遭到破坏，要想恢复是相当困难的，有的甚至无法恢复。如果每一代人都破坏一部分，将会影响我们子孙后代的生存和发展。因此保护农业资源和农业环境，大力发展生态农业势在必行。

发展生态农业有利于合理开发利用农业自然资源，促进农、林、牧、副、渔业全面发展；有利于把发展农业经济和农业环境建设有机结合起来，做到经济、社会和生态效益的统一；也有利于调整和优化农村产业结构，促进农业生产和农业生态系统良性循环。

（二）海洋环境保护

1. 相关规定

海洋环境指地球上广大连续的海和洋的总水域，包括海水、溶解和悬浮于海水中的物质、海底沉积物和海洋生物。它是生命的摇篮和人类的资源宝库。随着人类开发海洋资源的规模日益扩大，海洋环境已受到人类活动的影响和污染。海洋环境保护是全国环境保护工作的一部分，是针对我国内水、领海、毗连区、专属经济区、大陆架以及我国管辖的其他海域的环境保护工作。凡造成我国管辖海域的污染的，都是海洋环境保护的工作对象。《环境保护法》第三十四条规定："国务院和沿海地方各级人民政府应当加强对海洋环境的保护。向海洋排放污染物、倾倒废弃物，进行海岸工程和海洋工程建设，应当符合法律法规规定和有关标准，防止和减少对海洋环境的污染损害。"

2. 保护海洋环境的意义

海洋环境是人类生活和生产不可缺少的物质和能量的源泉，随着科学和技术的发展，人类对海洋的依赖程度将越来越高，海洋环境与人类之间的相互影响将日益增大，海洋环境也越来越受到人类的污染和破坏。保护和改善海洋环境已经成为全人类共同面临的重要任务。为了保护和改善海洋环境，保护海洋资源，防治污染损害，维护生态平衡，保障人体健康，促进经济和社会的可持续发展，制定《中华人民共和国海洋环境保护法》，本法自2017年11月5日起施行。其意义如下。

（1）保护海洋资源

海洋是资源的宝库，在海洋中蕴藏着丰富的生物资源、矿产资源、动力资源和水资源，如海洋中的生物多达20余万种，各种矿物大约500亿吨，还蕴藏着丰富的潮汐能、波浪能等。保护海洋环境也必然要保护海洋资源。

（2）防治污染损害

海洋虽然有着巨大的自净能力，但是由于人类海洋活动的增加，向海洋中排放了大量的物质和能量，使海洋环境受到不同程度的污染损害。海洋环境污染使海洋资源的开发利用受到很大影响，也严重影响人类的生存和健康。

（3）维护海洋生态平衡

海洋系统是一个十分复杂的综合体，海洋生态平衡是海洋环境质量处于良好状态的重要标志。海洋是人类的巨大资源宝库，是人类生存和发展的希望所在。海洋环境污染、资源损害、生态系统遭到破坏，都会影响到人类经济和社会对持续发展的支持能力。因此，保护海洋环境的最终目的就是促进人类经济和社会的可持续发展。

（三）城乡建设环境保护

1. 相关规定

城市环境是指影响城市人们活动的各种自然的和人为的外部条件。狭义的城市环境主要指物理环境，包括地形地质、土壤、水文气候、植被、动物、微生物等自然环境及房屋、道路、管线、基础设施、不同的土地利用、废气、废水、废渣、噪声等人工环境。广义的城市环境指除了物理环境以外，还包括人口分布及动态、服务设施、娱乐设施、社会生活等环境；资源、市场条件、就业、收入水平、经济基础、技术条件等经济环境及风景、风貌、建筑特色、文物古迹等美学条件。它是城市经济社会发展的基本条件，是人们居住、休息、工作和交往的中心场所，也是城市生态系统的重要组成部分。

乡村环境是指农民的居住环境，或者说是指以农村居民为中心的乡村区域范围内各种天然的和经过人工改造的自然因素的总体。它是农业人口聚居的地方，是农村经济、政治、文化和生活服务的中心，是沟通城乡物资交流的纽带和桥梁，是乡村区域范围内的交通、能源、工商业和文化教育等的集中地。它在保证农村农、林、牧、副、渔业全面发展中起着重要的作用，是农村经济、社会持续稳定协调发展的基本物质条件。乡村环境问题主要是由于乡村居民的生活和生产活动不当而造成的，乡村环境污染和生态环境破坏，影响农民群众身体健康和乡村经济社会的发展。

2. 保护城乡环境的意义

城乡环境的法律保护，就是通过法律手段来保护城乡环境，用法律形式把保护城乡环境的方针、政策、基本原则和制度、基本措施，以及违反城乡环境保护的责任固定下来，并要求公民人人遵守，从而达到有效保护和改善城乡环境的目的。

（1）城市环境保护的意义

城市是我国政治、经济、科学技术、文化教育的中心，是现代化工业和人口集中的地区，它在经济建设中起着主导作用。城市环境是经济社会发展的基本条件，是城市正常运转的物质基础，是人类生活环境的重要组成部分。城市环境质量的好坏是城市文明进步的重要标志。保护和改善城市环境是保证城市经济社会发展的需要。因此，城市是环境保护的重点，只有保护和改善城市环境，加强城市建设和管理，为城市人民的工作和生活创造良好的生活环境和生态环境，保证城市经济社会的发展，促进城市的发展和社会繁荣，才能使城市真正起到中心和主导的作用。

（2）乡村环境保护的意义

我国是一个农业大国，绝大部分人都生活在广大的乡村地区，因此，保护乡村的环境意义十分重大。乡村环境保护的意义在于：一是保护乡村环境可保证农村经济、社会持续稳定协调发展。二是乡村环境质量的好坏，直接关系到农村居民的身体健康，保护乡村环境可以保障农村居民身体健康。

三、"三同时"制度

（一）"三同时"制度概述

"三同时"制度是指新建、改建、扩建项目以及区域性开发建设项目中的环境保护设施必须与主体工程同时设计、同时施工、同时投产使用的制度。"三同时"制度是我国环境管理的一项基本制度，也是我国所独创的一项环境保护法律制度，是控制新污染源的产生、实现预防为主原则的一条重要途径。

《环境保护法》第四十一条规定："建设项目中防治污染的设施，应当与主体工程同时设计、同时施工、同时投产使用。防治污染的设施应当符合经批准的环境影响评价文件的要求，不得擅自拆除或者闲置。"在此后的一系列环境法律、法规中也都重申了"三同时"的规定，从而以法律的形式确立了这项环境管理的基本制度。

（二）实行"三同时"制度的意义

（1）严格控制新的污染。实行"三同时"制度是防止环境质量恶化的一种有效措施。实行"三同时"制度，可以使建设项目的环境保护措施得到落实，从而有效地防止新的环境污染和环境破坏，做到经济建设和环境保护协调发展。

（2）加快治理原有的污染。我国至今仍有大量没有防治污染设施的老企业，这是我国环境污染严重的原因之一；同时，防治污染的技术和设施也在不断更新和提高。"三同时"制度实际上要求技术、设备的改造更新，要与环保设施的改造更新同时进行。这样，能够加快原有污染的治理。

（3）实行"三同时"制度是加强建设项目环境管理的重要手段。"三同时"制度明确了建设单位、环境保护行政主管部门、主管部门各自的职责，使环境保护行政主管部门在进行环境管理时更具可操作性。

(三)"三同时"制度的法律规定

《环境保护法》第四十一条规定:"建设项目中防治污染的设施,应当与主体工程同时设计、同时施工、同时投产使用。防治污染的设施应当符合经批准的环境影响评价文件的要求,不得擅自拆除或者闲置。"

1. "三同时"制度适用范围的规定

(1)一切可能对环境造成污染和破坏的工程建设项目和开发建设项目。既不分建设项目的大小、类别,也不管是新建、扩建、改建,只要可能对环境造成污染和破坏,都必须执行"三同时"制度。

(2)确有经济效益的综合利用项目。1985年国家经委《关于开发资源综合利用若干问题的暂行规定》中规定:"对于确有经济效益的综合利用项目,应当同治理污染一样,与主体工程同时设计、同时施工、同时投产。"

2. "三同时"制度在项目不同建设阶段的规定

为保证建设项目落实"三同时"制度的要求,"三同时"制度对项目不同的建设阶段都提出了环境保护管理要求。

(1)在建设项目正式施工前,建设单位必须向环境保护行政主管部门提交初步设计中的环境保护篇章,其内容包括环境保护的各种措施和要求。经审查批准后才能纳入建设计划,并投入施工。以此来保证环境保护设施与主体工程同时设计。

(2)在建设项目正式投产和使用前,建设单位必须向负责审批的环境保护行政主管部门提交环境保护设施"验收申请报告",说明环境保护设施运行的情况、治理的效果、达到的标准。

(3)经环境保护行政主管部门验收合格后,才能投入生产和使用。防治污染的设施不得擅自拆除或者闲置,确有必要拆除或者闲置的,必须征得所在地环境保护行政主管部门的同意。以此来保证环境保护设施与主体工程同时施工、同时投产使用。

环境保护行政主管部门自接到环境保护设施"验收申请报告"之日起,要在一个月内组织审查验收,并在"验收申请报告"上签署意见。逾期不签署意见的,视为已被批准。环境保护设施竣工验收合格必须具备相关的法定条件,环境保护行政主管部门验收时应严格执行。

四、建筑节能管理规定

《民用建筑节能管理规定》于2005年10月28日经原建设部第七十六次常务会议讨论通过,自2006年1月1日起施行。

为了加强民用建筑节能管理,提高能源利用效率,改善室内热环境质量,根据《中华人民共和国节约能源法》《中华人民共和国建筑法》《建设工程质量管理条例》,制定《民用建筑节能管理规定》。

（一）相关概念

民用建筑，是指居住建筑和公共建筑。农民自建低层住宅不适用本规定。

民用建筑节能，是指民用建筑在规划、设计、建造和使用过程中，通过采用新型墙体材料，执行建筑节能标准，加强建筑物用能设备的运行管理，合理设计建筑围护结构的热工性能，提高供暖、制冷、照明、通风、给水排水和通道系统的运行效率，以及利用可再生能源，在保证建筑物使用功能和室内热环境质量的前提下，降低建筑能源消耗，合理、有效地利用能源的活动。

（二）民用建筑节能的监督管理

国务院建设行政主管部门负责全国民用建筑节能的监督管理工作。县级以上地方人民政府建设行政主管部门负责本行政区域内民用建筑节能的监督管理工作。

国务院建设行政主管部门根据国家节能规划，制定国家建筑节能专项规划；省、自治区、直辖市以及设区城市人民政府建设行政主管部门应当根据本地节能规划，制定本地建筑节能专项规划，并组织实施。

编制城乡规划应当充分考虑能源、资源的综合利用和节约，对城镇布局、功能区设置、建筑特征，基础设施配置的影响进行研究论证。

国务院建设行政主管部门根据建筑节能发展状况和技术先进、经济合理的原则，组织制定建筑节能相关标准，建立和完善建筑节能标准体系；省、自治区、直辖市人民政府建设行政主管部门应当严格执行国家民用建筑节能有关规定，可以制定严于国家民用建筑节能标准的地方标准或者实施细则。

（三）民用建筑节能管理的相关规定

1. 鼓励和推广建筑节能技术和产品

鼓励民用建筑节能的科学研究和技术开发，推广应用节能型的建筑、结构、材料、用能设备和附属设施，以及相应的施工工艺、应用技术和管理技术，促进可再生能源的开发利用。如①新型节能墙体和屋面的保温、隔热技术与材料；②节能门窗的保温隔热和密闭技术；③集中供热和热电冷联产联供技术；④供热采暖系统温度调控和分户热量计量技术与装置；⑤太阳能、地热等可再生能源应用技术及设备；⑥建筑照明节能技术与产品；⑦空调制冷节能技术与产品；⑧其他技术成熟、效果显著的节能技术和节能管理技术。

鼓励推广应用和淘汰的建筑节能部品及技术的目录，由国务院建设行政主管部门制定；省、自治区、直辖市建设行政主管部门可以结合该目录，制定适合本区域的鼓励推广应用和淘汰的建筑节能部品及技术的目录。

国家鼓励多元化、多渠道投资既有建筑的节能改造，投资人可以按照协议分享节能改造的收益；鼓励研究制定本地区既有建筑节能改造资金筹措办法和相关激励政策。

2. 民用建筑节能的具体规定

建筑工程施工过程中，县级以上地方人民政府建设行政主管部门应当加强对建筑物的围护结构（含墙体、屋面、门窗、玻璃幕墙等）、供热采暖和制冷系统、照明和通风等电器设备是否符合节能要求的监督检查。

新建民用建筑应当严格执行建筑节能标准要求，民用建筑工程扩建和改建时，应当对原建筑进行节能改造。既有建筑节能改造应当考虑建筑物的寿命周期，对改造的必要性、可行性以及投入收益比进行科学论证。节能改造要符合建筑节能标准要求，确保结构安全，优化建筑物使用功能。寒冷地区和严寒地区既有建筑节能改造应当与供热系统节能改造同步进行。

采用集中供暖制冷方式的新建民用建筑应当安设建筑物室内温度控制和用能计量设施，逐步实行基本冷热价和计量冷热价共同构成的两部制用能价格制度。

供热单位、公共建筑所有权人或者其委托的物业管理单位应当制定相应的节能建筑运行管理制度，明确节能建筑运行状态各项性能指标、节能工作诸环节的岗位目标责任等事项。

公共建筑的所有权人或者委托的物业管理单位应当建立用能档案，在供热或者制冷间歇期委托相关检测机构对用能设备和系统的性能进行综合检测评价，定期进行维护、维修、保养及更新置换，保证设备和系统的正常运行。

供热单位、房屋产权单位或者其委托的物业管理等有关单位，应当记录并按有关规定上报能源消耗资料。鼓励新建民用建筑和既有建筑实施建筑能效测评。

从事建筑节能及相关管理活动的单位，应当对其从业人员进行建筑节能标准与技术等专业知识的培训。建筑节能标准和节能技术应当作为注册城市规划师、注册建筑师、勘察设计注册工程师、注册监理工程师、注册建造师等继续教育的必修内容。

3. 民用建筑节能的其他规定

建设单位应当按照建筑节能政策要求和建筑节能标准委托工程项目的设计。建设单位不得以任何理由要求设计单位、施工单位擅自修改经审查合格的节能设计文件，降低建筑节能标准。

房地产开发企业应当将所售商品住房的节能措施、围护结构保温隔热性能指标等基本信息在销售现场显著位置予以公示，并在《住宅使用说明书》中予以载明。

设计单位应当依据建筑节能标准的要求进行设计，保证建筑节能设计质量。施工图设计文件审查机构在进行审查时，应当审查节能设计的内容，在审查报告中单列节能审查章节；不符合建筑节能强制性标准的，施工图设计文件审查结论应当定为不合格。

施工单位应当按照审查合格的设计文件和建筑节能施工标准的要求进行施工，保证工程施工质量。

监理单位应当依照法律、法规以及建筑节能标准、节能设计文件、建设工程承包合同及监理合同对节能工程建设实施监理。

对超过能源消耗指标的供热单位、公共建筑的所有权人或者其委托的物业管理单位，责令限期达标。

建设单位在竣工验收过程中,有违反建筑节能强制性标准行为的,按照《建设工程质量管理条例》的有关规定,重新组织竣工验收。

建设单位未按照建筑节能强制性标准委托设计,擅自修改节能设计文件,明示或暗示设计单位、施工单位违反建筑节能设计强制性标准,降低工程建设质量的,处20万元以上50万元以下的罚款。

设计单位未按照建筑节能强制性标准进行设计的,应当修改设计。未进行修改的,给予警告,处10万元以上30万元以下罚款;造成损失的,依法承担赔偿责任;两年内,累计三项工程未按照建筑节能强制性标准设计的,责令停业整顿,降低资质等级或者吊销资质证书。

对未按照节能设计进行施工的施工单位,责令改正;整改所发生的工程费用,由施工单位负责;可以给予警告,情节严重的,处工程合同价款2%以上4%以下的罚款;两年内,累计三项工程未按照符合节能标准要求的设计进行施工的,责令停业整顿,降低资质等级或者吊销资质证书。

本规定的责令停业整顿、降低资质等级和吊销资质证书的行政处罚,由颁发资质证书的机关决定;其他行政处罚,由建设行政主管部门依照法定职权决定。

第四节 施工现场环境保护法律制度

一、施工现场环境噪声污染防治的规定

环境噪声,是指在工业生产、建筑施工、交通运输和社会生活中所产生的干扰周围生活环境的声音。环境噪声污染,则是指产生的环境噪声超过国家规定的环境噪声排放标准,并干扰他人正常生活、工作和学习的现象。

在工程建设领域,环境噪声污染的防治主要包括两个方面:一是施工现场环境噪声污染的防治;二是建设项目环境噪声污染的防治。前者主要解决建设工程施工过程中产生的施工噪声污染问题,后者则是要解决建设项目建成后使用过程中可能产生的环境噪声污染问题。

(一)施工现场环境噪声污染的防治

随着城市化的持续发展和大规模的工程建设,施工噪声污染问题日益突出,尤其是在城市中心地区施工所产生的噪声污染,不仅影响周围居民的正常生活,还损害城市的环境形象。因此,依法加强施工现场噪声管理、有效防治施工噪声污染是非常必要的。

1. 建筑施工场界环境噪声排放标准的规定

2018年12月颁布的《中华人民共和国环境噪声污染防治法》（简称《环境噪声污染防治法》）规定，在城市市区范围内向周围生活环境排放建筑施工噪声的，应当符合国家规定的建筑施工场界环境噪声排放标准。

所谓建筑施工噪声，是指建筑施工过程中产生的干扰周围生活环境的声音。建筑施工场界，是指由有关主管部门批准的建筑施工场地边界或建筑施工过程中实际使用的施工场地边界。2011年12月经修改后颁布的《建筑施工场界环境噪声排放标准》GB 12523—2011中规定，建筑施工过程中场界环境噪声不得超过规定的排放限值（表7-1）。

建筑施工过程中场界环境噪声的排放限值　　　　　表7-1

昼间（6:00~22:00）	夜间（22:00~6:00）
临界值70dB（A）	临界值55dB（A），夜间噪声最大声级超过限值的幅度不得高于15dB（A）

2. 使用机械设备可能产生环境噪声污染须申报的规定

《环境噪声污染防治法》规定，在城市市区范围内，建筑施工过程中使用机械设备，可能产生环境噪声污染的，施工单位必须在工程开工15日以前向工程所在地县级以上地方人民政府生态环境主管部门申报该工程的项目名称、施工场所和期限、可能产生的环境噪声值以及所采取的环境噪声污染防治措施的情况。

3. 禁止夜间进行产生环境噪声污染施工作业的规定

《环境噪声污染防治法》规定，在城市市区噪声敏感建筑物集中区域内，禁止夜间进行产生环境噪声污染的建筑施工作业，但抢修、抢险作业和因生产工艺上要求或者特殊需要必须连续作业的除外。因特殊需要必须连续作业的，必须有县级以上人民政府或者其有关主管部门的证明。以上规定的夜间作业，必须公告附近居民。

所谓噪声敏感建筑物集中区域，是指医疗区、文教科研区和以机关或者居民住宅为主的区域。所谓噪声敏感建筑物，是指医院、学校、机关、科研单位、住宅等需要保持安静的建筑物。

4. 政府监管部门现场检查的规定

《环境噪声污染防治法》规定，县级以上人民政府生态环境主管部门和其他环境噪声污染防治工作的监督管理部门、机构，有权依据各自的职责对管辖范围内排放环境噪声的单位进行现场检查。

被检查的单位必须如实反映情况，并提供必要的资料。检查部门、机构应当为被检查的单位保守技术秘密和业务秘密。检查人员进行现场检查，应当出示证件。

（二）建设项目环境噪声污染的防治

城市道桥、铁路（包括轻轨）、工业厂房等建设项目，在建成后的使用过程中可能会对周围环境产生噪声污染。因此，建设单位在建设前期就须依法规定防治措施，并同步建设环境噪声污染防治设施。

《环境噪声污染防治法》规定，新建、改建、扩建的建设项目，必须遵守国家有关建设项目环境保护管理的规定。

建设项目可能产生环境噪声污染的，建设单位必须提出环境影响报告书，规定环境噪声污染的防治措施，并按照国家规定的程序报生态环境主管部门批准。环境影响报告书中，应当有该建设项目所在地单位和居民的意见。

建设项目的环境噪声污染防治设施必须与主体工程同时设计、同时施工、同时投产使用。例如，建设经过已有的噪声敏感建筑物集中区域的高速公路和城市高架、轻轨道路，有可能造成环境噪声污染的，应当设置声屏障或者采取其他有效的控制环境噪声污染的措施；在已有的城市交通干线的两侧建设噪声敏感建筑物的，建设单位应当按照国家规定间隔一定距离，并采取减轻、避免交通噪声影响的措施等。

建设项目在投入生产或者使用之前，其环境噪声污染防治设施必须按照国家规定的标准和程序进行验收；达不到国家规定要求的，该建设项目不得投入生产或者使用。

（三）交通运输噪声污染的防治

所谓交通运输噪声，是指机动车辆、铁路机车、机动船舶、航空器等交通运输工具在运行时所产生的干扰周围生活环境的声音。由于建设工程施工有着大量的运输任务，不可避免地还会产生交通运输噪声。

《环境噪声污染防治法》规定，在城市市区范围内行驶的机动车辆的消声器和喇叭必须符合国家规定的要求。机动车辆必须加强维修和保养，保持技术性能良好，防治环境噪声污染。

警车、消防车、工程抢险车、救护车等机动车辆安装、使用警报器，必须符合国务院公安部门的规定；在执行非紧急任务时，禁止使用警报器。

产生环境噪声污染的企业事业单位，必须保持防治环境噪声污染的设施的正常使用；拆除或者闲置环境噪声污染防治设施的，必须事先报经所在地的县级以上地方人民政府生态环境主管部门批准。

产生环境噪声污染的单位，应当采取措施进行治理，并按照国家规定缴纳超标准排污费。征收的超标准排污费必须用于污染的防治，不得挪作他用。

对于在噪声敏感建筑物集中区域内造成严重环境噪声污染的企业事业单位，限期治理。被限期治理的单位必须按期完成治理任务。

二、施工现场大气污染防治的规定

按照国际标准化组织（ISO）的定义，大气污染通常是指由于人类活动或自然过程引起某些物质进入大气中，达到足够的浓度和足够的时间，并因此危害了人体的舒适、健康和福利，或者造成环境污染的现象。如果不对大气污染物的排放总量加以控制和防治，将会严重破坏生态系统和人类生存条件。

在工程建设领域，对大气污染的防治也包括施工现场和建设项目两大方面。

（一）施工现场大气污染的防治

2018年10月经修改后公布的《中华人民共和国大气污染防治法》（简称《大气污染防治法》）规定，企业事业单位和其他生产经营者应当采取有效措施，防止、减少大气污染，对所造成的损害依法承担责任。

企业事业单位和其他生产经营者向大气排放污染物的，应当依照法律法规和国务院生态环境主管部门的规定设置大气污染物排放口。禁止通过偷排、篡改或者伪造监测数据、以逃避现场检查为目的的临时停产、非紧急情况下开启应急排放通道、不正常运行大气污染防治设施等逃避监管的方式排放大气污染物。

建设单位应当将防治扬尘污染的费用列入工程造价，并在施工承包合同中明确施工单位扬尘污染防治责任。施工单位应当制定具体的施工扬尘污染防治实施方案。施工单位应当在施工工地设置硬质围挡，并采取覆盖、分段作业、择时施工、洒水抑尘、冲洗地面和车辆等有效防尘、降尘措施。建筑土方、工程渣土、建筑垃圾应当及时清运；在场地内堆存的，应当采用密闭式防尘网遮盖。工程渣土、建筑垃圾应当进行资源化处理。

禁止在人口集中地区和其他依法需要特殊保护的区域内焚烧沥青、油毡、橡胶、塑料、皮革、垃圾以及其他产生有毒有害烟尘和恶臭气体的物质。

住房和城乡建设部办公厅《关于进一步加强施工工地和道路扬尘管控工作的通知》（建办质〔2019〕23号）规定，建设单位应将防治扬尘污染的费用列入工程造价，并在施工承包合同中明确施工单位扬尘污染防治责任。暂时不能开工的施工工地，建设单位应当对裸露地面进行覆盖；超过3个月的，应当进行绿化、铺装或者遮盖。

施工单位应制定具体的施工扬尘污染防治实施方案，在施工工地公示扬尘污染防治措施、负责人、扬尘监督管理主管部门等信息。施工单位应当采取有效防尘降尘措施，减少施工作业过程扬尘污染，并做好扬尘污染防治工作。

城市范围内主要路段的施工工地应设置高度不小于2.5m的封闭围挡，一般路段的施工工地应设置高度不小于1.8m的封闭围挡。施工工地的封闭围挡应坚固、稳定、整洁、美观。

施工现场的建筑材料、构件、料具应按总平面布局进行码放。在规定区域内的施工现场应使用预拌混凝土及预拌砂浆；采用现场搅拌混凝土或砂浆的场所应采取封闭、降尘降噪措施；水泥和其他易飞扬的细颗粒建筑材料应密闭存放或采取覆盖等措施。

施工现场土方作业应采取防止扬尘措施，主要道路应定期清扫、洒水。拆除建筑物或构筑物时，应采用隔离、洒水等降噪、降尘措施，并应及时清理废弃物。施工进行铣刨、切割等作业时，应采取有效防扬尘措施；灰土和无机料应采用预拌进场，碾压过程中应洒水降尘。

施工现场的主要道路及材料加工区地面应进行硬化处理，道路应畅通，路面应平整坚实。裸露的场地和堆放的土方应采取覆盖、固化或绿化等措施。施工现场出入口应设置车辆冲洗设施，并对驶出车辆进行清洗。

土方和建筑垃圾的运输应采用封闭式运输车辆或采取覆盖措施。建筑物内施工垃圾的清运，应采用器具或管道运输，严禁随意抛掷。施工现场严禁焚烧各类废弃物。

鼓励施工工地安装在线监测和视频监控设备，并与当地有关主管部门联网。当环境空气质量指数达到中度及以上污染时，施工现场应增加洒水频次，加强覆盖措施，减少易造成大气污染的施工作业。

（二）建设项目大气污染的防治

《大气污染防治法》规定，新建、扩建、改建向大气排放污染物的项目，必须遵守国家有关建设项目环境保护管理的规定。

建设项目的环境影响报告书，必须对建设项目可能产生的大气污染和对生态环境的影响作出评价，规定防治措施，并按照规定的程序报生态环境主管部门审查批准。例如，新建、扩建排放二氧化硫的火电厂和其他大中型企业，超过规定的污染物排放标准或者总量控制指标的，必须建设配套脱硫、除尘装置或者采取其他控制二氧化硫排放、除尘的措施；炼制石油、生产合成氨、煤气和燃煤焦化、有色金属冶炼过程中排放含有硫化物气体的，应当配备脱硫装置或者采取其他脱硫措施等。

建设项目投入生产或者使用之前，其大气污染防治设施必须经过生态环境主管部门验收，达不到国家有关建设项目环境保护管理规定要求的建设项目，不得投入生产或者使用。

（三）对向大气排放污染物单位的监管

《大气污染防治法》规定，地方各级人民政府应当加强对建设施工和运输的管理，保持道路清洁，控制料堆和渣土堆放，扩大绿地、水面、湿地和地面铺装面积，防治扬尘污染。

从事房屋建筑、市政基础设施建设、河道整治以及建筑物拆除等施工单位，应当向负责监督管理扬尘污染防治的主管部门备案。

企业事业单位和其他生产经营者违反法律法规规定排放大气污染物，造成或者可能造成严重大气污染，或者有关证据可能灭失或者被隐匿的，县级以上人民政府生态环境主管部门和其他负有大气环境保护监督管理职责的部门,可以对有关设施、设备、物品采取查封、扣押等行政强制措施。

三、施工现场水污染防治的规定

水污染,是指水体因某种物质的介入,而导致其化学、物理、生物或者放射性等方面特性的改变,从而影响水的有效利用,危害人体健康或者破坏生态环境,造成水质恶化的现象。水污染防治包括江河、湖泊、运河、渠道、水库等地表水体以及地下水体的污染防治。

2017年6月经修改后公布的《中华人民共和国水污染防治法》(简称《水污染防治法》)规定,水污染防治应当坚持预防为主、防治结合、综合治理的原则,优先保护饮用水水源,严格控制工业污染、城镇生活污染,防治农业面源污染,积极推进生态治理工程建设,预防、控制和减少水环境污染和生态破坏。

(一)施工现场水污染的防治

《水污染防治法》规定,排放水污染物,不得超过国家或者地方规定的水污染物排放标准和重点水污染物排放总量控制指标。

(1)禁止向水体排放油类、酸液、碱液或者剧毒废液。禁止在水体清洗装贮过油类或者有毒污染物的车辆和容器。禁止向水体排放、倾倒放射性固体废物或者含有高放射性和中放射性物质的废水。向水体排放含低放射性物质的废水,应当符合国家有关放射性污染防治的规定和标准。

(2)禁止向水体排放、倾倒工业废渣、城镇垃圾和其他废弃物。禁止将含有汞、镉、砷、铬、铅、氰化物、黄磷等的可溶性剧毒废渣向水体排放、倾倒或者直接埋入地下。存放可溶性剧毒废渣的场所,应当采取防水、防渗漏、防流失的措施。禁止在江河湖泊、运河、渠道、水库最高水位线以下的滩地和岸坡堆放、存贮固体废弃物和其他污染物。

(3)在饮用水水源保护区内,禁止设置排污口。在风景名胜区水体、重要渔业水体和其他具有特殊经济文化价值的水体的保护区内,不得新建排污口。在保护区附近新建排污口,应当保证保护区水体不受污染。

(4)禁止利用渗井、渗坑、裂隙、溶洞,私设暗管,篡改、伪造监测数据,或者不正常运行水污染防治设施等逃避监管的方式排放水污染物。禁止利用无防渗漏措施的沟渠、坑塘等输送或者存贮含有毒污染物的废水、含病原体的污水和其他废弃物。

(5)兴建地下工程设施或者进行地下勘探、采矿等活动,应当采取防护性措施,防止地下水污染。人工回灌补给地下水,不得恶化地下水质。

2013年10月颁布的《城镇排水与污水处理条例》规定,建设工程开工前,建设单位应当查明工程建设范围内地下城镇排水与污水处理设施的相关情况。城镇排水主管部门及其他相关部门和单位应当及时提供相关资料。建设工程施工范围内有排水管网等城镇排水与污水处理设施的，建设单位应当与施工单位、设施维护运营单位共同制定设施保护方案，并采取相应的安全保护措施。因工程建设需要拆除、改动城镇排水与污水处理设施的，建设单位应当制定拆除、改动方案，报城镇排水主管部门审核，并承担重建、改建和采取临时措施的费用。

2015年1月住房和城乡建设部颁布的《城镇污水排入排水管网许可管理办法》进一步规定，未取得排水许可证，排水户不得向城镇排水设施排放污水。各类施工作业需要排水的，由建设单位申请领取排水许可证。因施工作业需要向城镇排水设施排水的，排水许可证的有效期，由城镇排水主管部门根据排水状况确定，但不得超过施工期限。排水户应当按照排水许可证确定的排水类别、总量、时限、排放口位置和数量、排放的污染物项目和浓度等要求排放污水。

排水户不得有下列危及城镇排水设施安全的行为：①向城镇排水设施排放、倾倒剧毒、易燃易爆物质、腐蚀性废液和废渣、有害气体和烹饪油烟等；②堵塞城镇排水设施或者向城镇排水设施内排放、倾倒垃圾、渣土、施工泥浆、油脂、污泥等易堵塞物；③擅自拆卸、移动和穿凿城镇排水设施；④擅自向城镇排水设施加压排放污水。

排水户因发生事故或者其他突发事件，排放的污水可能危及城镇排水与污水处理设施安全运行的，应当立即停止排放，采取措施消除危害，并按规定及时向城镇排水主管部门等有关部门报告。

城镇排水主管部门实施监督检查时，有权采取下列措施：①进入现场开展检查监测；②要求被监督检查的排水户出示排水许可证；③查阅、复制有关文件和材料；④要求被监督检查的单位和个人就有关问题作出说明；⑤依法采取禁止排水户向城镇排水设施排放污水等措施，纠正违反有关法律、法规和前述办法规定的行为。被监督检查的单位和个人应当予以配合，不得妨碍和阻挠依法进行的监督检查活动。城镇排水主管部门委托的专门机构，可以开展排水许可审查、档案管理、监督指导排水户排水行为等工作，并协助城镇排水主管部门对排水许可实施监督管理。

城镇排水主管部门实施排水许可不得收费。

（二）建设项目水污染的防治

《水污染防治法》规定，新建、改建、扩建直接或者间接向水体排放污染物的建设项目和其他水上设施，应当依法进行环境影响评价。

禁止在饮用水水源一级保护区内新建、改建、扩建与供水设施和保护水源无关的建设项目；已建成的与供水设施和保护水源无关的建设项目，由县级以上人民政府责令拆除或者关闭。禁止在饮用水水源二级保护区内新建、改建、扩建排放污染物的建设项目；已建成的排放污染物的建设项目，由县级以上人民政府责令拆除或者关闭。

禁止在饮用水水源准保护区内新建、扩建对水体污染严重的建设项目；改建建设项目，不得增加排污量。

(三）发生事故或者其他突发性事件的规定

《水污染防治法》规定，企业事业单位发生事故或者其他突发性事件，造成或者可能造成水污染事故的，应当立即启动本单位的应急方案，采取隔离等应急措施，防止水污染物进入水体，并向事故发生地的县级以上地方人民政府或者生态环境主管部门报告。

四、施工现场固体废物污染环境防治的规定

固体废物，是指在生产、生活和其他活动中产生的丧失原有利用价值或者虽未丧失利用价值但被抛弃或者放弃的固态、半固态和置于容器中的气态的物品、物质以及法律、行政法规规定纳入固体废物管理的物品、物质。固体废物污染环境，是指固体废物在产生收集、贮存、运输、利用、处置的过程中产生的危害环境的现象。

《固体废物污染环境防治法》规定，国家对固体废物污染环境的防治，实行减少固体废物的产生量和危害性、充分合理利用固体废物和无害化处置固体废物的原则，促进清洁生产和循环经济发展。

（一）施工现场固体废物污染环境的防治

施工现场的固体废物主要是建筑垃圾和生活垃圾。固体废物又分为一般固体废物和危险废物。所谓危险废物，是指列入国家危险废物名录或者根据国家规定的危险废物鉴别标准和鉴别方法认定的具有危险特性的固体废物。

1. 一般固体废物污染环境的防治

2016年1月经修改后公布的《中华人民共和国固体废物污染环境防治法》（简称《固体废物污染环境防治法》）规定，产生固体废物的单位和个人，应当采取措施，防止或者减少固体废物对环境的污染。

收集、贮存、运输、利用、处置固体废物的单位和个人，必须采取防扬散、防流失、防渗漏或者其他防止污染环境的措施；不得擅自倾倒、堆放、丢弃、遗撒固体废物。禁止任何单位或者个人向江河、湖泊、运河、渠道、水库及其最高水位线以下的滩地和岸坡等法律、法规规定禁止倾倒、堆放废弃物的地点倾倒、堆放固体废物。

转移固体废物出省、自治区、直辖市行政区域贮存、处置的，应当向固体废物移出地的省、自治区、直辖市人民政府环境保护行政主管部门提出申请。移出地的省、自治区、直辖市人民政府环境保护行政主管部门应当商经接受地的省、自治区、直辖市人民政府环境保护行政主管部门同意后，方可批准转移该固体废物出省、自治区、直辖市行政区域。未经批准的，不得转移。

工程施工单位应当及时清运工程施工过程中产生的固体废物，并按照环境卫生行政主管部门的规定进行利用或者处置。

2. 危险废物污染环境防治的特别规定

对危险废物的容器和包装物以及收集、贮存、运输、处置危险废物的设施、场所，必须设置危险废物识别标志。以填埋方式处置危险废物不符合国务院环境保护行政主管部门规定的，应当缴纳危险废物排污费。危险废物排污费用于污染环境的防治，不得挪作他用。

禁止将危险废物提供或者委托给无经营许可证的单位从事收集、贮存、利用、处置的经营活动。运输危险废物，必须采取防止污染环境的措施，并遵守国家有关危险货物运输管理的规定。禁止将危险废物与旅客在同一运输工具上载运。

收集、贮存、运输、处置危险废物的场所、设施、设备和容器、包装物及其他物品转作他用时，必须经过消除污染的处理，方可使用。

产生、收集、贮存、运输、利用、处置危险废物的单位，应当制定意外事故的防范措施和应急预案，并向所在地县级以上地方人民政府环境保护行政主管部门备案；环境保护行政主管部门应当进行检查。因发生事故或者其他突发性事件，造成危险废物严重污染环境的单位，必须立即采取措施消除或者减轻对环境的污染危害，及时通报可能受到污染危害的单位和居民，并向所在地县级以上地方人民政府环境保护行政主管部门和有关部门报告，接受调查处理。

3. 施工现场固体废物的减量化和回收再利用

《绿色施工导则》规定，应制定建筑垃圾减量化计划。加强建筑垃圾的回收再利用，力争建筑垃圾的再利用和回收率达到30%，建筑物拆除产生的废弃物的再利用和回收率大于40%。对于碎石类、土石方类建筑垃圾，可采用地基填埋、铺路等方式提高再利用率，力争再利用率大于50%。

施工现场生活区设置封闭式垃圾容器，施工场地生活垃圾实行袋装化，及时清运。对建筑垃圾进行分类，并收集到现场封闭式垃圾站，集中运出。

（二）建设项目固体废物污染环境的防治

《固体废物污染环境防治法》规定，建设产生固体废物的项目以及建设贮存、利用处置固体废物的项目，必须依法进行环境影响评价，并遵守国家有关建设项目环境保护管理的规定。

在国务院和国务院有关主管部门及省、自治区、直辖市人民政府划定的自然保护区、风景名胜区、饮用水水源保护区、基本农田保护区和其他需要特别保护的区域内，禁止建设工业固体废物集中贮存、处置的设施、场所和生活垃圾填埋场。

五、违法行为应承担的法律责任

（一）施工现场环境噪声污染防治违法行为应承担的法律责任

《环境噪声污染防治法》规定，未经生态环境主管部门批准，擅自拆除或者闲置环境噪声污染防治设施，致使环境噪声排放超过规定标准的，由县级以上地方人民政府生态环境主管部门责令改正，并处罚款。

排放环境噪声的单位违反规定，拒绝生态环境主管部门或者其他依照本法规定行使环境噪声监督管理权的部门、机构现场检查或者在被检查时弄虚作假的，生态环境主管部门或者其他依照本法规定行使环境噪声监督管理权的监督管理部门、机构可以根据不同情节，给予警告或者处以罚款。

建筑施工单位违反规定，在城市市区噪声敏感建筑物集中区域内，违反夜间禁止进行产生环境噪声污染的建筑施工作业的，由工程所在地县级以上地方人民政府生态环境主管部门责令改正，可以并处罚款。

机动车辆不按照规定使用声响装置的，由当地公安机关根据不同情节给予警告或者处以罚款。

受到环境噪声污染危害的单位和个人，有权要求加害人排除危害；造成损失的，依法赔偿损失。赔偿责任和赔偿金额的纠纷，可以根据当事人的请求，由生态环境主管部门或者其他环境噪声污染防治工作的监督管理部门、机构调解处理；调解不成的，当事人可以向人民法院起诉。当事人也可以直接向人民法院起诉。

（二）施工现场大气污染防治违法行为应承担的法律责任

1. 施工单位应承担的法律责任

《大气污染防治法》规定，违反本法，以拒绝进入现场等方式拒不接受生态环境主管部门及其委托的环境监察机构或者其他负有大气环境保护监督管理职责部门的监督检查，或者在接受监督检查时弄虚作假的，由县级以上人民政府生态环境主管部门或者其他负有大气环境保护监督管理职责的部门责令改正，处2万元以上20万元以下的罚款；构成违反治安管理行为的，由公安机关依法予以处罚。

在人口集中地区和其他依法需要特殊保护的区域内，焚烧沥青、油毡、橡胶、塑料、皮革、垃圾以及其他产生有毒有害烟尘和恶臭气体的物质的，由县级人民政府确定的监督管理部门责令改正，对单位处1万元以上10万元以下的罚款，对个人处500元以上2000元以下的罚款。

拒不执行停止工地土石方作业或者建筑物拆除施工等重污染天气应急措施的，由县级以上地方人民政府确定的监督管理部门处1万元以上10万元以下的罚款。

施工单位有下列行为之一的，由县级以上人民政府住房和城乡建设等主管部门按照职责责令改正，处1万元以上10万元以下的罚款；拒不改正的，责令停工整治：①施工工地未设置硬质密闭围挡，或者未采取覆盖、分段作业、择时施工、洒水抑尘、冲洗地面和车辆等有效防尘降尘措施的；②建筑土方、工程渣土、建筑垃圾未及时清运，或者未采用密闭式防尘网遮盖的。

运输煤炭、垃圾、渣土、砂石、土方、灰浆等散装、流体物料的车辆，未采取密闭或者其他措施防止物料遗撒的，由县级以上地方人民政府确定的监督管理部门责令改正，处2000元以上

2万元以下的罚款；拒不改正的，车辆不得上道路行驶。

有下列行为之一的，由县级以上人民政府生态环境等主管部门按照职责责令改正，处1万元以上10万元以下的罚款；拒不改正的，责令停工整治或者停业整治：①未密闭煤炭、煤矸石、煤渣、煤灰、水泥、石灰、石膏、砂土等易产生扬尘的物料的；②对不能密闭的易产生扬尘的物料，未设置不低于堆放物高度的严密围挡，或者未采取有效覆盖措施防治扬尘污染的；③装卸物料未采取密闭或者喷淋等方式控制扬尘排放的；④存放煤炭、煤矸石、煤渣、煤灰等物料，未采取防燃措施的；⑤码头、矿山、填埋场和消纳场未采取有效措施防治扬尘污染的；⑥排放有毒有害大气污染物名录中所列有毒有害大气污染物的企业事业单位，未按照规定建设环境风险预警体系或者对排放口和周边环境进行定期监测、排查环境安全隐患并采取有效措施防范环境风险的；⑦向大气排放持久性有机污染物的企业事业单位和其他生产经营者，以及废弃物焚烧设施的运营单位未按照国家有关规定采取有利于减少持久性有机污染物排放的技术方法和工艺，配备净化装置的；⑧未采取措施防止排放恶臭气体的。

企业事业单位和其他生产经营者有下列行为之一，受到罚款处罚，被责令改正，拒不改正的，依法作出处罚决定的行政机关可以自责令改正之日的次日起，按照原处罚数额按日连续处罚：①未依法取得排污许可证排放大气污染物的；②超过大气污染物排放标准或者超过重点大气污染物排放总量控制指标排放大气污染物的；③通过逃避监管的方式排放大气污染物的；④建筑施工或者贮存易产生扬尘的物料未采取有效措施防治扬尘污染的。

2. 建设单位应承担的法律责任

建设单位未对暂时不能开工的建设用地的裸露地面进行覆盖，或者未对超过3个月不能开工的建设用地的裸露地面进行绿化、铺装或者遮盖的，由县级以上人民政府住房和城乡建设等主管部门依照前款规定予以处罚。

（三）施工现场水污染防治违法行为应承担的法律责任

《水污染防治法》规定，违反本法，有下列行为之一的，由县级以上人民政府生态环境主管部门责令改正或者责令限制生产、停产整治，并处10万元以上100万元以下的罚款；情节严重的，报经有批准权的人民政府批准，责令停业、关闭：①未依法取得排污许可证排放水污染物的；②超过水污染物排放标准或者超过重点水污染物排放总量控制指标排放水污染物的；③利用渗井、渗坑、裂隙、溶洞，私设暗管，篡改、伪造监测数据，或者不正常运行水污染防治设施等逃避监管的方式排放水污染物的；④未按照规定进行预处理，向污水集中处理设施排放不符合处理工艺要求的工业废水的。

在饮用水水源保护区内设置排污口的，由县级以上地方人民政府责令限期拆除，处10万元以上50万元以下的罚款；逾期不拆除的，强制拆除，所需费用由违法者承担，处50万元以上100万元以下的罚款，并可以责令停产整治。

除前款规定外，违反法律、行政法规和国务院生态环境主管部门的规定设置排污口的，由县级以上地方人民政府生态环境主管部门责令限期拆除，处2万元以上10万元以下的罚款；逾期不拆除的，强制拆除，所需费用由违法者承担，处10万元以上50万元以下的罚款；情节严重的，可以责令停产整治。

有下列行为之一的，由县级以上地方人民政府生态环境主管部门责令停止违法行为，限期采取治理措施，消除污染，处以罚款；逾期不采取治理措施的，生态环境主管部门可以指定有治理能力的单位代为治理，所需费用由违法者承担：①向水体排放油类、酸液、碱液的；②向水体排放剧毒废液，或者将含有汞、镉、砷、铬、铅、氰化物、黄磷等的可溶性剧毒废渣向水体排放、倾倒或者直接埋入地下的；③在水体中清洗装贮过油类、有毒污染物的车辆或者容器的；④向水体排放、倾倒工业废渣、城镇垃圾或者其他废弃物，或者在江河、湖泊、运河、渠道、水库最高水位线以下的滩地、岸坡堆放、存贮固体废弃物或者其他污染物的；⑤向水体排放、倾倒放射性固体废物或者含有高放射性、中放射性物质的废水的；⑥违反国家有关规定或者标准，向水体排放含低放射性物质的废水、热废水或者含病原体的污水的；⑦未采取防渗漏等措施，或者未建设地下水水质监测井进行监测的；⑧加油站等的地下油罐未使用双层罐或者未采取建造防渗池等其他有效措施，或者未进行防渗漏监测的；⑨未按照规定采取防护性措施，或者利用无防渗漏措施的沟渠、坑塘等输送或者存贮含有毒污染物的废水、含病原体的污水或者其他废弃物的。

企业事业单位有下列行为之一的，由县级以上人民政府生态环境主管部门责令改正；情节严重的，处2万元以上10万元以下的罚款：①不按照规定制定水污染事故的应急方案的；②水污染事故发生后，未及时启动水污染事故的应急方案，采取有关应急措施的。

（四）施工现场固体废物污染环境防治违法行为应承担的法律责任

《固体废物污染环境防治法》规定，违反有关城市生活垃圾污染环境防治的规定，有下列行为之一的，由县级以上地方人民政府环境卫生行政主管部门责令停止违法行为限期改正，处以罚款：①随意倾倒、抛撒或者堆放生活垃圾的；②擅自关闭、闲置或者拆除生活垃圾处置设施、场所的；③工程施工单位不及时清运施工过程中产生的固体废物，造成环境污染的；④工程施工单位不按照环境卫生行政主管部门的规定对施工过程中产生的固体废物进行利用或者处置的；⑤在运输过程中沿途丢弃、遗撒生活垃圾的。违反有关危险废物污染环境防治的规定，有下列行为之一的，由县级以上人民政府生态环境行政主管部门责令停止违法行为，限期改正，处以罚款：①不设置危险废物识别标志的；②不按照国家规定申报登记危险废物，或者在申报登记时弄虚作假的；③擅自关闭、闲置或者拆除危险废物集中处置设施、场所的；④不按照国家规定缴纳危险废物排污费的；⑤将危险废物提供或者委托给无经营许可证的单位从事经营活动的；⑥不按照国家规定填写危险废物转移联单或者未经批准擅自转移危险废物的；⑦将危险废物混入非危险废物中贮存的；⑧未经安全性处置，混合收集、贮存、运输、处置具有不相容性质的危险废物的；⑨将危险废物与旅客在同一运输工具上载运的；⑩未经消除污染的处理将收集、贮存、运输、处置危险废物的场所、设施设备和容器、包装物及其他物品转作他用的；⑪未采取相应防范措施，造成危险废物扬散、流失、渗漏或者造成其他环境污染的；⑫在运输过程中沿途丢弃、遗撒危险废物的；⑬未制定危险废物意外事故防范措施和应急预案的。危险废物产生者不处置其产生的危险废物又不承担依法应当承担的处置费用的，由县级以上地方人民政府生态环境行政主管部门责令限期改正，处代为处置费用1倍以上3倍以下的罚款。

造成固体废物严重污染环境的，由县级以上人民政府生态环境行政主管部门按照国务院规定的权限决定限期治理；逾期未完成治理任务的，由本级人民政府决定停业或者关闭。

造成固体废物污染环境事故的，由县级以上人民政府生态环境主管部门处2万元以上20万元以下的罚款；造成重大损失的，按照直接损失的30%计算罚款，但是最高不超过100万元，对负有责任的主管人员和其他直接责任人员，依法给予行政处分；造成固体废物污染环境重大事故的，并由县级以上人民政府按照国务院规定的权限决定停业或者关闭。

收集、贮存、利用、处置危险废物，造成重大环境污染事故，构成犯罪的，依法追究刑事责任。

拒绝县级以上人民政府生态环境主管部门或者其他固体废物污染环境防治工作的监督管理部门现场检查的，由执行现场检查的部门责令限期改正；拒不改正或者在检查时弄虚作假的，处2000元以上2万元以下的罚款。

（五）施工现场土壤污染防治违法行为应承担的法律责任

2018年8月公布的《中华人民共和国土壤污染防治法》规定，有下列行为之一的，由地方人民政府生态环境主管部门或者其他负有土壤污染防治监督管理职责的部门责令改正，处以罚款；拒不改正的，责令停产整治：①拆除设施、设备或者建筑物、构筑物，企业事业单位未采取相应的土壤污染防治措施或者土壤污染重点监管单位未制定实施土壤污染防治工作方案的；②建设和运行污水集中处理设施、固体废物处置设施，未依照法律法规和相关标准的要求采取措施防止土壤污染的。

（六）按日连续处罚的法律规定

《环境保护法》规定，企业事业单位和其他生产经营者违法排放污染物，受到罚款处罚，被责令改正，拒不改正的，依法作出处罚决定的行政机关可以自责令改正之日的次日起，按照原处罚数额按日连续处罚。前款规定的罚款处罚，依照有关法律法规按照防治污染设施的运行成本、违法行为造成的直接损失或者违法所得等因素确定的规定执行。

第五节　信息公开和公众参与

一、信息公开

（一）政府信息公开

为了保障公民、法人和其他组织依法获取政府信息，提高政府工作的透明度，建设法治政府，充分发挥政府信息对人民群众生产、生活和经济社会活动的服务作用，2007年1月17日国务院第165次常务会议通过，自2008年5月1日起施行《中华人民共和国政府信息公开条例》（简称《政府信息公开条例》）。

本条例所称政府信息，是指行政机关在履行行政管理职能过程中制作或者获取的，以一定形式记录、保存的信息。

本条例规定，各级人民政府应当加强对政府信息公开工作的组织领导。国务院办公厅是全国政府信息公开工作的主管部门，负责推进、指导、协调、监督全国的政府信息公开工作。县级以上地方人民政府办公厅（室）是本行政区域的政府信息公开工作主管部门，负责推进、指导、协调、监督本行政区域的政府信息公开工作。实行垂直领导的部门的办公厅（室）主管本系统的政府信息公开工作。

（二）公开的主体及范围

行政机关制作的政府信息，由制作该政府信息的行政机关负责公开。行政机关从公民、法人和其他组织获取的政府信息，由保存该政府信息的行政机关负责公开；行政机关获取的其他行政机关的政府信息，由制作或者最初获取该政府信息的行政机关负责公开。法律、法规对政府信息公开的权限另有规定的，从其规定。行政机关设立的派出机构、内设机构依照法律、法规对外以自己名义履行行政管理职能的，可以由该派出机构、内设机构负责与所履行行政管理职能有关的政府信息公开工作。

两个以上行政机关共同制作的政府信息，由牵头制作的行政机关负责公开。行政机关应当建立健全政府信息公开协调机制。行政机关公开政府信息涉及其他机关的，应当与有关机关协商、确认，保证行政机关公开的政府信息准确一致。行政机关公开政府信息依照法律、行政法规和国家有关规定需要批准的，经批准予以公开。

行政机关编制、公布的政府信息公开指南和政府信息公开目录应当及时更新。政府信息公开指南包括政府信息的分类、编排体系、获取方式和政府信息公开工作机构的名称、办公地址、办公时间、联系电话、传真号码、互联网联系方式等内容。政府信息公开目录包括政府信息的索引、名称、内容概述、生成日期等内容。

行政机关公开政府信息，采取主动公开和依申请公开的方式。除以下三条规定的政府信息外，政府信息应当公开。

（1）依法确定为国家秘密的政府信息，法律、行政法规禁止公开的政府信息，以及公开后可能危及国家安全、公共安全、经济安全、社会稳定的政府信息，不予公开。

（2）涉及商业秘密、个人隐私等公开会对第三方合法权益造成损害的政府信息，行政机关不得公开。但是，第三方同意公开或者行政机关认为不公开会对公共利益造成重大影响的，予以公开。行政机关的内部事务信息，包括人事管理、后勤管理、内部工作流程等方面的信息，可以不予公开。

（3）行政机关在履行行政管理职能过程中形成的讨论记录、过程稿、磋商信函、请示报告等过程性信息以及行政执法案卷信息，可以不予公开。法律、法规、规章规定上述信息应当公开的，从其规定。

行政机关应当建立健全政府信息公开审查机制，明确审查的程序和责任。行政机关应当依照《中华人民共和国保守国家秘密法》以及其他法律、法规和国家有关规定对拟公开的政府信息进行审查。行政机关不能确定政府信息是否可以公开的，应当依照法律、法规和国家有关规定报有关主管部门或者保密行政管理部门确定。

行政机关应当建立健全政府信息管理动态调整机制，对本行政机关不予公开的政府信息进行定期评估审查，对因情势变化可以公开的政府信息应当公开。

（三）政府信息公开的方式和程序

《政府信息公开条例》规定，行政机关应当建立健全政府信息发布机制，将主动公开的政府信息通过政府公报、政府网站或者其他互联网政务媒体、新闻发布会，以及报刊、广播、电视等途径予以公开。

各级人民政府应当加强依托政府门户网站公开政府信息的工作，利用统一的政府信息公开平台集中发布主动公开的政府信息。政府信息公开平台应当具备信息检索、查阅、下载等功能。

各级人民政府应当在国家档案馆、公共图书馆、政务服务场所设置政府信息查阅场所，并配备相应的设施、设备，为公民、法人和其他组织获取政府信息提供便利。

行政机关可以根据需要设立公共查阅室、资料索取点、信息公告栏、电子信息屏等场所、设施，公开政府信息。

行政机关应当及时向国家档案馆、公共图书馆提供主动公开的政府信息。

属于主动公开范围的政府信息，应当自该政府信息形成或者变更之日起20个工作日内及时公开。法律、法规对政府信息公开的期限另有规定的，从其规定。

行政机关收到政府信息公开申请，能够当场答复的，应当当场予以答复。行政机关不能当场答复的,应当自收到申请之日起20个工作日内予以答复;需要延长答复期限的,应当经政府信息公开工作机构负责人同意并告知申请人,延长的期限最长不得超过20个工作日。行政机关征求第三方和其他机关意见所需时间不计算在前款规定的期限内。

行政机关依申请提供政府信息,不收取费用。但是,申请人申请公开政府信息的数量、频次明显超过合理范围的,行政机关可以收取信息处理费。行政机关收取信息处理费的具体办法由国务院价格主管部门会同国务院财政部门、全国政府信息公开工作主管部门制定。

二、公众参与

(一)建设项目环境影响评价的公众参与

为规范环境影响评价公众参与,保障公众环境保护知情权、参与权、表达权和监督权,依据《中华人民共和国环境保护法》《中华人民共和国环境影响评价法》《规划环境影响评价条例》《建设项目环境保护管理条例》等法律法规,制定《环境影响评价公众参与办法》。《环境影响评价公众参与办法》于2018年4月16日由生态环境部部务会议审议通过,自2019年1月1日起施行。

《环境影响评价公众参与办法》规定,本办法适用于可能造成不良环境影响并直接涉及公众环境权益的工业、农业、畜牧业、林业、能源、水利、交通、城市建设、旅游、自然资源开发的有关专项规划的环境影响评价公众参与,和依法应当编制环境影响报告书的建设项目的环境影响评价公众参与。国家规定需要保密的情形除外。

(二)公众参与的原则和组织形式

《环境影响评价公众参与办法》规定,国家鼓励公众参与环境影响评价。环境影响评价公众参与遵循依法、有序、公开、便利的原则。

专项规划编制机关应当在规划草案报送审批前,举行论证会、听证会,或者采取其他形式,征求有关单位、专家和公众对环境影响报告书草案的意见。

建设单位应当依法听取环境影响评价范围内的公民、法人和其他组织的意见,鼓励建设单位听取环境影响评价范围之外的公民、法人和其他组织的意见。

专项规划编制机关和建设单位负责组织环境影响报告书编制过程的公众参与,对公众参与的真实性和结果负责。专项规划编制机关和建设单位可以委托环境影响报告书编制单位或者其他单位承担环境影响评价公众参与的具体工作。

专项规划环境影响评价的公众参与,本办法未作规定的,依照《中华人民共和国环境影响评价法》《规划环境影响评价条例》的相关规定执行。

建设项目环境影响评价公众参与相关信息应当依法公开,涉及国家秘密、商业秘密、个人隐私的,依法不得公开。法律法规另有规定的,从其规定。生态环境主管部门公开建设项目环境影响评价公众参与相关信息，不得危及国家安全、公共安全、经济安全和社会稳定。

建设单位应当在确定环境影响报告书编制单位后7个工作日内，通过其网站、建设项目所在地公共媒体网站或者建设项目所在地相关政府网站（以下统称网络平台），公开下列信息：①建设项目名称、选址选线、建设内容等基本情况，改建、扩建、迁建项目应当说明现有工程及其环境保护情况；②建设单位名称和联系方式；③环境影响报告书编制单位的名称；④公众意见表的网络链接；⑤提交公众意见表的方式和途径。

在环境影响报告书征求意见稿编制过程中，公众均可向建设单位提出与环境影响评价相关的意见。公众意见表的内容和格式由生态环境部制定。

建设项目环境影响报告书征求意见稿形成后，建设单位应当公开下列信息，征求与该建设项目环境影响有关的意见：①环境影响报告书征求意见稿全文的网络链接及查阅纸质报告书的方式和途径；②征求意见的公众范围；③公众意见表的网络链接；④公众提出意见的方式和途径；⑤公众提出意见的起止时间。

建设单位征求公众意见的期限不得少于10个工作日。

三、《环境保护法》的相关规定

《环境保护法》第五十三条至第五十八条对信息公开和公众参与作出了规定。

（1）公民、法人和其他组织依法享有获取环境信息、参与和监督环境保护的权利。

各级人民政府环境保护主管部门和其他负有环境保护监督管理职责的部门，应当依法公开环境信息、完善公众参与程序，为公民、法人和其他组织参与和监督环境保护提供便利。

（2）国务院环境保护主管部门统一发布国家环境质量、重点污染源监测信息及其他重大环境信息。省级以上人民政府环境保护主管部门定期发布环境状况公报。

县级以上人民政府环境保护主管部门和其他负有环境保护监督管理职责的部门，应当依法公开环境质量、环境监测、突发环境事件以及环境行政许可、行政处罚、排污费的征收和使用情况等信息。

县级以上地方人民政府环境保护主管部门和其他负有环境保护监督管理职责的部门，应当将企业事业单位和其他生产经营者的环境违法信息记入社会诚信档案，及时向社会公布违法者名单。

（3）重点排污单位应当如实向社会公开其主要污染物的名称、排放方式、排放浓度和总量、超标排放情况，以及防治污染设施的建设和运行情况，接受社会监督。

（4）对依法应当编制环境影响报告书的建设项目，建设单位应当在编制时向可能受影响的公众说明情况，充分征求意见。

负责审批建设项目环境影响评价文件的部门在收到建设项目环境影响报告书后，除涉及国家秘密和商业秘密的事项外，应当全文公开；发现建设项目未充分征求公众意见的，应当责成建设单位征求公众意见。

（5）公民、法人和其他组织发现任何单位和个人有污染环境和破坏生态行为的，有权向环境保护主管部门或者其他负有环境保护监督管理职责的部门举报。

公民、法人和其他组织发现地方各级人民政府、县级以上人民政府环境保护主管部门和其他负有环境保护监督管理职责的部门不依法履行职责的，有权向其上级机关或者监察机关举报。

接受举报的机关应当对举报人的相关信息予以保密，保护举报人的合法权益。

（6）对污染环境、破坏生态，损害社会公共利益的行为，符合下列条件的社会组织可以向人民法院提起诉讼：①依法在设区的市级以上人民政府民政部门登记；②专门从事环境保护公益活动连续五年以上且无违法记录。

符合前款规定的社会组织向人民法院提起诉讼，人民法院应当依法受理。提起诉讼的社会组织不得通过诉讼牟取经济利益。

案例分析题

案例一

某小区居民向市住房和城乡建设局投诉，反映其居住的住宅小区旁有一处建筑工地正在施工，尘土飞扬，已严重影响了当地居民的正常生活。市住房和城乡建设局立即派人对该工地进行检查，发现该工地正处于土石方开挖阶段，大量的建筑土方堆积在工地，且没有任何覆盖，造成工地周边尘土飞扬，对邻近住宅小区居民的日常生活造成了严重影响。市住房和城乡建设局当即要求该施工单位进行限期整改。但是，该施工单位迟迟不采取任何整改措施，依然照常进行施工作业。

1. 施工单位有何违法行为？
2. 市住房和城乡建设局应当对其作何行政处罚？

案例二

广州南沙大岗垃圾焚烧厂位于广东省广州市南沙区大岗镇新联二村，总投资近10亿元，也称广州第四资源热力电厂。该厂将负责番禺、南沙两区垃圾处理，每天可焚烧生活垃圾2000吨，占广州目前每日产生的垃圾量的1/9，年焚烧垃圾73万吨。项目环评报告显示，准备在大岗装备基地规划建设的大岗垃圾焚烧厂项目，总占地面积近10万平方米，配置3台750吨/天的往复式炉排垃圾焚烧炉，采用15MW+25MW汽轮发电机组，同时配套烟气净化系统、废水处理系统、灰渣处理系统等环保工程。项目采用焚烧发电处理方式对生活垃圾进行处置，设计处理规模为2000吨/天，年处理量为73万吨，服务范围为番禺区和南沙区。

番禺区城市管理局此前委托环境保护部华南环境科学研究所（简称环保部华南所）承担该项目的环境影响评价工作，环保部华南所此次公示是征集公众意见，从环境保护角度论证大岗垃圾焚烧厂项目是否可行。

环评单位环保部华南所就番禺大岗垃圾焚烧厂进行第一次环境影响评价公众参与。项目周围单位、专家、群众等对项目有意见和建议，可在规定日期之前向番禺城管局或环评单位提出。

根据《中华人民共和国环境影响评价法》《环境影响评价公众参与办法》（生态环境部令第4号），大岗垃圾焚烧厂项目周围单位、专家、群众等如果对本项目有意见和建议，可在规定日期（信函以邮戳日期为准），向公示指定地址以信函、传真、电子邮件、电话等方式，发表对工程建设及环评工作的意见和看法。征求可能受本项目影响的所有公众对项目建设的意见，对污染物产生和环境措施的意见和建议、对建设项目运营过程中环境保护工作的意见和建议，以及其他相关要求。

问题

1. 公众参与的基本内涵？请作出解释。
2. 设计一个公众参与的程序，根据背景解释目前我国环境项目公众参与存在的问题，并提出相关优化建议。

思考题

1. 什么是环境影响评价？
2. 简述防治固体废物污染环境的意义。
3. 国家对向大气排放污染物的建设项目的环境保护管理是如何规定的？
4. 简述防治环境噪声污染的意义。
5. 违反民用建筑节能管理规定的法律责任是什么？

第八章
建设工程安全生产法律制度

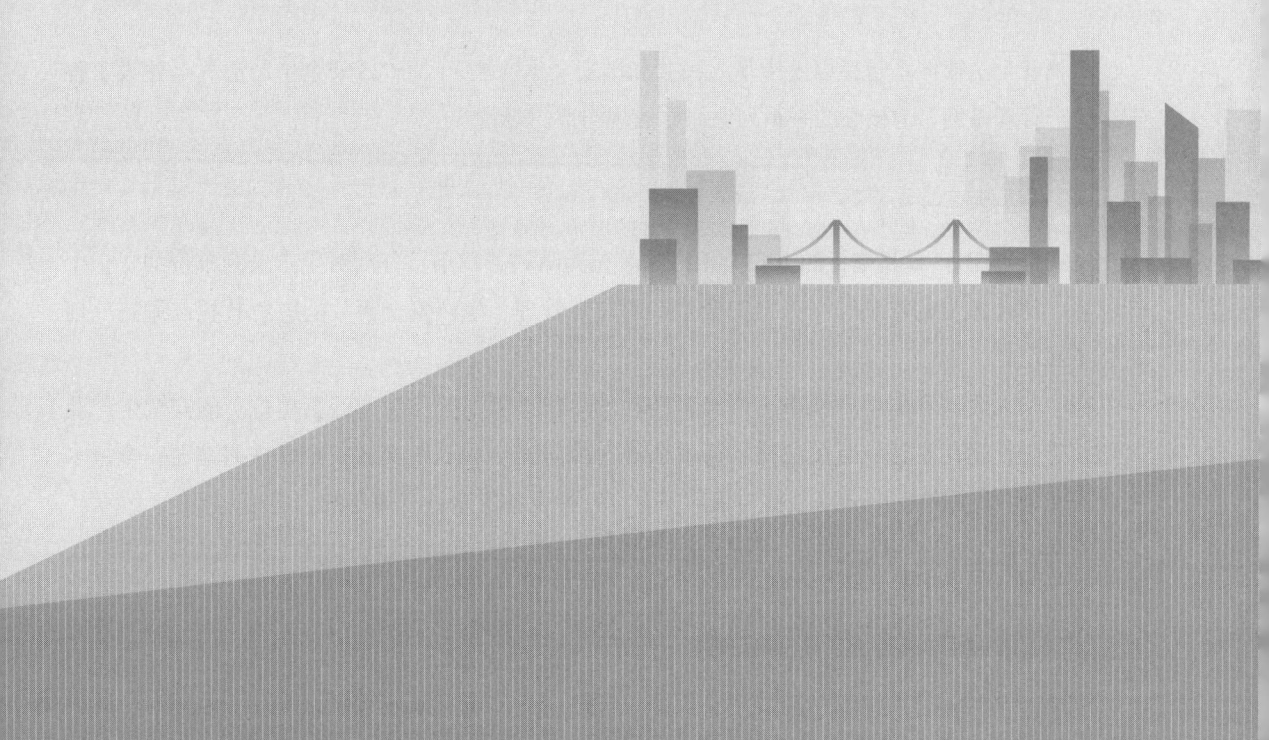

第一节 建设工程安全生产法律制度概述

一、建设工程安全生产的概念及要素

建设工程安全生产，一般是指在工程建设活动中，通过人、物（机）、环境等和谐运作，使工程建设活动中潜在的各种事故风险和伤害因素始终处于有效控制状态，切实保护劳动者的生命安全和身体健康。

建设工程安全生产是在建设生产过程中要避免人员、财产的损失以及对周围环境的破坏。它包括建筑生产过程中施工现场的人员安全，财产设备安全，施工现场及附近的道路、线管和房屋的安全，施工现场和周围的环境保护及工程建成后的使用安全等方面的内容。因此，建设工程安全生产涉及五个要素：风险识别与评价、风险控制、作业场所及环境、作业人员安全技能、作业工具及防护用品。

二、建设工程安全生产法律体系

工程安全法律体系包括以《中华人民共和国安全生产法》（简称《安全生产法》）《建设工程安全生产管理条例》为核心的一系列法律、法规与部门规章。

（一）《安全生产法》

自2014年12月1日起施行的《安全生产法》分为6章、113条，分别对生产经营单位的安全生产保障、从业人员的权利和义务、安全生产的监督管理、生产安全事故的应急救援与调查处理进行了规定。

在中华人民共和国境内从事生产经营活动的单位（以下统称生产经营单位）的安全生产及其监督管理，适用本法；有关法律、行政法规对消防安全和道路交通安全、铁路交通安全、水上交通安全、民用航空安全以及核与辐射安全、特种设备安全另有规定的，适用其规定。

安全生产工作应当以人为本，坚持安全发展，坚持安全第一、预防为主、综合治理的方针。

（二）《建设工程安全生产管理条例》

《建设工程安全生产管理条例》分为8章、71条。

第一章"总则"，主要包括制定本条例的目的、依据、调整范围、建设工程安全生产的责任主体、管理方针和原则等。

第二章"建设单位的安全责任",对建设单位在工程建设活动中应当承担的安全责任作了规定。

第三章"勘察、设计、工程监理及其他有关单位的安全责任",主要规定了勘察单位、设计单位、工程监理单位以及其他与建设工程有关的单位在工程建设活动中应当承担的安全责任。

第四章"施工单位的安全责任",主要规定了施工单位在工程建设活动中应当承担的安全责任,也是本条例重点规范的内容。

第五章"监督管理",规定了有关行政管理部门对建设工程安全生产的监督管理职责和监督管理的要求。

第六章"生产安全事故的应急救援和调查处理",规定了在工程建设活动中生产安全事故的应急救援方案以及调查处理流程。

第七章"法律责任",规定了违反建设工程安全生产管理条例的行为、处罚的种类、处罚的主体等。

第八章"附则",规定了参照本法执行的范围及本法施行的时间。

为了加强建设工程安全生产监督管理,保障人民群众生命和财产安全,根据《中华人民共和国建筑法》《中华人民共和国安全生产法》,制定本条例。其将两部法律的规定落到实处,明确建设单位、勘察单位、设计单位、施工单位、工程监理单位和其他与建设工程有关单位的安全责任,并对安全生产的监督管理、生产安全事故应急救援与调查处理等作出规定。其指导思想就是解决建设工程安全生产实践中突出存在的问题。

《建设工程安全生产管理条例》第2条规定:"在中华人民共和国境内从事建设工程的新建、扩建、改建和拆除等有关活动及实施对建设工程安全生产的监督管理,必须遵守本条例。这里所称建设工程,是指土木工程、建筑工程、线路管道和设备安装工程及装修工程。"

(三)其他的法规与规章

其他的法规与规章如下:《安全生产许可证条例》《特种设备安全监察条例》《国务院关于进一步加强安全生产的决定》《生产安全事故报告和调查处理条例》。

第二节 施工安全生产许可证制度

一、安全生产许可证的适用范围

2014年7月经修改后发布的《安全生产许可证条例》中规定,国家对建筑施工企业(以下统称企业)实行安全生产许可制度。企业未取得安全生产许可证的,不得从事生产活动。

2015年1月住房和城乡建设部经修改后发布的《建筑施工企业安全生产许可证管理规定》中，对从事土木工程、建筑工程、线路管道和设备安装工程及装修工程的新建、扩建、改建和拆除等有关活动的建筑施工企业规定，建筑施工企业未取得安全生产许可证的，不得从事建筑施工活动。

住房和城乡建设部办公厅《关于建筑施工企业安全生产许可证等证书电子化的意见》（建办质函〔2019〕375号）规定，各省级住房和城乡建设主管部门可根据工作需要，对相关证书实行电子化管理作出明确规定，其他地区住房和城乡建设主管部门对依法核发的电子证书应予认可。

二、申请领取安全生产许可证的条件

《建筑施工企业安全生产许可证管理规定》中规定，建筑施工企业取得安全生产许可证，应当具备下列安全生产条件：

（1）建立、健全安全生产责任制，制定完备的安全生产规章制度和操作规程；

（2）保证本单位安全生产条件所需资金的投入；

（3）设置安全生产管理机构，按照国家有关规定配备专职安全生产管理人员；

（4）主要负责人、项目负责人、专职安全生产管理人员经建设主管部门或者其他有关部门考核合格；

（5）特种作业人员经有关业务主管部门考核合格，取得特种作业操作资格证书；

（6）管理人员和作业人员每年至少进行1次安全生产教育培训并考核合格；

（7）依法参加工伤保险，依法为施工现场从事危险作业的人员办理意外伤害保险，为从业人员交纳保险费；

（8）施工现场的办公、生活区及作业场所和安全防护用具、机械设备、施工机具及配件符合有关安全生产法律、法规、标准和规程的要求；

（9）有职业危害防治措施，并为作业人员配备符合国家标准或者行业标准的安全防护用具和安全防护服装；

（10）有对危险性较大的分部分项工程及施工现场易发生重大事故的部位、环节的预防、监控措施和应急预案；

（11）有生产安全事故应急救援预案、应急救援组织或者应急救援人员，配备必要的应急救援器材、设备；

（12）法律、法规规定的其他条件。

三、安全生产许可证的有效期和政府监管的规定

(一)安全生产许可证的申请

《建筑施工企业安全生产许可证管理规定》明确,建筑施工企业从事建筑施工活动前,应当依照本规定向企业注册所在地省、自治区、直辖市人民政府住房和城乡建设主管部门申请领取安全生产许可证。建筑施工企业申请安全生产许可证时,应当向住房和城乡建设主管部门提供下列材料:①建筑施工企业安全生产许可证申请表;②企业法人营业执照;③与申请安全生产许可证应当具备的安全生产条件相关的文件、材料。建筑施工企业申请安全生产许可证,应当对申请材料实质内容的真实性负责,不得隐瞒有关情况或者提供虚假材料。

(二)安全生产许可证的有效期

安全生产许可证的有效期为3年。安全生产许可证有效期满需要延期的,企业应当于期满前3个月向原安全生产许可证颁发管理机关办理延期手续。企业在安全生产许可证有效期内,严格遵守有关安全生产的法律法规,未发生死亡事故的,安全生产许可证有效期届满时,经原安全生产许可证颁发管理机关同意,不再审查,安全生产许可证有效期延期3年。

建筑施工企业变更名称、地址、法定代表人等,应当在变更后10日内,到原安全生产许可证颁发管理机关办理安全生产许可证变更手续。建筑施工企业破产、倒闭、撤销的应当将安全生产许可证交回原安全生产许可证颁发管理机关予以注销。住房和城乡建设部《关于取消部分部门规章和规范性文件设定的证明事项的决定》(建法规〔2019〕6号)中规定,建筑施工企业安全生产许可证遗失补办,由申请人告知资质许可机关,由资质许可机关在官网发布信息。

(三)政府监管

住房和城乡建设主管部门在审核发放施工许可证时,应当对已经确定的建筑施工企业是否有安全生产许可证进行审查,对没有取得安全生产许可证的,不得颁发施工许可证。安全生产许可证颁发管理机关发现企业不再具备安全生产条件的,应当暂扣或者吊销安全生产许可证。企业不得转让、冒用安全生产许可证或者使用伪造的安全生产许可证。

安全生产许可证颁发管理机关或者其上级行政机关发现有下列情形之一的,可以撤销已经颁发的安全生产许可证:①安全生产许可证颁发管理机关工作人员滥用职权、玩忽职守颁发安全生产许可证的;②超越法定职权颁发安全生产许可证的;③违反法定程序颁发安全生产许可证的;④对不具备安全生产条件的建筑施工企业颁发安全生产许可证的;⑤依法可以撤销已经颁发的安全生产许可证的其他情形。

四、违法行为应承担的法律责任

（一）未取得安全生产许可证擅自从事施工活动的

《建筑施工企业安全生产许可证管理规定》中规定，建筑施工企业未取得安全生产许可证擅自从事建筑施工活动的，责令其在建项目停止施工，没收违法所得，并处罚款；造成重大安全事故或者其他严重后果，构成犯罪的，依法追究刑事责任。

（二）安全生产许可证有效期满未办理延期手续继续从事施工活动的

《建筑施工企业安全生产许可证管理规定》中规定，安全生产许可证有效期满未办理延期手续，继续从事建筑施工活动的，责令其在建项目停止施工，限期补办延期手续，没收违法所得，并处罚款；逾期仍不办理延期手续，继续从事建筑施工活动的，依照未取得安全生产许可证擅自从事建筑施工活动的规定处罚。

（三）转让安全生产许可证的

《建筑施工企业安全生产许可证管理规定》中规定，建筑施工企业转让安全生产许可证的，没收违法所得，并处罚款，并吊销安全生产许可证；构成犯罪的，依法追究刑事责任；接受转让的，依照未取得安全生产许可证擅自从事建筑施工活动的规定处罚。冒用安全生产许可证或者使用伪造的安全生产许可证的，依照未取得安全生产许可证擅自从事建筑施工活动的规定处罚。

（四）以不正当手段取得安全生产许可证的

《建筑施工企业安全生产许可证管理规定》中规定，建筑施工企业隐瞒有关情况或者提供虚假材料申请安全生产许可证的，不予受理或者不予颁发安全生产许可证，并给予警告，1年内不得申请安全生产许可证。建筑施工企业以欺骗、贿赂等不正当手段取得安全生产许可证的，撤销安全生产许可证，3年内不得再次申请安全生产许可证；构成犯罪的，依法追究刑事责任。

（五）暂扣安全生产许可证并限期整改的规定

《建筑施工企业安全生产许可证管理规定》中规定，取得安全生产许可证的建筑施工企业，发生重大安全事故的，暂扣安全生产许可证并限期整改。

建筑施工企业不再具备安全生产条件的，暂扣安全生产许可证并限期整改；情节严重的，吊销安全生产许可证。

第三节 建设、勘察、设计及相关单位的建设工程安全责任制度

一、建设单位的安全责任

建设单位是建设工程项目的投资主体或管理主体，在整个工程建设中居于主导地位。为此，《建设工程安全生产管理条例》中明确规定，建设单位必须遵守安全生产法律、法规的规定，保证建设工程安全生产，依法承担建设工程安全生产责任。

（一）依法办理有关批准手续

《建筑法》规定，有下列情形之一的，建设单位应当按照国家有关规定办理申请批准手续：①需要临时占用规划批准范围以外场地的；②可能损坏道路、管线、电力、邮电通信等公共设施的；③需要临时停水、停电、中断道路交通的；④需要进行爆破作业的；⑤法律、法规规定需要办理报批手续的其他情形。

上述活动不仅涉及工程建设的顺利进行和施工现场作业人员的安全，也影响周边区域人们的安全或是正常的工作生活，需要有关方面给予支持和配合。为此，建设单位应当依法向有关部门申请办理批准手续。

（二）向施工单位提供真实、准确和完整的有关资料

《建筑法》规定，建设单位应当向建筑施工企业提供与施工现场相关的地下管线资料，建筑施工企业应当采取措施加以保护。

在建设工程施工前，施工单位须搞清楚施工现场及毗邻区域内地下管线，以及相邻建筑物、构筑物和地下工程的有关资料，否则有可能会因施工而造成对其破坏，不仅会导致人员伤亡和经济损失，还将影响周边地区单位和居民的工作与生活。同时，建设工程的施工周期往往比较长，又多是露天作业，受气候条件的影响较大，建设单位还应当提供有关气象和水文的观测资料。建设单位须保证所提供资料的真实、准确，并能满足施工安全作业的需要。

（三）不得提出违法要求和随意压缩合同工期

《建设工程安全生产管理条例》规定，建设单位不得对勘察、设计、施工、工程监理等单位提出不符合建设工程安全生产法律、法规和强制性标准规定的要求，不得压缩合同约定的工期。

由于市场竞争激烈，一些勘察、设计、施工、工程监理单位为了承揽业务，往往对建设单位提出的各种要求尽量给予满足，这就造成某些建设单位为了追求利益最大化而提出一些非法要

求，甚至明示或者暗示相关单位进行一些不符合法律、法规和强制性标准的活动。因此，建设单位也必须依法规范自身的行为。

合同约定的工期是建设单位与施工单位在工期定额的基础上，根据施工条件、技术水平等，经过双方平等协商而共同约定的工期。建设单位不能片面为了早日发挥建设项目的效益，迫使施工单位大量增加人力、物力投入，或者是简化施工程序，随意压缩合同约定的工期。应该讲，任何违背科学和客观规律的行为，都是施工生产安全事故的隐患，都有可能导致施工生产安全事故的发生。当然，在符合有关法律、法规和强制性标准的规定，并编制了赶工技术措施等前提下，建设单位与施工单位就提前工期的技术措施费和提前工期奖励等协商一致后，是可以对合同工期进行适当调整的。

（四）确定建设工程安全作业环境及安全施工措施所需费用

《建设工程安全生产管理条例》规定，建设单位在编制工程概算时，应当确定建设工程安全作业环境及安全施工措施所需费用。

多年的实践表明，要保障施工安全生产，必须有合理的安全投入。因此，建设单位在编制工程概算时，就应当合理确定保障建设工程施工安全所需的费用，并依法足额向施工单位提供，用来保障施工安全生产。

（五）不得要求购买、租赁和使用不符合安全施工要求的用具设备等

《建设工程安全生产管理条例》规定，建设单位不得明示或者暗示施工单位购买、租赁、使用不符合安全施工要求的安全防护用具、机械设备、施工机具及配件、消防设施和器材。

由于建设工程的投资额、投资效益以及工程质量等后果最终都由建设单位承担，建设单位势必对工程建设的各个环节都非常关心，包括材料设备的采购、租赁等。这就要求建设单位与施工单位应当在合同中约定双方的权利和义务，包括采用哪种供货方式等。无论施工单位是购买、租赁还是使用有关安全防护用具、机械设备，建设单位都不得采用明示或者暗示的方式，违法向施工单位提出不符合安全施工要求。

（六）申领施工许可证应当提供有关安全施工措施的资料

《建设工程安全生产管理条例》规定，建设单位在领取施工许可证时，应当提供建设工程有关安全施工措施的资料。依法批准开工报告的建设工程，建设单位应当自开工报告批准之日起15日内，将保证安全施工的措施报送建设工程所在地的县级以上地方人民政府建设行政主管部门或者其他有关部门备案。

建设单位在申请领取施工许可证时，应当提供的建设工程有关安全施工措施资料，一般包括：中标通知书，工程施工合同，施工现场总平面布置图，临时设施规划方案和已搭建情况，施

工现场安全防护设施搭设（设置）计划、施工进度计划、安全措施费用计划，专项安全施工组织设计（方案、措施），拟进入施工现场使用的施工起重机械设备（塔式起重机、物料提升机、外用电梯）的型号、数量，工程项目负责人、安全管理人员及特种作业人员持证上岗情况，建设单位安全监督人员名册、工程监理单位人员名册，以及其他应提交的材料。

（七）装修工程和拆除工程的规定

《建设工程安全生产管理条例》规定，建设单位应当将拆除工程发包给具有相应资质等级的施工单位。建设单位应当在拆除工程施工15日前，将下列资料报送建设工程所在地的县级以上地方人民政府建设行政主管部门或者其他有关部门备案：①施工单位资质等级证明；②拟拆除建筑物、构筑物及可能危及毗邻建筑的说明；③拆除施工组织方案；④堆放、清除废弃物的措施。

实施爆破作业的，应当遵守国家有关民用爆炸物品管理的规定。

（八）建设单位应承担的法律责任

《建设工程安全生产管理条例》规定，建设单位未提供建设工程安全生产作业环境及安全施工措施所需费用的，责令限期改正；逾期未改正的，责令该建设工程停止施工。

建设单位未将保证安全施工的措施或者拆除工程的有关资料报送有关部门备案的，责令限期改正，给予警告。

建设单位不得有下列行为：①对勘察、设计、施工、工程监理等单位提出不符合安全生产法律、法规和强制性标准规定的要求；②要求施工单位压缩合同约定的工期；③将拆除工程发包给不具有相应资质等级的施工单位。

二、勘察、设计单位的安全责任

建设工程安全生产是一个大的系统工程。工程勘察、设计作为工程建设的重要环节，对于保障安全施工有着重要影响。

（一）勘察单位的安全责任

《建设工程安全生产管理条例》规定，勘察单位应当按照法律、法规和工程建设强制性标准进行勘察，提供的勘察文件应当真实、准确，满足建设工程安全生产的需要。勘察单位在勘察作业时，应当严格执行操作规程，采取措施保证各类管线、设施和周边建筑物、构筑物的安全。

工程勘察是工程建设的先行官。工程勘察成果是建设工程项目规划、选址、设计的重要依据，也是保证施工安全的重要因素和前提条件。因此，勘察单位必须按照法律、法规的规定以及工程建设强制性标准的要求进行勘察，并提供真实、准确的勘察文件，不能弄虚作假。

此外，勘察单位在进行勘察作业时，也易发生安全事故。为了保证勘察作业的安全要求，勘察人员必须严格执行操作规程，并应采取措施保证各类管线、设施和周边建筑物、构筑物的安全，为保障施工作业人员和相关人员的安全提供必要条件。

（二）设计单位的安全责任

工程设计是工程建设的灵魂。在建设工程项目确定后，工程设计便成为工程建设中最重要、最关键的环节，对安全施工有着重要影响。

（1）按照法律、法规和工程建设强制性标准进行设计

《建设工程安全生产管理条例》规定，设计单位应当按照法律、法规和工程建设强制性标准进行设计，防止因设计不合理导致生产安全事故的发生。

工程建设强制性标准是工程建设技术和经验的总结与积累，对保证建设工程质量和施工安全起着至关重要的作用。从一些生产安全事故的原因分析，涉及设计单位责任的，主要是没有按照强制性标准进行设计，由于设计不合理导致施工过程中发生了安全事故。因此，设计单位在设计过程中必须考虑施工生产安全，严格执行强制性标准。

（2）提出防范生产安全事故的指导意见和措施建议

《建设工程安全生产管理条例》规定，设计单位应当考虑施工安全操作和防护的需要，对涉及施工安全的重点部位和环节在设计文件中注明，并对防范生产安全事故提出指导意见。采用新结构、新材料、新工艺的建设工程和特殊结构的建设工程，设计单位应当在设计中提出保障施工作业人员安全和预防生产安全事故的措施建议。

设计单位的工程设计文件对保证建设工程结构安全至关重要。同时，设计单位在编制设计文件时，还应当结合建设工程的具体特点和实际情况，考虑施工安全作业和安全防护的需要，为施工单位制定安全防护措施提供技术保障。特别是对采用新结构、新材料、新工艺的建设工程和特殊结构的建设工程，设计单位应当在设计中提出保障施工作业人员安全和预防生产安全事故的措施建议。在施工单位作业前，设计单位还应当就设计意图、设计文件向施工单位作出说明和技术交底，并对防范生产安全事故提出指导意见。

（3）对设计成果承担责任

《建设工程安全生产管理条例》规定，设计单位和注册建筑师等注册执业人员应当对其设计负责。

"谁设计，谁负责"，这是国际通行做法。如果由于设计责任造成事故，设计单位就要承担法律责任，还应当对造成的损失进行赔偿。建筑师、结构工程师等注册执业人员应当在设计文件上签字盖章，对设计文件负责，并承担相应的法律责任。

（三）勘察、设计单位应承担的法律责任

《建设工程安全生产管理条例》规定，勘察单位、设计单位不得有下列行为：①未按照法律、法规和工程建设强制性标准进行勘察、设计；②采用新结构、新材料、新工艺的建设工程和特殊结构的建设工程，设计单位未在设计中提出保障施工作业人员安全和预防生产安全事故的措施建议。

注册执业人员未执行法律、法规和工程建设强制性标准的，责令停止执业3个月以上1年以下；情节严重的，吊销执业资格证书，5年内不予注册；造成重大安全事故的，终身不予注册；构成犯罪的，依照刑法有关规定追究刑事责任。

三、工程监理、检验检测单位的安全责任

（一）工程监理单位的安全责任

工程监理是监理单位受建设单位的委托，依照法律、法规和建设工程监理规范的规定对工程建设实施的监督管理。但在实践中，一些监理单位只注重对施工质量、进度和投资的监控，不重视对施工安全的监督管理，这就使得施工现场因违章指挥、违章作业而发生的伤亡事故局面未能得到有效控制。因此，须依法加强施工安全监理工作，进一步提高建设工程监理水平。

1. 对安全技术措施或专项施工方案进行审查

《建设工程安全生产管理条例》规定，工程监理单位应当审查施工组织设计中的安全技术措施或者专项施工方案是否符合工程建设强制性标准。

施工组织设计中应当包括安全技术措施和施工现场临时用电方案，对基坑支护与降水工程、土方开挖工程、模板工程、起重吊装工程、脚手架工程、拆除工程、爆破工程等达到一定规模的危险性较大的分部分项工程，还应当编制专项施工方案。工程监理单位要对这些安全技术措施和专项施工方案进行审查，重点审查是否符合工程建设强制性标准；对于达不到强制性标准的，应当要求施工单位进行补充和完善。

2. 依法对施工安全事故隐患进行处理

《建设工程安全生产管理条例》规定，工程监理单位在实施监理过程中，发现存在安全事故隐患的，应当要求施工单位整改；情况严重的，应当要求施工单位暂时停止施工并及时报告建设单位。施工单位拒不整改或者不停止施工的，工程监理单位应当及时向有关主管部门报告。

工程监理单位受建设单位的委托，有权要求施工单位对存在的安全事故隐患进行整改，有权要求施工单位暂时停止施工，并依法向建设单位和有关主管部门报告。

3. 承担建设工程安全生产的监理责任

《建设工程安全生产管理条例》规定，工程监理单位和监理工程师应当按照法律、法规和工程建设强制性标准实施监理，并对建设工程安全生产承担监理责任。

工程监理单位不得有下列行为：①未对施工组织设计中的安全技术措施或者专项施工方案进行审查；②发现安全事故隐患未及时要求施工单位整改或者暂时停止施工；③施工单位拒不整改或者不停止施工，未及时向有关主管部门报告；④未依照法律、法规和工程建设强制性标准实施监理。

（二）设备检验检测单位的安全责任

《建设工程安全生产管理条例》规定，检验检测机构对检测合格的施工起重机械和整体提升脚手架、模板等自升式架设设施，应当出具安全合格证明文件，并对检测结果负责。

1. 设备检验检测单位的职责

《安全生产法》规定，承担安全评价、认证、检测、检验的机构应当具备国家规定的资质条件，并对其作出的安全评价、认证、检测、检验的结果负责。

2. 设备检验检测单位违法行为应承担的法律责任

《安全生产法》规定，承担安全评价、认证、检测、检验工作的机构，出具虚假证明的，没收违法所得，视情况并处罚款；给他人造成损害的，与生产经营单位承担连带赔偿责任；构成犯罪的，依照刑法有关规定追究刑事责任。对有前款违法行为的机构，吊销其相应资质。

四、机械设备等单位相关的安全责任

（一）提供机械设备和配件单位的安全责任

《建设工程安全生产管理条例》规定，为建设工程提供机械设备和配件的单位，应当按照安全施工的要求配备齐全有效的保险、限位等安全设施和装置。

施工机械设备是施工现场的重要设备，在建设工程施工中的应用越来越普及。但是当前施工现场所使用的机械设备产品质量不容乐观，有的安全保险和限位装置不齐全或是失灵，有的在设计和制造上存在重大质量缺陷，导致施工安全事故时有发生。为此，为建设工程提供施工机械设备和配件的单位，应当配齐有效的保险、限位等安全设施和装置，保证灵敏可靠，以保障施工机械设备的安全使用，减少施工机械设备事故的发生。

（二）出租机械设备和施工机具及配件单位的安全责任

《建设工程安全生产管理条例》规定，出租的机械设备和施工机具及配件，应当具有生产（制造）许可证、产品合格证。出租单位应当对出租的机械设备和施工机具及配件的安全性能进行检测，在签订租赁协议时，应当出具检测合格证明。禁止出租检测不合格的机械设备和施工机具及配件。

近年来，我国的机械设备租赁市场发展很快，越来越多的施工单位是通过租赁方式获取所需的机械设备和施工机具及配件。这对于降低施工成本、提高机械设备等使用率是有着积极作用的，但也存在着出租的机械设备等安全责任不明确的问题。因此，必须依法对出租单位的安全责任作出规定。

《建筑起重机械安全监督管理规定》中规定，出租单位应当在签订的建筑起重机械租赁合同中，明确租赁双方的安全责任，并出具建筑起重机械特种设备制造许可证、产品合格证、制造监督检验证明、备案证明和自检合格证明，提交安装使用说明书。有下列情形之一的建筑起重机械，不得出租、使用：①属国家明令淘汰或者禁止使用的；②超过安全技术标准或者制造厂家规定的使用年限的；③经检验达不到安全技术标准规定的；④没有完整安全技术档案的；⑤没有齐全有效的安全保护装置的。建筑起重机械有以上第①②③项情形之一的，出租单位或者自购建筑起重机械的使用单位应当予以报废，并向原备案机关办理注销手续。

（三）施工起重机械和自升式架设设施安装、拆卸单位的安全责任

施工起重机械，是指施工中用于垂直升降或者垂直升降并水平移动重物的机械设备，如塔式起重机、施工外用电梯、物料提升机等。自升式架设设施，是指通过自有装置可将自身升高的架设设施，如整体提升脚手架、模板等。

1. 安装、拆卸施工起重机械和自升式架设设施必须具备相应的资质

施工起重机械和自升式架设设施等的安装、拆卸，不仅专业性很强，还具有较高的危险性，与相关的施工活动关联很大，稍有不慎极易造成群死群伤的重大施工安全事故。因此，按照《建筑业企业资质管理规定》和《建筑业企业资质标准》的规定，从事施工起重机械、附着升降脚手架等安拆活动的单位，应当按照资质条件申请资质，经审查合格并取得专业承包资质证书后，方可在资质许可的范围内从事其安装、拆卸活动。

2. 编制安装、拆卸方案和现场监督

《建设工程安全生产管理条例》规定，安装、拆卸施工起重机械和整体提升脚手架模板等自升式架设设施，应当编制拆装方案、制定安全施工措施，并由专业技术人员现场监督。

安装单位应当按照建筑起重机械安装、拆卸工程专项施工方案及安全操作规程组织安装、拆卸作业。安装单位的专业技术人员、专职安全生产管理人员应当进行现场监督，技术负责人应当定期巡查。

3. 出具自检合格证明、进行安全使用说明、办理验收手续的责任

《建设工程安全生产管理条例》规定，施工起重机械和整体提升脚手架、模板等自升式架设设施安装完毕后，安装单位应当自检，出具自检合格证明，并向施工单位进行安全使用说明，办理验收手续并签字。

4. 依法对施工起重机械和自升式架设设施进行检测

《建设工程安全生产管理条例》规定，施工起重机械和整体提升脚手架、模板等自升式架设

设施的使用达到国家规定的检验检测期限的,必须经具有专业资质的检验检测机构检测。经检测不合格的,不得继续使用。

5. 机械设备等单位违法行为应承担的法律责任

《建设工程安全生产管理条例》规定,为建设工程提供机械设备和配件的单位,未按照安全施工的要求配备齐全有效的保险、限位等安全设施和装置的,责令限期改正,处合同价款1倍以上3倍以下的罚款;造成损失的,依法承担赔偿责任。

施工起重机械和整体提升脚手架、模板等自升式架设设施安装、拆卸单位不得有下列行为:①未编制拆装方案、制定安全施工措施;②未由专业技术人员现场监督;③未出具自检合格证明或者出具虚假证明;④未向施工单位进行安全使用说明,办理移交手续。

施工起重机械和整体提升脚手架、模板等自升式架设设施安装、拆卸单位有以上规定的第①、③项行为,经有关部门或者单位职工提出后,对事故隐患仍不采取措施,因而发生重大伤亡事故或者造成其他严重后果,构成犯罪的,对直接责任人员,依照刑法有关规定追究刑事责任。

五、政府主管部门安全监督管理的相关规定

(一)建设工程安全生产的监督管理体制

根据《安全生产法》及《建设工程安全生产管理条例》规定,国务院负责安全生产监督管理的部门依照《中华人民共和国安全生产法》的规定,对全国安全生产工作实施综合监督管理。县级以上地方各级人民政府负责安全生产监督管理的部门,依照《中华人民共和国安全生产法》的规定,对本行政区域内安全生产工作实施综合监督管理。

国务院建设行政主管部门对全国的建设工程安全生产实施监督管理。国务院铁路、交通、水利等有关部门按照国务院规定的职责分工,负责有关专业建设工程安全生产的监督管理。县级以上地方人民政府建设行政主管部门对本行政区域内的建设工程安全生产实施监督管理。县级以上地方人民政府交通、水利等有关部门在各自的职责范围内,负责本行政区域内的专业建设工程安全生产的监督管理。

建设行政主管部门或者其他有关部门可以将施工现场的监督检查委托给建设工程安全监督机构具体实施。

(二)政府主管部门对涉及安全生产事项的审查

《安全生产法》规定,负有安全生产监督管理职责的部门依照有关法律、法规的规定对涉及安全生产的事项需要审查批准(包括批准、核准、许可、注册、认证、颁发证照等,下同)或者验收的,必须严格依照有关法律、法规和国家标准或者行业标准规定的安全生产条件和程序进行审查;不符合有关法律、法规和国家标准或者行业标准规定的安全生产条件的,不得批准或者验

收通过。对未依法取得批准或者验收合格的单位擅自从事有关活动的，负责行政审批的部门发现或者接到举报后应当立即予以取缔，并依法予以处理。对已经依法取得批准的单位，负责行政审批的部门发现其不再具备安全生产条件的，应当撤销原批准。

负有安全生产监督管理职责的部门对涉及安全生产的事项进行审查、验收，不得收取费用；不得要求接受审查、验收的单位购买其指定品牌或者指定生产、销售单位的安全设备、器材或者其他产品。

《建设工程安全生产管理条例》规定，建设行政主管部门在审核发放施工许可证时，应当对建设工程是否有安全施工措施进行审查，对没有安全施工措施的，不得颁发施工许可证。

建设行政主管部门或者其他有关部门对建设工程是否有安全施工措施进行审查时，不得收取费用。

（三）政府主管部门实施安全生产行政执法工作的法定职权

《安全生产法》规定，安全生产监督管理部门和其他负有安全生产监督管理职责的部门依法开展安全生产行政执法工作，对生产经营单位执行有关安全生产的法律、法规和国家标准或者行业标准的情况进行监督检查，行使以下职权：①进入生产经营单位进行检查，调阅有关资料，向有关单位和人员了解情况；②对检查中发现的安全生产违法行为当场予以纠正或者要求限期改正；对依法应当给予行政处罚的行为，依照本法和其他有关法律、行政法规的规定作出行政处罚决定；③对检查中发现的事故隐患，应当责令立即排除；重大事故隐患排除前或者排除过程中无法保证安全的，应当责令从危险区域内撤出作业人员，责令暂时停产停业或者停止使用相关设施、设备；重大事故隐患排除后，经审查同意，方可恢复生产经营和使用；④对有根据认为不符合保障安全生产的国家标准或者行业标准的设施、设备、器材以及违法生产、储存、使用、经营、运输的危险物品予以查封或者扣押，对违法生产、储存、使用、经营危险物品的作业场所予以查封，并依法作出处理决定。监督检查不得影响被检查单位的正常生产经营活动。

生产经营单位对负有安全生产监督管理职责的部门的监督检查人员（以下统称安全生产监督检查人员）依法履行监督检查职责，应当予以配合，不得拒绝、阻挠。

安全生产监督检查人员执行监督检查任务时，必须出示有效的监督执法证件；涉及被检查单位的技术秘密和业务秘密时，应当为其保密。负有安全生产监督管理职责的部门在监督检查中，应当互相配合，实行联合检查；确需分别进行检查的，应当互通情况，发现存在的安全问题应当由其他有关部门进行处理的，应当及时移送其他有关部门并形成记录备查，接受移送的部门应当及时进行处理。

负有安全生产监督管理职责的部门依法对存在重大事故隐患的生产经营单位作出停产停业、停止施工、停止使用相关设施或者设备的决定，生产经营单位应当依法执行，及时消除事故隐患。生产经营单位拒不执行，有发生生产安全事故的现实危险的，在保证安全的前提下，经本部门主要负责人批准，负有安全生产监督管理职责的部门可以采取通知有关单位停止供电、停止供应民用爆炸物品等措施，强制生产经营单位履行决定。通知应当采用书面形式，有关单位应当予以配合。负有安全生产监督管理职责的部门依照前款规定采取停止供电措施，除有危及生产安全的紧急情形外，应当提前24小时通知生产经营单位。生产经营单位依法履行行政决定、采取相应措施消除事故隐患的，负有安全生产监督管理职责的部门应当及时解除前款规定的措施。

《建设工程安全生产管理条例》规定，县级以上人民政府负有建设工程安全生产监督管理职责的部门在各自的职责范围内履行安全监督检查职责时，有权采取下列措施：①要求被检查单位提供有关建设工程安全生产的文件和资料；②进入被检查单位施工现场进行检查；③纠正施工中违反安全生产要求的行为；④对检查中发现的安全事故隐患，责令立即排除，重大安全事故隐患排除前或者排除过程中无法保证安全的，责令从危险区域内撤出作业人员或者暂时停止施工。

（四）组织制定特大事故应急救援预案和重大生产安全事故抢救

《安全生产法》规定，县级以上地方各级人民政府应当组织有关部门制定本行政区域内特大生产安全事故应急救援预案，建立应急救援体系。

有关地方人民政府和负有安全生产监督管理职责的部门负责人接到重大生产安全事故报告后，应当立即赶到事故现场，组织事故抢救。

（五）建立安全生产的举报制度、相关信息系统和淘汰严重危及施工安全的工艺设备材料

《安全生产法》规定，负有安全生产监督管理职责的部门应当建立举报制度，公开举报电话、信箱或者电子邮件地址，受理有关安全生产的举报；受理的举报事项经调查核实后，应当形成书面材料；需要落实整改措施的，报经有关负责人签字并督促落实。任何单位或者个人对事故隐患或者安全生产违法行为，均有权向负有安全生产监督管理职责的部门报告或者举报。

负有安全生产监督管理职责的部门应当建立安全生产违法行为信息库，如实记录生产经营单位的安全生产违法行为信息；对违法行为情节严重的生产经营单位，应当向社会公告，并通报行业主管部门、投资主管部门、国土资源主管部门、证券监督管理机构以及有关金融机构。国务院安全生产监督管理部门建立全国统一的生产安全事故应急救援信息系统，国务院有关部门建立健全相关行业、领域的生产安全事故应急救援信息系统。

《建设工程安全生产管理条例》规定，国家对严重危及施工安全的工艺、设备、材料实行淘汰制度。具体目录由国务院建设行政主管部门会同国务院其他有关部门制定并公布。

县级以上人民政府建设行政主管部门和其他有关部门应当及时受理对建设工程生产安全事故及安全事故隐患的检举、控告和投诉。

第四节　施工现场安全防护制度

《中共中央国务院关于推进安全生产领域改革发展的意见》中指出，企业要定期开展风险评估和危害辨识。针对高危工艺、设备、物品、场所和岗位，建立分级管控制度，制定落实安全操作规程。树立隐患就是事故的观念，建立健全隐患排查治理制度、重大隐患治理情况向负有安全生产监督管理职责的部门和企业职代会"双报告"制度，实行自查、自改、自报闭环管理。严格执行安全生产和职业健康"三同时"制度。大力推进企业安全生产标准化建设，实现安全管理、操作行为、设备设施和作业环境的标准化。

一、编制安全技术措施、专项施工方案和安全技术交底的规定

《建筑法》规定，建筑施工企业在编制施工组织设计时，应当根据建筑工程的特点制定相应的安全技术措施；对专业性较强的工程项目，应当编制专项安全施工组织设计，并采取安全技术措施。

（一）编制安全技术措施、临时用电方案和安全专项施工方案

《建设工程安全生产管理条例》规定，施工单位应当在施工组织设计中编制安全技术措施和施工现场临时用电方案。

对下列达到一定规模的危险性较大的分部分项工程编制专项施工方案，并附具安全验算结果，经施工单位技术负责人、总监理工程师签字后实施，由专职安全生产管理人员进行现场监督：①基坑支护与降水工程；②土方开挖工程；③模板工程；④起重吊装工程；⑤脚手架工程；⑥拆除、爆破工程；⑦国务院建设行政主管部门或者其他有关部门规定的其他危险性较大的工程。对以上所列工程中涉及深基坑、地下暗挖工程、高大模板工程的专项施工方案，施工单位还应当组织专家进行论证、审查。

所谓危险性较大的分部分项工程（以下简称危大工程），是指房屋建筑和市政基础设施工程在施工过程中，容易导致人员群死群伤或者造成重大经济损失的分部分项工程。

1. 危大工程安全专项施工方案的编制

2019年3月住房和城乡建设部经修改后发布的《危险性较大的分部分项工程安全管理规定》中规定，施工单位应当在危大工程施工前组织工程技术人员编制专项施工方案。实行施工总承包的，专项施工方案应当由施工总承包单位组织编制。危大工程实行分包的，专项施工方案可以由相关专业分包单位组织编制。

专项施工方案应当由施工单位技术负责人审核签字、加盖单位公章,并由总监理工程师审查签字、加盖执业印章后方可实施。危大工程实行分包并由分包单位编制专项施工方案的,专项施工方案应当由总承包单位技术负责人及分包单位技术负责人共同审核签字并加盖单位公章。

对于超过一定规模的危大工程,施工单位应当组织召开专家论证会对专项施工方案进行论证。实行施工总承包的,由施工总承包单位组织召开专家论证会。专家论证前专项施工方案应当通过施工单位审核和总监理工程师审查。

专家论证会后,应当形成论证报告,对专项施工方案提出通过、修改后通过或者不通过的一致意见。专家对论证报告负责并签字确认。专项施工方案经论证不通过的,施工单位修改后应当按照本规定的要求重新组织专家论证。

2. 危大工程安全管理的前期保障

建设单位应当依法提供真实、准确、完整的工程地质、水文地质和工程周边环境等资料。建设单位应当组织勘察、设计等单位在施工招标文件中列出危大工程清单,要求施工单位在投标时补充完善危大工程清单并明确相应的安全管理措施。建设单位应当按照施工合同约定及时支付危大工程施工技术措施费以及相应的安全防护文明施工措施费,保障危大工程施工安全。

勘察单位应当根据工程实际及工程周边环境资料,在勘察文件中说明地质条件可能造成的工程风险。设计单位应当在设计文件中注明涉及危大工程的重点部位和环节,提出保障工程周边环境安全和工程施工安全的意见,必要时进行专项设计。

3. 危大工程安全专项施工方案的实施

施工单位应当在施工现场显著位置公告危大工程名称、施工时间和具体责任人员,并在危险区域设置安全警示标志。

施工单位应当严格按照专项施工方案组织施工,不得擅自修改专项施工方案。因规划调整、设计变更等原因确需调整的,修改后的专项施工方案应当按照规定重新审核和论证。涉及资金或者工期调整的,建设单位应当按照约定予以调整。

施工单位应当对危大工程施工作业人员进行登记,项目负责人应当在施工现场履职。项目专职安全生产管理人员应当对专项施工方案实施情况进行现场监督,对未按照专项施工方案施工的,应当要求立即整改,并及时报告项目负责人,项目负责人应当及时组织限期整改。施工单位应当按照规定对危大工程进行施工监测和安全巡视,发现危及人身安全的紧急情况,应当立即组织作业人员撤离危险区域。

监理单位应当结合危大工程专项施工方案编制监理实施细则,并对危大工程施工实施专项巡视检查。监理单位发现施工单位未按照专项施工方案施工的,应当要求其进行整改;情节严重的,应当要求其暂停施工,并及时报告建设单位。施工单位拒不整改或者不停止施工的,监理单位应当及时报告建设单位和工程所在地住房和城乡建设主管部门。

对于按照规定需要进行第三方监测的危大工程,建设单位应当委托具有相应勘察资质的单位进行监测。监测单位应当编制监测方案。监测方案由监测单位技术负责人审核签字并加盖单位公章，报送监理单位后方可实施。监测单位应当按照监测方案开展监测，及时向建设单位报送监测成果，并对监测成果负责；发现异常时，及时向建设、设计、施工、监理单位报告，建设单位应当立即组织相关单位采取处置措施。

对于按照规定需要验收的危大工程，施工单位、监理单位应当组织相关人员进行验收。验收合格的，经施工单位项目技术负责人及总监理工程师签字确认后，方可进入下一道工序。危大工程验收合格后，施工单位应当在施工现场明显位置设置验收标识牌，公示验收时间及责任人员。

危大工程发生险情或者事故时，施工单位应当立即采取应急处置措施，并报告工程所在地住房和城乡建设主管部门。建设、勘察、设计、监理等单位应当配合施工单位开展应急抢险工作。危大工程应急抢险结束后，建设单位应当组织勘察、设计、施工、监理等单位制定工程恢复方案，并对应急抢险工作进行后评估。

施工、监理单位应当建立危大工程安全管理档案。施工单位应当将专项施工方案及审核、专家论证、交底、现场检查、验收及整改等相关资料纳入档案管理。监理单位应当将监理实施细则、专项施工方案审查、专项巡视检查、验收及整改等相关资料纳入档案管理。

（二）安全施工技术交底

《建设工程安全生产管理条例》规定，建设工程施工前，施工单位负责项目管理的技术人员应当对有关安全施工的技术要求向施工作业班组、作业人员作出详细说明，并由双方签字确认。

《危险性较大的分部分项工程安全管理规定》中规定，专项施工方案实施前，编制人员或者项目技术负责人应当向施工现场管理人员进行方案交底。施工现场管理人员应当向作业人员进行安全技术交底，并由双方和项目专职安全生产管理人员共同签字确认。

安全技术交底，通常有施工工种安全技术交底、分部分项工程施工安全技术交底、大型特殊工程单项安全技术交底、设备安装工程技术交底以及采用新工艺、新技术、新材料施工的安全技术交底等。

二、施工现场安全防范措施、安全费用的规定

（一）施工现场安全防范措施

《建筑法》规定，建筑施工企业应当在施工现场采取维护安全、防范危险、预防火灾等措施；有条件的，应当对施工现场实行封闭管理。施工现场对毗邻的建筑物、构筑物和特殊作业环境可能造成损害的，建筑施工企业应当采取安全防护措施。

《国务院办公厅关于促进建筑业持续健康发展的意见》（国办发〔2017〕19号）中规定，全面落实安全生产责任，加强施工现场安全防护，特别要强化对深基坑、高支模、起重机械等危险性

较大的分部分项工程的管理,以及对不良地质地区重大工程项目的风险评估或论证。

1. 危险部位设置安全警示标志

《安全生产法》规定,生产经营单位应当在有较大危险因素的生产经营场所和有关设施、设备上,设置明显的安全警示标志。《建设工程安全生产管理条例》进一步规定,施工单位应当在施工现场入口处、施工起重机械、临时用电设施、脚手架、出入通道口、楼梯口、电梯井口、孔洞口、桥梁口、隧道口、基坑边沿、爆破物及有害危险气体和液体存放处等危险部位,设置明显的安全警示标志。

尽管工地现场的情况千差万别,不同施工现场的危险源也不尽相同,但如上述施工现场入口处、施工起重机械等,通常都是容易出现生产安全事故的危险部位。

安全警示标志是指提醒人们注意的各种标牌、文字、符号以及灯光等,一般由安全色、几何图形和图形符号构成。安全警示标志须符合国家标准《安全标志及其使用导则》GB 2894 的有关规定。

2. 不同施工阶段和暂停施工应采取的安全施工措施

《建设工程安全生产管理条例》规定,施工单位应当根据不同施工阶段和周围环境及季节、气候的变化,在施工现场采取相应的安全施工措施。施工现场暂时停止施工的,施工单位应当做好现场防护,所需费用由责任方承担,或者按照合同约定执行。

由于施工作业的风险性较大,在地下施工、高处施工等不同的施工阶段要采取相应的安全措施,并应根据周围环境和季节、气候变化,加强季节性安全防护措施。例如,夏季要防暑降温,冬季要防寒防冻、防止煤气中毒;夜间施工应有足够的照明;雨期和冬期施工应对道路采取防滑措施;傍山沿河地区应制定防滑坡、防泥石流、防汛的措施;大风、大雨期间应暂停施工等。

当然,造成暂时停止施工的原因很多,责任方可能是施工单位,也可能是建设单位、设计单位或监理单位,还有不可抗力或违法行为被责令停止施工等。一般来说,除不可抗力要按合同约定执行外,其他则要分清责任,由责任方承担费用。但不论费用由谁承担,施工单位都必须做好现场防护,以防止在暂停施工期间出现施工现场的作业人员或者其他人员的伤亡事故,并为今后继续施工创造良好的作业环境。

3. 施工现场临时设施的安全卫生要求

《建设工程安全生产管理条例》规定,施工单位应当将施工现场的办公、生活区与作业区分开设置,并保持安全距离;办公、生活区的选址应当符合安全性要求。职工的膳食、饮水、休息场所等应当符合卫生标准。施工单位不得在尚未竣工的建筑物内设置员工集体宿舍。施工现场临时搭建的建筑物应当符合安全使用要求。施工现场使用的装配式活动房屋应当具有产品合格证。

依法将施工现场的办公区、生活区与作业区分开设置,并保持安全距离,是因为办公、生活区为人们进行办公和日常生活的区域,人员较多且复杂,安全意识和防范措施相对较弱,如果将其混设一处,势必造成施工现场管理混乱,极易发生生产安全事故。办公区和生活区的选址也要满足安全性要求,应当建在安全地带,保证办公、生活用房不致因滑坡、泥石流等地质灾害而受到破坏,造成人员伤亡和财产损失。

为了保障职工身体健康,对职工的膳食、饮水、休息场所等,均应符合卫生安全标准。2018年12月经修订后公布的《中华人民共和国食品安全法》(简称《食品安全法》)规定建筑工地等集中用餐单位的食堂应当严格遵守法律、法规和食品安全标准;从供餐单位订餐的,应当从取得食品生产经营许可的企业订购,并按照要求对订购的食品进行查验。此外,施工单位提供的饮水也必须达到国家规定的标准。

未竣工的建筑物内不得设置员工集体宿舍,是因为这类建筑物尚在施工过程中,条件较差,不宜居住,如将员工集体宿舍设在其中,会有很大的安全事故隐患。施工现场临时搭建的建筑物,如办公用房、宿舍、食堂、仓库、卫生间、淋浴室等,也必须稳固、安全、整洁,并满足消防要求。很多施工工地都采用装配式的活动房屋。这种房屋具有密封严密、隔热保温、防水防火、运输方便、使用周期长等优点,但施工单位应当选择具有产品合格证的正规生产厂家的产品。尽量避免活动房屋质量不合格导致生产安全事故的发生。

4. 对施工现场周边的安全防护措施

《建设工程安全生产管理条例》规定,施工单位对因建设工程施工可能造成损害的毗邻建筑物、构筑物和地下管线等,应当采取专项防护措施。在城市市区内的建设工程,施工单位应当对施工现场实行封闭围挡。

建设工程施工多为露天、高处作业,对周围环境特别是毗邻的建筑物、构筑物和地下管线等可能会造成损害。因此,施工单位有责任、有义务采取相应的安全防护措施,确保毗邻的建筑物、构筑物和地下管线等不受损坏。施工现场实行封闭管理,主要是解决"扰民"和"民扰"问题。施工现场采用密目式安全网、围墙、围栏等封闭起来,既可以防止施工中的不安全因素扩散到场外,也可以起到保护环境、美化市容、文明施工的作用,还可以防盗、防砸打损害物品等。

5. 危险作业的施工现场安全管理

《安全生产法》规定,生产经营单位进行爆破、吊装以及国务院安全生产监督管理部门会同国务院有关部门规定的其他危险作业,应当安排专门人员进行现场安全管理,确保操作规程的遵守和安全措施的落实。

《危险化学品安全管理条例》还规定,进行可能危及危险化学品管道安全的施工作业,施工单位应当在开工的7日前书面通知管道所属单位,并与管道所属单位共同制定应急预案,采取相应的安全防护措施。管道所属单位应当指派专门人员到现场进行管道安全保护指导。

住房和城乡建设部安全生产管理委员会办公室《关于印发起重机械、基坑工程等五项危险性较大的分部分项工程施工安全要点的通知》(建安办函〔2017〕12号)规定了基坑工程施工的安全要点:①基坑工程必须按照规定编制、审核专项施工方案,超过一定规模的深基坑工程要组织专家论证。基坑支护必须进行专项设计。②基坑工程施工企业必须具有相应的资质和安全生产许可证，严禁无资质、超范围从事基坑工程施工。③基坑施工前，应当向现场管理人员和作业人员进行安全技术交底。④基坑施工要严格按照专项施工方案组织实施，相关管理人员必须在现场进行监督，发现不按照专项施工方案施工的，应当要求立即整改。⑤基坑施工必须采取有效措施，保护基坑主要影响区范围内的建（构）筑物和地下管线安全。⑥基坑周边施工材料、设施或车辆荷载严禁超过设计要求的地面荷载限值。⑦基坑周边应按要求采取临边防护措施，设置作业人员上下专用通道。⑧基坑施工必须采取基坑内外地表水和地下水控制措施，防止出现积水和漏水漏沙。汛期施工，应当对施工现场排水系统进行检查和维护，保证排水畅通。⑨基坑施工必须做到先支护后开挖，严禁超挖，及时回填。采取支撑的支护结构未达到拆除条件时严禁拆除支撑。⑩基坑工程必须按照规定实施施工监测和第三方监测，指定专人对基坑周边进行巡视，出现危险征兆时应当立即报警。

6. 安全防护设备、机械设备等的安全管理

《建设工程安全生产管理条例》规定，施工单位采购、租赁的安全防护用具、机械设备、施工机具及配件，应当具有生产（制造）许可证、产品合格证，并在进入施工现场前进行查验。施工现场的安全防护用具、机械设备、施工机具及配件必须由专人管理，定期进行检查、维修和保养，建立相应的资料档案，并按照国家有关规定及时报废。

《关于进一步加强安全帽等特种劳动防护用品监督管理工作的通知》（市监质监〔2019〕35号）进一步规定，安全帽、安全带及防护绝缘鞋、防护手套、自吸过滤式防毒面具等特种劳动防护用品是维护公共安全和生产安全的重要防线，是守护劳动者生命安全和职业健康的重要保障。

要督促建筑施工企业等特种劳动防护用品使用单位采购持有营业执照和出厂检验合格报告的生产厂家生产的产品。

要督促使用单位按照国家规定，免费发放和管理特种劳动防护用品，并建立验货、保管、发放、使用、更换、报废等管理制度，及时形成管理档案。

要督促使用单位切实加强对作业现场特种劳动防护用品质量和使用情况的日常监督管理，并形成检查台账。

（二）施工单位安全生产费用的提取和使用管理

施工单位安全生产费用（以下简称安全费用），是指施工单位按照规定标准提取在成本中列支，专门用于完善和改进企业或者施工项目安全生产条件的资金。安全费用按照"企业提取、政府监管、确保需要、规范使用"的原则进行管理。

《安全生产法》规定，生产经营单位应当具备的安全生产条件所必需的资金投入，由生产经营单位的决策机构、主要负责人或者个人经营的投资人予以保证，并对由于安全生产所必需的资金投入不足导致的后果承担责任。有关生产经营单位应当按照规定提取和使用安全生产费用，专门用于改善安全生产条件。安全生产费用在成本中据实列支。《建设工程安全生产管理条例》进一步

规定，施工单位对列入建设工程概算的安全作业环境及安全施工措施所需费用，应当用于施工安全防护用具及设施的采购和更新、安全施工措施的落实、安全生产条件的改善，不得挪作他用。

1. 施工单位安全费用的提取管理

《企业安全生产费用提取和使用管理办法》（财企〔2012〕16号）中规定，建设工程施工企业以建筑安装工程造价为计提依据。建设工程施工企业提取的安全费用列入工程造价，在竞标时，不得删减，列入标外管理。总包单位应当将安全费用按比例直接支付分包单位并监督使用，分包单位不再重复提取。

企业在上述标准的基础上，根据安全生产实际需要，可适当提高安全费用提取标准。

建设单位、设计单位在编制工程概（预）算时，应当依据工程所在地工程造价管理机构测定的相应费率，合理确定工程安全防护、文明施工措施费。依法进行工程招投标的项目，招标方或具有资质的中介机构编制招标文件时，应当按照有关规定并结合工程实际单独列出安全防护、文明施工措施项目清单。投标方应当根据现行标准规范，结合工程特点、工期进度和作业环境要求，在施工组织设计文件中制定相应的安全防护、文明施工措施，并按照招标文件要求，结合自身的施工技术水平、管理水平对工程安全防护、文明施工措施项目单独报价。

建设单位与施工单位应当在施工合同中明确安全防护、文明施工措施项目总费用，以及费用预付、支付计划、使用要求、调整方式等条款。建设单位与施工单位在施工合同中对安全防护、文明施工措施费用预付、支付计划未作约定或约定不明的，合同工期在一年以内的，建设单位预付安全防护、文明施工措施项目费用不得低于该费用总额的50%；合同工期在一年以上的（含一年），预付安全防护、文明施工措施费用不得低于该费用总额的30%，其余费用应当按照施工进度支付。

2. 施工单位安全费用的使用管理

《企业安全生产费用提取和使用管理办法》中规定，建设工程施工企业安全费用应当按照以下范围使用：①完善、改造和维护安全防护设施设备支出（不含"三同时"要求初期投入的安全设施），包括施工现场临时用电系统、洞口、临边、机械设备、高处作业防护、交叉作业防护、防火、防爆、防尘、防毒、防雷、防台风、防地质灾害、地下工程有害气体监测、通风、临时安全防护等设施设备支出；②配备、维护、保养应急救援器材、设备支出和应急演练支出；③开展重大危险源和事故隐患评估、监控和整改支出；④安全生产检查、评价（不包括新建、改建、扩建项目安全评价）、咨询和标准化建设支出；⑤配备和更新现场作业人员安全防护用品支出；⑥安全生产宣传教育、培训支出；⑦安全生产适用的新技术、新标准、新工艺、新装备的推广应用支出；⑧安全设施及特种设备检测检验支出；⑨其他与安全生产直接相关的支出。

在规定的使用范围内，企业应当将安全费用优先用于满足安全生产监督管理部门、煤矿安全监察机构以及行业主管部门对企业安全生产提出的整改措施或者达到安全生产标准所需的支出。企业提取的安全费用应当专户核算，按规定范围安排使用，不得挤占、挪用。年度结余资金结转下年度使用，当年计提安全费用不足的，超出部分按正常成本费用渠道列支。主要承担安全管理责任的集团公司经过履行内部决策程序，可以对所属企业提取的安全费用按照一定比例集中管理，统筹使用。

三、施工现场消防安全职责和应采取的消防安全措施

施工现场的火灾时有发生，甚至还出现过特大恶性火灾事故。因此，施工单位必须建立健全消防安全责任制，加强消防安全教育培训，严格消防安全管理，确保施工现场消防安全。

（一）施工单位消防安全责任人和消防安全职责

《国务院关于加强和改进消防工作的意见》（国发〔2011〕46号）中规定，机关、团体、企业、事业、单位法定代表人是本单位消防安全第一责任人。各单位要依法履行职责，保障必要的消防投入，切实提高检查消除火灾隐患、组织扑救初起火灾、组织人员疏散逃生和消防宣传教育培训的能力。

2019年4月经修订后公布的《中华人民共和国消防法》（简称《消防法》）规定，机关、团体、企业、事业单位等应当履行下列消防安全职责：①落实消防安全责任制，制定本单位的消防安全制度、消防安全操作规程，制定灭火和应急疏散预案；②按照国家标准、行业标准配置消防设施、器材，设置消防安全标志，并定期组织检验、维修，确保完好有效；③对建筑消防设施每年至少进行一次全面检测，确保完好有效，检测记录应当完整准确，存档备查；④保障疏散通道、安全出口、消防车通道畅通，保证防火防烟分区、防火间距符合消防技术标准；⑤组织防火检查，及时消除火灾隐患；⑥组织进行有针对性的消防演练；⑦法律、法规规定的其他消防安全职责。单位的主要负责人是本单位的消防安全责任人。

建设工程的建设、设计、施工和监理等单位应当遵守消防法律、法规、规章和工程建设消防技术标准，在工程设计使用年限内对工程的消防设计、施工质量承担终身责任。

（二）施工现场的消防安全要求

《国务院关于加强和改进消防工作的意见》（国发〔2011〕46号）规定，公共建筑在营业、使用期间不得进行外保温材料施工作业，居住建筑进行节能改造作业期间应撤离居住人员，并设消防安全巡逻人员，严格分离用火用焊作业与保温施工作业，严禁在施工建筑内安排人员住宿。新建、改建、扩建工程的外保温材料一律不得使用易燃材料，严格限制使用可燃材料。建筑室内装饰装修材料必须符合国家、行业标准和消防安全要求。

公安部、住房和城乡建设部《关于进一步加强建设工程施工现场消防安全工作的通知》（公消〔2009〕0131号）中规定，施工单位应当在施工组织设计中编制消防安全技术措施和专项施工方案，并由专职安全管理人员进行现场监督。

施工现场要设置消防通道并确保畅通。施工现场要按有关规定设置消防水源。动用明火必须实行严格的消防安全管理。

施工现场的办公、生活区与作业区应当分开设置，并保持安全距离；施工单位不得在尚未竣工的建筑物内设置员工集体宿舍。

（三）施工单位消防安全自我评估和防火检查

《关于进一步加强建设工程施工现场消防安全工作的通知》中规定，施工单位应及时纠正违章操作行为，及时发现火灾隐患并采取防范、整改措施。国家、省级等重点工程的施工现场应当进行每日防火巡查，其他施工现场也应根据需要组织防火巡查。

施工单位防火检查的内容应当包括：火灾隐患的整改情况以及防范措施的落实情况，疏散通道、消防车通道、消防水源情况，灭火器材配置及有效情况，用火、用电有无违章情况，重点工种人员及其他施工人员消防知识掌握情况，消防安全重点部位管理情况，易燃易爆危险物品和场所防火防爆措施落实情况，防火巡查落实情况等。

（四）建设工程消防施工的质量和安全责任

2012年7月公安部经修改后发布的《建设工程消防监督管理规定》中规定，建设工程的消防设计、施工必须符合国家工程建设消防技术标准。

施工单位应当承担下列消防施工的质量和安全责任：①按照国家工程建设消防技术标准和经消防设计审核合格或者备案的消防设计文件组织施工，不得擅自改变消防设计进行施工，降低消防施工质量；②查验消防产品和具有防火性能要求的建筑构件、建筑材料及装修材料的质量，使用合格产品，保证消防施工质量；③建立施工现场消防安全责任制度，确定消防安全负责人。④加强对施工人员的消防教育培训，落实动火、用电、易燃可燃材料等消防管理制度和操作规程。⑤保证在建工程竣工验收前消防通道、消防水源、消防设施和器材、消防安全标志等完好有效。

（五）施工单位的消防安全教育培训和消防演练

《国务院关于加强和改进消防工作的意见》指出，施工单位应当根据国家有关消防法规和建设工程安全生产法规的规定，建立施工现场消防组织，制定灭火和应急疏散预案，并至少每半年组织一次演练，提高施工人员及时报警、扑灭初期火灾和自救逃生能力。

四、工伤保险和意外伤害保险的规定

《建筑法》规定，建筑施工企业应当依法为职工参加工伤保险缴纳工伤保险费。鼓励企业为从事危险作业的职工办理意外伤害保险，支付保险费。

据此，工伤保险是强制性保险。意外伤害保险则属于法定的鼓励性保险，其适用范围是施工现场从事危险作业的特殊职工群体，即在施工现场从事高处作业、深基坑作业、爆破作业等危险性较大的施工人员，尽管这部分人员可能已参加了工伤保险，但法律鼓励建筑施工企业再为其办理意外伤害保险，使他们能够比其他职工依法获得更多的权益保障。

（一）工伤保险的规定

2010年12月经修订后颁布的《工伤保险条例》规定，中华人民共和国境内的企业、事业单位、社会团体、民办非企业单位、基金会、律师事务所、会计师事务所等组织和有雇工的个体工商户（以下称用人单位）应当依照本条例规定参加工伤保险，为本单位全部职工或者雇工（以下称职工）缴纳工伤保险费。

中华人民共和国境内的企业、事业单位、社会团体、民办非企业单位、基金会、律师事务所、会计师事务所等组织的职工和个体工商户的雇工，均有依照本条例的规定享受工伤保险待遇的权利。

（二）建筑意外伤害保险的规定

《建筑法》规定，鼓励企业为从事危险作业的职工办理意外伤害保险，支付保险费。《建设工程安全生产管理条例》还规定，施工单位应当为施工现场从事危险作业的人员办理意外伤害保险。意外伤害保险费由施工单位支付。实行施工总承包的，由总承包单位支付意外伤害保险费。意外伤害保险期限自建设工程开工之日起至竣工验收合格止。

《国务院安委会关于进一步加强安全培训工作的决定》进一步要求，研究探索由开展安全生产责任险、建筑意外伤害险的保险机构安排一定资金，用于事故预防与安全培训工作。

五、违法行为应承担的法律责任

（一）施工现场安全防护违法行为应承担的法律责任

《建筑法》规定，建筑施工企业违反本法规定，对建筑安全事故隐患不采取措施予以消除的，责令改正，可以处以罚款；情节严重的，责令停业整顿，降低资质等级或者吊销资质证书；构成犯罪的，依法追究刑事责任。

《安全生产法》规定，生产经营单位不得有下列行为：①未在有较大危险因素的生产经营场所和有关设施、设备上设置明显的安全警示标志；②安全设备的安装、使用检测、改造和报废不符合国家标准或者行业标准；③未对安全设备进行经常性维护、保养和定期检测；④未为从业人员提供符合国家标准或者行业标准的劳动防护用品；⑤使用应当淘汰的危及生产安全的工艺、设备；⑥进行爆破、吊装以及国务院安全生产监督管理部门会同国务院有关部门规定的其他危险作业，未安排专门人员进行现场安全管理。

《建设工程安全生产管理条例》规定，施工单位不得有下列行为：①施工前未对有关安全施工的技术要求作出详细说明；②未根据不同施工阶段和周围环境及季节、气候的变化，在施工现场采取相应的安全施工措施，或者在城市市区内的建设工程的施工现场未实行封闭围挡；③在尚未竣工的建筑物内设置员工集体宿舍；④施工现场临时搭建的建筑物不符合安全使用要求；⑤未对因建设工程施工可能造成损害的毗邻建筑物、构筑物和地下管线等采取专项防护措施；⑥安全防护用具、机械设备、施工机具及配件在进入施工现场前未经查验或者查验不合格即投入使用；⑦使用未经验收或者验收不合格的施工起重机械和整体提升脚手架、模板等自升式架设设施；⑧委托不具有相应资质的单位承担施工现场安装、拆卸施工起重机械和整体提升脚手架、模板等自升式架设设施；⑨在施工组织设计中未编制安全技术措施、施工现场临时用电方案或者专项施工方案。

《危险化学品安全管理条例》规定，存在下列行为的，不得进行可能危及危险化学品管道安全的施工作业：施工单位未按照规定书面通知管道所属单位，或者未与管道所属单位共同制定应急预案、采取相应的安全防护措施，或者管道所属单位未指派专门人员到现场进行管道安全保护指导。

（二）施工单位安全费用违法行为应承担的法律责任

《安全生产法》规定，生产经营单位的决策机构、主要负责人或者个人经营的投资人应依照本法规定保证安全生产所必需的资金投入，使生产经营单位具备安全生产条件。

《建设工程安全生产管理条例》规定，施工单位不得挪用列入建设工程概算的安全生产作业环境及安全施工措施所需费用。

《企业安全生产费用提取和使用管理办法》中规定，企业未按本办法提取和使用安全费用的，安全生产监督管理部门、煤矿安全监察机构和行业主管部门会同财政部门责令其限期改正，并依照相关法律法规进行处理、处罚。建设工程施工总承包单位未向分包单位支付必要的安全费用以及承包单位挪用安全费用的，由建设、交通运输、铁路、水利、安全生产监督管理、煤矿安全监察等主管部门依照相关法规、规章进行处理、处罚。

《建筑工程安全防护、文明施工措施费用及使用管理规定》中规定，建设单位应按本规定支付安全防护、文明施工措施费用。

施工单位不得挪用安全防护、文明施工措施费用。

（三）施工现场消防安全违法行为应承担的法律责任

《消防法》规定，建筑施工企业应按照消防设计文件和消防技术标准施工。

当事人逾期不执行停产停业、停止使用、停止施工决定的，由作出决定的部门或者机构强制执行。

《国务院关于加强和改进消防工作的意见》规定，各单位因消防安全责任不落实、火灾防控措施不到位，发生人员伤亡火灾事故的，要依法依纪追究有关人员的责任；发生重大火灾事故的，要依法依纪追究单位负责人、实际控制人、上级单位主要负责人和当地政府及有关部门负责人的责任。

《建设工程消防监督管理规定》中规定，建设、设计、施工、工程监理单位、消防技术服务机构及其从业人员违反有关消防法规、国家工程建设消防技术标准，造成危害后果的，除依法给予行政处罚或者追究刑事责任外，还应当依法承担民事赔偿责任。

（四）工伤保险违法行为应承担的法律责任

《工伤保险条例》规定，用人单位、工伤职工或者其近亲属不得骗取工伤保险待遇，医疗机构、辅助器具配置机构不得骗取工伤保险基金支出。

第五节 施工安全事故的应急救援与调查处理

《中共中央国务院关于推进安全生产领域改革发展的意见》中指出，完善事故调查处理机制。坚持问责与整改并重，充分发挥事故查处对加强和改进安全生产工作的促进作用。建立事故调查分析技术支撑体系，所有事故调查报告要设立技术和管理问题专篇，详细分析原因并全文发布，做好解读，回应公众关切。

一、生产安全事故的等级划分标准

（一）生产安全事故的等级划分

《安全生产法》规定，生产安全一般事故、较大事故、重大事故、特别重大事故的划分标准由国务院规定。

《生产安全事故报告和调查处理条例》规定，根据生产安全事故（以下简称事故）造成的人员伤亡或者直接经济损失，事故等级划分如表8-1所示。

生产安全事故分级表　　　　表8-1

事故等级	范围
特别重大事故	造成30人以上死亡，或者100人以上重伤（包括急性工业中毒，下同），或者1亿元以上直接经济损失
重大事故	造成10人以上30人以下死亡，或者50人以上100人以下重伤，或者5000万元以上1亿元以下直接经济损失

续表

事故等级	范围
较大事故	造成3人以上10人以下死亡，或者10人以上50人以下重伤，或者1000万元以上5000万元以下直接经济损失
一般事故	造成3人以下死亡，或者10人以下重伤，或者1000万元以下直接经济损失

《生产安全事故报告和调查处理条例》还规定，没有造成人员伤亡，但是社会影响恶劣的事故，国务院或者有关地方人民政府认为需要调查处理的，依照本条例的有关规定执行。

据此，生产安全事故等级的划分包括了人身、经济和社会三个要素：人身要素就是人员伤亡的数量；经济要素就是直接经济损失的数额；社会要素则是社会影响。这三个要素依法可以单独适用。

（二）生产安全事故等级划分的补充性规定

《生产安全事故报告和调查处理条例》规定，国务院安全生产监督管理部门可以会同国务院有关部门，制定事故等级划分的补充性规定。

由于不同行业和领域的生产安全事故各有特点，发生事故的原因和损失情况差异较大，在实践中是很难用同一标准来划分不同行业或领域生产安全事故等级的。因此，授权国务院安全生产监督管理部门可以会同国务院有关部门，针对某些特殊行业或者领域的实际情况来制定事故等级划分的补充性规定，是十分必要的。

二、施工生产安全事故应急救援预案的规定

《安全生产法》规定，生产经营单位应当制定本单位生产安全事故应急救援预案，与所在地县级以上地方人民政府组织制定的生产安全事故应急救援预案相衔接，并定期组织演练。

《建设工程安全生产管理条例》规定，施工单位应当制定本单位生产安全事故应急救援预案，建立应急救援组织或者配备应急救援人员，配备必要的应急救援器材、设备，并定期组织演练。

《生产安全事故应急条例》则规定，生产经营单位应当加强生产安全事故应急工作，建立、健全生产安全事故应急工作责任制，其主要负责人对本单位的生产安全事故应急工作全面负责。

（一）施工生产安全事故应急救援预案的编制

《安全生产法》规定，生产经营单位对重大危险源应当登记建档，进行定期检测、评估、监控，并制定应急预案，告知从业人员和相关人员在紧急情况下应当采取的应急措施。生产经营单

位应当按照国家有关规定将本单位重大危险源及有关安全措施、应急措施报有关地方人民政府安全生产监督管理部门和有关部门备案。

《建设工程安全生产管理条例》规定，施工单位应当根据建设工程施工的特点、范围对施工现场易发生重大事故的部位、环节进行监控，制定施工现场生产安全事故应急救援预案。

《生产安全事故应急条例》则规定，生产经营单位应当针对本单位可能发生的生产安全事故的特点和危害，进行风险辨识和评估，制定相应的生产安全事故应急救援预案，并向本单位从业人员公布。

生产安全事故应急救援预案应当符合有关法律、法规、规章和标准的规定，具有科学性、针对性和可操作性，明确规定应急组织体系、职责分工以及应急救援程序和措施。

《生产安全事故应急预案管理办法》规定生产经营单位应急预案分为综合应急预案、专项应急预案和现场处置方案。

综合应急预案，是指生产经营单位为应对各种生产安全事故而制定的综合性工作方案，是本单位应对生产安全事故的总体工作程序、措施和应急预案体系的总纲。专项应急预案，是指生产经营单位为应对某一种或者多种类型生产安全事故，或者针对重要生产设施、重大危险源、重大活动，防止生产安全事故而制定的专项性工作方案。现场处置方案，是指生产经营单位根据不同生产安全事故类型，针对具体场所、装置或者设施所制定的应急处置措施。

综合应急预案应当规定应急组织机构及其职责、应急预案体系、事故风险描述、预警及信息报告、应急响应、保障措施、应急预案管理等内容。专项应急预案应当规定应急指挥机构与职责、处置程序和措施等内容。现场处置方案应当规定应急工作职责、应急处置措施和注意事项等内容。

生产经营单位应当在编制应急预案的基础上，针对工作场所、岗位的特点，编制简明、实用、有效的应急处置卡。应急处置卡应当规定重点岗位、人员的应急处置程序和措施，以及相关联络人员和联系方式，便于从业人员携带。

《中华人民共和国职业病防治法》（简称《职业病防治法》）规定，用人单位应当建立、健全职业病危害事故应急救援预案。《特种设备安全法》规定，特种设备使用单位应当制定特种设备事故应急专项预案，并定期进行应急演练。

（二）施工生产安全事故应急预案的修订、教育培训和演练

《生产安全事故应急条例》规定，有下列情形之一的，生产安全事故应急救援预案制定单位应当及时修订相关预案：①制定预案所依据的法律、法规、规章、标准发生重大变化；②应急指挥机构及其职责发生调整；③安全生产面临的风险发生重大变化；④重要应急资源发生重大变化；⑤在预案演练或者应急救援中发现需要修订预案的重大问题；⑥其他应当修订的情形。

生产经营单位应当对从业人员进行应急教育和培训，保证从业人员具备必要的应急知识，掌

握风险防范技能和事故应急措施。

建筑施工单位应当至少每半年组织1次生产安全事故应急救援预案演练，并将演练情况报送所在地县级以上地方人民政府负有安全生产监督管理职责的部门。县级以上地方人民政府负有安全生产监督管理职责的部门应当对本行政区域内以上规定的重点生产经营单位的生产安全事故应急救援预案演练进行抽查；发现演练不符合要求的，应当责令限期改正。

（三）应急救援队伍与应急值班制度

建筑施工单位应当建立应急救援队伍；其中，小型企业或者微型企业等规模较小的生产经营单位，可以不建立应急救援队伍，但应当指定兼职的应急救援人员，并且可以与邻近的应急救援队伍签订应急救援协议。

应急救援队伍的应急救援人员应当具备必要的专业知识、技能、身体素质和心理素质。应急救援队伍建立单位或者兼职应急救援人员所在单位应当按照国家有关规定对应急救援人员进行培训；应急救援人员经培训合格后，方可参加应急救援工作。应急救援队伍应当配备必要的应急救援装备和物资，并定期组织训练。

建筑施工单位应当根据本单位可能发生的生产安全事故的特点和危害，配备必要的灭火、排水、通风以及危险物品稀释、掩埋、收集等应急救援器材、设备和物资，并进行经常性维护、保养，保证正常运转。

建筑施工单位、应急救援队伍应当建立应急值班制度，配备应急值班人员。

（四）应急救援的组织实施

发生生产安全事故后，生产经营单位应当立即启动生产安全事故应急救援预案，采取下列一项或者多项应急救援措施，并按照国家有关规定报告事故情况：①迅速控制危险源，组织抢救遇险人员；②根据事故危害程度，组织现场人员撤离或者采取可能的应急措施后撤离；③及时通知可能受到事故影响的单位和人员；④采取必要措施，防止事故危害扩大和次生、衍生灾害发生；⑤根据需要请求邻近的应急救援队伍参加救援，并向参加救援的应急救援队伍提供相关技术资料、信息和处置方法；⑥维护事故现场秩序，保护事故现场和相关证据；⑦法律、法规规定的其他应急救援措施。

（五）施工总分包单位的职责分工

《建设工程安全生产管理条例》规定，实行施工总承包的，由总承包单位统一组织编制建设工程生产安全事故应急救援预案，工程总承包单位和分包单位按照应急救援预案各自建立应急救援组织或者配备应急救援人员，配备救援器材、设备，并定期组织演练。

三、施工生产安全事故报告及采取相应措施的规定

《建筑法》规定，施工中发生事故时，建筑施工企业应当采取紧急措施减少人员伤亡和事故损失，并按照国家有关规定及时向有关部门报告。

《建设工程安全生产管理条例》进一步规定，施工单位发生生产安全事故，应当按照国家有关伤亡事故报告和调查处理的规定，及时、如实地向负责安全生产监督管理的部门、建设行政主管部门或者其他有关部门报告；特种设备发生事故的，还应当同时向特种设备安全监督管理部门报告。实行施工总承包的建设工程，由总承包单位负责上报事故。

（一）施工生产安全事故报告的基本要求

《特种设备安全法》规定，特种设备发生事故后，事故发生单位应当按照应急预案采取措施，组织抢救，防止事故扩大，减少人员伤亡和财产损失，保护事故现场和有关证据，并及时向事故发生地县级以上人民政府负责特种设备安全监督管理的部门和有关部门报告。与事故相关的单位和人员不得迟报、谎报或者瞒报事故情况，不得隐匿、毁灭有关证据或者故意破坏事故现场。

1. 事故报告的时间要求

《生产安全事故报告和调查处理条例》规定，事故发生后，事故现场有关人员应当立即向本单位负责人报告；单位负责人接到报告后，应当于1小时内向事故发生地县级以上人民政府安全生产监督管理部门和负有安全生产监督管理职责的有关部门报告。情况紧急时，事故现场有关人员可以直接向事故发生地县级以上人民政府安全生产监督管理部门和负有安全生产监督管理职责的有关部门报告。

所谓事故现场，是指事故具体发生地点及事故能够影响和波及的区域，以及该区域内的物品、痕迹等所处的状态。所谓有关人员，主要是指事故发生单位在事故现场的有关工作人员，可以是事故的负伤者，或者是在事故现场的其他工作人员。所谓立即报告，是指在事故发生后的第一时间用最快捷的报告方式进行报告。所谓单位负责人，可以是事故发生单位的主要负责人，也可以是事故发生单位主要负责人以外的其他分管安全生产工作的副职领导或其他负责人。

在一般情况下，事故现场有关人员应当先向本单位负责人报告事故。但是，事故是人命关天的大事，在情况紧急时允许事故现场有关人员直接向安全生产监督管理部门和负有安全生产监督管理职责的有关部门报告。事故报告应当及时、准确、完整。任何单位和个人对事故不得迟报、漏报、谎报或者瞒报。

2. 事故报告的内容要求

《生产安全事故报告和调查处理条例》规定，报告事故应当包括下列内容：①事故发生单位

概况；②事故发生的时间、地点以及事故现场情况；③事故的简要经过；④事故已经造成或者可能造成的伤亡人数（包括下落不明的人数）和初步估计的直接经济损失；⑤已经采取的措施；⑥其他应当报告的情况。

3. 事故补报的要求

《生产安全事故报告和调查处理条例》规定事故报告后出现新情况的，应当及时补报。

自事故发生之日起30日内，事故造成的伤亡人数发生变化的，应当及时补报。道路交通事故、火灾事故自发生之日起7日内事故造成的伤亡人数发生变化的，应当及时补报。

（二）发生施工生产安全事故后应采取的相应措施

《安全生产法》规定，生产经营单位发生生产安全事故时，单位的主要负责人应当立即组织抢救，不得在事故调查处理期间擅离职守。《建设工程安全生产管理条例》进一步规定，发生生产安全事故后，施工单位应当采取措施防止事故扩大，保护事故现场。需要移动现场物品时，应当做出标记和书面记录，妥善保管有关证物。

1. 组织应急抢救工作

《生产安全事故报告和调查处理条例》规定，事故发生单位负责人接到事故报告后应当立即启动事故相应应急预案，或者采取有效措施，组织抢救，防止事故扩大，减少人员伤亡和财产损失。

例如，对危险化学品泄漏等可能对周边群众和环境产生危害的事故，施工单位应当在向地方政府及有关部门报告的同时，及时向可能受到影响的单位、职工、群众发出预警信息，标明危险区域，组织、协助应急救援队伍救助受害人员，疏散、撤离、安置受到威胁的人员，并采取必要措施防止发生次生、衍生事故。

2. 妥善保护事故现场

《生产安全事故报告和调查处理条例》规定，事故发生后，有关单位和人员应当妥善保护事故现场以及相关证据，任何单位和个人不得破坏事故现场、毁灭相关证据。因抢救人员、防止事故扩大以及疏通交通等原因，需要移动事故现场物件的，应当做出标志，绘制现场简图并做出书面记录，妥善保存现场重要痕迹、物证。

事故现场是追溯判断发生事故原因和事故责任人责任的客观物质基础。从事故发生到事故调查组赶赴现场，往往需要一段时间，而在这段时间里，许多外界因素，如对伤员的救护、险情控制、周围群众围观等都会给事故现场造成不同程度的破坏，甚至还有故意破坏事故现场的情况。如果事故现场保护不好，一些与事故有关的证据难于找到，将直接影响到事故现场的勘查，不便于查明事故原因，从而影响事故调查处理的进度和质量。

保护事故现场，就是要根据事故现场的具体情况和周围环境，划定保护区范围，布置警戒，必要时将事故现场封锁起来，维持现场的原始状态，既不要减少任何痕迹、物品，也不能增加任何痕迹、物品。即使是保护现场的人员，也不要无故进入，更不能擅自进行勘查，或者随意触摸、移动事故现场的任何物品。任何单位和个人都不得破坏事故现场，毁灭相关证据。

（三）施工生产安全事故的调查

《安全生产法》规定，事故调查处理应当按照科学严谨、依法依规、实事求是、注重实效的原则，及时、准确地查清事故原因，查明事故性质和责任，总结事故教训，提出整改措施，并对事故责任者提出处理意见。事故调查报告应当依法及时向社会公布。

《生产安全事故报告和调查处理条例》规定，特别重大事故由国务院或者国务院授权有关部门组织事故调查组进行调查。

重大事故、较大事故、一般事故分别由事故发生地省级人民政府、设区的市级人民政府、县级人民政府负责调查。省级人民政府、设区的市级人民政府、县级人民政府可以直接组织事故调查组进行调查，也可以授权或者委托有关部门组织事故调查组进行调查。未造成人员伤亡的一般事故，县级人民政府也可以委托事故发生单位组织事故调查组进行调查。上级人民政府认为必要时，可以调查由下级人民政府负责调查的事故。

（四）施工生产安全事故的处理

1. 事故处理时限和落实批复

《生产安全事故报告和调查处理条例》规定，重大事故、较大事故、一般事故，负责事故调查的人民政府应当自收到事故调查报告之日起15日内作出批复；特别重大事故，30日内作出批复，特殊情况下，批复时间可以适当延长，但延长的时间最长不超过30日。

有关机关应当按照人民政府的批复，依照法律、行政法规规定的权限和程序，对事故发生单位和有关人员进行行政处罚，对负有事故责任的国家工作人员进行处分。事故发生单位应当按照负责事故调查的人民政府的批复，对本单位负有事故责任的人员进行处理，负有事故责任的人员涉嫌犯罪的，依法追究刑事责任。

2. 事故发生单位的防范和整改措施

事故发生单位应当认真吸取事故教训，落实防范和整改措施，防止事故再次发生。防范和整改措施的落实情况应当接受工会和职工的监督。

安全生产监督管理部门和负有安全生产监督管理职责的有关部门应当对事故发生单位落实防范和整改措施的情况进行监督检查。

3. 处理结果的公布

事故处理的情况由负责事故调查的人民政府或者其授权的有关部门机构向社会公布，依法应当保密的除外。

四、违法行为应承担的法律责任

施工安全事故应急救援与调查处理违法行为应承担的主要法律责任如下：

（一）生产安全事故应急救援违法行为的法律责任

《生产安全事故应急条例》规定，生产经营单位未制定生产安全事故应急救援预案、未定期组织应急救援预案演练、未对从业人员进行应急教育和培训，生产经营单位的主要负责人在本单位发生生产安全事故时不立即组织抢救的，由县级以上人民政府负有安全生产监督管理职责的部门依照《中华人民共和国安全生产法》有关规定追究法律责任。

生产经营单位未对应急救援器材、设备和物资进行经常性维护、保养，导致发生严重生产安全事故或者生产安全事故危害扩大，或者在本单位发生生产安全事故后未立即采取相应的应急救援措施，造成严重后果的，由县级以上人民政府负有安全生产监督管理职责的部门依照《中华人民共和国突发事件应对法》有关规定追究法律责任。

生产经营单位应将生产安全事故应急救援预案报送备案、建立应急值班制度或者配备应急值班人员。

（二）事故报告及采取相应措施违法行为应承担的法律责任

《安全生产法》规定，生产经营单位的主要负责人在本单位发生生产安全事故时，不立即组织抢救或者在事故调查处理期间擅离职守或者逃匿的，给予降级、撤职的处分，并由安全生产监督管理部门处上一年年收入60%~100%的罚~款；对逃匿的处15日以下拘留；构成犯罪的，依照刑法有关规定追究刑事责任。生产经营单位的主要负责人对生产安全事故隐瞒不报、谎报或者迟报的，依照前款规定处罚。

《生产安全事故报告和调查处理条例》规定，事故发生单位主要负责人有下列行为之一的，处上一年年收入40%~80%的罚款；属于国家工作人员的，并依法给予处分；构成犯罪的，依法追究刑事责任：①不立即组织事故抢救的；②迟报或者漏报事故的；③在事故调查处理期间擅离职守的。

事故发生单位及其有关人员有下列行为之一的，对事故发生单位处100万元以上500万元以下的罚款；对主要负责人、直接负责的主管人员和其他直接责任人员处上一年年收入60%至100%的罚款；属于国家工作人员的，并依法给予处分；构成违反治安管理行为的由公安机关依法给予治安管理处罚；构成犯罪的，依法追究刑事责任：①谎报或者瞒报事故的；②伪造或者故意破坏事故现场的；③转移、隐匿资金、财产，或者销毁有关证据、资料的；④拒绝接受调查或者拒绝提供有关情况和资料的；⑤在事故调查中作伪证或者指使他人作伪证的；⑥事故发生后逃匿的。

《职业病防治法》规定，用人单位发生或者可能发生急性职业病危害事故时，应立即采取应急救援和控制措施,按照规定及时报告。

《刑法》第一百三十九条之一规定,在安全事故发生后,负有报告职责的人员不报或者谎报事故情况,贻误事故抢救,情节严重的,处3年以下有期徒刑或者拘役;情节特别严重的处3年以上7年以下有期徒刑。

(三)事故调查违法行为应承担的法律责任

《生产安全事故报告和调查处理条例》规定,参与事故调查的人员在事故调查中有下列行为之一的,依法给予处分;构成犯罪的,依法追究刑事责任:①对事故调查工作不负责任,致使事故调查工作有重大疏漏的;②包庇、袒护负有事故责任的人员或者借机打击报复的。

(四)事故责任单位及主要负责人应承担的法律责任

《安全生产法》规定,生产经营单位与从业人员订立协议,免除或者减轻其对从业人员因生产安全事故伤亡依法应承担的责任的,该协议无效;对生产经营单位的主要负责人、个人经营的投资人处2万元以上10万元以下的罚款。

事故发生单位对事故发生负有责任的,由有关部门依法暂扣或者吊销其有关证照;对事故发生单位负有事故责任的有关人员,依法暂停或者撤销其与安全生产有关的执业资格、岗位证书;事故发生单位主要负责人受到刑事处罚或者撤职处分的,自刑罚执行完毕或者受处分之日起,5年内不得担任任何生产经营单位的主要负责人。

案例分析题

案例一

广东省佛山市轨道交通2号线一期工程"2·7"透水坍塌重大事故案例分析。

2018年2月7日20时40分许,由中交二航局组织施工的佛山市轨道交通2号线一期工程土建一标段(以下简称TJ1标段)湖涌站至绿岛湖站盾构区间右线工地突发透水,引发隧道及路面坍塌,造成11人死亡、1人失踪、8人受伤,直接经济损失约5323.8万元。调查认定,这起透水坍塌重大事故是一起责任事故。

根据《生产安全事故报告和调查处理条例》(国务院令第493号)有关规定,省政府成立了由省政府副秘书长张某某任组长,省纪委和省公安厅、省住房和城乡建设厅、省交通运输厅、省安全监管局、省法制办、省总工会以及佛山市政府负责同志参加的"2·7"重大事故省政府调查组对事故进行调查。调查组聘请了国内岩土、结构、水文地质、机电、安全工程等方面的9名专家协助调查。

图8-1 湖涌站至绿岛湖站区间隧道位置平面图

通过现场勘查、查阅资料、调查取证、检测鉴定和专家论证,查明了事故发生的原因、经过、人员伤亡和直接经济损失等情况,认定了事故的性质和责任,提出了对有关责任人员和责任单位的处理建议。同时,针对事故原因及暴露出的问题,总结了事故的主要教训,提出了事故防范措施建议。

(一)事故发生经过

2018年2月7日晚事发前,右线盾构机完成905环掘进后,位于隧道底埋深约30.5米的淤泥质粉土、粉砂、中砂交界处且具有承压水的复杂地质环境中,在进行管片拼装作业时,突遇土仓压力上升,盾尾下沉,盾尾间隙变大,盾尾透水涌砂。经现场施工人员抢险堵漏未果,透水涌砂继续扩大,下部砂层被掏空,使盾构机和成型管片结构向下位移、变形。隧道结构破坏后,巨量泥沙突然涌入隧道,猛烈冲断了盾构机后配套台车连接件,使盾构机台车在泥沙流的裹挟下突然被冲出700余米,并在隧道有限空间内引发了迅猛的冲击气浪,隧道内正在向外逃生的部分人员被撞击、挤压、掩埋,造成重大人员伤亡。

(二)应急处置评估结论

事故发生后,各级党委、政府及相关单位高度重视事故应急处置工作,及时启动应急响应,严密部署,迅速赶赴事故现场指导应急处置工作。一是对地面塌陷险情应急处置迅速得当。接到施工单位路面可能塌陷的报告后,佛山市和禅城区公安、燃气、供水、供电等单位及施工单位先期处置人员能够快速到达事故现场,开展交通管制,采取关闭事发地段气阀、水阀、供电保护等措施,避免了因塌陷造成人员伤亡和财产损失。二是对隧道坍塌后被困人员的救援行动有效。隧道坍塌事故发生后,施工单位进行了自救,先后救出7名被困人员;佛山市各级政府及各有关部门及时响应,消防队伍先后搜救出12名被困人员,其中2人有生命体征(其中1人送医院经抢救无效死亡）。在整个救援行动过程中，没有发生次生灾害和救援人员及其他人员伤亡。

但是，施工单位对隧道内的险情处置不当，冒险组织堵漏，扩大了人员伤亡损失。施工单位虽然编制了应急预案，但是预案对涌水、涌泥、涌砂抢险时在何种情况下应当立即撤离没有明确的指引，完全依赖现场指挥人员个人经验判断，对抢险救援的指导性不强。

（三）事故善后处置情况

事故发生后，经过反复排查和确认，确定有13人被困。经全力搜救，共有12人（2人生还、10人遇难）被成功救出。9名伤员（包括企业自救7人、消防搜救2人）送医院救治，其中1人于2月9日6时3分经抢救无效死亡，截至7月27日，已有7名伤员治愈出院，尚有1名伤员仍住院治疗，病情稳定。

2月12日，塌陷区域砂土回填完毕。2月13日，塌陷区域洞内封堵注浆工作完成；2月16日，洞内注水完成。2月24日16时，塌陷区恢复三车道自西向东单向通车。

佛山市委、市政府按照"一对一"的要求，成立了12个工作组，妥善做好11名遇难者及1名失踪人员的善后处理工作。至3月4日，全部11名遇难者及1名失踪者善后工作完成。

（四）事故直接损失情况

根据《企业职工伤亡事故经济损失统计标准》（GB 6721）及《国家安全监管总局印发关于生产安全事故调查处理中有关问题规定的通知》（安监总政法〔2013〕115号）等规定，经项目部统计、佛山市政府确认，调查组核定事故直接经济损失为5323.8万元。

（五）对事故有关责任人员及责任单位的处理结果

免予追究责任人员1人（事故中死亡）；

公安机关已采取强制措施人员2人，分别为项目部盾构分部总工程师、盾构分部工程部负责人兼土建副总工；

建议给予党纪政务处分和问责处理人员29人，其中涉事央企相关人员16人，有中交二航局副总经理、中交二航局安全总监、项目部经理、项目部党总支书记等。涉事地方企业相关人员2人，分别为广州轨道交通建设监理有限公司TJ1标段总监理工程师、佛山铁投公司副总经理。相关部门公职人员11人，佛山市人民政府党组成员、副市长（兼任市轨道交通建设指挥部副总指挥），佛山市禅城区委常委，佛山市交通运输局党组书记、局长、副局长等。

另案处理人员1人，佛山市交通运输局轨道建设管理科科员，未认真履行轨道建设工程安全生产专项检查职责，负有直接责任。在事故调查中收到群众举报其涉嫌违纪问题，经分管委领导批准后，已将有关问题线索移交给佛山市纪委核查，待核查后由佛山市纪委一并处理。

（六）行政处罚结果

（1）中交二航局装备分公司对事故发生负有责任，建议由安全监管部门根据《中华人民共和国安全生产法》《生产安全事故报告和调查处理条例》等法律法规规定，对中交二航局装备分公司以及负责人李某实施行政处罚。

（2）中交二航局三公司对事故发生负有责任，建议由安全监管部门根据《中华人民共和国安全生产法》《生产安全事故报告和调查处理条例》等法律法规规定，对中交二航局三公司以及法定代表人严某实施行政处罚。

问题

1. 请列出本事故的应急处理程序。
2. 请明确本事故中各方主体责任。
3. 你从本事故的应急处理中学到了什么？

案例二

在某高层建筑的外墙装饰施工工地，某施工单位为赶在雨期来临前完成施工，又从其他工地调配来一批工人，但未经安全培训教育就安排到有关岗位开始作业。2名工人被安排上高处作业吊篮到6层处从事外墙装饰作业。他们在作业完成后为图省事，直接从高处作业吊篮的悬吊平台向6层窗口爬去，结果失足从十多米高处坠落在地，造成1死1重伤。

问题

1. 本案中，施工单位有何违法行为？
2. 该违法行为应当承担哪些法律责任？

思考题

1. 简述《安全生产许可证条例》的主要内容。
2. 施工企业应承担的主要责任和义务是什么？
3. 你认为应如何进一步加强安全生产的行政监督管理工作？
4. 简述工程安全事故的调查处理过程。
5. 简述工程安全法律责任的主要内容。
6. 现在人工智能、大数据技术突飞猛进，这些技术在很大程度上促进了建筑安全生产管理，但有人认为，无论技术多先进，都难以达到零伤亡、零事故，谈谈你的看法。

第九章
建设工程质量法律制度

第一节 建设工程质量法律制度概述

一、质量及建设工程质量的概念

有关质量的内容十分丰富，随着社会经济和科学技术的发展，也在不断充实、完善和深化，同样，人们对质量概念的认识也经历了一个不断发展和深化的历史过程。在质量管理过程中，"质量"的含义是广义的，除了产品质量之外，还包括工作质量。质量管理不仅要管好产品本身的质量，还要管好质量赖以产生和形成的工作质量，并以工作质量为重点。

我国国家标准《质量管理体系-基础和术语》GB/T 19000—2016，等同于国际标准ISO 9001—2015对质量的定义是：客体的一组固有特性满足要求的程度。质量目标的定义是："在质量方面所追求的目的。"从质量管理学的理论来说，质量目标的理论依据是行为科学。产品明示的质量要求，是指生产者对产品的质量所作出的明确的质量承诺法。对于这些有关的内容，生产者应当明确表现出看法。建设工程质量是指建设工程的新建、扩建、改建等有关活动及建设工程质量的监督管理，满足国家现行的有关法律、法规、技术标准、设计文件和合同中对工程的安全、适用、经济、环保、美观等特性的综合要求。《建设工程质量管理条例》所称建设工程，是指土工程、建筑工程、线路管道和设备安装工程及装修工程。建设工程质量不仅包括实体质量，还包括工程建设参与者的服务质量和工作质量。

二、工程建设标准

为了加强标准化工作，提升产品和服务质量，促进科学技术进步，保障人身健康和生命财产安全，维护国家安全、生态环境安全，提高经济社会发展水平，2017年11月4日第十二届全国人民代表大会常务委员会第三十次会议修订了《中华人民共和国标准化法》（简称《标准化法》）。

《标准化法》的修订对于开展质量提升行动有着积极的促进作用，标准是质量基础设施的重要组成部分，新修订的《标准化法》从立法宗旨到制度设计都体现了质量第一、效益优先的理念，新法中特别强调县级以上人民政府要推动全社会运用标准化方式组织生产、经营、管理和服务，发挥标准对促进转型升级、引领创新驱动的支撑作用；明确规定国家支持在重要行业、战略性新兴产业、关键共性技术等领域利用自主创新技术制定团体标准、企业标准；企业研制新产品、改进产品、进行技术改造，都应当符合标准化要求；不符合强制性标准的产品、服务，不得生产、销售、进口或者提供。可以说，《标准化法》的修订实施是全面提升质量的重要举措。

《标准化法》规定，标准包括国家标准、行业标准、地方标准和团体标准、企业标准。国家标准分为强制性标准、推荐性标准,行业标准、地方标准是推荐性标准。强制性标准必须执行。国家鼓励采用推荐性标准。

法律、行政法规和国务院决定对强制性标准的制定另有规定的,从其规定。

《标准化法》规定,对保障人身健康和生命财产安全、国家安全、生态环境安全以及满足经济社会管理基本需要的技术要求,应当制定强制性国家标准。

对满足基础通用、与强制性国家标准配套、对各有关行业起引领作用等需要的技术要求,可以制定推荐性国家标准。

工程建设标准是为在工程建设领域内获得最佳秩序,对建设工程的勘察、规划、设计、施工、安装、验收、运营维护及管理等活动和结果需要协调统一的事项所制定的共同的、重复使用的技术依据和准则,对促进技术进步,保证工程的安全、质量、环境和公众利益,实现最佳社会效益、经济效益、环境效益和最佳效率等,具有直接作用和重要意义。

三、建设工程质量管理条例

(一)建设工程质量管理条例的立法目的

2019年4月29日,根据国务院令第714号《国务院关于修改部分行政法规的决定》修正了《建设工程质量管理条例》。

《建设工程质量管理条例》(简称《条例》)是《中华人民共和国建筑法》颁布实施后制定的第一部配套的行政法规,也是我国第一部建设工程质量条例。该条例共有9章、82条。

《条例》第一条规定:"为了加强对建设工程质量的管理,保证建设工程质量,保护人民生命和财产安全,根据《中华人民共和国建筑法》,制定本条例。"本条是关于条例立法目的的规定。

(二)建设工程质量管理条例的适用范围

《条例》第二条规定:"凡在中华人民共和国境内从事建设工程的新建、扩建、改建等有关活动及实施对建设工程质量监督管理的,必须遵守本条例。"本条是关于《建设工程质量管理条例条例》适用范围和调整对象的规定。

1. 适用范围

《条例》的适用范围是在中华人民共和国境内(不包括香港、澳门两个特别行政区和台湾地区)从事的建设工程活动和监督管理活动。对于建设工程活动来讲,无论投资主体是谁,建设工程项目的种类有哪些,只要在中华人民共和国境内实施,都要遵守本《条例》。

2. 调整对象

《条例》明确了调整对象为从事建设工程的新建、扩建、改建等有关活动和实施对建设工程质量监督管理这两个方面活动的主体。

（1）从事建设工程的新建、扩建、改建活动的单位和个人。所谓新建，是指从基础开始建造的建设项目。所谓扩建，是指在原有基础上加以扩充的建设项目。所谓改建，是指不增加建筑物或建设项目体量，在原有基础上，为提高生产效率，改进产品质量，或改变产品方向，或改善建筑物使用功能、改变使用目的，对原有工程进行改造的建设项目。从事以上各项建设活动的单位和个人，要按照《条例》的规定，承担相应的责任和义务。

（2）调整对象还包括对建设活动实施监督管理的政府及主要部门，或其委托的有关机构。以上部门或机构在实施对建设工程的监督管理活动时，必须按照本《条例》所规定的职责和权限进行，依法行政，不能滥用职权。

四、建设工程竣工验收及质量保修

（一）建设工程竣工验收制度

工程竣工验收是指建设工程依照国家有关法律、法规及工程建设规范、标准的规定完成工程设计文件要求和合同约定的各项内容，建设单位已取得政府有关主管部门（或其委托机构）出具的工程施工质量、消防、规划、环保、城建等验收文件或准许使用文件后，组织工程竣工验收并编制完成建设工程竣工验收报告。

工程项目的竣工验收是施工全过程的最后一道程序，也是工程项目管理的最后一项工作。它是建设投资成果转入生产或使用的标志，也是全面考核投资效益、检验设计和施工质量的重要环节。

《建设工程质量管理条例》规定，建设单位收到建设工程竣工报告后，应当组织设计、施工、工程监理等有关单位进行竣工验收。

对工程进行竣工检查和验收，是建设单位法定的权利和义务。在建设工程完工后，承包单位应当向建设单位提供完整的竣工资料和竣工验收报告，提请建设单位组织竣工验收。建设单位收到竣工验收报告后，应及时组织有设计、施工、工程监理等有关单位参加的竣工验收，检查整个工程项目是否已按照设计要求和合同约定全部建设完成，并符合竣工验收条件。

《建筑法》规定，交付竣工验收的建筑工程，必须符合规定的建筑工程质量标准，有完整的工程技术经济资料和经签署的工程保修书，并具备国家规定的其他竣工条件。建筑工程竣工经验收合格后，方可交付使用；未经验收或者验收不合格的，不得交付使用。

《建设工程质量管理条例》进一步规定，建设工程竣工验收应当具备下列条件：

（1）完成建设工程设计和合同约定的各项内容

建设工程设计和合同约定的内容，主要是指设计文件所确定的以及承包合同"承包人承揽工程项目一览表"中载明的工作范围，也包括监理工程师签发的变更通知单中所确定的工作内容。

（2）有完整的技术档案和施工管理资料

工程技术档案和施工管理资料是工程竣工验收和质量保证的重要依据之一，主要包括以下档案和资料：①工程项目竣工验收报告；②分项、分部工程和单位工程技术人员名单；③图纸会审和技术交底记录；④设计变更通知单，技术变更核实单；⑤工程质量事故发生后调查和处理资料；⑥隐蔽验收记录及施工日志；⑦竣工图；⑧质量检验评定资料；⑨合同约定的其他资料。

（3）有工程使用的主要建筑材料、建筑构配件和设备的进场试验报告

对建设工程使用的主要建筑材料、建筑构配件和设备，除须具有质量合格证明资料外，还应当有进场试验、检验报告，其质量要求必须符合国家规定的标准。

（4）有勘察、设计、施工、工程监理等单位分别签署的质量合格文件

勘察、设计、施工、工程监理等有关单位要依据工程设计文件及承包合同所要求的质量标准，对竣工工程进行检查评定；符合规定的，应当签署合格文件。

（5）有施工单位签署的工程保修书

施工单位同建设单位签署的工程保修书，也是交付竣工验收的条件之一。

凡是没有经过竣工验收或者经过竣工验收确定为不合格的建设工程，不得交付使用。如果建设单位为提前获得投资效益，在工程未经验收就提前投产或使用，由此而发生的质量等问题，建设单位要承担相应的质量责任。

（二）建设工程质量保修制度

《建筑法》《建设工程质量管理条例》均规定，建设工程实行质量保修制度。

建设工程质量保修制度，是指建设工程竣工经验收后，在规定的保修期限内，因勘察、设计、施工、材料等原因造成的质量缺陷，应当由施工承包单位负责维修、返工或更换，由责任单位负责赔偿损失的法律制度。

第二节 工程建设标准

一、工程建设标准的分类

（一）工程建设国家标准

1. 工程建设国家标准的范围和类型

根据《中华人民共和国标准化法》《中华人民共和国标准化法实施条例》和国家有关工程建设的法律、行政法规，制定《工程建设国家标准管理办法》。

《工程建设国家标准管理办法》规定，对需要在全国范围内统一的下列技术要求，应当制定国家标准：①工程建设勘察、规划、设计、施工（包括安装）及验收等通用的质量要求；②工程

建设通用的有关安全、卫生和环境保护的技术要求；③工程建设通用的术语、符号、代号、量与单位、建筑模数和制图方法；④工程建设通用的试验、检验和评定等方法；⑤工程建设通用的信息技术要求；⑥国家需要控制的其他工程建设通用的技术要求。法律另有规定的，依照法律的规定执行。

下列标准属于强制性标准：①工程建设勘察、规划、设计、施工（包括安装）及验收等通用的综合标准和重要的通用的质量标准；②工程建设通用的有关安全、卫生和环境保护的标准；③工程建设重要的通用的术语、符号、代号、量与单位、建筑模数和制图方法标准；④工程建设重要的通用的试验、检验和评定方法等标准；⑤工程建设重要的通用的信息技术标准；⑥国家需要控制的其他工程建设通用的标准。

2. 工程建设国家标准的制定

《标准化法》规定，国务院有关行政主管部门依据职责负责强制性国家标准的项目提出、组织起草、征求意见和技术审查。国务院标准化行政主管部门负责强制性国家标准的立项、编号和对外通报。

省、自治区、直辖市人民政府标准化行政主管部门可以向国务院标准化行政主管部门提出强制性国家标准的立项建议，由国务院标准化行政主管部门会同国务院有关行政主管部门决定。社会团体、企业事业组织以及公民可以向国务院标准化行政主管部门提出强制性国家标准的立项建议，国务院标准化行政主管部门认为需要立项的，会同国务院有关行政主管部门决定。

推荐性国家标准由国务院标准化行政主管部门制定。

《工程建设国家标准管理办法》规定，制定国家标准的工作程序按准备、征求意见、送审和报批四个阶段进行。

3. 工程建设国家标准的审批发布和编号

《标准化法》规定，强制性国家标准由国务院批准发布或者授权批准发布。强制性标准文本应当免费向社会公开。国家推动免费向社会公开推荐性标准文本。

《工程建设国家标准管理办法》规定，工程建设国家标准的编号由国家标准代号、发布标准的顺序号和发布标准的年号组成。强制性国家标准的代号为"GB"，推荐性国家标准的代号为"GB/T"。例如：《建筑工程施工质量验收统一标准》GB 50300—2013，其中GB表示为强制性国家标准，50300表示标准发布顺序号，2013表示是2013年批准发布的；《工程建设施工企业质量管理规范》GB/T 50430—2017，其中GB/T表示为推荐性国家标准，50430表示标准发布顺序号，2017表示是2017年批准发布的。

4. 国家标准的复审与修订

国家标准实施后，应当根据科学技术的发展和工程建设的需要，由该国家标准的管理部门适时组织有关单位进行复审。复审一般在国家标准实施后5年进行1次。

国家标准复审后，标准管理单位应当提出其继续有效或者予以修订、废止的意见，经该国家标准的主管部门确认后报国务院工程建设行政主管部门批准。

凡属下列情况之一的国家标准，应当进行局部修订：①国家标准的部分规定已制约了科学技术新成果的推广应用；②国家标准的部分规定经修订后可取得明显的经济效益、社会效益、环境效益；③国家标准的部分规定有明显缺陷或与相关的国家标准相抵触；④需要对现行的国家标准作局部补充规定。

（二）工程建设行业标准

《标准化法》规定，对没有推荐性国家标准、需要在全国某个行业范围内统一的技术要求，可以制定行业标准。行业标准由国务院有关行政主管部门制定，报国务院标准化行政主管部门备案。

行业标准分为强制性标准和推荐性标准。涉及人民生命财产安全、人身健康、环境保护、能源资源综合利用和其他公共利益的，可以制定强制性条文，强制性条文必须严格执行。强制性条文的编写应是完整的条，当特殊需要时可为完整的款；强制性条文应采用黑体字标志。

工程建设行业标准的制定工作遵循"面向市场、服务产业、自主制定、适时推出、及时修订、不断完善"的原则，标准制定应与技术创新、试验验证、产业推进、应用推广相结合，统筹推进。工业领域工程建设行业标准的制定工作由工业和信息化部统一管理。工程建设标准化工作应充分发挥各行业工程建设标准化管理机构的作用。

1. 工程建设行业标准的范围

《工程建设行业标准管理办法》规定，下列技术要求，可以制定行业标准：①工程建设勘察、规划、设计、施工（包括安装）及验收等行业专用的质量要求；②工程建设行业专用的有关安全、卫生和环境保护的技术要求；③工程建设行业专用的术语、符号、代号、量与单位和制图方法；④工程建设行业专用的试验、检验和评定等方法；⑤工程建设行业专用的信息技术要求；⑥其他工程建设行业专用的技术要求。

行业标准不得与国家标准相抵触。行业标准的某些规定与国家标准不一致时，必须有充分的科学依据和理由，并经国家标准的审批部门批准。行业标准在相应的国家标准实施后，应当及时修订或废止。

2. 工程建设行业标准的制定、修订程序与复审

工程建设行业标准的制定、修订程序，也可以按准备、征求意见、送审和报批四个阶段进行。工程建设行业标准实施后，根据科学技术的发展和工程建设的实际需要，该标准的批准部门应当适时进行复审，确认其继续有效或予以修订、废止。一般也是5年复审1次。

（三）工程建设地方标准

我国幅员辽阔，各地的自然条件差异较大，而工程建设在许多方面要受到自然条件的影响。例如，我国的黄土地区、冻土地区以及膨胀土地区，对建筑技术的要求有很大区别。因此，工程

建设标准除国家标准、行业标准外,还需要有相应的地方标准。

《标准化法》规定,为满足地方自然条件、风俗习惯等特殊技术要求,可以制定地方标准。

地方标准由省、自治区、直辖市人民政府标准化行政主管部门制定;设区的市级人民政府标准化行政主管部门根据本行政区域的特殊需要,经所在地省、自治区、直辖市人民政府标准化行政主管部门批准,可以制定本行政区域的地方标准。

工程建设地方标准化工作的任务是制定工程建设地方标准,组织工程建设国家标准、行业标准和地方标准的实施,并对实施情况进行监督。工程建设地方标准化工作应当纳入本行政区域内建设事业发展的规划和计划。工程建设地方标准化工作的经费,可以从财政补贴、科研经费、上级拨款、企业资助、标准培训收入等渠道筹措解决。

(四)工程建设团体标准

《标准化法》规定,国家鼓励学会、协会、商会、联合会、产业技术联盟等社会团体协调相关市场主体,共同制定满足市场和创新需要的团体标准,由本团体成员约定采用或者按照本团体的规定供社会自愿采用。

1. 团体标准的定性和基本要求

国家标准化管理委员会、民政部《团体标准管理规定》(国标委联〔2019〕1号)规定,团体标准是依法成立的社会团体为满足市场和创新需要,协调相关市场主体共同制定的标准。

《标准化法》规定,制定团体标准,应当遵循开放、透明、公平的原则,保证各参与主体获取相关信息,反映各参与主体的共同需求,并应当组织对标准相关事项进行调查分析、试验、论证。国家支持在重要行业、战略性新兴产业、关键共性技术等领域利用自主创新技术制定团体标准、企业标准。

《团体标准管理规定》进一步规定,禁止利用团体标准实施妨碍商品、服务自由流通等排除、限制市场竞争的行为。团体标准应当符合相关法律法规的要求,不得与国家有关产业政策相抵触。团体标准的技术要求不得低于强制性标准的相关技术要求。

国家鼓励社会团体制定高于推荐性标准相关技术要求的团体标准;鼓励制定具有国际领先水平的团体标准。

2. 团体标准制定的程序

制定团体标准的一般程序包括:提案、立项、起草、征求意见、技术审查、批准、编号、发布、复审。

工程建设团体标准的指导思想是贯彻党的十八大和十八届三中、四中、五中、六中全会精神,借鉴国际成熟经验,立足国内实际情况,以满足市场需求和创新发展为出发点,加大工程建设标准供给侧结构性改革,激发社会团体制定标准活力,解决标准缺失滞后问题,支撑保障工程建设持续健康发展。

培育和发展工程建设团体标准需要坚持以下原则：

（1）坚持市场主导，政府引导。发挥市场对资源配置的决定性作用，通过竞争机制促进团体标准发展。政府积极培育团体标准，引导、鼓励使用团体标准，为团体标准发展营造良好环境。

（2）坚持诚信自律，公平公开。加强团体标准制定主体的诚信体系和自律机制建设，提高团体标准公信力。团体标准制定应遵循公共利益优先原则，做到行为规范、程序完备。

（3）坚持创新驱动，国际接轨。团体标准制定要积极采用创新成果，促进科技成果市场化，推动企业转型升级。鼓励团体标准制定主体积极参与国际标准化活动，提升中国标准国际化水平，促进中国标准"走出去"。

（五）工程建设企业标准

《标准化法》规定，企业可以根据需要自行制定企业标准，或者与其他企业联合制定企业标准。工程建设企业标准化作为工程建设企业建立现代企业制度、实行科学管理的基础，对于促进企业转换经营机制、提高企业的管理水平和经济效益等，具有十分重要的作用。

工程建设企业标准化是工程建设企业实行科学管理的重要手段，是工程建设企业开展全面质量管理和建立质量保证体系的重要支柱，是工程建设企业向国际惯例靠拢，增强在国内外市场竞争能力重要条件，是促进工程建设企业技术进步的重要途径，是提高工程建设企业经济效益的重要保证。

推荐性国家标准、行业标准、地方标准、团体标准、企业标准的技术要求不得低于强制性国家标准的相关技术要求。国家鼓励社会团体、企业制定高于推荐性标准相关技术要求的团体标准、企业标准。

国家实行团体标准、企业标准自我声明公开和监督制度。企业应当公开其执行的强制性标准、推荐性标准、团体标准或者企业标准的编号和名称；企业执行自行制定的企业标准的，还应当公开产品、服务的功能指标和产品的性能指标。国家鼓励团体标准、企业标准通过标准信息公共服务平台向社会公开。

企业应当按照标准组织生产经营活动，其生产的产品、提供的服务应当符合企业公开标准的技术要求。

需要说明的是，标准、规范、规程都是标准的表现方式，习惯上统称为标准。当针对产品、方法、符号、概念等基础标准时，一般采用"标准"，如《道路工程制图标准》《建筑抗震鉴定标准》等；当针对工程勘察、规划、设计、施工等通用的技术事项作出规定时，一般采用"规范"，如《混凝土结构设计规范》《住宅设计规范》《建筑设计防火规范》等；当针对操作、工艺、管理等专用技术要求时，一般采用"规程"，如《建筑机电安装工程工艺及操作规程》《建筑机械使用安全技术规程》等。

二、工程建设强制性标准实施的规定

工程建设标准制定的目的在于实施，否则，再好的标准也是一纸空文。我国工程建设领域所出现的各类工程质量事故，大多是没有贯彻或没有严格贯彻强制性标准的结果。因此，《标准化法》规定，强制性标准必须执行。《建筑法》规定，建筑活动应当确保建筑工程质量和安全，符合国家的建设工程安全标准。

（一）工程建设各方主体实施强制性标准的法律规定

《建筑法》规定，建设单位不得以任何理由，要求建筑设计单位或者建筑施工企业在工程设计或者施工作业中，违反法律、行政法规和建筑工程质量、安全标准，降低工程质量。

建筑工程设计应当符合按照国家规定制定的建筑安全规程和技术规范，保证工程的安全性能。勘察、设计文件应当符合有关法律、行政法规的规定和建筑工程质量、安全标准，建筑工程勘察、设计技术规范以及合同的约定。设计文件选用的建筑材料、建筑构配件和设备，应当注明其规格、型号、性能等技术指标，其质量要求必须符合国家规定的标准。

建筑工程监理应当依照法律、行政法规及有关的技术标准、设计文件和建筑工程承包合同，对承包单位在施工质量、建设工期和建设资金使用等方面，代表建设单位实施监督。工程监理人员认为工程施工不符合工程设计要求、施工技术标准和合同约定的，有权要求建筑施工企业改正。工程监理人员发现工程设计不符合建筑工程质量标准或者合同约定的质量要求的，应当报告建设单位要求设计单位改正。

《建设工程质量管理条例》进一步规定，建设单位不得明示或者暗示设计单位或者施工单位违反工程建设强制性标准，降低建设工程质量。建筑设计单位和建筑施工企业对建设单位违反规定提出的降低工程质量的要求，应当予以拒绝。

勘察、设计单位必须按照工程建设强制性标准进行勘察、设计，并对其勘察、设计的质量负责。

施工单位必须按照工程设计图纸和施工技术标准施工，不得擅自修改工程设计，不得偷工减料。施工单位必须按照工程设计要求、施工技术标准和合同约定，对建筑材料、建筑构配件、设备和商品混凝土进行检验，检验应当有书面记录和专人签字；未经检验或者检验不合格的，不得使用。

（二）工程建设强制性标准的实施管理

《实施工程建设强制性标准监督规定》规定，在中华人民共和国境内从事新建、扩建、改建等工程建设活动，必须执行工程建设强制性标准。

建设工程勘察、设计文件中规定采用的新技术、新材料，可能影响建设工程质量和安全，又没有国家技术标准的，应当由国家认可的检测机构进行试验、论证，出具检测报告，并经国务院有关主管部门或者省、自治区、直辖市人民政府有关主管部门组织的建设工程技术专家委员会审定后,方可使用。工程建设中采用国际标准或者国外标准,而现行强制性标准未作规定的,建设单位应当向国务院住房和城乡建设主管部门或者国务院有关主管部门备案。

1. 监督管理机构

《实施工程建设强制性标准监督规定》中规定,国务院住房和城乡建设主管部门负责全国实施工程建设强制性标准的监督管理工作。县级以上地方人民政府住房和城乡建设主管部门负责本行政区域内实施工程建设强制性标准的监督管理工作。

建设项目规划审查机构应当对工程建设规划阶段执行强制性标准的情况实施监督;施工图设计文件审查单位应当对工程建设勘察、设计阶段执行强制性标准的情况实施监督;建筑安全监督管理机构应当对工程建设施工阶段执行施工安全强制性标准的情况实施监督;工程质量监督机构应当对工程建设施工、监理、验收等阶段执行强制性标准的情况实施监督。

建设项目规划审查机关、施工设计图设计文件审查单位、建筑安全监督管理机构、工程质量监督机构的技术人员必须熟悉、掌握工程建设强制性标准。

2. 监督检查的内容和方式

强制性标准监督检查的内容包括:①工程技术人员是否熟悉、掌握强制性标准;②工程项目的规划、勘察、设计、施工、验收等是否符合强制性标准的规定;③工程项目采用的材料、设备是否符合强制性标准的规定;④工程项目的安全、质量是否符合强制性标准的规定;⑤工程中采用的导则、指南、手册、计算机软件的内容是否符合强制性标准的规定。

工程建设标准批准部门应当定期对建设项目规划审查机关、施工图设计文件审查单位、建筑安全监督管理机构、工程质量监督机构实施强制性标准的监督进行检查,对监督不力的单位和个人,给予通报批评,建议有关部门处理。

工程建设标准批准部门应当对工程项目执行强制性标准情况进行监督检查。监督检查可以采取重点检查、抽查和专项检查的方式。

工程建设标准批准部门应当将强制性标准监督检查结果在一定范围内公告。

三、违法行为应承担的法律责任

(一)建设单位违法行为应承担的法律责任

《建筑法》规定,建设单位违反本法规定,要求建筑设计单位或者建筑施工企业违反建筑工程质量、安全标准,降低工程质量的,责令改正,可以处以罚款;构成犯罪的,依法追究刑事责任。

《建设工程质量管理条例》规定,建设单位不得明示或者暗示设计单位或者施工单位违反工程建设强制性标准,降低工程质量。

《实施工程建设强制性标准监督规定》中规定,建设单位不得有下列行为:①明示或者暗示施工单位使用不合格的建筑材料、建筑构配件和设备；②明示或者暗示设计单位或者施工单位违反工程建设强制性标准，降低工程质量。

（二）勘察、设计单位违法行为应承担的法律责任

《建筑法》规定，建筑设计单位应按照建筑工程质量、安全标准进行设计。

《建设工程质量管理条例》规定，勘察及设计单位不得出现以下行为：①勘察单位未按照工程建设强制性标准进行勘察；②设计单位未按照工程建设强制性标准进行设计。

《实施工程建设强制性标准监督规定》中规定，勘察、设计单位不得违反工程建设强制性标准进行勘察、设计。

（三）施工企业违法行为应承担的法律责任

《建筑法》规定，建筑施工企业在施工中不得偷工减料，使用不合格的建筑材料、建筑构配件和设备，或者有其他不按照工程设计图纸或者施工技术标准施工的行为。

生产、销售、进口产品或者提供服务不符合强制性标准的，依照《中华人民共和国产品质量法》《中华人民共和国进出口商品检验法》《中华人民共和国消费者权益保护法》等法律、行政法规的规定查处，记入信用记录，并依照有关法律、行政法规的规定予以公示；构成犯罪的，依法追究刑事责任。

（四）工程监理单位违法行为应承担的法律责任

《实施工程建设强制性标准监督规定》中规定，工程监理单位不得违反强制性标准规定，将不合格的建设工程以及建筑材料、建筑构配件和设备按照合格签字。

（五）相关主体的刑事责任

《建设工程质量管理条例》规定，建设单位、设计单位、施工单位、工程监理单位不得违反国家规定，降低工程质量标准。

第三节 施工单位的质量责任和义务

一、对施工质量负责和总分包单位的质量责任

施工单位是工程建设的重要责任主体之一。由于施工阶段影响质量稳定的因素和涉及的责任

主体均较多，协调管理的难度较大，施工阶段的质量责任制度尤为重要。

《建筑工程五方责任主体项目负责人质量终身责任追究暂行办法》规定，建筑工程开工建设前，建设、勘察、设计、施工、监理单位法定代表人应当签署授权书，明确本单位项目负责人。建筑工程五方责任主体项目负责人质量终身责任，是指参与新建、扩建、改建的建筑工程项目负责人按照国家法律法规和有关规定，在工程设计使用年限内对工程质量承担相应责任。工程质量终身责任实行书面承诺和竣工后永久性标牌等制度。

（一）施工单位对施工质量负责

《建设工程质量管理条例》规定，施工单位对建设工程的施工质量负责。施工单位应当建立质量责任制，确定工程项目的项目经理、技术负责人和施工管理负责人。

需要指出的是，建设工程质量责任与施工质量责任的责任主体不尽相同。在工程建设的全过程中，由于参与主体多元化，所以建设工程质量的责任主体也势必多元化。建设工程质量要受到多方面因素的制约，在勘察、设计质量没有问题的前提下，整个建设工程的质量状况，最终将取决于施工质量。因此，从法律上确立施工质量责任制，要求施工单位对建设工程的施工质量负责，也就是要对自己的施工行为负责，既可避免让施工单位承担过多的工程质量责任而开脱建设单位及其他主体的责任，又可避免建设单位及其他主体承担过多的工程质量责任而忽略施工单位应承担的施工质量责任。建设工程各方主体依法各司其职、各负其责，以使建设工程质量责任真正落到实处。施工单位是建设工程质量的重要责任主体，但不是唯一的责任主体。对施工质量负责是施工单位法定的质量责任。

施工单位的质量责任制，是其质量保证体系的一个重要组成部分，也是施工质量目标得以实现的重要保证。建立质量责任制，主要包括制定质量目标计划，建立考核标准，并层层分解落实到具体的责任单位和责任人，特别是工程项目的项目经理、技术负责人和施工管理负责人。落实质量责任制，不仅是为了在出现质量问题时可以追究责任，更重要的是通过层层落实质量责任制，做到事事有人管、人人有职责，加强对施工过程的全面质量控制，保证建设工程的施工质量。

《建筑工程五方责任主体项目负责人质量终身责任追究暂行办法》规定，施工单位项目经理应当按照经审查合格的施工图设计文件和施工技术标准进行施工，对因施工导致的工程质量事故或质量问题承担责任。

（二）总分包单位的质量责任

《建设工程质量管理条例》规定，建设工程实行总承包的，总承包单位应当对全部建设工程质量负责；建设工程勘察、设计、施工、设备采购的一项或者多项实行总承包的，总承包单位应当对其承包的建设工程或者采购的设备的质量负责。总承包单位依法将建设工程分包给其他单位的，分包单位应当按照分包合同的约定对其分包工程的质量向总承包单位负责，总承包单位与分包单位对分包工程的质量承担连带责任。

在总分包的情况下存在着总包、分包两种合同，总承包单位和分包单位各自向合同中的对方主体负责。同时，总承包单位与分包单位对分包工程的质量还要依法承担连带责任，即分包工程发生质量问题时，建设单位或其他受害人既可以向分包单位请求赔偿，也可以向总承包单位请求赔偿；进行赔偿的一方，有权依据分包合同的约定，对不属于自己责任的那部分赔偿向对方追偿。因此，分包单位还应当接受总承包单位的质量管理。

二、按照工程设计图纸和施工技术标准施工的规定

《建筑法》规定，建筑施工企业必须按照工程设计图纸和施工技术标准施工，不得偷工减料。工程设计的修改由原设计单位负责，建筑施工企业不得擅自修改工程设计。

《建设工程质量管理条例》进一步规定，施工单位必须按照工程设计图纸和施工技术标准施工，不得擅自修改工程设计，不得偷工减料。施工单位在施工过程中发现设计文件和图纸有差错的，应当及时提出意见和建议。

《建设工程消防监督管理规定》要求，施工单位必须按照国家工程建设消防技术标准和经消防设计审核合格或者备案的消防设计文件组织施工，不得擅自改变消防设计进行施工，降低消防施工质量。

（一）按图施工，遵守标准

按工程设计图纸施工，是保证工程实现设计意图的前提，也是明确划分设计、施工单位质量责任的前提。施工技术标准则是工程建设过程中规范施工行为的技术依据。施工单位只有按照施工技术标准，特别是强制性标准的要求施工，才能保证工程的施工质量。此外，从法律的角度来看，工程设计图纸和施工技术标准都属于合同文件的组成部分，如果施工单位不按照工程设计图纸和施工技术标准施工，则属于违约行为，应该对建设单位承担违约责任。

（二）防止设计文件和图纸出现差错

工程项目的设计往往涉及多个专业之间的协调配合。所以，设计文件和图纸也有可能会出现差错。这些差错通常会在图纸会审或施工过程中被逐渐发现。施工人员特别是施工管理负责人、技术负责人以及项目经理等，均为具有丰富实践经验的专业技术人员、专业管理人员。施工单位在施工过程中发现设计文件和图纸有差错的，有义务及时向建设单位或监理单位提出意见和建议，以免造成不必要的损失和质量问题。这也是其履行施工合同应尽的基本义务。

三、对建筑材料、设备等进行检验检测的规定

建设工程属于特殊产品，其质量隐蔽性强、终检局限性大，在施工全过程质量控制中，必须严格执行法定的检验、检测制度，否则将造成质量隐患甚至导致质量事故。

《建设工程质量管理条例》规定，施工单位必须按照工程设计要求、施工技术标准和合同约定，对建筑材料、建筑构配件、设备和商品混凝土进行检验，检验应当有书面记录和专人签字；未经检验或者检验不合格的，不得使用。《建设工程消防监督管理规定》要求，施工单位必须查验消防产品和具有防火性能要求的建筑构件、建筑材料及装修材料的质量，使用合格产品，保证消防施工质量。

（一）建筑材料、构配件、设备和商品混凝土的检验制度

施工单位对进入施工现场的建筑材料、建筑构配件、设备和商品混凝土实行检验制度，是施工单位质量保证体系的重要组成部分，也是保证施工质量的重要前提。

施工单位的检验要依据工程设计要求、施工技术标准和合同约定。检验对象是将在工程施工中使用的建筑材料、建筑构配件、设备和商品混凝土。合同若有其他约定的，检验工作还应满足合同相应条款的要求。检验结果要按规定的格式形成书面记录，并由相关的专业人员签字。对于未经检验或检验不合格的，不得在施工中使用。

（二）施工检测的见证取样和送检制度

《建设工程质量管理条例》规定，施工人员对涉及结构安全的试块、试件以及有关材料，应当在建设单位或者工程监理单位监督下现场取样，并送具有相应资质等级的质量检测单位进行检测。

在施工过程中，为了控制工程总体或相应部位的施工质量，通常要依据有关的技术标准，用特定方法对用于工程的材料或构件抽取一定数量的样品进行检测检验，并根据其结果来判断所代表部位的质量。这是控制和判断施工质量水平所采取的重要技术措施。试件、试块及有关材料的真实性和代表性，是保证这一措施有效的前提条件。因此，施工监测应当实行见证取样和送检制度，并由具有相应资质等级的质量检测单位进行检测。

1. 见证取样和送检

所谓见证取样和送检，是指在建设单位或工程监理单位人员的见证下，由施工单位的现场试验人员对工程中涉及结构安全的试块、试件和材料在现场取样，并送至具有法定资格的质量检测单位进行检测的活动。

见证人员应由建设单位或该工程的监理单位中具备施工试验知识的专业技术人员担任，并由建设单位或该工程的监理单位书面通知施工单位、检测单位和负责该项工程的质量监督机构。

在施工过程中，见证人员应按照见证取样和送检计划，对施工现场的取样和送检进行见证。取样人员应在试样或其包装上作出标识、封志。标识和封志应标明工程名称、取样部位、取样日期、样品名称和样品数量，并由见证人员和取样人员签字。见证人员和取样人员应对试样的代表性和真实性负责。

2. 工程质量检测机构的资质和检测规定

《建设工程质量检测管理办法》规定，工程质量检测机构是具有独立法人资格的中介机构。检测机构资质按照其承担的检测业务内容分为专项检测机构资质和见证取样检测机构资质。检测机构未取得相应的资质证书，不得承担本办法规定的质量检测业务。

质量检测业务由工程项目建设单位委托具有相应资质的检测机构进行检测。委托方与被委托方应当签订书面合同。检测机构完成检测业务后，应当及时出具检测报告。检测报告经检测人员签字、检测机构法定代表人或者其授权的签字人签署，并加盖检测机构公章或者检测专用章后方可生效。检测报告经建设单位或者工程监理单位确认后，由施工单位归档。任何单位和个人不得明示或者暗示检测机构出具虚假检测报告，不得篡改或者伪造检测报告。如果检测结果利害关系人对检测结果发生争议的，由双方共同认可的检测机构复检，复检结果由提出复检方报当地建设主管部门备案。

检测机构应当将检测过程中发现的建设单位、监理单位、施工单位违反有关法律、法规和工程建设强制性标准的情况，以及涉及结构安全检测结果的不合格情况，及时报告工程所在地建设主管部门。检测机构应当建立档案管理制度，并应当单独建立检测结果不合格项目台账。

检测人员不得同时受聘于两个或者两个以上的检测机构。检测机构和检测人员不得推荐或者监制建筑材料、构配件和设备。检测机构不得与行政机关，法律、法规授权的具有管理公共事务职能的组织以及所检测工程项目相关的设计单位、施工单位、监理单位有隶属关系或者其他利害关系。

检测机构不得转包检测业务。检测机构应当对其检测数据和检测报告的真实性和准确性负责。检测机构违反法律、法规和工程建设强制性标准，给他人造成损失的，应当依法承担相应的赔偿责任。

四、施工质量检验和返修的规定

（一）施工质量检验制度

施工质量检验，通常是指工程施工过程中工序质量检验（或称为过程检验），包括预检、自检、交接检、专职检、分部工程中间检验以及隐蔽工程检验等。

《建设工程质量管理条例》规定，施工单位必须建立、健全施工质量的检验制度，严格工序管理，做好隐蔽工程的质量检查和记录。隐蔽工程在隐蔽前，施工单位应当通知建设单位和建设工程质量监督机构。

1. 严格工序质量检验和管理

施工工序也可以称为过程。各个工序或过程之间横向和纵向的联系形成了工序网络或过程网络。任何一项工程的施工，都是通过一个由许多工序或过程组成的工序（或过程）网络来实现的。网络上的关键工序或过程都有可能对工序最终的施工质量产生决定性的影响。所以，施工单位要加强对施工工序或过程的质量控制，特别是要加强影响结构安全的地基和结构等关键施工过程的质量控制。完善的检验制度和严格的工序管理是保证工序或过程质量的前提。因此，施工单位要加强对施工工序或过程的质量控制，特别是要加强影响结构安全的地基和结构等关键施工过程的质量控制。

2. 强化隐蔽工程质量检查

隐蔽工程，是指在施工过程中某一道工序所完成的工程实物，被后一工序形成的工程实物所隐蔽，而且不可以逆向作业的那部分工程。例如，钢筋混凝土工程施工中，钢筋为混凝土所覆盖，前者即为隐蔽工程。

由于隐蔽工程被后续工序覆盖后，其施工质量就很难检验及认定。所以，隐蔽工程在覆盖前，施工单位除了要做好检查、检验并做好记录外，还应当及时通知建设单位（实施监理的工程为监理单位）和建设工程质量监督机构，以接受政府监督和向建设单位提供质量保证。

（二）建设工程的返修

所谓返工，是指工程质量不符合规定的质量标准，而又无法修理的情况下重新进行施工；修理则是指工程质量不符合标准，而又有可能修复的情况下，对工程进行修补，使其达到质量标准的要求。

《建设工程质量管理条例》规定：施工单位对施工中出现质量问题的建设工程或者竣工验收不合格的建设工程，应当负责返修。

《民法典》也作了相应规定：因施工人的原因致使建设工程质量不符合约定的，发包人有权请求施工人在合理期限内无偿修理或者返工、改建。经过修理或者返工、改建后，造成逾期交付的，施工人应当承担违约责任。

返修作为施工单位的法定义务，包括施工过程中出现质量问题的建设工程和竣工验收不合格的建设工程两种情形。不论是施工过程中出现质量问题的建设工程，还是竣工验收时发现质量问题的工程，施工单位都要负责返修。

对于非施工单位原因造成的质量问题，施工单位也应当负责返修，但是因此而造成的损失及返修费用由责任方负责。

五、建立健全职工教育培训制度的规定

《建设工程质量管理条例》规定，施工单位应当建立、健全教育培训制度，加强对职工的教育培训；未经教育培训或者考核不合格的人员，不得上岗作业。

施工单位的教育培训通常包括各类质量教育和岗位技能培训等。先培训、后上岗，是对施工单位职工教育的基本要求。特别是与质量工作有关的人员，如总工程师、项目经理、质量体系内审员、质量检查员、施工人员、材料试验及检测人员；关键技术工种，如焊工、钢筋工、混凝土工等。未经培训或者培训考核不合格的人员，不得上岗工作或作业。

六、施工单位质量违法行为应承担的法律责任

（一）违反资质管理规定和转包、违法分包造成质量问题应承担的法律责任

《建筑法》规定，建筑施工企业转让、出借资质证书或者以其他方式允许他人以本企业的名义承揽工程的，责令改正，没收违法所得，并处罚款，可以责令停业整顿，降低资质等级；情节严重的，吊销资质证书。对因该项承揽工程不符合规定的质量标准造成的损失，建筑施工企业与使用本企业名义的单位或者个人承担连带赔偿责任。

承包单位将承包的工程转包的，或者违反本法规定进行分包的，责令改正，没收违法所得，并处罚款，可以责令停业整顿，降低资质等级；情节严重的，吊销资质证书。承包单位有前款规定的违法行为的，对因转包工程或者违法分包的工程不符合规定的质量标准造成的损失，与接受转包或者分包的单位承担连带赔偿责任。

（二）偷工减料等违法行为应承担的法律责任

《建筑法》规定，建筑施工企业不得在施工中偷工减料，使用不合格的建筑材料、建筑构配件和设备，或者有其他不按照工程设计图纸或者施工技术标准施工的行为。

《建筑工程五方责任主体项目负责人质量终身责任追究暂行办法》第6条规定，符合下列情形之一的，县级以上地方人民政府住房和城乡建设主管部门应当依法追究项目负责人的质量终身责任：①发生工程质量事故；②发生投诉、举报、群体性事件、媒体报道并造成恶劣社会影响的严重工程质量问题；③由于勘察、设计或施工原因造成尚在设计使用年限内的建筑工程不能正常使用；④存在其他需追究责任的违法违规行为。

（三）检验检测违法行为应承担的法律责任

《建设工程质量管理条例》规定，施工单位未对建筑材料、建筑构配件、设备和商品混凝土进行检验，或者未对涉及结构安全的试块、试件以及有关材料取样检测的，责令改正，处10万元

以上20万元以下的罚款;情节严重的,责令停业整顿,降低资质等级或者吊销资质证书;造成损失的,依法承担赔偿责任。

(四)构成犯罪的追究刑事责任

《建设工程质量管理条例》规定,建设单位、设计单位、施工单位、工程监理单位不得违反国家规定,降低工程质量标准。

建设、勘察、设计、施工、工程监理单位的工作人员因调动工作、退休等原因离开该单位后,被发现在该单位工作期间违反国家有关建设工程质量管理规定,造成重大工程质量事故的,仍应当依法追究法律责任。

第四节 建设单位及相关单位的质量责任和义务

一、建设单位相关的质量责任和义务

建设工程质量责任制涵盖了多方主体的质量责任制,除施工单位外,还有建设单位,勘察、设计单位,工程监理单位的质量责任制。

《建筑工程五方责任主体项目负责人质量终身责任追究暂行办法》明确规定,建筑工程五方责任主体项目负责人是指承担建筑工程项目建设的建设单位项目负责人、勘察单位项目负责人、设计单位项目负责人、施工单位项目经理、监理单位总监理工程师。

建设单位作为建设工程的投资人,是建设工程的重要责任主体。建设单位有权选择承包单位,有权对建设过程进行检查、控制,对建设工程进行验收,并要按时支付工程款和费用等,在整个建设活动中居于主导地位。因此,为确保建设工程的质量,必须规范建设单位的行为,明确其质量责任。

(一)依法发包工程

发包工程亦称"出包工程",指建设单位按包工方式委托施工企业施工的建筑安装工程。采用发包方式时,建设单位和施工单位双方要签订工程合同,具体规定双方的权利和义务。凡一个建设项目由两个以上的单位负责施工时,应实行总分包制,一般应以土建施工企业为总包,安装及其他工程施工为分包,在总包单位与分包单位之间也应签订工程合同。近年来,我国实行招标投标制度,以代替由主管部门下达施工任务的形式。

《建设工程质量管理条例》规定,建设单位应当将工程发包给具有相应资质等级的单位。建

设单位不得将建设工程肢解发包。建设单位应当依法对工程建设项目的勘察、设计、施工、监理以及与工程建设有关的重要设备、材料等的采购进行招标。

《建筑工程五方责任主体项目负责人质量终身责任追究暂行办法》进一步规定，建设单位项目负责人对工程质量承担全面责任，不得违法发包、肢解发包，不得以任何理由要求勘察、设计、施工、监理单位违反法律法规和工程建设标准，降低工程质量，其违法违规或不当行为造成工程质量事故或质量问题应当承担责任。

建设单位将工程发包给具有相应资质等级的单位来承担，是保证建设工程质量的基本前提。《建设工程勘察设计资质管理规定》《建筑业企业资质管理规定》《工程监理企业资质管理规定》等均对工程勘察单位、工程设计单位、施工企业和工程监理单位的资质等级、资质标准、业务范围等作出了明确规定。如果建设单位选择不具备相应资质等级的承包人，一方面极易造成工程质量低劣，甚至使工程项目半途而废；另一方面也扰乱了建设市场秩序，助长了不正当竞争。

建设单位发包工程时，应该根据工程特点，以有利于工程的质量、进度、成本控制为原则，合理划分标段，而不能肢解发包工程。否则，将使整个工程建设在管理和技术上缺乏应有的统筹协调，从而造成施工现场秩序混乱、责任不清，严重影响工程质量，一旦出现质量问题难辞其咎。

（二）依法提供原始资料

《建设工程质量管理条例》规定，建设单位必须向有关的勘察、设计、施工、工程监理等单位提供与建设工程有关的原始资料。原始资料必须真实、准确、齐全。

原始资料是工程勘察、设计、施工、监理等单位赖以进行相关工程建设的基础性材料。建设单位作为建设活动的总负责方，向有关单位提供原始资料，以及施工地段地下管线现状资料，并保证这些资料的真实、准确、齐全，是其基本的质量责任和义务。

（三）限制不合理的干预行为

《建筑法》规定，建设单位不得以任何理由，要求建筑设计单位或者建筑施工企业在工程设计或者施工作业中，违反法律、行政法规和建筑工程质量、安全标准，降低工程质量。

《建设工程质量管理条例》规定，建设工程发包单位，不得迫使承包方以低于成本的价格竞标，不得任意压缩合理工期。建设单位不得明示或者暗示设计单位或者施工单位违反工程建设强制性标准，降低建设工程质量。

成本是构成价格的主要部分，是承包方估算投标价格的依据和最低的经济底线。如果建设单位迫使承包方以低于成本的价格中标，势必会导致中标单位在承包工程后，为了减少开支、降低成本而采取偷工减料、以次充好、粗制滥造等手段，最终导致建设工程出现质量问题，影响投资效益的发挥。

建设单位也不得任意压缩合理工期。合理工期是指在正常建设条件下，采取科学合理的施工工艺和管理方法,以现行的工期定额为基础,结合工程项目建设的实际,经合理测算和平等协商而确定的使参与各方均获满意的经济效益的工期。如果盲目要求赶工期,势必会简化工序,不按规程操作,从而导致建设工程出现诸多质量问题。

建设单位更不得以任何理由,诸如建设资金不足、工期紧等,违反强制性标准的规定,要求设计单位降低设计标准,或者要求施工单位采用建设单位采购的不合格材料设备等。其原因是,强制性标准是保证建设工程结构安全可靠的基础性要求,违反了这类标准,必然会给建设工程带来重大质量隐患。

(四)依法报审施工图设计文件

《建设工程质量管理条例》规定,施工图设计文件未经审查批准的,不得使用。

施工图设计文件是编制施工图预算、安排材料、设备订货和非标准设备制作,进行施工、安装和工程验收等工作的依据。因此,施工图设计文件的质量直接影响建设工程的质量。

建立和实施施工图设计文件审查制度,是许多发达国家确保建设工程质量的成功做法。我国于1998年开始进行建筑工程项目施工图设计文件审查试点工作,在节约投资、发现设计质量隐患和避免违法违规行为等方面都有明显的成效。通过开展对施工图设计文件的审查,既可以对设计单位的成果进行质量控制,也能纠正参与建设活动各方特别是建设单位的不规范行为。

(五)依法实行工程监理

工程监理是指具有相关资质的监理单位受甲方的委托,依据国家批准的工程项目建设文件、有关工程建设的法律、法规和工程建设监理合同及其他工程建设合同,代表甲方对乙方的工程建设实施监控的一种专业化服务活动。工程监理是一种有偿的工程咨询服务;是受甲方委托进行的;监理的主要依据是法律、法规、技术标准、相关合同及文件;监理的准则是守法、诚信、公正和科学;监理目的是确保工程建设质量和安全,提高工程建设水平,充分发挥投资效益。

《建设工程质量管理条例》规定,实行监理的建设工程,建设单位应当委托具有相应资质等级的工程监理单位进行监理,也可以委托具有工程监理相应资质等级并与被监理工程的施工承包单位没有隶属关系或者其他利害关系的该工程的设计单位进行监理。

工程监理单位的资质反映了该单位从事某项监理工作的资格和能力。为了保证监理工作的质量,建设单位必须将需要监理的工程委托给具有相应资质等级的工程监理单位进行监理。目前,我国的工程监理主要是对工程的施工过程进行监督,而该工程的设计人员对设计意图比较了解,对设计中各专业如结构、设备等在施工中可能发生的问题也比较清楚,由具有监理资质的设计单位对自己设计的工程进行监理,对保证工程质量是有利的。但是,设计单位与承包该工程的施工单位不得有行政隶属关系,也不得存在可能直接影响设计单位实施监理公正性的非常明显的经济或其他利益关系。

《建设工程质量管理条例》还规定，下列建设工程必须实行监理：①国家重点建设工程；②大中型公用事业工程；③成片开发建设的住宅小区工程；④利用外国政府或者国际组织贷款、援助资金的工程；⑤国家规定必须实行监理的其他工程。

（六）依法办理工程质量监督手续

《建设工程质量管理条例》规定，建设单位在开工前，应当按照国家有关规定办理工程质量监督手续，工程质量监督手续可以与施工许可证或者开工报告合并办理。

据此，建设单位在开工之前，应当依法到建设行政主管部门或铁路、交通、水利等有关管理部门，或其委托的工程质量监督机构办理工程质量监督手续，接受政府主管部门的工程质量监督。

（七）依法保证建筑材料等符合要求

《建设工程质量管理条例》规定，按照合同约定，由建设单位采购建筑材料、建筑构配件和设备的，建设单位应当保证建筑材料、建筑构配件和设备符合设计文件和合同要求。建设单位不得明示或者暗示施工单位使用不合格的建筑材料、建筑构配件和设备。

在工程实践中，常由建设单位采购建筑材料、构配件和设备，在合同中应当明确约定采购责任，即谁采购、谁负责。对于建设单位负责供应的材料、设备，在使用前，施工单位应当按照规定对其进行检验和试验，如果不合格，不得在工程上使用，并应通知建设单位予以退换。

（八）依法进行装修工程

《建设工程质量管理条例》规定，涉及建筑主体和承重结构变动的装修工程，建设单位应当在施工前委托原设计单位或者具有相应资质等级的设计单位提出设计方案；没有设计方案的，不得施工。房屋建筑使用者在装修过程中，不得擅自变动房屋建筑主体和承重结构。

随意拆改建筑主体结构和承重结构等，会危及建设工程安全和人民生命财产安全。因此，建设单位应当委托该建筑工程的原设计单位或者具有相应资质条件的设计单位提出装修工程的设计方案。如果没有设计方案就擅自施工，将留下质量隐患甚至造成质量事故，后果严重。至于房屋使用者，在装修过程中也不得擅自变动房屋建筑主体和承重结构，如拆除隔墙、窗洞改门洞等，否则很有可能会酿成房倒屋塌的灾难。

（九）建设单位质量违法行为应承担的法律责任

《建筑法》规定，建设单位违反本法规定，要求建筑设计单位或者建筑施工企业违反建筑工程质量、安全标准，降低工程质量的，责令改正，可以处以罚款；构成犯罪的，依法追究刑事责任。

《建设工程质量管理条例》规定，建设单位不得有下列行为：①迫使承包方以低于成本的价格竞标；②任意压缩合理工期；③明示或者暗示设计单位或者施工单位违反工程建设强制性标准，降低工程质量；④施工图设计文件未经审查或者审查不合格，擅自施工；⑤建设项目必须实行工程监理而未实行工程监理；⑥未按照国家规定办理工程质量监督手续；⑦明示或者暗示施工单位使用不合格的建筑材料、建筑构配件和设备；⑧未按照国家规定将竣工验收报告、有关认可文件或者准许使用文件报送备案。

二、勘察、设计单位相关的质量责任和义务

《建筑法》规定，建筑工程的勘察、设计单位必须对其勘察、设计的质量负责。勘察、设计文件应当符合有关法律、行政法规的规定和建筑工程质量、安全标准、建筑工程勘察、设计技术规范以及合同的约定。

《建设工程质量管理条例》进一步规定，勘察、设计单位必须按照工程建设强制性标准进行勘察、设计，并对其勘察、设计的质量负责。注册建筑师、注册结构工程师等注册执业人员应当在设计文件上签字，对设计文件负责。

谁勘察设计、谁负责，谁施工、谁负责，这是国际上通行的做法。勘察、设计单位和执业注册人员是勘察设计质量的责任主体，也是整个工程质量的责任主体之一。勘察、设计质量实行单位与执业注册人员双重责任，即勘察、设计单位对其勘察、设计的质量负责，注册建筑师、注册结构工程师等专业人士对其签字的设计文件负责。

（一）依法承揽勘察、设计业务

《建设工程质量管理条例》规定，从事建设工程勘察、设计的单位应当依法取得相应等级的资质证书，并在其资质等级许可的范围内承揽工程。禁止勘察、设计单位超越其资质等级许可的范围或者以其他勘察、设计单位的名义承揽工程。禁止勘察、设计单位允许其他单位或者个人以本单位的名义承揽工程。勘察、设计单位不得转包或者违法分包所承揽的工程。

勘察、设计作为一个特殊行业，与施工单位一样，也有着严格的市场准入条件，有着从业资格制度，同样禁止无资质或者越级承揽工程，禁止以其他勘察、设计单位的名义承揽工程或者允许其他单位、个人以本单位的名义承揽工程，禁止转包或者违法分包所承揽的工程。

（二）勘察、设计必须执行强制性标准

《建筑工程五方责任主体项目负责人质量终身责任追究暂行办法》规定，勘察、设计单位项目负责人应当保证勘察设计文件符合法律法规和工程建设强制性标准的要求，对因勘察、设计导致的工程质量事故或质量问题承担责任。

多年的实践证明，强制性标准是工程建设技术和经验的积累，是勘察、设计工作的技术依

据。只有满足工程建设强制性标准才能保证质量，才能满足工程对安全、卫生、环保等多方面的质量要求。

（三）勘察单位提供的勘察成果必须真实、准确

《建设工程质量管理条例》规定，勘察单位提供的地质、测量、水文等勘察成果必须真实、准确。

工程勘察是工程建设工作的基础性工作。工程勘察成果文件是设计和施工的基础资料和重要依据，其真实准确与否直接影响到设计、施工质量。因而，工程勘察成果必须真实准确、安全可靠。

（四）设计依据和设计深度

《建设工程质量管理条例》规定，设计单位应当根据勘察成果文件进行建设工程设计。设计文件应当符合国家规定的设计深度要求，注明工程合理使用年限。

勘察成果文件是设计的基础资料，是设计的依据。我国对各类设计文件的编制深度都有规定，在实践中应当贯彻执行。工程合理使用年限是指从工程竣工验收合格之日起，工程的地基基础、主体结构能保证在正常情况下安全使用的年限。

（五）依法规范设计单位对建筑材料等的选用

《建筑法》《建设工程质量管理条例》均规定，设计单位在设计文件中选用的建筑材料、建筑构配件和设备，应当注明规格、型号、性能等技术指标，其质量要求必须符合国家规定的标准。除有特殊要求的建筑材料、专用设备、工艺生产线等外，设计单位不得指定生产厂、供应商。

为了使施工能准确满足设计意图，设计文件中必须注明所选用的建筑材料、建筑构配件和设备的规格、型号、性能等技术指标，这也是设计文件编制深度的要求。但是，在通用产品能保证工程质量的前提下，设计单位就不应选用特殊要求的产品，也不能滥用权力指定生产厂、供应商，以免限制建设单位或者施工单位在材料等采购上的自主权，导致垄断或者变相垄断现象的发生。

（六）依法对设计文件进行技术交底

《建设工程质量管理条例》规定，设计单位应当就审查合格的施工图设计文件向施工单位作出详细说明。

设计文件的技术交底，是指设计单位将设计意图、特殊工艺要求，以及建筑、结构、设备等各专业在施工中的难点、疑点和容易发生的问题等向施工单位作详细说明，并负责解释施工单位对设计图纸的疑问。

对设计文件进行技术交底是设计单位的重要义务，对确保工程质量有重要的意义。

（七）依法参与建设工程质量事故分析

《建设工程质量管理条例》规定，设计单位应当参与建设工程质量事故分析，并对因设计造成的质量事故，提出相应的技术处理方案。

工程质量的好坏，在一定程度上就是工程建设是否准确贯彻了设计意图。因此，一旦发生了质量事故，该工程的设计单位最有可能在短时间内发现存在的问题，对事故的分析具有权威性。这对及时进行事故处理十分有利。对因设计造成的质量事故，原设计单位必须提出相应的技术处理方案，这是设计单位的法定义务。

（八）勘察、设计单位质量违法行为应承担的法律责任

《建筑法》规定，建筑设计单位不按照建筑工程质量、安全标准进行设计的，责令改正，处以罚款；造成工程质量事故的，责令停业整顿，降低资质等级或者吊销资质证书，没收违法所得，并处罚款；造成损失的，承担赔偿责任；构成犯罪的，依法追究刑事责任。

《建设工程质量管理条例》规定，有下列行为之一的，责令改正，处10万元以上30万元以下的罚款：①勘察单位未按照工程建设强制性标准进行勘察的；②设计单位未根据勘察成果文件进行工程设计的；③设计单位指定建筑材料、建筑构配件的生产厂、供应商的；④设计单位未按照工程建设强制性标准进行设计的。有以上所列行为，造成工程质量事故的，责令停业整顿，降低资质等级；情节严重的，吊销资质证书；造成损失的，依法承担赔偿责任。

《建筑工程五方责任主体项目负责人质量终身责任追究暂行办法》规定，发生本办法第6条所列情形之一的，对勘察单位项目负责人、设计单位项目负责人按以下方式进行责任追究：①项目负责人为注册建筑师、勘察设计注册工程师的，责令停止执业1年；造成重大质量事故的，吊销执业资格证书，5年以内不予注册；情节特别恶劣的，终身不予注册；②构成犯罪的，移送司法机关依法追究刑事责任；③处单位罚款数额5%以上10%以下的罚款；④向社会公布曝光。

三、工程监理单位相关的质量责任和义务

工程监理单位接受建设单位的委托，代表建设单位，对建设工程进行管理。因此，工程监理单位也是建设工程质量的责任主体之一。

（一）依法承担工程监理业务

《建筑法》规定，工程监理单位应当在其资质等级许可的监理范围内，承担工程监理业务。工程监理单位不得转让工程监理业务。

《建设工程质量管理条例》进一步规定，工程监理单位应当依法取得相应等级的资质证书，并在其资质等级许可的范围内承担工程监理业务。禁止工程监理单位超越本单位资质等级许可的

范围或者以其他工程监理单位的名义承担工程监理业务。禁止工程监理单位允许其他单位或者个人以本单位的名义承担工程监理业务。工程监理单位不得转让工程监理业务。

监理单位必须按照资质等级承担工程监理业务。越级监理、允许其他单位或者个人以本单位的名义承担监理业务等，都将使工程监理变得有名无实，最终将对工程质量造成危害。监理单位转让工程监理业务，与施工单位转包工程有着同样的危害性。

（二）对有隶属关系或其他利害关系的回避

《建筑法》《建设工程质量管理条例》都规定，工程监理单位与被监理工程的施工承包单位以及建筑材料、建筑构配件和设备供应单位有隶属关系或者其他利害关系的，不得承担该项建设工程的监理业务。

由于工程监理单位与被监理工程的承包单位以及建筑材料、建筑构配件和设备供应单位之间，是一种监督与被监督的关系，为了保证客观、公正地执行监理任务，工程监理单位与上述单位不能有隶属关系或者其他利害关系。如果有这种关系，工程监理单位在接受监理委托前，应当自行回避；对于没有回避而被发现的，建设单位可以依法解除委托关系。

（三）监理工作的依据和监理责任

《建设工程质量管理条例》规定，工程监理单位应当依照法律、法规以及有关技术标准、设计文件和建设工程承包合同，代表建设单位对施工质量实施监理，并对施工质量承担监理责任。

《建筑工程五方责任主体项目负责人质量终身责任追究暂行办法》进一步规定，监理单位总监理工程师应当按照法律法规、有关技术标准、设计文件和工程承包合同进行监理，对施工质量承担监理责任。

监理工作的主要依据是：①法律、法规，如《建筑法》《合同法》《建设工程质量管理条例》等；②有关技术标准，如工程建设强制性标准以及建设工程承包合同中确认采用的推荐性标准等；③设计文件，施工图设计等设计文件既是施工的依据，也是监理单位对施工活动进行监督管理的依据；④建设工程承包合同，监理单位据此监督施工单位是否全面履行合同约定的义务。

监理单位对施工质量承担监理责任，包括违约责任和违法责任两个方面：①违约责任。如果监理单位不按照监理合同约定履行监理义务，给建设单位或其他单位造成损失的，应当承担相应的赔偿责任。②违法责任。如果监理单位违法监理，或者降低工程质量标准，造成质量事故的，要承担相应的法律责任。

（四）工程监理的职责和权限

《建设工程质量管理条例》规定，工程监理单位应当选派具备相应资格的总监理工程师和监理工程师进驻施工现场。未经监理工程师签字，建筑材料、建筑构配件和设备不得在工程上使用或者安装，施工单位不得进行下一道工序的施工。未经总监理工程师签字，建设单位不拨付工程款，不进行竣工验收。

监理单位应根据所承担的监理任务，组建驻工地监理机构。监理机构一般由总监理工程师、监理工程师和其他监理人员组成。工程监理实行总监理工程师负责制。总监理工程师依法在授权范围内可以发布有关指令，全面负责受委托的监理工程。监理工程师拥有对建筑材料、建筑构配件和设备以及每道施工工序的检查权，对检查不合格的，有权决定是否允许在工程上使用或进行下一道工序的施工。

（五）工程监理的形式

《建设工程质量管理条例》规定，监理工程师应当按照工程监理规范的要求，采取旁站、巡视和平行检验等形式，对建设工程实施监理。

所谓旁站，是指对工程中有关地基和结构安全的关键工序和关键施工过程，进行连续不断的监督检查或检验的监理活动，有时甚至要连续跟班监理。所谓巡视，主要是强调除了关键点的质量控制外，监理工程师还应对施工现场进行面上的巡查监理。所谓平行检验，主要是强调监理单位对施工单位已经检验的工程应及时进行检验。对于关键性、较大体量的工程实物，采取分段后平行检验的方式，有利于及时发现质量问题，及时采取措施予以纠正。

（六）工程监理单位质量违法行为应承担的法律责任

《建筑法》规定，工程监理单位不得与建设单位或者建筑施工企业串通，弄虚作假、降低工程质量。

《建设工程质量管理条例》规定，工程监理单位不得有下列行为：①与建设单位或者施工单位串通、弄虚作假、降低工程质量；②将不合格的建设工程、建筑材料、建筑构配件和设备按照合格签字。

四、政府部门工程质量监督管理的相关规定

为了确保建设工程质量，保障公共安全和人民生命财产安全，政府必须加强对建设工程质量的监督管理。因此，《建设工程质量管理条例》规定，国家实行建设工程质量监督管理制度。

（一）我国的建设工程质量监督管理体制

《建设工程质量管理条例》规定，国务院建设行政主管部门对全国的建设工程质量实施统一监督管理。国务院铁路、交通、水利等有关部门按照国务院规定的职责分工，负责对全国的有关专业建设工程质量的监督管理。

国务院发展计划部门按照国务院规定的职责，组织稽查特派员，对国家出资的重大建设项目实施监督检查。国务院经济贸易主管部门按照国务院规定的职责，对国家重大技术改造项目实施监督检查。

县级以上地方人民政府建设行政主管部门对本行政区域内的建设工程质量实施监督管理。县级以上地方人民政府交通、水利等有关部门在各自的职责范围内，负责对本行政区域内的专业建设工程质量的监督管理。建设工程质量监督管理，可以由建设行政主管部门或者其他有关部门委托的建设工程质量监督机构具体实施。

从事房屋建筑工程和市政基础设施工程质量监督的机构，必须按照国家有关规定经国务院建设行政主管部门或者省、自治区、直辖市人民政府建设行政主管部门考核；从事专业建设工程质量监督的机构，必须按照国家有关规，定经国务院有关部门或者省、自治区、直辖市人民政府有关部门考核。经考核合格后，方可实施质量监督。

在政府加强监督的同时，还要发挥社会监督的巨大作用，即任何单位和个人对建设工程的质量事故、质量缺陷都有权检举、控告、投诉。

（二）政府监督检查的内容和有权采取的措施

《建设工程质量管理条例》规定，国务院建设行政主管部门和国务院铁路、交通、水利等有关部门以及县级以上地方人民政府建设行政主管部门和其他有关部门，应当加强对有关建设工程质量的法律、法规和强制性标准执行情况的监督检查。

县级以上人民政府建设行政主管部门和其他有关部门履行监督检查职责时，有权采取下列措施：①要求被检查的单位提供有关工程质量的文件和资料；②进入被检查单位的施工现场进行检查；③发现有影响工程质量的问题时，责令改正。

有关单位和个人对县级以上人民政府建设行政主管部门和其他有关部门进行的监督检查应当支持与配合，不得拒绝或者阻碍建设工程质量监督检查人员依法执行职务。

（三）禁止滥用权力的行为

《建设工程质量管理条例》规定，供水、供电、供气、公安消防等部门或者单位不得明示或者暗示建设单位、施工单位购买其指定的生产供应单位的建筑材料、建筑构配件和设备。

在实践中，一些部门或单位利用其管理职能或者垄断地位指定生产厂家或产品的现象较多，如果建设单位或者施工单位不采用，就在竣工验收时故意刁难或不予验收，不准投入使用。这种非法滥用职权的行为，是法律所禁止的。

（四）建设工程质量事故报告制度

《建设工程质量管理条例》规定，建设工程发生质量事故，有关单位应当在24小时内向当地建设行政主管部门和其他有关部门报告。对重大质量事故，事故发生地的建设行政主管部门和其他有关部门应当按照事故类别和等级向当地人民政府和上级建设行政主管部门和其他有关部门报告。特别重大质量事故的调查程序按照国务院有关规定办理。

为了规范生产安全事故的报告和调查处理，落实生产安全事故责任追究制度，防止和减少生产安全事故，《生产安全事故报告和调查处理条例》规定，特别重大事故、重大事故逐级上报至国务院安全生产监督管理部门和负有安全生产监督管理职责的有关部门。每级上报的时间不得超过2小时。必要时，安全生产监督管理部门和负有安全生产监督管理职责的有关部门可以越级上报事故情况。

（五）有关质量违法行为应承担的法律责任

《建设工程质量管理条例》规定，发生重大工程质量事故隐瞒不报、谎报或者拖延报告期限的，对直接负责的主管人员和其他责任人员依法给予行政处分。

供水、供电、供气、公安消防等部门或者单位明示或者暗示建设单位或者施工单位购买其指定的生产供应单位的建筑材料、建筑构配件和设备的，责令改正。

国家机关工作人员在建设工程质量监督管理工作中玩忽职守、滥用职权、徇私舞弊，构成犯罪的，依法追究刑事责任；尚不构成犯罪的，依法给予行政处分。

第五节　建设工程竣工验收制度及质量保修制度

一、建设工程竣工验收制度

工程项目的竣工验收制度是施工全过程的最后一道工序，也是工程项目管理的最后一项工作。它是建设投资成果转入生产或使用的标志，也是全面考核投资效益、检验设计和施工质量的重要环节。

（一）施工单位应提交的档案资料

《建设工程质量管理条例》规定，建设单位应当严格按照国家有关档案管理的规定，及时收集、整理建设项目各环节的文件资料，建立健全建设项目档案，并在建设工程竣工验收后，及时向建设行政主管部门或者其他有关部门移交建设项目档案。

建设工程是百年大计。一般的建筑物设计年限都在50～70年，重要的建筑物达百年以上。在建设工程投入使用之后，还要进行检查、维修、管理，还可能会遇到改建、扩建或拆除活动，以及在其周围进行建设活动。这些都需要参考原始的勘察、设计、施工等资料。建设单位是工程建设活动的总负责方，应当在合同中明确要求勘察、设计、施工、监理等单位分别提供工程建设各环节的文件资料，及时收集整理，建立健全建设项目档案。

《城市建设档案管理规定》中规定，建设单位应当在工程竣工验收后3个月内，向城建档案馆报送一套符合规定的建设工程档案。凡建设工程档案不齐全的，应当限期补充。对改建、扩建和重要部位维修的工程，建设单位应当组织设计、施工单位据实修改、补充和完善原建设工程档案。

《建设工程文件归档规范》GB/T 50328—2014规定，勘察、设计、施工、监理等单位应将本单位形成的工程文件立卷后向建设单位移交。

建设工程项目实行总承包管理的，总包单位应负责收集、汇总各分包单位形成的工程档案，并应及时向建设单位移交；各分包单位应将本单位形成的工程文件整理、立卷后及时移交总包单位。建设工程项目由几个单位承包的，各承包单位应负责收集、整理、立卷其承包项目的工程文件，并应及时向建设单位移交。

（二）规划、消防、节能、环保等验收的规定

《建设工程质量管理条例》规定，建设单位应当自建设工程竣工验收合格之日起15日内，将建设工程竣工验收报告和规划、公安消防、环保等部门出具的认可文件或者准许使用文件报建设行政主管部门或者其他有关部门备案。

1. 建设工程竣工规划验收

《中华人民共和国城乡规划法》（简称《城乡规划法》）规定，县级以上地方人民政府城乡规划主管部门按照国务院规定对建设工程是否符合规划条件予以核实。未经核实或者经核实不符合规划条件的，建设单位不得组织竣工验收。建设单位应当在竣工验收后6个月内向城乡规划主管部门报送有关竣工验收资料。

建设工程竣工后，建设单位应当依法向城乡规划行政主管部门提出竣工规划验收申请，由城乡规划行政主管部门按照选址意见书、建设用地规划许可证、建设工程规划许可证、乡村建设规划许可证及其有关规划的要求，对建设工程进行规划验收，包括对建设用地范围内的各项工程建设情况，建筑物的使用性质、位置、间距、层数、标高、平面、立面、外墙装饰材料和色彩，各类配套服务设施、临时施工用房、施工场地等进行全面核查，并作出验收记录。对于验收合格的，由城乡规划行政主管部门出具规划认可文件或核发建设工程竣工规划验收合格证。

《城乡规划法》还规定，建设单位需在建设工程竣工验收后6个月内向城乡规划主管部门报送有关竣工验收资料。

2. 建设工程竣工消防验收

《中华人民共和国消防法》（简称《消防法》）规定，国务院住房和城乡建设主管部门规定应当申请消防验收的建设工程竣工，建设单位应当向住房和城乡建设主管部门申请消防验收。

上述规定以外的其他建设工程，建设单位在验收后应当报住房和城乡建设主管部门备案，住房和城乡建设主管部门应当进行抽查。依法应当进行消防验收的建设工程，未经消防验收或者消防验收不合格的，禁止投入使用；其他建设工程经依法抽查不合格的，应当停止使用。

《建设工程消防监督管理规定》进一步规定，建设单位申请消防验收应当提供下列材料：①建设工程消防验收申报表；②工程竣工验收报告和有关消防设施的工程竣工图纸；③消防产品质量合格证明文件；④具有防火性能要求的建筑构件、建筑材料、装修材料符合国家标准或者行业标准的证明文件、出厂合格证；⑤消防设施检测合格证明文件；⑥施工、工程监理、检测单位的合法身份证明和资质等级证明文件；⑦建设单位的工商营业执照等合法身份证明文件；⑧法律、行政法规规定的其他材料。

施工单位应当承担下列消防施工的质量和安全责任：①按照国家工程建设消防技术标准和经消防设计审核合格或者备案的消防设计文件组织施工，不得擅自改变消防设计进行施工，降低消防施工质量；②查验消防产品和具有防火性能要求的建筑构件、建筑材料及装修材料的质量，使用合格产品，保证消防施工质量；③建立施工现场消防安全责任制度，确定消防安全负责人；④加强对施工人员的消防教育培训，落实动火、用电、易燃可燃材料等消防管理制度和操作规程；⑤保证在建工程竣工验收前消防通道、消防水源、消防设施和器材、消防安全标志等完好有效。

公安机关消防机构应当自受理消防验收申请之日起20日内组织消防验收，并出具消防验收意见。公安机关消防机构对申报消防验收的建设工程，应当依照建设工程消防验收评定标准对已经消防设计审核合格的内容组织消防验收。对综合评定结论为合格的建设工程，公安机关消防机构应当出具消防验收合格意见；对综合评定结论为不合格的，应当出具消防验收不合格意见，并说明理由。

《消防法》规定，应当进行消防验收的建设工程，不得未经消防验收或者消防验收不合格，擅自投入使用。

3. 建设工程竣工环保验收

《建设项目环境保护管理条例》规定，编制环境影响报告书、环境影响报告表的建设项目竣工后，建设单位应当按照国务院环境保护行政主管部门规定的标准和程序，对配套建设的环境保护设施进行验收，编制验收报告。建设单位在环境保护设施验收过程中，应当如实查验、监测、记载建设项目环境保护设施的建设和调试情况，不得弄虚作假。除按照国家规定需要保密的情形外，建设单位应当依法向社会公开验收报告。

分期建设、分期投入生产或者使用的建设项目，其相应的环境保护设施应当分期验收。

编制环境影响报告书、环境影响报告表的建设项目，其配套建设的环境保护设施经验收合格，方可投入生产或者使用；未经验收或者验收不合格的，不得投入生产或者使用。

4. 建筑工程节能验收

为了推动全社会节约能源，提高能源利用效率，保护和改善环境，促进经济社会全面协调可持续发展，《中华人民共和国节约能源法》规定，国家实行固定资产投资项目节能评估和审查制度。不符合强制性节能标准的项目，建设单位不得开工建设；已经建成的，不得投入生产、使用。政府投资项目不符合强制性节能标准的，依法负责项目审批的机关不得批准建设。

《民用建筑节能条例》进一步规定，建设单位组织竣工验收，应当对民用建筑是否符合民用建筑节能强制性标准进行查验；对不符合民用建筑节能强制性标准的，不得出具竣工验收合格报告。

建筑节能工程施工质量的验收，主要应按照国家标准《建筑节能工程施工质量验收规范》GB 50411以及《建筑工程施工质量验收统一标准》GB 50300、各专业工程施工质量验收规范等执行。单位工程竣工验收应在建筑节能分部工程验收合格后进行。

建筑节能工程为单位建筑工程的一个分部工程，并按规定划分为分项工程和检验批。建筑节能工程应按照分项工程进行验收，如墙体节能工程、幕墙节能工程、门窗节能工程、屋面节能工程、地面节能工程、采暖节能工程、通风与空气调节节能工程、配电与照明节能工程等。当建筑节能分项工程的工程量较大时，可以将分项工程划分为若干个检验批进行验收。当建筑节能工程验收无法按照要求划分分项工程或检验批时，可由建设、施工、监理等各方协商进行划分。但验收项目、验收内容、验收标准和验收记录均应遵守《建筑节能工程施工质量验收规范》的规定。

（1）建筑节能分部工程进行质量验收的条件

建筑节能分部工程的质量验收，应在检验批、分项工程全部合格的基础上，进行建筑围护结构的外墙节能构造实体检验，严寒、寒冷和夏热冬冷地区的外窗气密性现场检测，以及系统节能性能检测和系统联合试运转与调试，确认建筑节能工程质量达到验收的条件后方可进行。

（2）建筑节能分部工程验收的组织

建筑节能工程验收的程序和组织应遵守《建筑工程施工质量验收统一标准》GB 50300的要求，并符合下列规定：①节能工程的检验批验收和隐蔽工程验收应由监理工程师主持，施工单位相关专业的质量检查员与施工员参加；②节能分项工程验收应由监理工程师主持，施工单位项目技术负责人和相关专业的质量检查员、施工员参加，必要时可邀请设计单位相关专业的人员参加；③节能分部工程验收应由总监理工程师（建设单位项目负责人）主持，施工单位项目经理、项目技术负责人和相关专业的质量检查员、施工员参加，施工单位的质量或技术负责人应参加，设计单位节能设计人员应参加。

（3）建筑节能工程专项验收应注意事项

建筑节能工程验收重点是检查建筑节能工程效果是否满足设计及规范要求，监理和施工单位应加强和重视节能验收工作，对验收中发现的工程实物质量问题及时解决。

工程项目存在以下问题之一的，监理单位不得组织节能工程验收：①未完成建筑节能工程设计内容的；②隐蔽验收记录等技术档案和施工管理资料不完整的；③工程使用的主要建筑材料、建筑构配件和设备未提供进场检验报告的，未提供相关的节能性检测报告的；④工程存在违反强制性标准的质量问题而未整改完毕的；⑤对监督机构发出的责令整改内容未整改完毕的；⑥存在其他违反法律、法规行为而未处理完毕的。

工程项目验收存在以下问题之一的，应重新组织建筑节能工程验收：①验收组织机构不符合法规及规范要求的；②参加验收人员不具备相应资格的；③参加验收各方主体验收意见不一致的；④验收程序和执行标准不符合要求的；⑤各方提出的问题未整改完毕的。

单位工程在办理竣工备案时应提交建筑节能相关资料，不符合要求的不予备案。

（4）建筑工程节能验收违法行为应承担的法律责任

《民用建筑节能条例》规定，建设单位不得对不符合民用建筑节能强制性标准的民用建筑项目出具竣工验收合格报告。

（三）竣工结算规定

《民法典》规定，建设工程竣工后，发包人应当根据施工图纸及说明书、国家颁发的施工验收规范和质量检验标准及时进行验收。验收合格的，发包人应当按照约定支付价款，并接收该建设工程。《建筑法》也规定，发包单位应当按照合同的约定，及时拨付工程款项。

1. 工程竣工结算方式

为加强和规范建设工程价款结算，维护建设市场正常秩序，2004年10月20日我国公布了《建筑工程价款结算暂行办法》，自公布之日起实施。本办法规定，工程完工后，双方应按照约定的合同价款、合同价款调整内容及索赔事项，进行工程竣工结算。工程竣工结算分为单位工程竣工结算、单项工程竣工结算和建设项目竣工总结算。

2. 竣工结算文件的编制、提交与审查

（1）竣工结算文件的提交

《建筑工程施工发包与承包计价管理办法》规定，工程完工后，承包方应当在约定期限内提交竣工结算文件。

《建设工程价款结算暂行办法》规定，承包人应在合同约定期限内完成项目竣工结算编制工作，未在规定期限内完成并且提不出正当理由延期的，责任自负。

（2）竣工结算文件的编审

单位工程竣工结算由承包人编制，发包人审查；实行总承包的工程，由具体承包人编制，在总包人审查的基础上，发包人审查。

单项工程竣工结算或建设项目竣工总结算由总（承）包人编制，发包人可直接进行审查，也可以委托具有相应资质的工程造价咨询机构进行审查。政府投资项目，由同级财政部门审查。单项工程竣工结算或建设项目竣工总结算经发、承包人签字盖章后有效。

《建筑工程施工发包与承包计价管理办法》规定，国有资金投资建筑工程的发包方，应当委托具有相应资质的工程造价咨询企业对竣工结算文件进行审核，并在收到竣工结算文件后的约定期限内向承包方提出由工程造价咨询企业出具的竣工结算文件审核意见；逾期未答复的，按照合同约定处理，合同没有约定的，竣工结算文件视为已被认可。

非国有资金投资的建筑工程发包方，应当在收到竣工结算文件后的约定期限内予以答复，逾期未答复的，按照合同约定处理，合同没有约定的，竣工结算文件视为已被认可；发包方对竣工结算文件有异议的，应当在答复期内向承包方提出，并可以在提出异议之日起的约定期限内与承包方协商；发包方在协商期内未与承包方协商或者经协商未能与承包方达成协议的，应当委托工程造价咨询企业进行竣工结算审核，并在协商期满后的约定期限内向承包方提出由工程造价咨询企业出具的竣工结算文件审核意见。

（3）承包方异议的处理

承包方对发包方提出的工程造价咨询企业竣工结算审核意见有异议的，在接到该审核意见后一个月内，可以向有关工程造价管理机构或者有关行业组织申请调解，调解不成的，可以依法申请仲裁或者向人民法院提起诉讼。

（4）竣工结算文件的确认与备案

工程竣工结算文件经发包、承包双方签字确认的，应当作为工程决算的依据，未经对方同意，另一方不得就已生效的竣工结算文件委托工程造价咨询企业重复审核。发包方应当按照竣工结算文件及时支付竣工结算款。

竣工结算文件应当由发包方报工程所在地县级以上地方人民政府住房和城乡建设主管部门备案。

3. 竣工结算文件的审查期限

《建设工程价款结算暂行办法》规定，单项工程竣工后，承包人应在提交竣工验收报告的同时，向发包人递交竣工结算报告及完整的结算资料，发包人应按以下规定时限进行核对（审查）并提出审查意见：①500万元以下，从接到竣工结算报告和完整的竣工结算资料之日起20天；②500万～2000万元，从接到竣工结算报告和完整的竣工结算资料之日起30天；③2000万～5000万元，从接到竣工结算报告和完整的竣工结算资料之日起45天；④5000万元以上，从接到竣工结算报告和完整的竣工结算资料之日起60天。

建设项目竣工总结算在最后一个单项工程竣工结算审查确认后15天内汇总，送发包人后30天内审查完成。

《建筑工程施工发包与承包计价管理办法》规定，发包、承包双方在合同中对竣工结算文件提交、审核的期限没有明确约定的，应当按照国家有关规定执行；国家没有规定的，可认为其约定期限均为28日。

4. 工程竣工价款结算

《建设工程价款结算暂行办法》规定，发包人收到承包人递交的竣工结算报告及完整的结算资料后，应按以上规定的期限（合同约定有期限的，从其约定）进行核实，给予确认或者提出修改意见。

发包人根据确认的竣工结算报告向承包人支付工程竣工结算价款，保留5%左右的质量保证（保修）金，待工程交付使用1年质保期到期后清算（合同另有约定的，从其约定），质保期内如有返修，发生费用应在质量保证（保修）金内扣除。

工程竣工结算以合同工期为准，实际施工工期比合同工期提前或延后，发包、承包双方应按合同约定的奖惩办法执行。

5. 索赔及合同以外零星项目工程价款结算

发包、承包人未能按合同约定履行自己的各项义务或发生错误，给另一方造成经济损失的，由受损方按合同约定提出索赔，索赔金额按合同约定支付。

发包人要求承包人完成合同以外零星项目，承包人应在接受发包人要求的7天内就用工数量和单价、机械台班数量和单价、使用材料和金额等向发包人提出施工签证，发包人签证后施工，如发包人未签证，承包人施工后发生争议的，责任由承包人自负。

发包人和承包人要加强施工现场的造价控制，及时对工程合同外的事项如实记录并履行书面手续。凡由发包、承包双方授权的现场代表签字的现场签证以及发包、承包双方协商确定的索赔等费用，应在工程竣工结算中如实办理，不得因发包、承包双方现场代表的中途变更改变其有效性。

6. 未按规定时限办理事项的处理

发包人收到竣工结算报告及完整的结算资料后，在《建设工程价款结算暂行办法》规定或合同约定期限内，对结算报告及资料没有提出意见，则视同认可。

承包人如未在规定时间内提供完整的工程竣工结算资料，经发包人催促后14天内仍未提供或没有明确答复，发包人有权根据已有资料进行审查，责任由承包人自负。

根据确认的竣工结算报告，承包人向发包人申请支付工程竣工结算款。发包人应在收到申请后15天内支付结算款，到期没有支付的应承担违约责任。承包人可以催告发包人支付结算价款，如达成延期支付协议，发包人应按同期银行贷款利率支付拖欠工程价款的利息。如未达成延期支付协议，承包人可以与发包人协商将该工程折价，或申请人民法院将该工程依法拍卖，承包人就该工程折价或者拍卖的价款优先受偿。

7. 工程价款结算争议处理

工程造价咨询机构接受发包人或承包人委托，编审工程竣工结算，应按合同约定和实际履约事项认真办理，出具的竣工结算报告经发包、承包双方签字后生效。当事人一方对报告有异议的，可对工程结算中有异议部分，向有关部门申请咨询后协商处理，若不能达成一致的，双方可按合同约定的争议或纠纷解决程序办理。

发包人对工程质量有异议，已竣工验收或已竣工未验收但实际投入使用的工程，其质量争议按该工程保修合同执行；已竣工未验收且未实际投入使用的工程以及停工、停建工程的质量争议，应当就有争议部分的竣工结算暂缓办理，双方可就有争议的工程委托有资质的检测鉴定机构进行检测，根据检测结果确定解决方案，或按工程质量监督机构的处理决定执行，其余部分的竣工结算依照约定办理。

当事人对工程造价发生合同纠纷时，可通过下列办法解决：①双方协商确定；②按合同条款约定的办法提请调解；③向有关仲裁机构申请仲裁或向人民法院起诉。

《最高人民法院关于审理建设工程施工合同纠纷案件适用法律问题的解释》第16条规定，当事人对建设工程的计价标准或者计价方法有约定的，按照约定结算工程价款。因设计变更导致建设工程的工程量或质量标准发生变化，当事人对该部分工程价款不能协商一致的，可以参照签订建设工程施工合同时当地建设行政主管部门发布的计价方法或者计价标准结算工程价款。

8. 工程价款结算管理

《建设工程价款结算暂行办法》规定，工程竣工后，发包、承包双方应及时办清工程竣工结算。否则，工程不得交付使用，有关部门不予办理权属登记。

（四）竣工工程质量争议的处理

《建筑法》规定，建筑工程竣工时，屋顶、墙面不得留有渗漏、开裂等质量缺陷；对已发现的质量缺陷，建筑施工企业应当修复。《建设工程质量管理条例》规定，施工单位对施工中出现质量问题的建设工程或者竣工验收不合格的建设工程，应当负责返修。

据此，建设工程竣工时发现的质量问题或者质量缺陷，无论是建设单位的责任还是施工单位的责任，施工单位都有义务进行修复或返修。但是，对于非施工单位原因出现的质量问题或质量缺陷，其返修的费用和造成的损失是应由责任方承担的。

1. 承包方责任的处理

《民法典》规定，因施工人的原因致使建设工程质量不符合约定的，发包人有权请求施工人在合理期限内无偿修理或者返工、改建。经过修理或者返工、改建后，造成逾期交付的，施工人应当承担违约责任。

如果承包人拒绝修理、返工或改建的，《最高人民法院关于审理建设工程施工合同纠纷案件适用法律问题的解释》第11条规定，因承包人的过错造成建设工程质量不符合约定，承包人拒绝修理、返工或者改建，发包人请求减少支付工程价款的，应予支持。

2. 发包方责任的处理

《建筑法》规定，建设单位不得以任何理由，要求建筑设计单位或者建筑施工企业在工程设计或者施工作业中，违反法律、行政法规和建筑工程质量、安全标准，降低工程质量。

《最高人民法院关于审理建设工程施工合同纠纷案件适用法律问题的解释》第12条规定，发包人具有下列情形之一，造成建设工程质量缺陷，应当承担过错责任：①提供的设计有缺陷；②提供或者指定购买的建筑材料、建筑构配件、设备不符合强制性标准；③直接指定分包人分包专业工程。

3. 未经竣工验收擅自使用的处理

《建筑法》《民法典》及《建设工程质量管理条例》均规定，建设工程竣工经验收合格后，方可交付使用；未经验收或验收不合格的，不得交付使用。

在实践中，一些建设单位出于各种原因，往往未经验收就擅自提前占有使用建设工程。为此，《最高人民法院关于审理建设工程施工合同纠纷案件适用法律问题的解释》第13条规定，建设工程未经竣工验收，发包人擅自使用后，又以使用部分质量不符合约定为由主张权利的，不予支持；但是承包人应当在建设工程的合理使用寿命内对地基基础工程和主体结构质量承担民事责任。

（五）竣工验收报告备案的规定

《建设工程质量管理条例》规定，建设单位应当自建设工程竣工验收合格之日起15日内，将建设工程竣工验收报告和规划、公安消防、环保等部门出具的认可文件或者准许使用文件报建设行政主管部门或者其他有关部门备案。建设行政主管部门或者其他有关部门发现建设单位在竣工验收过程中有违反国家有关建设工程质量管理规定行为的，责令停止使用，重新组织竣工验收。

1. 竣工验收备案的时间及须提交的文件

《房屋建筑和市政基础设施工程竣工验收备案管理办法》规定，建设单位应当自工程竣工验收合格之日起15日内，依照本办法规定，向工程所在地的县级以上地方人民政府建设主管部门（以下简称备案机关）备案。

建设单位办理工程竣工验收备案应当提交下列文件：①工程竣工验收备案表；②工程竣工验收报告。竣工验收报告应当包括工程报建日期，施工许可证号，施工图设计文件审查意见，勘察、设计、施工、工程监理等单位分别签署的质量合格文件及验收人员签署的竣工验收原始文件，市政基础设施的有关质量检测和功能性试验资料以及备案机关认为需要提供的有关资料；③法律、行政法规规定应当由规划、环保等部门出具的认可文件或者准许使用文件；④法律规定应当由公安消防部门出具的对大型的人员密集场所和其他特殊建设工程验收合格的证明文件；⑤施工单位签署的工程质量保修书；⑥法规、规章规定必须提供的其他文件。住宅工程还应当提交《住宅质量保证书》和《住宅使用说明书》。

2019年3月13日住房和城乡建设部经修改后发布的《城市地下管线工程档案管理办法》还规定，建设单位在地下管线工程竣工验收备案前，应当向城建档案管理机构移交下列档案资料：①地下管线工程项目准备阶段文件、监理文件、施工文件、竣工验收文件和竣工图；②地下管线竣工测量成果；③其他应当归档的文件资料（电子文件、工程照片、录像等）。建设单位向城建档案管理机构移交的档案资料应当符合《建设工程文件归档规范》GB/T 50328—2014的要求。

2. 竣工验收备案文件的签收和处理

《房屋建筑和市政基础设施工程竣工验收备案管理办法》规定，备案机关收到建设单位报送的竣工验收备案文件，验证文件齐全后，应当在工程竣工验收备案表上签署文件收讫。工程竣工验收备案表一式两份，一份由建设单位保存，一份留备案机关存档。

工程质量监督机构应当在工程竣工验收之日起5日内，向备案机关提交工程质量监督报告。

备案机关发现建设单位在竣工验收过程中有违反国家有关建设工程质量管理规定行为的，应当在收讫竣工验收备案文件15日内，责令停止使用，重新组织竣工验收。

3. 竣工验收备案违反规定的处罚

《房屋建筑和市政基础设施工程竣工验收备案管理办法》规定，建设单位在工程竣工验收合格之日起15日内办理工程竣工验收备案。

建设单位将备案机关决定重新组织竣工验收的工程，在重新组织竣工验收前，不得擅自使用的，备案机关责令停止使用。建设单位不得采用虚假证明文件办理工程竣工验收备案。

备案机关决定重新组织竣工验收并责令停止使用的工程，建设单位在备案之前已投入使用或者建设单位擅自继续使用造成使用人损失的，由建设单位依法承担赔偿责任。

二、建设工程质量保修制度

（一）质量保修书和最低保修期限的规定

1. 建设工程质量保修书

《建设工程质量管理条例》规定，建设工程承包单位在向建设单位提交工程竣工验收报告时，应当向建设单位出具质量保修书。质量保修书中应当明确建设工程的保修范围、保修期限和保修责任等。

（1）质量保修范围

《建筑法》规定，建筑工程的保修范围应当包括地基基础工程、主体结构工程、屋面防水工程和其他土建工程，以及电气管线、上下水管线的安装工程，供热、供冷系统工程等项目。

当然，不同类型的建设工程，其保修范围是有所不同的。

（2）质量保修期限

《建筑法》规定，保修的期限应当按照保证建筑物合理寿命年限内正常使用，维护使用者合法权益的原则确定。

具体的保修范围和最低保修期限，应当按照《建设工程质量管理条例》的规定执行。

（3）质量保修责任

施工单位在质量保修书中，应当向建设单位承诺保修范围、保修期限和有关具体实施保修的措施，如保修的方法、人员及联络办法，保修答复和处理时限，不履行保修责任的罚则等。

需要注意的是，施工单位在建设工程质量保修书中，应当对建设单位合理使用建设工程有所提示。如果是因建设单位或者用户使用不当或擅自改动结构、设备位置以及不当装修等造成质量问题的，施工单位不承担保修责任；由此而造成的质量受损或者其他用户损失，应当由责任人承担相应的责任。

2. 建设工程质量的最低保修期限

《建设工程质量管理条例》规定，在正常使用条件下，建设工程的最低保修期限为：①基础设施工程、房屋建筑的地基基础工程和主体结构工程，为设计文件规定的该工程的合理使用年限；②屋面防水工程、有防水要求的卫生间、房间和外墙面的防渗漏，为5年；③供热与供冷系统，为2个采暖期、供冷期；④电气管线、给水排水管道、设备安装和装修工程，为2年。其他项目的保修期限由发包方与承包方约定。

（1）地基基础工程和主体结构的保修期

基础设施工程、房屋建筑的地基基础工程和主体结构工程的质量，直接关系到基础设施工程和房屋建筑的整体安全可靠，必须在该工程的合理使用年限内予以保修，即实行终身负责制。因此，工程合理使用年限就是该工程勘察、设计、施工等单位的质量责任年限。

（2）屋面防水工程、供热与供冷系统等的最低保修期

在《建设工程质量管理条例》中，对屋面防水工程、供热与供冷系统、电气管线、给水排水管道、设备安装和装修工程等的最低保修期限分别作出规定。如果建设单位与施工单位经平等协商另行签订保修合同的，其保修期限可以高于法定的最低保修期限，但不能低于最低保修期限，否则视作无效。

建设工程保修期的起始日是竣工验收合格之日。《建设工程质量管理条例》规定，建设行政主管部门或者其他有关部门发现建设单位在竣工验收过程中有违反国家有关建设工程质量管理规定行为的，责令停止使用，重新组织竣工验收。

（3）建设工程超过合理使用年限后需要继续使用的规定

《建设工程质量管理条例》规定，建设工程在超过合理使用年限后需要继续使用的，产权所有人应当委托具有相应资质等级的勘察、设计单位鉴定，并根据鉴定结果采取加固、维修等措施，重新界定使用期。

应该讲，各类工程根据其重要程度、结构类型、质量要求和使用性能等所确定的使用年限是不同的。确定建设工程的合理使用年限，并不意味着超过合理使用年限后，建设工程就一定要报废、拆除。经过具有相应资质等级的勘察、设计单位鉴定，制定技术加固措施，在设计文件中重新界定使用期，并经有相应资质等级的施工单位进行加固、维修和补强，该建设工程能达到继续使用条件的就可以继续使用。但是，如果不经鉴定、加固等而违法继续使用的，所产生的后果由产权所有人自负。

(二)质量责任的损失赔偿

《建设工程质量管理条例》规定,建设工程在保修范围和保修期限内发生质量问题的,施工单位应当履行保修义务,并对造成的损失承担赔偿责任。

1. 保修义务的责任落实与损失赔偿责任的承担

《最高人民法院关于审理建设工程施工合同纠纷案件适用法律问题的解释》规定,因保修人未及时履行保修义务,导致建筑物损毁或者造成人身、财产损害的,保修人应当承担赔偿责任。保修人与建筑物所有人或者发包人对建筑物毁损均有过错的,各自承担相应的责任。

发包人具有下列情形之一,造成建设工程质量缺陷,应当承担过错责任:①提供的设计有缺陷;②提供或指定购买的建筑材料、建筑构配件、设备不符合强制性标准;③直接指定分包人分包专业工程。承包人有过错的,也应当承担相应的过错责任。

2. 建设工程质量保证金

《关于清理规范工程建设领域保证金的通知》规定,对建筑业企业在工程建设中需缴纳的保证金,除依法依规设立的投标保证金、履约保证金、工程质量保证金、农民工工资保证金外,其他保证金一律取消;严禁新设保证金项目;转变保证金缴纳方式,推行银行保函制度;未按规定或合同约定返还保证金的,保证金收取方应向建筑业企业支付逾期返还违约金;在工程项目竣工前,已经缴纳履约保证金的,建设单位不得同时预留工程质量保证金。

2017年6月住房和城乡建设部、财政部发布的《建设工程质量保证金管理办法》规定,建设工程质量保证金(以下简称保证金)是指发包人与承包人在建设工程承包合同中约定,从应付的工程款中预留,用以保证承包人在缺陷责任期内对建设工程出现的缺陷进行维修的资金。

(三)违法行为应承担的法律责任

建设工程质量保修违法行为应承担的主要法律责任如下:

《建筑法》规定,建筑施工企业应履行保修义务。

《建设工程质量管理条例》规定,施工单位应履行保修义务,不得拖延履行保修义务。

《建筑业企业资质管理规定》规定,企业申请建筑业企业资质升级、资质增项,在申请之日起前一年至资质许可决定作出前,有未依法履行工程质量保修义务或拖延履行保修义务情形的,资质许可机关不予批准。

案例分析题

案例一

某化工厂位于城市市区与郊区交界处。随着经济社会的发展,为扩大再生产,厂区领导管理层决定在同一厂区建设第二个大型厂房。按照该市城市总体及局部详细的规划，已经批准该化工厂扩大建设的用地。经厂房建设指挥部察看第一个厂房的勘察成果及第二个厂区的地质状况商讨决定，不做勘察，将四年前为第一个厂房所做的勘察成果提供给设计院作为设计依据，不仅节省了投资，也加快了工程进度。设计院根据指挥部的要求和设计资料、规范等文件进行设计。建设单位将该工程的施工任务委托给李某所带的施工队进行施工。经过紧张施工，在2019年2月份竣工完成，4月份投入使用。厂房建成后使用一年就发现北墙地基沉陷明显，北墙墙体多处开裂，根据质量保修书的规定，化工厂建设指挥部与李某交涉，李某认为不是自身原因造成的，不予返修。该化工厂指挥部一纸诉状将李某告上法庭，请求判定李某按照施工质量保修的有关规定承担质量责任。李某不服，最终该案件进行了开庭审理。假如你是该案例的审判法官，请就以下问题作出判定。

问题

1. 本案中的质量责任应当由谁承担？并说明依据。
2. 建设单位的做法存在哪些不妥？并说明理由。

案例二

2020年1月5日，江南某制药公司与某施工单位签订了一份建设工程施工承包合同，双方约定由该施工单位承包制药公司的提取车间等约1万平方米的建筑工程土建及配套附属工程。在施工过程中，施工单位对配套的排水工程管道经过开挖、安装管道并测量复核后，确认误差在允许的范围之内，随后就进行了回填夯实。施工单位在施工期间聘用了大量对管道施工缺乏经验的工人，工人根据以往其他工程的经验进行施工。在主体工程施工时，施工单位发现设计图设计的边柱尺寸过大，于是根据施工经验将施工图设计的900×900的柱子变更为600×600的柱子，柱子的钢筋配置也作了合理的调整，由原来的8根变更为6根。按照计划，该工程于2020年8月完工并投入使用。在2020年6月5日，王某找到该施工单位，打算以该施工单位的名义承揽一项乡政府办公楼的工程。经过王某和施工单位负责人的洽谈，双方达成一致并签订了协议书，该施工单位同意王某以自己公司的名义参与乡政府办公楼工程的投标活动。2021年1月，制药公司发现提取车间局部墙体开裂，于是找到这家施工单位要求返修。施工单位认为此工程质量问题不是自身造成的，拒绝承担维修责任。

问题

根据案例的叙述，施工单位存在哪些违法行为？请逐一列出并说明理由。

思考题

1. 简述施工单位的质量责任与义务。
2. 简述建设工程竣工验收应当具备的条件。
3. 简述建设工程质量监督机构、监督内容、监督手段与方法。
4. 为什么要规定建设单位的质量责任?它的具体责任有哪些?
5. 总包单位和分包单位的质量责任是如何规定的?

第十章
建设工程纠纷法律制度

第一节 建设工程纠纷法律制度概述

一、建设工程纠纷主要种类和法律解决途径

（一）建设工程纠纷的概念及主要种类

所谓法律纠纷，是指公民、法人以及其他组织之间因人身、财产或其他法律关系所发生的对抗冲突（或者争议），主要包括民事纠纷、行政纠纷、刑事附带民事纠纷。民事纠纷是平等主体间的有关人身权、财产权的纠纷；行政纠纷是行政机关之间或行政机关同公民、法人和其他组织之间由于行政行为而产生的纠纷；刑事附带民事纠纷是因犯罪而产生的有关人身权、财产权纠纷。

建设工程项目通常具有投资规模大、建造周期长、技术要求高、合同关系复杂和政府监管严格等特点，在建设工程领域里常见的是民事纠纷和行政纠纷。

1. 建设工程民事纠纷

民事纠纷，又称民事争议，是法律纠纷和社会纠纷的一种。所谓民事纠纷，是指平等主体之间发生的，以民事权利义务为内容的社会纠纷（可处分性的）。民事纠纷作为法律纠纷的一种，一般来说，是因为违反了民事法律规范而引起的。民事主体违反了民事法律义务规范而侵害了他人的民事权利，由此而产生以民事权利义务为内容的民事争议。总的来讲，民事纠纷就是处理平等主体间人身关系和财产关系的法律规范的总和，所以所有违反这一概念的行为就会引起民事纠纷。

建设工程民事纠纷，是在建设工程活动中平等主体之间发生的以民事权利义务法律关系为内容的争议。民事纠纷主要是因为违反了民事法律规范或者合同约定而引起的。民事纠纷可分为两大类：一类是财产关系方面的民事纠纷，如合同纠纷、损害赔偿纠纷等；另一类是人身关系方面的民事纠纷，如名誉权纠纷、继承权纠纷等。

建设工程民事纠纷有三个特点：①民事纠纷主体之间的法律地位平等；②民事纠纷的内容是对民事权利义务的争议；③民事纠纷具可处分性（针对有关财产关系的民事纠纷具有可处分性，而有关人身关系的民事纠纷多具有不可处分性）。

在建设工程领域，较为普遍和重要的民事纠纷主要是合同纠纷、侵权纠纷。

（1）合同纠纷，是指因合同的生效、解释、履行、变更、终止等行为而引起的合同当事人之间的所有争议。合同纠纷的内容，主要表现在争议主体对于导致合同法律关系产生、变更与消灭的法律事实以及法律关系的内容有着不同的观点与看法。合同纠纷的范围涵盖了一项合同从成立到终止的整个过程。建设工程合同纠纷主要有工程咨询合同纠纷、工程总承包合同纠纷、工程勘察合同纠纷、工程设计合同纠纷、工程施工合同纠纷、工程监理合同纠纷、工程分包合同纠纷、

材料设备采购合同纠纷等。发包人和承包人就有关工期、质量、造价等产生的建设工程合同争议,是建设工程领域最常见的民事纠纷。

(2)侵权纠纷,是指一方当事人不法侵害他人财产权或者人身权而产生的纠纷。建设工程领域常见的侵权纠纷,如施工中造成对他人财产或者人身损害而产生的侵权纠纷,未经许可使用他人的专利、工法等造成的知识产权侵权纠纷等。

2. 建设工程行政纠纷

建设工程行政纠纷,是在建设工程活动中行政机关之间或行政机关同公民、法人和其他组织之间由于行政行为而引起的纠纷。在行政法律关系中,一方面,行政机关对公民、法人和其他组织行使行政管理职权,应当依法行政;另一方面,公民、法人和其他组织也应当依法约束自己的行为,做到自觉守法。在各种行政纠纷中,既有因行政机关超越职权、滥用职权、行政不作为、违反法定程序、事实认定错误、适用法律错误等所引起的纠纷,也有公民、法人或其他组织逃避监督管理、非法抗拒监督管理或误解法律规定等而产生的纠纷。

行政机关的行政行为具有以下特征:①行政行为属于执行法律的行为。任何行政行为均须有法律根据,没有法律的明确规定或授权,行政机关不得作出任何行政行为。②行政行为具有一定的裁量性。这是由立法技术本身的局限性和行政管理的广泛性、复杂性等所决定的。③行政机关在实施行政行为时具有单方意志性,不必与行政相对人协商或征得其同意,便可依法自主作出。④行政行为是以国家强制力保障实施的,带有强制性。行政相对人必须服从并配合行政行为,否则行政机关将予以制裁或强制执行。⑤行政行为以无偿为原则,以有偿为例外。只有当特定行政相对人承担了特别公共负担,或者分享了特殊公共利益时,方可为有偿的。

在建设工程领域,易引发行政纠纷的行政行为主要有如下几种。

(1)行政许可,即行政机关根据公民、法人或者其他组织的申请,经依法审查,准予其从事特定活动的行政管理行为,如施工许可、专业人员执业资格注册、企业资质等级核准、安全生产许可等。行政许可易引发的行政纠纷通常是行政机关的行政不作为、违反法定程序等。

(2)行政处罚,即行政机关依照法定职权、程序对于违法但尚未构成犯罪的相对人给予行政制裁的具体行政行为。常见的行政处罚为警告、罚款、没收违法所得、责令停业整顿、降低资质等级、吊销资质证书等。行政处罚易导致的行政纠纷,通常是行政处罚超越职权、滥用职权、违反法定程序、事实认定错误、适用法律错误等。

(3)行政强制,包括行政强制措施和行政强制执行。行政强制措施是指行政机关在行政管理过程中,为制止违法行为、防止证据损毁、避免危害发生、控制危险扩大等情形,依法对公民的人身自由实施暂时性限制,或者对公民、法人或者其他组织的财物实施暂时性控制的行政行为。行政强制执行是指行政机关或者行政机关申请人民法院,对不履行行政决定的公民、法人或者其他组织,依法强制履行义务的行政行为。行政强制易导致的行政纠纷,通常是行政强制超越职权、滥用职权、违反法定程序、事实认定错误、适用法律错误等。

（4）行政裁决，即行政机关或法定授权的组织，依照法律授权，对平等主体之间发生的与行政管理活动密切相关的、特定的民事纠纷（争议）进行审查，并作出裁决的行政行为，如对特定的侵权纠纷、损害赔偿纠纷、权属纠纷、国有资产产权纠纷以及劳动工资、经济补偿纠纷等的裁决。行政裁决易引发的行政纠纷，通常是行政裁决违反法定程序、事实认定错误、适用法律错误等。

（二）民事纠纷的法律解决途径

1. 和解

和解是民事纠纷的当事人在自愿互谅的基础上，就已经发生的争议进行协商、妥协与让步并达成协议，无须第三方介入，完全自行解决争议的一种方式。它不仅从形式上，而且从心理上消除了当事人之间的对抗。

和解可以在民事纠纷的任何阶段进行，无论是否已经进入诉讼或仲裁程序，只要终审裁判未生效或者仲裁裁决未作出，当事人均可自行和解。

需要注意的是，当事人自行达成的和解协议不具有强制执行力，在性质上仍属于当事人之间的约定。如果一方当事人不按照和解协议执行，另一方当事人不能直接申请法院强制执行，但可要求对方承担不履行和解协议的违约责任。

2. 调解

调解是指双方当事人以外的第三方应纠纷当事人的请求，以法律、法规、政策或合同约定以及社会公德为依据，居中调停，对纠纷双方进行疏导、劝说，促使其互谅互让，自愿协商达成协议，解决纠纷的一种方式。

在我国，调解的主要方式有人民调解、行政调解、仲裁调解、司法调解、行业调解以及专业机构调解。

3. 仲裁

仲裁是当事人根据在纠纷发生前或发生后达成的协议，自愿将纠纷提交中立第三方作出裁决，纠纷各方都有义务执行该裁决的一种争议解决方式。仲裁与诉讼不同。诉讼是法院行使国家所赋予的审判权，向法院起诉不需要双方当事人在诉讼前达成协议，只要一方当事人向有审判管辖权的法院起诉，经法院受理后，另一方必须应诉。仲裁具有民间性质，其受理案件的管辖权来自当事人的授权。有效的仲裁协议可以排除法院的管辖权；纠纷发生后，一方当事人提起仲裁的，另一方必须仲裁。但是，没有仲裁协议，就不能启动仲裁程序。

4. 民事诉讼

民事诉讼是诉讼的基本类型之一，是指人民法院在当事人和其他诉讼参与人的参加下，以审理、裁判、执行等方式解决民事纠纷的活动，以及由此产生的各种诉讼关系的总和。诉讼参与人包括原告、被告、第三人、证人、鉴定人、勘验人等。

5. 其他解决纠纷的新方式

除上述四种民事纠纷解决方式外，由于建设工程活动及其纠纷的专业性、复杂性，我国在建设工程法律实践中还有其他解决纠纷的新方式，如建设工程争议评审机制。

建设工程争议评审，是指当事人根据事前签订的合同或者争议发生后达成的协议，选择独立于任何一方当事人的争议评审专家（通常是3人，小型工程可以是1人）组成评审小组，就当事人发生的争议及时提出解决问题的建议或者作出决定的一种争议解决方式。当事人通过协议，授权评审组调查、听证、建议或者裁决。一个评审组在工程进程中可能会持续解决很多的争议。如果当事人不接受评审组的建议或者裁决，仍可通过仲裁或者诉讼的方式解决争议。采用争议评审的方式，有利于及时化解工程建设过程中的争议，防止因争议扩大与拖延而造成不必要的损失或浪费，保障建设工程的顺利进行。

（三）行政纠纷的法律解决途径

行政纠纷的法律解决途径主要有两种，即行政复议和行政诉讼。

1. 行政复议

行政复议是公民、法人或其他组织认为行政机关的具体行政行为侵犯其合法权益，依法请求法定的行政复议机关审查该具体行政行为的合法性、适当性，该复议机关依照法定程序对该具体行政行为进行审查，并作出行政复议决定的法律制度。这是公民、法人或其他组织解决行政争议的一种行政救济途径。

行政复议具有以下基本特点：①提出行政复议的，必须是认为行政机关的具体行政行为侵犯其合法权益的公民、法人和其他组织；②公民、法人和其他组织提出行政复议，必须是在行政机关已经作出具体行政行为之后，如果行政机关尚未作出具体行政行为，则不存在复议问题；③当事人对行政机关的具体行政行为不服，只能按照法律规定向有行政复议权的行政机关申请复议；④行政复议原则上采用书面审查办法。

2. 行政诉讼

行政诉讼是公民、法人或其他组织依法请求法院对行政机关和行政机关工作人员的行政行为侵犯其合法权益进行审查并依法裁判的法律制度。

行政诉讼具有以下主要特点：①行政诉讼是法院解决行政机关实施具体行政行为时与公民、法人或其他组织发生的争议；②行政诉讼为公民、法人或其他组织提供法律救济的同时，具有监督行政机关依法行政的功能；③行政诉讼的被告与原告是恒定的，即被告只能是行政机关，原告则是作为行政行为相对人的公民、法人或其他组织，原告和被告之间不可能互易诉讼身份。

对行政行为除法律、法规规定必须先申请行政复议的以外，公民、法人或者其他组织可以自主选择申请行政复议还是提起行政诉讼。公民、法人或其他组织对行政复议决定不服的，除法律规定行政复议决定为最终裁决的以外，可以依照《行政诉讼法》的规定向人民法院提起行政诉讼。

第二节　民事诉讼制度

一、民事诉讼的法院管辖

民事诉讼中的管辖是指各级法院之间和同级法院之间受理第一审民事案件的分工和权限。《民事诉讼法》规定的民事案件的管辖，包括级别管辖、地域管辖、移送管辖、指定管辖和管辖权转移。人民法院受理案件后，被告有权针对人民法院对案件是否有管辖权提出管辖权异议，这是当事人的一项诉讼权利。

（一）级别管辖

级别管辖，是指按照一定的标准，划分上下级法院之间受理第一审民事案件的分工和权限。我国法院有四级，分别是基层人民法院、中级人民法院、高级人民法院和最高人民法院，每一级均受理一审民事案件。我国《民事诉讼法》主要根据案件的性质、影响和诉讼标的金额等来确定级别管辖。

（1）基层人民法院管辖第一审民事案件，但本法另有规定的除外。

（2）中级人民法院管辖下列第一审民事案件：①重大涉外案件；②在本辖区有重大影响的案件；③最高人民法院确定由中级人民法院管辖的案件。

（3）高级人民法院管辖在本辖区有重大影响的第一审民事案件。

（4）最高人民法院管辖下列第一审民事案件：①在全国有重大影响的案件；②认为应当由本院审理的案件。

（二）地域管辖

地域管辖，就是按照各人民法院的辖区范围和民事案件的隶属关系，划分同级人民法院之间审判第一审民事案件的权限。级别管辖则是确定民事案件由哪一级人民法院管辖。就是说，级别管辖是确定纵向的审判分工，地域管辖是确定横向的审判分工。地域管辖主要包括一般地域管辖、特殊地域管辖、专属管辖、协议管辖。

（三）移送管辖和指定管辖

1. 移送管辖

人民法院发现受理的案件不属于本院管辖的，应当移送有管辖权的人民法院，受移送的人民法院应当受理。受移送的人民法院认为受移送的案件依照规定不属于本院管辖的，应当报请上级人民法院指定管辖，不得再自行移送。移送管辖有两种：一种是同级人民法院间的移送管辖，一般是由于地域管辖的原因引起的；另一种是上下级人民法院间的移送管辖，一般是由于级别管辖的原因引起的。

2. 指定管辖

有管辖权的人民法院由于特殊原因，不能行使管辖权的，由上级人民法院指定管辖。人民法院之间因管辖权发生争议，由争议双方协商解决；协商解决不了的，报请其共同上级人民法院指定管辖。

（四）管辖权转移

管辖权转移，是指上级人民法院有权审理下级人民法院管辖的第一审民事案件；确有必要将本院管辖的第一审民事案件交下级人民法院审理的，应当报请其上级人民法院批准。下级人民法院对它所管辖的第一审民事案件，认为需要由上级人民法院审理的，可以报请上级人民法院审理。

管辖权转移不同于移送管辖：①移送管辖是没有管辖权的法院把案件移送给有管辖权的法院审理，而管辖权转移是有管辖权的法院把案件转移给原来没有管辖权的法院审理；②移送管辖可能在上下级法院之间或者在同级法院间发生，而管辖权转移仅限于上下级法院之间；③二者在程序上不完全相同。

（五）管辖权异议

管辖权异议是指当事人向受诉人民法院提出的该法院对案件无管辖权的主张。《民事诉讼法》规定，人民法院受理案件后，当事人对管辖权有异议的，应当在提交答辩状期间提出。人民法院对当事人提出的异议，应当审查。异议成立的，裁定将案件移交有管辖权的人民法院；异议不成立的，裁定驳回。

一般来说，当事人可以就以下情形提出管辖权异议：就地域管辖权提出异议；就级别管辖权提出异议；仲裁协议或仲裁条款有效的，为排除法院管辖而提出异议等。另外，《民事诉讼法》还规定了应诉管辖制度，即当事人未提出管辖权异议并应诉答辩的，视为受诉人民法院有管辖权，但违反级别管辖和专属管辖规定的除外。

二、民事诉讼的当事人和代理人

（一）当事人

民事诉讼中的当事人，是指因民事权利和义务发生争议，以自己的名义进行诉讼，请求人民法院进行裁判的公民、法人或其他组织。狭义的民事诉讼当事人包括原告和被告。广义的民事诉讼当事人包括原告、被告、共同诉讼人和第三人。外国人、无国籍人、外国企业和组织在人民法院起诉、应诉，同中华人民共和国公民、法人和其他组织有同等的诉讼权利义务。

外国法院对中华人民共和国公民、法人和其他组织的民事诉讼权利加以限制的，中华人民共和国人民法院对该国公民、企业和组织的民事诉讼权利，实行对等原则。

1. 原告和被告

原告，是指维护自己的权益或自己所管理的他人权益，以自己名义起诉，从而引起民事诉讼程序的当事人。被告，是指原告诉称侵犯原告民事权益而由法院通知其应诉的当事人。《民事诉讼法》规定，公民、法人和其他组织可以作为民事诉讼的当事人。法人由其法定代表人进行诉讼，其他组织由其主要负责人进行诉讼。

公民、法人和其他组织虽然都可以成为民事诉讼中的原告或被告，但在实践中，情况还是比较复杂的。

随着我国经济社会的快速发展和变化，出现了一些环境污染、侵害众多消费者权益等严重损害社会公共利益的行为。为保护社会公共利益，除了加强行政监管外，《民事诉讼法》还初步确立了我国的民事公益诉讼制度。根据《民事诉讼法》规定，对污染环境、侵害众多消费者合法权益等损害社会公共利益的行为，法律规定的机关和有关组织可以向人民法院提起诉讼。

2. 共同诉讼人

共同诉讼人，是指当事人一方或双方为二人以上（含二人），其诉讼标的是共同的，或者诉讼标的是同一种类、人民法院认为可以合并审理并经当事人同意，共同在人民法院进行诉讼的人。

3. 第三人

第三人，是指对他人争议的诉讼标的有独立的请求权，或者虽无独立的请求权，但案件的处理结果与其有法律上的利害关系，而参加到原告、被告已经开始的诉讼中进行诉讼的人。《民事诉讼法》规定，对当事人双方的诉讼标的，第三人认为有独立请求权的，有权提起诉讼。对当事人双方的诉讼标的，第三人虽然没有独立请求权，但案件处理结果同他有法律上的利害关系的，可以申请参加诉讼，或者由人民法院通知他参加诉讼。人民法院判决承担民事责任的第三人，有当事人的诉讼权利和义务。

以上规定的第三人，因不能归责于本人的事由未参加诉讼，但有证据证明发生法律效力的判决、裁定、调解书的部分或者全部内容错误，损害其民事权益的，可以自知道或者应当知道其民事权益受到损害之日起6个月内，向作出该判决、裁定、调解书的人民法院提起诉讼。人民法院经审理，诉讼请求成立的，应当改变或者撤销原判决、裁定、调解书；诉讼请求不成立的，驳回诉讼请求。

（二）诉讼代理人

诉讼代理人，是指根据法律规定或当事人的委托，代理当事人进行民事诉讼活动的人。民事法律行为代理分为法定代理、委托代理和指定代理。与此相对应，民事诉讼代理人也可分为法定诉讼代理人、委托诉讼代理人和指定诉讼代理人。在建设工程领域的民事诉讼代理中，最常见的是委托诉讼代理人。

当事人、法定代理人可以委托1~2人作为其诉讼代理人。《民事诉讼法》规定，下列人员可以被委托为诉讼代理人：①律师、基层法律服务工作者；②当事人的近亲属或工作人员；③当事人所在社区、单位以及有关社会团体推荐的公民。

委托他人代为诉讼的，须向人民法院提交由委托人签名或盖章的授权委托书，授权委托书必须记明委托事项和权限。《民事诉讼法》规定，"诉讼代理人代为承认、放弃、变更诉讼请求，进行和解、提起反诉或者上诉，必须有委托人的特别授权"是针对实践中经常出现的授权委托书仅写"全权代理"而无具体授权的情形，最高人民法院特别规定，在这种情况下不能认定为诉讼代理人已获得特别授权，即诉讼代理人无权代为承认、放弃、变更诉讼请求，进行和解、提起反诉或者上诉。

三、民事诉讼的证据和诉讼时效

（一）民事诉讼证据

民事诉讼证据指依照民事诉讼规则认定案件事实的依据。民事诉讼证据对于当事人进行诉讼活动，维护自己的合法权益，对法院查明案件事实，依法正确裁判都具有十分重要的意义。民事诉讼证据有三个最基本的特征，即客观真实性、关联性和合法性。

1. 证据的种类

根据《民事诉讼法》规定，证据包括：当事人的陈述、书证、物证、视听资料、电子数据、证人证言、鉴定意见、勘验笔录。证据必须查证属实，才能作为认定事实的根据。

2. 证据的保全

在证据可能灭失或者以后难以取得的情况下，当事人可以在诉讼过程中向人民法院申请保全证据，人民法院也可以主动采取保全措施。因情况紧急，在证据可能灭失或者以后难以取得的情况下，利害关系人可以在提起诉讼或者申请仲裁前向证据所在地、被申请人住所地或者对案件有管辖权的人民法院申请保全证据。证据保全的意义，在于保护证据的证明力，使与案件有关的事实材料不因有关情形的发生而无法取得或丧失证明作用，以此来满足当事人证明案件事实和法院查明案件事实的需要。

人民法院进行证据保全，可以根据具体情况，采用查封、扣押、拍照、录音、录像、复制、鉴定、勘验、制作笔录等方法。人民法院进行证据保全，可以要求当事人或者诉讼代理人到场。

3. 证据的应用

（1）举证时限

当事人对自己提出的主张应当及时提供证据。人民法院根据当事人的主张和案件审理情况，确定当事人应当提供的证据及其期限。当事人在该期限内提供证据确有困难的，可以向人民法院申请延长期限，人民法院根据当事人的申请适当延长。当事人逾期提供证据的，人民法院应当责令其说明理由；拒不说明理由或者理由不成立的，人民法院根据不同情形可以不予采纳该证据，或者采纳该证据但予以训诫、罚款。

（2）证据交换

我国民事诉讼中的证据交换，是指在诉讼答辩期届满后开庭审理前，在法院的主持下，当事人之间相互明示其持有证据的过程。证据交换制度的设立，有利于当事人之间明确争议焦点，集中辩论；有利于法院尽快了解案件争议焦点，集中审理；有利于当事人尽快了解对方的事实依据，促进当事人进行和解和调解。

（3）质证

证据应当在法庭上出示，并由当事人互相质证。对涉及国家秘密、商业秘密和个人隐私的证据应当保密，需要在法庭出示的，不得在公开开庭时出示。未经质证的证据，不能作为认定案件事实的依据。

（4）认证

认证，即证据的审核认定，是指法院对经过质证或当事人在证据交换中认可的各种证据材料作出审查判断，确认其能否作为认定案件事实的根据。认证是正确认定案件事实的前提和基础，其具体内容是对证据有无证明力和证明力大小进行审查确认。

（二）民事诉讼时效

《中华人民共和国民法典》中对诉讼时效作了明确规定：

（1）向人民法院请求保护民事权利的诉讼时效期间为3年。法律另有规定的，依照其规定。

诉讼时效期间自权利人知道或者应当知道权利受到损害以及义务人之日起计算。法律另有规定的，依照其规定。但是，自权利受到损害之日起超过20年的，人民法院不予保护，有特殊情况的，人民法院可以根据权利人的申请决定延长。

（2）当事人约定同一债务分期履行的，诉讼时效期间自最后一期履行期限届满之日起计算。

（3）无民事行为能力人或者限制民事行为能力人，对其法定代理人的请求权的诉讼时效期间，自该法定代理终止之日起计算。

（4）未成年人遭受性侵害的损害赔偿请求权的诉讼时效期间，自受害人年满十八周岁之日起计算。

（5）诉讼时效期间届满的，义务人可以提出不履行义务的抗辩。诉讼时效期间届满后，义务人同意履行的，不得以诉讼时效期间届满为由抗辩；义务人已经自愿履行的，不得请求返还。

（6）人民法院不得主动适用诉讼时效的规定。

（7）在诉讼时效期间的最后六个月内，因下列障碍，不能行使请求权的，诉讼时效中止：

①不可抗力；②无民事行为能力人或者限制民事行为能力人没有法定代理人，或者法定代理人死亡、丧失民事行为能力、丧失代理权；③继承开始后未确定继承人或者遗产管理；④权利人被义务人或者其他人控制；⑤其他导致权利人不能行使请求权的障碍。

自中止时效的原因消除之日起满六个月，诉讼时效期间届满。

（8）有下列情形之一的，诉讼时效中断，从中断、有关程序终结时起，诉讼时效期间重新计算：①权利人向义务人提出履行请求；②义务人同意履行义务；③权利人提起诉讼或者申请仲裁；④与提起诉讼或者申请仲裁具有同等效力的其他情形。

（9）下列请求权不适用诉讼时效的规定：①请求停止侵害、排除妨碍、消除危险；②不动产物权和登记的动产物权的权利人请求返还财产；③请求支付抚养费、赡养费或者扶养费；④依法不适用诉讼时效的其他请求权。

（10）诉讼时效的期间、计算方法以及中止、中断的事由由法律规定，当事人约定无效。

当事人对诉讼时效利益的预先放弃无效。

（11）法律对仲裁时效有规定的，依照其规定；没有规定的，适用诉讼时效的规定。

（12）法律规定或者当事人约定的撤销权、解除权等权利的存续期间，除法律另有规定外，自权利人知道或者应当知道权利产生之日起计算，不适用有关诉讼时效中止、中断和延长的规定。存续期间届满，撤销权、解除权等权利消灭。

四、民事诉讼的审判程序

审判程序是人民法院审理案件适用的程序，常见的审判程序可以分为第一审程序、第二审程序和审判监督程序。人民法院审理某些非民事权益争议案件时，只是对一定的民事权利和法律事实加以确认，而不是解决民事权利义务争议。对此，《民事诉讼法》规定了特别程序，用以审理此类案件。

（一）第一审程序

第一审程序包括普通程序和简易程序。普通程序是《民事诉讼法》规定的民事诉讼当事人进行第一审民事诉讼和人民法院审理第一审民事案件所通常适用的诉讼程序。简易程序是基层人民法院和它的派出法庭审理事实清楚、权利义务关系明确、争议不大的简单民事案件适用的程序。基层人民法院和它派出的法庭审理上述规定以外的民事案件，当事人双方也可以约定适用简易程序。

适用普通程序审理的案件，根据《民事诉讼法》的规定，应当在立案之日起6个月内审结。有特殊情况需要延长的，由本院院长批准，可以延长6个月；还需要延长的，报请上级人民法院批准。适用简易程序审理的案件，应当在立案之日起3个月内审结。

1. 起诉

（1）起诉条件

起诉必须符合下列条件：①原告是与本案有直接利害关系的公民、法人和其他组织；②有明确的被告；③有具体的诉讼请求、事实和理由；④属于人民法院受理民事诉讼的范围和受诉人民法院管辖。

（2）起诉方式

起诉方式，应当以书面起诉为原则，口头起诉为例外。在工程实践中，基本都是采用书面起诉方式。《民事诉讼法》规定，起诉应当向人民法院提交起诉状，并按照被告人数提出副本。

（3）起诉记录

起诉状应当记明下列事项：①原告的姓名、性别、年龄、民族、职业、工作单位、住所、联系方式，法人或者其他组织的名称、住所和法定代表人或者主要负责人的姓名、职务、联系方式；②被告的姓名、性别、工作单位、住所等信息，法人或者其他组织的名称、住所等信息；③诉讼请求和所根据的事实与理由；④证据和证据来源，证人姓名和住所。

2. 受理

《民事诉讼法》规定，人民法院应当保障当事人依照法律规定享有的起诉权利。对符合本法第一百一十九条的起诉，必须受理。符合起诉条件的，应当在7日内立案，并通知当事人；不符合起诉条件的，应当在7日内作出裁定书，不予受理；原告对裁定不服的，可以提起上诉。

（1）审理前的准备

审理前的准备工作，主要是送达起诉状副本和提出答辩状，告知当事人诉讼权利义务及组成合议庭等。

人民法院应当在立案之日起5日内将起诉状副本发送被告，被告应当在收到之日起15日内提出答辩状。被告提出答辩状的，答辩状应当记明被告的姓名、性别、年龄、民族、职业、工作单位、住所、联系方式，法人或者其他组织的名称、住所和法定代表人或者主要负责人的姓名、职务、联系方式。人民法院应当在收到答辩状之日起五日内将答辩状副本发送原告。被告不提出答辩状的，不影响人民法院审理。

人民法院对决定受理的案件，应当在受理案件通知书和应诉通知书中向当事人告知有关的权利和义务，或者口头告知。

普通程序的审判组织应当采用合议制。合议庭组成人员确定后，应当在3日内告知当事人。

被告在收到受理案件通知和应诉通知后，如果对管辖权有异议的，应当在提交答辩状期间提出。当事人未提出管辖异议，并应诉答辩的，视为受诉人民法院有管辖权，但违反级别管辖和专属管辖规定的除外。

（2）开庭前的准备

开庭前的准备程序，是整个民事诉讼程序的重要组成部分，是建立以庭审为中心的现代化民事诉讼程序结构的重要基础。

3. 开庭审理

（1）开庭审理方式

人民法院审理民事案件，除涉及国家秘密、个人隐私或者法律另有规定的以外，应当公开进行。离婚案件、涉及商业秘密的案件，当事人申请不公开审理的，可以不公开审理。

（2）法庭调查

法庭调查按照下列顺序进行：①当事人陈述；②告知证人的权利义务，证人作证，宣读未到庭的证人证言；③出示书证、物证、视听资料和电子数据；④宣读鉴定意见；⑤宣读勘验笔录。

（3）法庭辩论

法庭辩论按照下列顺序进行：①原告及其诉讼代理人发言；②被告及其诉讼代理人答辩；③第三人及其诉讼代理人发言或者答辩；④互相辩论。

法庭辩论终结，由审判长按照原告、被告、第三人的先后顺序征询各方最后意见。

（4）法庭笔录

书记员应当将法庭审理的全部活动记入笔录，由审判人员和书记员签名。

法庭笔录应当当庭宣读，也可以告知当事人和其他诉讼参与人当庭或者在5日内阅读。当事人和其他诉讼参与人认为对自己的陈述记录有遗漏或者差错的，有权申请补正。如果不予补正，应当将申请记录在案。法庭笔录由当事人和其他诉讼参与人签名或者盖章。拒绝签名盖章的，记明情况附卷。

（5）宣判

法庭辩论终结，应当依法作出判决。判决前能够调解的，还可以进行调解，调解不成的，应当及时判决。原告经传票传唤，无正当理由拒不到庭的，或者未经法庭许可中途退庭的，可以按撤诉处理；被告反诉的，可以缺席判决。被告经传票传唤，无正当理由拒不到庭的，或者未经法庭许可中途退庭的，可以缺席判决。宣判前，原告申请撤诉的，是否准许，由人民法院裁定。人民法院裁定不准许撤诉的，原告经传票传唤，无正当理由拒不到庭的，可以缺席判决。

人民法院对公开审理或者不公开审理的案件，一律公开宣告判决。当庭宣判的，应当在10日内发送判决书；定期宣判的，宣判后立即发给判决书。宣告判决时，必须告知当事人上诉权利、上诉期限和上诉的法院。最高人民法院的判决、裁定，以及超过上诉期没有上诉的判决、裁定，是发生法律效力的判决、裁定。

4. 简易程序

基层人民法院和它派出的法庭适用简易程序审理事实清楚、权利义务关系明确、争议不大的简单民事案件，标的额为各省、自治区、直辖市上年度就业人员年平均工资30%以下的，实行一审终审。人民法院在审理过程中，发现案件不宜适用简易程序的，裁定转为普通程序。

适用简易程序审理的案件，由审判员一人独任审理，可以用简便方式传唤当事人和证人、送达诉讼文书、审理案件，但应当保障当事人陈述意见的权利。

（二）第二审程序

第二审程序（又称上诉程序或终审程序），是指由于民事诉讼当事人不服地方各级人民法院尚未生效的第一审判决或裁定，在法定上诉期间内，向上一级人民法院提起上诉而引起的诉讼程序。由于我国实行两审终审制，上诉案件经二审法院审理后作出的判决、裁定为终审的判决、裁定，诉讼程序即告终结。

根据《民事诉讼法》规定，第二审人民法院审理对判决的上诉案件，审限为3个月；审理对裁定的上诉案件，审限为30日。

1. 上诉期间

当事人不服地方人民法院第一审判决的，有权在判决书送达之日起15日内向上一级人民法院提起上诉；不服地方人民法院第一审裁定的，有权在裁定书送达之日起10日内向上一级人民法院提起上诉。

2. 上诉状

当事人提起上诉，应当递交上诉状。上诉状应当通过原审法院提出，并按照对方当事人的人数提出副本。当事人直接向第二审人民法院上诉的，第二审人民法院应当在5日内将上诉状移交原审人民法院。

3. 第二审人民法院对上诉案件的处理

第二审人民法院应当对上诉请求的有关事实和适用法律进行审查。第二审人民法院对上诉案件，应当组成合议庭，开庭审理。经过阅卷、调查和询问当事人，对没有提出新的事实、证据或者理由，合议庭认为不需要开庭审理的，可以不开庭审理。

（三）特别程序

特别程序是人民法院依照《民事诉讼法》审理特殊类型案件的一种程序。它审理的对象不是解决当事人之间的民事权利义务争议，而是确认某种法律事实是否存在，确认某种权利的实际状态。适用特别程序审理的案件，实行一审终审，并且应当在立案之日起30日内或者公告期满后30日内审结。

与建设工程相关的特别程序，主要指当事人向人民法院申请司法确认调解协议案及实现担保物权案。

申请司法确认调解协议，由双方当事人依照《人民调解法》等法律，自调解协议生效之日起30日内，共同向调解组织所在地基层人民法院提出。人民法院受理申请后，经审查，符合法律规定的，裁定调解协议有效。一方当事人拒绝履行或者未全部履行的，对方当事人可以向人民法院申请执行；不符合法律规定的，裁定驳回申请，当事人可以通过调解方式变更原调解协议或者达成新的调解协议，也可以向人民法院提起诉讼。

申请实现担保物权，由担保物权人以及其他有权请求实现担保物权的人依照《民法典》等法律，向担保财产所在地或者担保物权登记地基层人民法院提出。人民法院受理申请后，经审查符合法律规定的，裁定拍卖、变卖担保财产，当事人依据该裁定可以向人民法院申请执行；不符合法律规定的，裁定驳回申请，当事人可以向人民法院提起诉讼。

（四）审判监督程序

1. 审判监督程序的概念

审判监督程序即再审程序，是指由有审判监督权的法定机关和人员提起，或由当事人申请，由人民法院对已经发生法律效力的判决、裁定、调解书再次审理的程序。审判监督程序只是纠正生效裁判错误的法定程序，它不是案件审理的必经程序，也不是诉讼的独立审级。

2. 审判监督程序的提起

（1）人民法院提起再审的程序

人民法院提起再审，必须是已经发生法律效力的判决、裁定、调解书确有错误。其程序为：各级人民法院院长对本院已经发生法律效力的判决、裁定、调解书，发现确有错误，认为需要再审的，应当提交审判委员会讨论决定。最高人民法院对地方各级人民法院已经生效的判决、裁定、调解书，上级人民法院对下级人民法院已生效的判决、裁定、调解书，发现确有错误的，有权提审或指令下级人民法院再审。按照审判监督程序决定再审的案件，裁定中止原判决的执行。

人民法院按照审判监督程序再审的案件，发生法律效力的判决、裁定、调解书是由第一审法院作出的，按照第一审程序审理，对所作的判决、裁定，当事人可以上诉；发生法律效力的判决、裁定是由第二审法院作出的，按照第二审程序审理，所作的判决、裁定是发生法律效力的判决、裁定；上级人民法院按照审判监督程序提审的，按照第二审程序审理，所作的判决、裁定是发生法律效力的判决、裁定。人民法院审理再审案件应当开庭审理。但按照第二审程序审理的，双方当事人已经其他方式充分表达意见，且书面同意不开庭审理的除外。

（2）当事人申请再审的程序

当事人对已经发生法律效力的判决、裁定，认为有错误的，可以向上一级人民法院申请再审；当事人一方人数众多或者当事人双方为公民的案件，也可以向原审人民法院申请再审。当事人申请再审的，不停止判决、裁定的执行。人民法院应当自收到再审申请书之日起3个月内审查，符合本法规定的，裁定再审；不符合本法规定的，裁定驳回申请。有特殊情况需要延长的，由本院院长批准。

当事人对已经发生法律效力的调解书，提出证据证明调解违反自愿原则或者调解协议的内容违反法律的，可以申请再审。经人民法院审查属实的，应当再审。

(3) 当事人可以申请再审的时间

当事人申请再审,应当在判决、裁定发生法律效力后6个月内提出。《最高人民法院关于适用〈中华人民共和国民事诉讼法〉审判监督程序若干问题的解释》中规定,申请再审期间不适用中止、中断和延长的规定。

有新的证据,足以推翻原判决、裁定的;原判决、裁定认定事实的主要证据是伪造的;据以作出原判决、裁定的法律文书被撤销或者变更的;审判人员审理该案件时有贪污受贿、徇私舞弊、枉法裁判行为的,当事人应当自知道或者应当知道之日起6个月内提出申请再审。

(4) 人民检察院的抗诉

抗诉是指人民检察院对人民法院发生法律效力的判决、裁定、调解书,发现有提起抗诉的法定情形,提请人民法院对案件重新审理。

《民事诉讼法》规定,最高人民检察院对各级人民法院已经发生法律效力的判决、裁定,上级人民检察院对下级人民法院已经发生法律效力的判决、裁定,发现有本法第二百条规定情形之一的,或者发现调解书损害国家利益、社会公共利益的,应当提出抗诉。

地方各级人民检察院对同级人民法院已经发生法律效力的判决、裁定,发现有本法第二百条规定情形之一的,或者发现调解书损害国家利益、社会公共利益的,可以向同级人民法院提出检察建议,并报上级人民检察院备案;也可以提请上级人民检察院向同级人民法院提出抗诉。

各级人民检察院对审判监督程序以外的其他审判程序中审判人员的违法行为,有权向同级人民法院提出检察建议。

五、民事诉讼的执行程序

审判程序与执行程序是并列的独立程序。审判程序是产生裁判书的过程,执行程序是实现裁判书内容的过程。

(一) 执行程序的概念

执行程序,是指人民法院的执行机构依照法定的程序,对发生法律效力并具有给付内容的法律文书,以国家强制力为后盾,依法采取强制措施,迫使具有给付义务的当事人履行其给付义务的行为。

(二) 执行根据

执行根据是当事人申请执行、人民法院移交执行以及人民法院采取强制措施的依据。执行根据是执行程序发生的基础,没有执行根据,当事人不能向人民法院申请执行,人民法院也不得采取强制措施。

执行根据主要有：

(1) 人民法院制作的发生法律效力的民事判决书、裁定书以及生效的调解书等；

(2) 人民法院作出的具有财产给付内容的发生法律效力的刑事判决书、裁定书；

(3) 仲裁机构制作的依法由人民法院执行的生效仲裁裁决书、仲裁调解书；

(4) 公证机关依法作出的赋予强制执行效力的公证债权文书；

(5) 人民法院作出的先予执行的裁定、执行回转的裁定以及承认并协助执行外国判决、裁定或裁决的裁定；

(6) 我国行政机关作出的法律明确规定由人民法院执行的行政决定；

(7) 人民法院依督促程序发布的支付令等。

(三) 执行案件的管辖

发生法律效力的民事判决、裁定，以及刑事判决、裁定中的财产部分，由第一审人民法院或者与第一审人民法院同级的被执行的财产所在地人民法院执行。法律规定由人民法院执行的其他法律文书，由被执行人住所地或者被执行的财产所在地人民法院执行。

申请执行人向被执行的财产所在地人民法院申请执行的，应当提供该人民法院辖区有可供执行财产的证明材料。人民法院受理执行申请后，当事人对管辖权有异议的，应当自收到执行通知书之日起十日内提出。

(四) 执行程序

1. 执行申请

人民法院作出的判决、裁定等法律文书，当事人必须履行。如果无故不履行，另一方当事人可向有管辖权的人民法院申请强制执行。

申请强制执行应提交申请强制执行书，并附作为执行根据的法律文书。申请强制执行，还须遵守申请执行期限。申请执行的期间为2年。申请执行时效的中止、中断，适用法律有关诉讼时效中止、中断的规定。这里的期间，从法律文书规定履行期间的最后一日起计算；法律文书规定分期履行的，从规定的每次履行期间的最后一日起计算；法律文书未规定履行期间的，从法律文书生效之日起计算。

人民法院自收到申请执行书之日起超过6个月未执行的，申请执行人可以向上一级人民法院申请执行。上一级人民法院经审查，可以责令原人民法院在一定期限内执行，也可以决定由本院执行或者指令其他人民法院执行。

2. 执行立案

执行案件统一由人民法院立案机构进行审查立案，人民法庭经授权执行自审案件的，可以自行审查立案，法律、司法解释规定可以移送执行的，相关审判机构可以移送立案机构办理立案登记手续。立案机构立案后,应当依照法律、司法解释的规定向申请人发出执行案件受理通知书。人民法院对符合法律、司法解释规定的立案标准的执行案件,应当予以立案,并纳入审判和执行案件统一管理体系。

3. 执行结案

除执行财产保全裁定、恢复执行的案件外,其他执行实施类案件的结案方式包括:执行完毕、终结本次执行程序、终结执行、销案、不予执行、驳回申请。

(五)执行中的其他问题

1. 委托执行

《民事诉讼法》规定,被执行人或者被执行的财产在外地的,可以委托当地人民法院代为执行。受委托人民法院收到委托函件后,必须在15日内开始执行,不得拒绝。执行完毕后,应当将执行结果及时函复委托人民法院;在30日内如果还未执行完毕,也应当将执行情况函告委托人民法院。

受委托人民法院自收到委托函件之日起15日内不执行的,委托人民法院可以请求受委托人民法院的上级人民法院指令受委托人民法院执行。

2. 执行中变更、追加当事人

执行过程中,申请执行人或其继承人、权利承受人可以向人民法院申请变更、追加当事人,包括申请执行人的变更、追加与被执行人的变更、追加两类。如申请执行人将生效法律文书确定的债权依法转让给第三人,且书面认可第三人取得该债权,该第三人可以申请变更、追加其为申请执行人;执行过程中,第三人向执行法院书面承诺自愿代被执行人履行生效法律文书确定的债务,申请执行人可以申请变更、追加该第三人为被执行人,在承诺范围内承担责任等。

3. 执行异议

(1)当事人、利害关系人提出的异议

当事人、利害关系人认为执行行为违反法律规定的,可以向负责执行的人民法院提出书面异议。当事人、利害关系人提出书面异议的,人民法院应当自收到书面异议之日起15日内审查,理由成立的,裁定撤销或者改正;理由不成立的,裁定驳回。当事人、利害关系人对裁定不服的,可以自裁定送达之日起10日内向上一级人民法院申请复议。

当事人、利害关系人申请复议的书面材料,可以通过执行法院转交,也可以直接向执行法院的上一级人民法院提交。上一级人民法院应当自收到复议申请之日起30日内审查完毕,并作出裁定。有特殊情况需要延长的,经本院院长批准,可以延长,延长的期限不得超过30日。执行异议审查和复议期间,不停止执行。被执行人、利害关系人提供充分、有效的担保请求停止相应处分措施的,人民法院可以准许;申请执行人提供充分、有效的担保请求继续执行的,应当继续执行。

(2)案外人提出的异议

执行过程中,案外人对执行标的提出书面异议的,人民法院应当自收到书面异议之日起15日内审查,理由成立的,裁定中止对该标的的执行;理由不成立的,裁定驳回。案外人、当事人对裁定不服,认为原判决、裁定错误的,依照审判监督程序办理;与原判决、裁定无关的,可以自裁定送达之日起15日内向人民法院提起诉讼。

案外人提起诉讼,对执行标的主张实体权利,并请求对执行标的停止执行的,应当以申请执行人为被告;被执行人反对案外人对执行标的所主张的实体权利的,应当以申请执行人和被执行人为共同被告。该诉讼由执行法院管辖,诉讼期间不停止执行。

4. 执行和解

当事人可以自愿协商达成和解协议,依法变更生效法律文书确定的权利义务主体、履行标的、期限、地点和方式等内容。和解协议一般采用书面形式。和解协议达成后,有规定情形的,人民法院可以裁定中止执行。被执行人一方不履行执行和解协议的,申请执行人可以申请恢复执行原生效法律文书,也可以就履行执行和解协议向执行法院提起诉讼。

(六) 执行措施

执行措施是指人民法院依照法定程序强制执行生效法律文书的方法和手段。在执行中,执行措施和执行程序是合为一体的。执行员接到申请执行书或者移交执行书,应当向被执行人发出执行通知,并可以立即采取强制执行措施。

被执行人未按执行通知履行法律文书确定的义务,应当报告当前以及收到执行通知之日前一年的财产情况。被执行人拒绝报告或者虚假报告的,人民法院可以根据情节轻重对被执行人或者其法定代理人、有关单位的主要负责人或者直接责任人员予以罚款、拘留。

人民法院查封、扣押、冻结财产后,对需要拍卖、变卖的财产,应当在30日内启动确定财产处置参考价程序。人民法院确定财产处置参考价,可以采取当事人议价、定向询价、网络询价、委托评估等方式。

(七) 执行中止和终结

1. 执行中止

执行中止是指在执行过程中,因发生特殊情况,需要暂时停止执行程序。有下列情况之一的,人民法院应裁定中止执行:①申请人表示可以延期执行的;②案外人对执行标的提出确有理由异议的;③作为一方当事人的公民死亡,需要等待继承人继承权利或承担义务的;④作为一方当事人的法人或其他组织终止,尚未确定权利义务承受人的;⑤人民法院认为应当中止执行的其他情形,如被执行人确无财产可供执行等。中止的情形消失后,恢复执行。

2. 执行终结

在执行过程中,由于出现某些特殊情况,执行工作无法继续进行或没有必要继续进行的,结束执行程序。有下列情况之一的,人民法院应当裁定终结执行:①申请人撤销申请的;②据以执行的法律文书被撤销的；③作为被执行人的公民死亡，无遗产可供执行，又无义务承担人的；④追索赡养费、扶养费、抚育费案件的权利人死亡的；⑤作为被执行人的公民因生活困难无力偿还借款，无收入来源，又丧失劳动能力的；⑥人民法院认为应当终结执行的其他情形。

第三节　仲裁制度

一、仲裁的概念与三项基本制度

仲裁是指纠纷当事人在自愿基础上达成协议，将纠纷提交非司法机构的第三者审理，由第三者作出对争议各方均有约束力的裁决的一种解决纠纷的制度和方式。仲裁在性质上是兼具契约性、自治性、民间性和准司法性的一种争议解决方式。

仲裁有下列三项基本制度。

（1）协议仲裁制度

仲裁协议是当事人自愿原则的体现，当事人申请仲裁、仲裁委员会受理仲裁以及仲裁庭对仲裁案件的审理和裁决，都必须以当事人依法订立的仲裁协议为前提。《仲裁法》规定，没有仲裁协议，一方申请仲裁的，仲裁委员会不予受理。

（2）排除法院管辖制度

仲裁和诉讼是两种并行的争议解决方式，当事人只能选用其中的一种。《仲裁法》规定："当事人达成仲裁协议，一方向人民法院起诉的，人民法院不予受理，但仲裁协议无效的除外。"因此，有效的仲裁协议可以排除法院对案件的司法管辖权，只有在没有仲裁协议或者仲裁协议无效的情况下，法院才可以对当事人的纠纷予以受理。

（3）一裁终局制度

仲裁实行一裁终局的制度。裁决作出后，当事人就同一纠纷再申请仲裁或者向人民法院起诉的，仲裁委员会或者人民法院不予受理。但是，裁决被人民法院依法撤销或者不予执行的，当事人就该纠纷可以根据双方重新达成的仲裁协议申请仲裁，或者向人民法院起诉。

二、仲裁协议和仲裁程序

（一）仲裁协议

1. 仲裁协议的形式和内容

仲裁协议包括合同中订立的仲裁条款和其他以书面形式在纠纷发生前或者纠纷发生后达成的

请求仲裁的协议。

仲裁协议应当具有下列内容：①请求仲裁的意思表示；②仲裁事项；③选定的仲裁委员会。

2. 仲裁协议的效力

有下列情形之一的，仲裁协议无效：①约定的仲裁事项超出法律规定的仲裁范围的；②无民事行为能力人或者限制民事行为能力人订立的仲裁协议；③一方采取胁迫手段，迫使对方订立仲裁协议的。

仲裁协议对仲裁事项或者仲裁委员会没有约定或者约定不明确的，当事人可以补充协议；达不成补充协议的，仲裁协议无效。

仲裁协议独立存在，合同的变更、解除、终止或者无效，不影响仲裁协议的效力。仲裁庭有权确认合同的效力。

3. 仲裁协议效力的确认

当事人对仲裁协议的效力有异议的，可以请求仲裁委员会作出决定或者请求人民法院作出裁定。一方请求仲裁委员会作出决定，另一方请求人民法院作出裁定的，由人民法院裁定。当事人对仲裁协议的效力有异议，应当在仲裁庭首次开庭前提出。

（二）仲裁程序

1. 仲裁的申请和受理

（1）申请仲裁的条件

当事人申请仲裁应当符合下列条件：①有仲裁协议；②有具体的仲裁请求和事实、理由；③属于仲裁委员会的受理范围。

（2）申请仲裁的文件

当事人申请仲裁，应当向仲裁委员会递交仲裁协议、仲裁申请书及副本。

仲裁申请书应当载明下列事项：①当事人的姓名、性别、年龄、职业、工作单位和住所，法人或者其他组织的名称、住所和法定代表人或者主要负责人的姓名、职务；②仲裁请求和所根据的事实、理由；③证据和证据来源、证人姓名和住所。

（3）审查与受理

仲裁委员会收到仲裁申请书之日起5日内，认为符合受理条件的，应当受理，并通知当事人；认为不符合受理条件的，应当书面通知当事人不予受理，并说明理由。

仲裁委员会受理仲裁申请后，应当在仲裁规则规定的期限内将仲裁规则和仲裁员名册送达申请人，并将仲裁申请书副本和仲裁规则、仲裁员名册送达被申请人。被申请人收到仲裁申请书副本后，应当在仲裁规则规定的期限内向仲裁委员会提交答辩书。仲裁委员会收到答辩书后，应当在仲裁规则规定的期限内将答辩书副本送达申请人。被申请人未提交答辩书的，不影响仲裁程序的进行。

申请人可以放弃或者变更仲裁请求。被申请人可以承认或者反驳仲裁请求，有权提出反请求。

（4）财产保全和证据保全

为保证仲裁程序顺利进行、仲裁案件公正审理以及仲裁裁决有效执行，当事人有权申请财产保全和证据保全。当事人要求采取保全措施的，应向仲裁委员会提出书面申请，由仲裁委员会将保全申请转交被申请人住所地或其财产所在地或证据所在地有管辖权的人民法院作出裁定；当事人也可以直接向有管辖权的人民法院提出保全申请。

申请人在人民法院采取保全措施后30日内不依法申请仲裁的，人民法院应当解除保全。

2. 仲裁的审理

仲裁审理的程序主要包括仲裁庭的组成、开庭和审理、仲裁和解与调解、仲裁裁决等过程。

（1）仲裁庭的组成

仲裁案件采用普通程序或者简易程序来审理。采用普通程序审理仲裁案件，由3名仲裁员组成合议仲裁庭；采用简易程序审理仲裁案件，由1名仲裁员组成独任仲裁庭。但是，经当事人协商达成一致，应当采用普通程序审理的案件，也可以采用简易程序审理。

①合议仲裁庭。当事人约定由3名仲裁员组成仲裁庭的，应当各自选定1名或者各自委托仲裁委员会主任指定1名仲裁员，第三名仲裁员由当事人共同选定或者共同委托仲裁委员会主任指定。第三名仲裁员是首席仲裁员。

②独任仲裁庭。当事人约定由1名仲裁员成立仲裁庭的，应当由当事人共同选定或者共同委托仲裁委员会主任指定仲裁员。当事人没有在仲裁规定的期限内约定仲裁庭的组成方式或者选定仲裁员的，由仲裁委员会主任指定。

仲裁员有下列情形之一的，必须回避，当事人也有权提出回避申请：①是本案当事人或者当事人、代理人的近亲属；②与本案有利害关系；③与本案当事人、代理人有其他关系，可能影响公正仲裁的；④私自会见当事人、代理人，或者接受当事人、代理人的请客送礼的。

当事人提出回避申请，应当说明理由，在首次开庭前提出。回避事由在首次开庭后知道的，可以在最后一次开庭结束前提出。

（2）开庭和审理

仲裁审理的方式分为开庭审理和书面审理两种。仲裁一般开庭审理作出裁决，这是仲裁审理的主要方式。但是，当事人协议不开庭的，仲裁庭可以根据仲裁申请书、答辩书以及其他材料作出裁决，即书面审理方式。为了保护当事人的商业秘密和商业信誉，仲裁不公开进行，当事人协议公开的，可以公开进行，但涉及国家秘密的除外。

当事人应当对自己的主张提供证据。仲裁庭认为有必要收集的证据，可以自行收集。证据应当在开庭时出示，当事人可以质证。当事人在仲裁过程中有权进行辩论。

仲裁庭可以作出缺席裁决。申请人经书面通知，无正当理由开庭时不到庭或者未经仲裁庭许可中途退庭的，可以视为撤回仲裁申请；如果被申请人提出了反请求，不影响仲裁庭就反请求进行审理，并作出裁决。被申请人经书面通知，无正当理由不到庭或者未经仲裁庭许可中途退庭的，仲裁庭可以进行缺席审理并作出裁决；如果被申请人提出了反请求的，可以视为撤回仲裁反请求。

（3）仲裁和解与调解

当事人申请仲裁后，可以自行和解。当事人自行达成和解协议的，可以请求仲裁庭根据和解协议制作裁决书，也可以撤回仲裁申请。当事人撤回仲裁申请后反悔的，仍可以根据原仲裁协议另行申请仲裁。

仲裁庭在作出裁决前，可以根据当事人的请求或者在征得当事人同意的情况下按照其认为适当的方式主持调解。调解达成协议的，当事人可以撤回仲裁申请，也可以请求仲裁庭根据调解协议的内容制作调解书或者裁决书。调解书经双方当事人签收后即与裁决书具有同等法律效力。在调解书签收前当事人反悔的，仲裁庭应当及时作出裁决。调解不成的，仲裁庭应当及时作出裁决。

（4）仲裁裁决

仲裁裁决是由仲裁庭作出的具有强制执行效力的法律文书。独任仲裁庭审理的案件由独任仲裁员作出仲裁裁决，合议仲裁庭审理的案件由3名仲裁员集体作出仲裁裁决。裁决也可以按照多数仲裁员的意见作出，少数仲裁员的不同意见可以记入笔录或者附在裁决书后，但该少数意见不构成裁决书的组成部分。仲裁庭无法形成多数意见时，按照首席仲裁员的意见作出。仲裁裁决书由仲裁员签名，加盖仲裁委员会的印章。对裁决持不同意见的仲裁员可以签名，也可以不签名。裁决书自作出之日起发生法律效力。仲裁实行一裁终局制度，当事人不得就已经裁决的事项再行申请仲裁，也不得就此提起诉讼；当事人申请人民法院撤销裁决的，应当依法进行。

（三）仲裁裁决的执行

1. 仲裁裁决的执行效力

仲裁裁决作出后，当事人应当履行裁决。一方当事人不履行的，另一方当事人可以依照我国《民事诉讼法》的规定，向人民法院申请执行。当事人申请执行仲裁裁决案件，由被执行人所在地或者被执行财产所在地的中级人民法院管辖；执行案件符合基层人民法院一审民商事案件级别管辖受理范围的，经上级人民法院批准后，可以由被执行人住所地或被执行财产所在地的基层人民法院管辖。

涉外案件的仲裁裁决或者外国仲裁裁决，均可依据《纽约公约》，向有管辖权的缔约国或者地区的法院，申请承认和执行。

申请仲裁裁决强制执行必须在法律规定的期限内提出。申请执行时效的中止、中断，适用法律有关诉讼时效中止、中断的规定。申请仲裁裁决强制执行的2年期间，自仲裁裁决书规定履行期限或仲裁机构的仲裁规则规定履行期间的最后一日起计算。仲裁裁决书规定分期履行的，依规定的每次履行期间的最后一日起计算。

2. 仲裁裁决的不予执行和撤销

被申请人提出证据证明裁决有下列情形之一的，经人民法院组成合议庭审查核实，裁定不予执行：

（1）当事人在合同中没有仲裁条款或者事后没有达成书面仲裁协议的；

（2）裁决的事项不属于仲裁协议的范围或者仲裁机构无权仲裁的；

（3）仲裁庭的组成或者仲裁的程序违反法定程序的；

（4）裁决所根据的证据是伪造的；

（5）对方当事人向仲裁机构隐瞒了足以影响公正裁决的证据的；

（6）仲裁员在仲裁该案时有索贿受贿、徇私舞弊、枉法裁决行为的。

仲裁裁决被法院依法裁定不予执行的，当事人就该纠纷可以重新达成仲裁协议，并依据该仲裁协议申请仲裁，也可以向法院提起诉讼。

根据《仲裁法》的规定，当事人提出证据证明裁决有上述情形之一的，可以向仲裁委员会所在地的中级人民法院申请撤销裁决。此外，人民法院认定该裁决违背社会公共利益的，应当裁定撤销。当事人申请撤销裁决的，应当在收到裁决书之日起6个月内提出。

仲裁裁决被人民法院依法撤销后，当事人之间的纠纷并未解决。根据《仲裁法》的规定，当事人就该纠纷可以根据双方重新达成的仲裁协议申请仲裁，也可以向人民法院起诉。

案外人有证据证明仲裁案件当事人恶意申请仲裁或者虚假仲裁，损害其合法权益的，可根据法律相关程序的要求，申请不予执行仲裁裁决或仲裁调解书。

（四）涉外仲裁的特别规定

1. 涉外仲裁的基本类型

涉外仲裁是指具有涉外因素的仲裁。凡民事关系的一方或者双方当事人是外国人、无国籍人、外国企业和组织的，民事关系的标的物在外国领域内的，产生、变更或者消灭民事权利义务关系的法律事实发生在国外的，均为涉外民事关系。

在我国，涉外仲裁的主体基本包括两种类型：①一方或者双方当事人是外国人、无国籍人或者外国企业和组织；②涉及港、澳、台的案件参照涉外案件处理。《仲裁法》规定，涉外经济贸易、运输和海事中发生的纠纷的仲裁，适用关于涉外仲裁的特别规定。

我国建筑业企业对外承接工程日益增多，建设工程纠纷中涉外案件的数量也不断增长，涉外仲裁将发挥更加重要的作用。

2. 涉外仲裁机构

《仲裁法》规定，涉外仲裁委员会可以由中国国际商会组织设立。

我国依据《仲裁法》设立的涉外仲裁机构是中国国际经济贸易仲裁委员会和中国海事仲裁委员会。中国国际贸易仲裁委员会主要受理国际、涉外和涉港、澳、台争议案件，于2000年开始受理国内仲裁案件。

3. 涉外仲裁案件的证据、财产保全

《民事诉讼法》规定，当事人申请采取保全的，中华人民共和国的涉外仲裁机构应当将当事人的申请，提交被申请人住所地或者财产所在地的中级人民法院裁定。

在涉外仲裁过程中，当事人申请财产保全，经仲裁机构提交人民法院的，由被申请人住所地或被申请保全的财产所在地的中级人民法院裁定并执行；申请证据保全的，由证据所在地的中级人民法院裁定并执行。

4. 涉外仲裁案件裁决的执行

《仲裁法》规定，涉外仲裁委员会作出的发生法律效力的仲裁裁决，当事人请求执行的，如果被执行人或者其财产不在中华人民共和国领域内，应当由当事人直接向有管辖权的外国法院申请承认和执行。

第四节 调解与和解制度

一、调解

根据调解人的不同，我国调解的形式主要有人民调解、行政调解、仲裁调解、法院调解和专业机构调解等。

（一）人民调解

1. 人民调解的原则和人员机构

人民调解委员会调解民间纠纷，应当遵循下列原则：①在当事人自愿、平等的基础上进行调解；②不违背法律、法规和国家政策；③尊重当事人的权利，不得因调解而阻止当事人依法通过仲裁、行政、司法等途径维护自己的权利。

人民调解的组织形式是人民调解委员会。人民调解委员会是村民委员会和居民委员会下设的调解民间纠纷的群众性自治组织，在人民政府和基层人民法院指导下进行工作。

人民调解员由人民调解委员会委员和人民调解委员会聘任的人员担任。人民调解员应当由公道正派、热心人民调解工作，并具有一定文化水平、政策水平和法律知识的成年公民担任。县级人民政府司法行政部门应当定期对人民调解员进行业务培训。

2. 人民调解的程序和调解协议

人民调解应当遵循的程序主要是：①当事人申请调解；②人民调解委员会主动调解；③指定

调解员或由当事人选定调解员进行调解；④达成协议；⑤调解结束。

经人民调解委员会调解达成调解协议的，可以制作调解协议书。当事人认为无需制作调解协议的，可以采取口头协议的方式，人民调解员应当记录协议内容。经人民调解委员会调解达成的调解协议对当事人双方具有法律约束力，当事人应当履行。当事人就调解协议的履行或者调解协议的内容发生争议的，一方当事人可以向法院提起诉讼。

经人民调解委员会调解达成调解协议后，双方当事人认为有必要的，可以按照《民事诉讼法》的规定，自调解协议生效之日起30日内共同向调解组织所在地基层人民法院申请司法确认调解协议。人民法院受理申请后，经审查，符合法律规定的，裁定调解协议有效，一方当事人拒绝履行或者未全部履行的，对方当事人可以向人民法院申请强制执行；不符合法律规定的，裁定驳回申请，当事人可以通过调解方式变更原调解协议或者达成新的调解协议，也可以向人民法院起诉。

（二）行政调解

行政调解是指有关国家行政机关应纠纷当事人的请求，依据法律、法规、规章和政策，对属于其职权管辖范围内的纠纷，通过耐心地说服教育，使纠纷的双方互相谅解，在平等协商的基础上达成一致协议，促成当事人解决纠纷。

行政调解可分为：基层人民政府，即乡、镇人民政府对一般民间纠纷的调解；国家行政机关依照法律规定对某些特定民事纠纷、经济纠纷或劳动纠纷等进行的调解。

行政调解达成的协议也不具有强制执行力。

（三）仲裁调解

仲裁调解是仲裁机构对受理的仲裁案件进行的调解。

仲裁庭在作出裁决前，可以先行调解。当事人自愿调解的，仲裁庭应当调解。调解不成的，应当及时作出裁决。调解达成协议的，仲裁庭应当制作调解书或者根据协议的结果制作裁决书。调解书与裁决书具有同等法律效力。调解书经双方当事人签收后，即发生法律效力。在调解书签收前当事人反悔的，仲裁庭应当及时作出裁决。

仲裁与调解相结合是中国仲裁制度的特点。该做法将仲裁和调解各自的优点结合起来，不仅有助于解决当事人之间的争议，还有助于保持当事人的友好合作关系，具有很大的灵活性和便利性。

（四）法院调解

《民事诉讼法》规定，人民法院审理民事案件，根据当事人自愿的原则，在事实清楚的基础上，分清是非，进行调解。法院调解是人民法院对受理的民事案件、经济纠纷案件和轻微刑事案件在双方当事人自愿的基础上进行的调解，是诉讼内调解。法院调解书经双方当事人签收后，即具有法律效力，效力与判决书相同。在民事诉讼中，除适用特别程序的案件和当事人有严重违法行为需给予行政处罚的经济纠纷案件的情形外，其他案件均可适用调解。

1. 调解方法

人民法院进行调解，可以由审判员一人主持，也可以由合议庭主持，并尽可能就地进行。人民法院进行调解，可以邀请有关单位和个人协助。被邀请的单位和个人，应当协助人民法院进行调解。

2. 调解协议

调解达成协议，必须双方自愿，不得强迫。调解协议的内容不得违反法律规定。

调解达成协议，人民法院应当制作调解书。调解书应当写明诉讼请求、案件的事实和调解结果。调解书由审判员、书记员署名，加盖人民法院印章，送达双方当事人。调解书经双方当事人签收后，即具有法律效力。

但是，下列案件调解达成协议，人民法院可以不制作调解书：①调解和好的离婚案件；②调解维持收养关系的案件；③能够即时履行的案件；④其他不需要制作调解书的案件。对不需要制作调解书的协议，应当记入笔录，由双方当事人、审判人员、书记员签名或者盖章后，即具有法律效力。

调解未达成协议或者调解书送达前一方反悔的，人民法院应当及时判决。

（五）专业机构调解

专业机构调解是当事人在发生争议前或争议后，协议约定由依法成立的具有独立调解规则的机构按照其调解规则进行调解。所谓调解规则，是指调解机构、调解员以及调解当事人之间在调解过程中所应遵守的程序性规范。我国从事专业民商事调解的机构有中国国际商会（中国贸促会）调解中心、北京仲裁委员会调解中心等。

专业调解机构备有调解员名单，供当事人在个案中选定。调解员由专业调解机构聘请经济、贸易、金融、投资、知识产权、工程承包、运输、保险、法律等领域里具有专门知识及实际经验、公道正派的人士担任。专业调解机构进行调解达成的调解协议对当事人双方具有约束力。

二、和解

和解与调解的区别在于：和解是当事人之间自愿协商，达成协议，没有第三人参加，而调解是在第三人主持下进行疏导、协商，使之相互谅解，自愿达成协议。

（一）和解的类型

1. 诉讼前的和解

诉讼前的和解是指发生诉讼以前，双方当事人互相协商达成协议，自行解决争执。这是当事人依法处分自己民事实体权利的民事法律行为。

和解成立后，当事人所争执的权利即归确定，所抛弃的权利随即消失，当事人不得任意反悔要求撤销。但是，如果事后发现和解所依据的文件是伪造或涂改的，或者当事人在和解时不知道该和解事件已为法院判决所确定，或者当事人对重要的争执有重大误解而达成和解协议的，当事人都可以要求撤销和解协议。

2. 诉讼中的和解

诉讼中的和解是当事人在诉讼进行中互相协商，达成协议，解决双方的争执。《民事诉讼法》规定："双方当事人可以自行和解。"这种和解在法院作出判决前，当事人都可以进行。当事人可以就全部诉讼请求达成和解协议，也可以就个别诉讼请求达成和解协议。

当事人达成和解协议后，原告既可以撤诉，双方也可以请求人民法院对和解事项制作调解书，经当事人签名盖章产生法律效力。

3. 执行中的和解

执行中的和解，是人民法院在执行已发生法律效力的民事判决、裁定过程中，当事人自行达成协议，自动履行生效和解协议的行为。

《民事诉讼法》规定，在执行中，双方当事人自行和解达成协议的，执行员应当将协议内容记入笔录，由双方当事人签名或者盖章。一方当事人不履行和解协议的或者反悔的，对方当事人可以申请人民法院按照原生效法律文书强制执行。

4. 仲裁中的和解

《仲裁法》规定，当事人申请仲裁后，可以自行和解。

和解是双方当事人的自愿行为，不需要仲裁庭的参与。达成和解协议的，可以请求仲裁庭根据和解协议作出裁决书，也可以撤回仲裁申请。当事人达成和解协议，撤回仲裁申请后又反悔的，可以根据原仲裁协议申请仲裁。

（二）和解的效力

和解达成的协议不具有强制执行效力，如果一方当事人不按照和解协议履行，另一方当事人不可以请求人民法院强制履行，但可以向法院提起诉讼，也可以根据约定申请仲裁。

法院或仲裁庭通过对和解协议的审查，对于意思真实而又不违反法律强制性或禁止性规定的和解协议予以支持，也可以支持遵守协议方要求违反协议方就不执行该和解协议承担违约责任的请求。但是，对于一方非自愿作出的或者违反法律强制性或禁止性规定的和解协议，不予支持。

第五节 行政强制、行政复议和行政诉讼制度

一、行政强制的种类和法定程序

行政强制，包括行政强制措施和行政强制执行。行政强制措施，是指行政机关在行政管理过程中，为制止违法行为、防止证据损毁、避免危害发生、控制危险扩大等情形，依法对公民的人身自由实施暂时性限制，或者对公民、法人或者其他组织的财物实施暂时性控制的行为。行政强制执行，是指行政机关或者行政机关申请人民法院，对不履行行政决定的公民、法人或者其他组织，依法强制履行义务的行为。

（一）行政强制的种类

1. 行政强制措施的种类

行政强制措施包括：限制公民人身自由；查封场所、设施或者财物；扣押财物；冻结存款、汇款；其他行政强制措施。

行政强制措施由法律设定；尚未制定法律，且属于国务院行政管理职权事项的，行政法规可以设定除限制公民人身自由，冻结存款、汇款和应当由法律规定的行政强制措施以外的其他行政强制措施；尚未制定法律、行政法规，且属于地方性事务的，地方性法规可以设定查封场所、设施或财物和扣押财物的行政强制措施。法律、法规以外的其他规范性文件不得设定行政强制措施。

法律对行政强制措施的对象、条件、种类作了规定的，行政法规、地方性法规不得作出扩大规定；法律中未设定行政强制措施的，行政法规、地方性法规不得设定行政强制措施。但是，法律规定特定事项由行政法规规定具体管理措施的，行政法规可以设定除限制公民人身自由，冻结存款、汇款和应当由法律规定的行政强制措施以外的其他行政强制措施。

2. 行政强制执行的种类

行政强制执行包括：加处罚款或者滞纳金；划拨存款、汇款；拍卖或者依法处理查封、扣押的场所、设施或者财物；排除妨碍、恢复原状；代履行；其他强制执行方式。

行政强制执行由法律设定；法律没有规定行政机关强制执行的，作出行政决定的行政机关应当申请人民法院强制执行。

（二）行政强制的法定程序

1. 行政强制措施的实施程序

（1）查封、扣押的实施

查封、扣押主体及对象。查封、扣押由法律、法规规定的行政机关实施，其他任何行政机关或者组织不得实施。

查封、扣押限于涉案的场所、设施或者财物，不得查封、扣押与违法行为无关的场所、设施或者财物，以及公民个人及其所扶养家属的生活必需品。当事人的场所、设施或者财物已被其他国家机关依法查封的，不得重复查封。

查封、扣押程序及期限。行政机关决定实施查封、扣押的，应当遵守前述有关行政强制措施程序规定，制作并当场交付查封、扣押决定书和清单。

查封、扣押的期限不得超过30日；情况复杂的，经行政机关负责人批准，可以延长，但是延长期限不得超过30日。法律、行政法规另有规定的除外。

查封、扣押对象的保管。对查封、扣押的场所、设施或者财物，行政机关应当妥善保管，不得使用或者损毁；造成损失的，应当承担赔偿责任；对查封的场所、设施或者财物，行政机关可以委托第三人保管，第三人不得损毁或者擅自转移、处置。因第三人的原因造成的损失，行政机关先行赔付后，有权向第三人追偿。因查封、扣押发生的保管费用由行政机关承担。

实施查封、扣押后的处理。行政机关采取查封、扣押措施后，应当及时查清事实，在规定期限内作出处理决定：对违法事实清楚，依法应当没收的非法财物予以没收；法律、行政法规规定应当销毁的，依法销毁；应当解除查封、扣押的，作出解除查封、扣押的决定。

（2）冻结的实施

实施冻结的主体。冻结存款、汇款应当由法律规定的行政机关实施，不得委托给其他行政机关或者组织；其他任何行政机关或者组织不得冻结存款、汇款。

冻结程序。行政机关依照法律规定决定实施冻结存款、汇款的，应当履行下列程序：①实施前须向行政机关负责人报告并经批准；②由两名以上行政执法人员实施；③出示执法身份证件；④制作现场笔录。此外，还应当向金融机构交付冻结通知书。

金融机构在接到行政机关依法作出的冻结通知书后，应当立即予以冻结，不得拖延，不得在冻结前向当事人泄露信息；法律规定以外的行政机关或者组织要求冻结当事人存款、汇款的，金融机构应当拒绝。

实施冻结后的处理。自冻结存款、汇款之日起30日内，行政机关应当作出处理决定或者作出解除冻结决定；情况复杂的，经行政机关负责人批准，可以延长，但是延长期限不得超过30日。法律另有规定的除外。延长冻结的决定应当及时书面告知当事人，并说明理由。

2. 行政强制执行的实施程序

(1) 金钱给付义务的执行

行政机关依法作出金钱给付义务的行政决定，当事人逾期不履行的，行政机关可以依法加处罚款或者滞纳金，加处罚款或者滞纳金的标准应当告知当事人。依法实施加处罚款或者滞纳金超过30日，经催告当事人仍不履行的，具有行政强制执行权的行政机关可以强制执行。

此外，划拨存款、汇款应当由法律规定的行政机关决定，并书面通知金融机构。金融机构接到行政机关依法作出划拨存款、汇款的决定后，应当立即划拨。

(2) 代履行的执行

行政机关依法作出要求当事人履行排除妨碍、恢复原状等义务的行政决定，当事人逾期不履行，经催告仍不履行，其后果已经或者将危害交通安全、造成环境污染或者破坏自然资源的，行政机关可以代履行，或者委托没有利害关系的第三人代履行。

代履行应当遵守下列规定：①代履行前送达决定书，代履行决定书应当载明当事人的姓名或者名称、地址，代履行的理由和依据、方式和时间、标的、费用预算以及代履行人；②代履行3日前，催告当事人履行，当事人履行的，停止代履行；③代履行时，作出决定的行政机关应当派员到场监督；④代履行完毕，行政机关到场监督的工作人员、代履行人和当事人或者见证人应当在执行文书上签名或者盖章。⑤代履行不得采用暴力、胁迫以及其他非法方式。

(三) 申请人民法院强制执行程序

当事人在法定期限内不申请行政复议或者提起行政诉讼，又不履行行政决定的，没有行政强制执行权的行政机关可以自期限届满之日起3个月内，按照《行政强制法》有关规定申请人民法院强制执行。

行政机关申请人民法院强制执行前，应当催告当事人履行义务。催告书送达10日后当事人仍未履行义务的，行政机关可以向所在地有管辖权的人民法院申请强制执行；执行对象是不动产的，向不动产所在地有管辖权的人民法院申请强制执行。

人民法院接到行政机关强制执行的申请，应当在5日内受理。人民法院对行政机关强制执行的申请进行书面审查，对符合强制执行规定，且行政决定具备法定执行效力的，除依法可以听取被执行人和行政机关意见的情形外，应当自受理之日起7日内作出执行裁定。此外，因情况紧急，为保障公共安全，行政机关可以申请人民法院立即执行。

二、行政复议的范围、受理和复议决定

行政复议，是指行政机关根据上级行政机关对下级行政机关的监督权，在当事人的申请和参加下，按照行政复议程序对具体行政行为进行合法性和适当性审查，并作出决定以解决行政侵权

争议的活动。

(一) 行政复议范围

有下列情形之一的，公民、法人或者其他组织可以依照本法申请行政复议：

(1) 对行政机关作出的警告、罚款、没收违法所得、没收非法财物、责令停产停业、暂扣或者吊销许可证、暂扣或者吊销执照、行政拘留等行政处罚决定不服的；

(2) 对行政机关作出的限制人身自由或者查封、扣押、冻结财产等行政强制措施决定不服的；

(3) 对行政机关作出的有关许可证、执照、资质证、资格证等证书变更、中止、撤销的决定不服的；

(4) 对行政机关作出的关于确认土地、矿藏、水流、森林、山岭、草原、荒地、滩涂、海域等自然资源的所有权或者使用权的决定不服的；

(5) 认为行政机关侵犯合法的经营自主权的；

(6) 认为行政机关变更或者废止农业承包合同，侵犯其合法权益的；

(7) 认为行政机关违法集资、征收财物、摊派费用或者违法要求履行其他义务的；

(8) 认为符合法定条件，申请行政机关颁发许可证、执照、资质证、资格证等证书，或者申请行政机关审批、登记有关事项，行政机关没有依法办理的；

(9) 申请行政机关履行保护人身权利、财产权利、受教育权利的法定职责，行政机关没有依法履行的；

(10) 申请行政机关依法发放抚恤金、社会保险金或者最低生活保障费，行政机关没有依法发放的；

(11) 认为行政机关的其他具体行政行为侵犯其合法权益的。

公民、法人或者其他组织认为行政机关的具体行政行为所依据的下列规定不合法，在对具体行政行为申请行政复议时，可以一并向行政复议机关提出对该规定的审查申请：①国务院部门的规定；②县级以上地方各级人民政府及其工作部门的规定；③乡、镇人民政府的规定。前款所列规定不含国务院部、委员会规章和地方人民政府规章。规章的审查依照法律、行政法规办理。

不服行政机关作出的行政处分或者其他人事处理决定的，依照有关法律、行政法规的规定提出申诉。不服行政机关对民事纠纷作出的调解或者其他处理，依法申请仲裁或者向人民法院提起诉讼。

(二) 行政复议受理

行政复议机关收到行政复议申请后，应当在5日内进行审查，依法决定是否受理，并书面告知申请人；对符合行政复议申请条件，但不属于本机关受理范围的，应当告知申请人向有关行政复议机关提出。

（三）行政复议决定

行政复议原则上采取书面审查的办法，但申请人提出要求或者行政复议机关负责法制工作的机构认为有必要时，可以向有关组织和人员调查情况，听取申请人、被申请人和第三人的意见。行政复议决定作出前，申请人要求撤回行政复议申请的，经说明理由，可以撤回；撤回行政复议申请的，行政复议终止。

申请人、第三人可以查阅被申请人提出的书面答复、作出具体行政行为的证据、依据和其他有关材料，除涉及国家秘密、商业秘密或者个人隐私外，行政复议机关不得拒绝。在行政复议过程中，被申请人不得自行向申请人和其他有关组织或者个人收集证据。

三、行政诉讼的受案范围、审理程序和判决执行

行政诉讼，是指人民法院应当事人的请求，通过审查行政行为合法性的方式，解决特定范围内行政争议的活动。

（一）行政诉讼受案范围

行政诉讼受案范围确定了行政机关行政行为受司法监督的限度，以及公民、法人或其他组织获得司法救济的范围。

《行政诉讼法》规定，人民法院受理公民、法人或者其他组织提起的下列诉讼：

（1）对行政拘留、暂扣或者吊销许可证和执照、责令停产停业、没收违法所得、没收非法财物、罚款、警告等行政处罚不服的；

（2）对限制人身自由或者对财产的查封、扣押、冻结等行政强制措施和行政强制执行不服的；

（3）申请行政许可，行政机关拒绝或者在法定期限内不予答复，或者对行政机关作出的有关行政许可的其他决定不服的；

（4）对行政机关作出的关于确认土地、矿藏、水流、森林、山岭、草原、荒地、滩涂、海域等自然资源的所有权或者使用权的决定不服的；

（5）对征收、征用决定及其补偿决定不服的；

（6）申请行政机关履行保护人身权、财产权等合法权益的法定职责，行政机关拒绝履行或者不予答复的；

（7）认为行政机关侵犯其经营自主权或者农村土地承包经营权、农村土地经营权的；

（8）认为行政机关滥用行政权力排除或者限制竞争的；

（9）认为行政机关违法集资、摊派费用或者违法要求履行其他义务的；

（10）认为行政机关没有依法支付抚恤金、最低生活保障待遇或者社会保险待遇的；

（11）认为行政机关不依法履行、未按照约定履行或者违法变更、解除政府特许经营协议、

土地房屋征收补偿协议等协议的；

（12）认为行政机关侵犯其他人身权、财产权等合法权益的。除前款规定外，人民法院受理法律、法规规定可以提起诉讼的其他行政案件。

人民法院不受理公民、法人或者其他组织对下列事项提起的诉讼：

（1）国防、外交等国家行为；

（2）行政法规、规章或者行政机关制定、发布的具有普遍约束力的决定、命令；

（3）行政机关对行政机关工作人员的奖惩、任免等决定；

（4）法律规定由行政机关最终裁决的行政行为。

（二）行政案件的审理程序

1. 起诉与受理

提起行政诉讼应当符合下列条件：①原告是认为行政行为侵犯其合法权益的公民、法人或者其他组织；②有明确的被告；③有具体的诉讼请求和事实根据；④属于人民法院受案范围和受诉人民法院管辖。

行政争议未经行政复议，由当事人直接向法院提起行政诉讼的，除法律另有规定的外，应当自知道或应当知道作出行政行为之日起6个月内提出。经过行政复议但对行政复议决定不服而依法提起行政诉讼的，应当在收到行政复议决定书之日起15日内起诉；若行政复议机关逾期不作复议决定的，除法律另有规定的外，应当在行政复议期满之日起15日内起诉。

公民、法人或者其他组织认为行政行为所依据的国务院部门和地方人民政府及其部门制定的规范性文件不合法，在对行政行为提起诉讼时，可以一并请求对该规范性文件进行审查。以上规定的规范性文件不含规章。

2. 审理

行政诉讼期间，除该法规定的情形外，不停止具体行政行为的执行。除涉及国家秘密、个人隐私和法律另有规定的外，人民法院应当公开审理行政案件。涉及商业秘密的案件，当事人申请不公开审理的，可以不公开审理。人民法院审理行政案件，不适用调解。但是，行政赔偿、补偿以及行政机关行使法律、法规规定的自由裁量权的案件可以调解。

人民法院审理行政诉讼案件，以法律和行政法规、地方性法规为依据。地方性法规适用于本行政区域内发生的行政案件；审理民族自治地方的行政案件，并以该民族自治地方的自治条例和单行条例为依据。人民法院审理行政案件，参照规章。

经人民法院传票传唤，原告无正当理由拒不到庭，或者未经法庭许可中途退庭的，可以按照撤诉处理；被告无正当理由拒不到庭，或者未经法庭许可中途退庭的，可以缺席判决。

3. 判决

法院经过审理，根据不同情况，分别就行政案件作出如下判决。

（1）行政行为证据确凿，适用法律、法规正确，符合法定程序的，或者原告申请被告履行法定职责或者给付义务理由不成立的，人民法院判决驳回原告的诉讼请求。

（2）行政行为有下列情形之一的，人民法院判决撤销或者部分撤销，并可以判决被告重新作出行政行为：①主要证据不足的；②适用法律、法规错误的；③违反法定程序的；④超越职权的；⑤滥用职权的；⑥明显不当的。人民法院判决被告重新作出行政行为的，被告不得以同一的事实和理由作出与原行政行为基本相同的行政行为。

（3）人民法院经过审理，查明被告不履行法定职责的，判决被告在一定期限内履行。

（4）人民法院经过审理，查明被告依法负有给付义务的，判决被告履行给付义务。

（5）行政行为有下列情形之一的，人民法院判决确认违法，但不撤销行政行为：①行政行为依法应当撤销，但撤销会给国家利益、社会公共利益造成重大损害的；②行政行为程序轻微违法，但对原告权利不产生实际影响的。行政行为有下列情形之一，不需要撤销或者判决履行的，人民法院判决确认违法：①行政行为违法，但不具有可撤销内容的；②被告改变原违法行政行为，原告仍要求确认原行政行为违法的；③被告不履行或者拖延履行法定职责，判决履行没有意义的。

（6）行政行为有实施主体不具有行政主体资格或者没有依据等重大且明显违法情形，原告申请确认行政行为无效的，人民法院判决确认无效。

（7）人民法院判决确认违法或者无效的，可以同时判决责令被告采取补救措施；给原告造成损失的，依法判决被告承担赔偿责任。

（8）行政处罚明显不当，或者其他行政行为涉及对款额的确定、认定确有错误的，人民法院可以判决变更。人民法院判决变更，不得加重原告的义务或者减损原告的权益。但利害关系人同为原告，且诉讼请求相反的除外。

（9）被告不依法履行、未按照约定履行或者违法变更、解除《行政诉讼法》第十二条第一款第十一项规定的协议的，人民法院判决被告承担继续履行、采取补救措施或者赔偿损失等责任。被告变更、解除本法第十二条第一款第十一项规定的协议合法，但未依法给予补偿的，人民法院判决给予补偿。

当事人不服人民法院第一审判决的，有权在判决书送达之日起15日内提起上诉；不服人民法院第一审裁定的，有权在裁定书送达之日起10日内提起上诉。逾期不提起上诉的，人民法院的第一审判决或者裁定发生法律效力。

第二审判决、裁定，是终审判决、裁定。当事人对已经发生法律效力的行政判决、裁定，认为确有错误的，可以向上一级人民法院申请再审，但判决、裁定不停止执行。

4. 执行

当事人必须履行人民法院发生法律效力的行政判决、裁定、调解书。公民、法人或者其他组织拒绝履行判决、裁定、调解书的，行政机关或者第三人可以向第一审人民法院申请强制执行，或者行政机关依法强制执行。

人民法院判决行政机关履行行政赔偿、行政补偿或者其他行政给付义务，行政机关拒不履行的，对方当事人可以依法向法院申请强制执行。申请执行的期限为2年。申请执行时效的中止、中断，适用法律有关规定。申请执行的期限从法律文书规定的履行期间最后一日起计算；法律文书规定分期履行的，从规定的每次履行期间最后一日起计算；法律文书中没有规定履行期限的，从该法律文书送达当事人之日起计算。逾期申请的，除有正当理由外，人民法院不予受理。

行政机关拒绝履行判决、裁定、调解书的，第一审人民法院可以采取以下措施：①对应当归还的罚款或者应当给付的款额，通知银行从该行政机关的账户内划拨；②在规定期限内不履行的，从期满之日起，对该行政机关负责人按日处50元至100元的罚款；③将行政机关拒绝履行的情况予以公告；④向监察机关或者该行政机关的上一级行政机关提出司法建议；接受司法建议的机关，根据有关规定进行处理，并将处理情况告知人民法院；⑤拒不履行判决、裁定、调解书，社会影响恶劣的，可以对该行政机关直接负责的主管人员和其他直接责任人员予以拘留；情节严重，构成犯罪的，依法追究刑事责任。

四、侵权的赔偿责任

行政机关及其工作人员在行使行政职权时有下列侵犯人身权情形之一的，受害人有取得赔偿的权利：①违法拘留或者违法采取限制公民人身自由的行政强制措施的；②非法拘禁或者以其他方法非法剥夺公民人身自由的；③以殴打、虐待等行为或者唆使、放纵他人以殴打、虐待等行为造成公民身体伤害或者死亡的；④违法使用武器、警械造成公民身体伤害或者死亡的；⑤造成公民身体伤害或者死亡的其他违法行为。

行政机关及其工作人员在行使行政职权时有下列侵犯财产权情形之一的，受害人有取得赔偿的权利：①违法实施罚款、吊销许可证和执照、责令停产停业、没收财物等行政处罚的；②违法对财产采取查封、扣押、冻结等行政强制措施的；③违法征收、征用财产的；④造成财产损害的其他违法行为。

但是，属于下列情形之一的，国家不承担赔偿责任：①行政机关工作人员与行使职权无关的个人行为；②因公民、法人和其他组织自己的行为致使损害发生的；③法律规定的其他情形。

赔偿请求人请求国家赔偿的时效为2年，自其知道或者应当知道国家机关及其工作人员行使职权时的行为侵犯其人身权、财产权之日起计算，但被羁押等限制人身自由期间不计算在内。

案例分析题

案例一

A房地产开发公司将其开发的某小区住宅楼工程进行公开招标,招标投标前A房地产开发公司与B建筑工程公司先行就合同的实质性内容进行了谈判,2019年3月,双方就谈判内容订立了《某小区住宅楼建设工程施工合同》。后B建筑工程公司在公开招标中中标,并于2019年8月与A房地产开发公司订立了中标合同。该中标合同对工程项目性质、工程工期、工程质量、工程价款、支付方式及违约责任均作了详细的约定,并将中标合同向相关建设行政主管部门进行了备案。2020年底该工程竣工并验收合格。但双方对于用哪一份合同作为工程款结算的依据存在争议,2021年3月,B建筑工程公司诉至法院。本案审理过程中,A房地产开发公司认为,应按标前合同支付工程款,理由是标前合同是双方真实意思的表示,且已经实际履行,而中标合同只是作为备案用途,不能用于工程结算。而B建筑工程公司认为,应按中标合同支付工程款,理由是中标合同是按照招标投标文件的规定签订的,且已向有关部门备案,应作为结算依据。法院认定,因A房地产开发公司与B建筑工程公司违反招标投标法的强制性规定,涉嫌串标,故标前合同和中标合同均认定无效,双方当事人应按实际履行的合同结算工程款。

问题

请从法官的角度对该工程纠纷案件作出点评,指出该案中纠纷双方的违法行为。

案例二

2020年12月2日,长某向内蒙古自治区国土资源厅(以下简称内蒙古区厅)申请公开:"(1)位于通辽市扎鲁特旗鲁北镇宝楞嘎查东220米、西距304国道3.0千米范围内的毛都水库工程项目征地批复及报批文件,包括但不限于一书四方案、勘测定界图等全部征地报批文件;(2)毛都水库工程项目依附土地的利用规划登记情况,包括土地利用总体规划和控制性详细规划等;(3)2014年、2015年扎鲁特旗地区征地区片综合价;(4)毛都水库工程项目用地预审意见。"

2021年1月20日,内蒙古区厅作出信息公开答复及《内蒙古自治区国土资源厅信息公开申请转办单》,答复如下:"根据您的申请内容及提供的相关信息,我厅无法核实并确认该地块的具体报批情况,因此无法直接提取相关信息。依据《国土资源部办公厅关于进一步做好市县征地信息公开工作有关问题的通知》(国土资厅发〔2014〕29号)及有关法律法规规定,市、县人民政府组织用地报批和征地实施、征地补偿安置等信息由市、县人民政府及其国土资源主管部门产生;市、县人民政府是实施征地的主体,同时也是征地信息公开的主体。按照"谁制作、谁公开"和"就近、便民"的原则,请您持我厅信息公开申请转办单,到扎鲁特旗国土资源局申请公开相关内容。"

长某对内蒙古区厅作出的信息公开答复不服提起行政复议，请求撤销并责令重作。

问题

1. 在哪些情形下可以申请行政复议？
2. 如果你是复议机关工作人员，此案应当如何解决？请说明理由。

思考题

1. 承包人优先受偿权的含义是什么？
2. 带有"带资承包"条款的合同是否有效？
3. 建设工程未经竣工验收，发包人擅自使用后，又以使用部分质量不符合约定为由主张权利的，是否支持？
4. 建设工程施工合同无效，但建设工程经竣工验收合格，承包人请求参照合同约定支付工程价款的，是否支持？
5. 当事人就同一建设工程另行订立的建设工程施工合同与经过备案的中标合同实质性内容不一致的，应当以哪个合同作为结算工程价款的依据？

第十一章
经济法

第一节 经济法概述

经济法是对社会主义市场经济关系进行整体、系统、全面、综合调整的一个法律部门。在现阶段，它主要调整社会生产和再生产过程中，以各类组织为基本主体所参加的经济管理关系和一定范围的经营协调关系。

一、经济法的概念及体系

（一）经济法的概念

经济法是调整在现代国家进行宏观调控和市场规制的过程中发生的社会关系的法律规范的总称。简单来说，经济法就是调整调制关系的法律规范的总称。

上述经济法的定义包含了多个方面的内容，例如：第一，在时间上，经济法是与现代国家、现代市场经济相关联的，因而在产生基础和存续时间上不同于传统部门法；第二，在空间上，经济法侧重于在一国范围内对调控和规制关系进行法律调整，因而不同于国际层面的法律协调，与国际公法或国际经济法有别；第三，在调整对象上，经济法调整的是宏观调控关系和市场规制关系，简称调制关系；第四，经济法是一类法律规范的总称，因此，它并不是形式上的法律或法规的总称，而是从实质意义的部门法角度作出的归类。

（二）经济法的体系

所谓经济法的体系，通常是指各类经济法规范所构成的和谐统一的整体。由此可知，经济法体系的构成要素是经济法规范，各类经济法规范并非杂乱无章，每一类型的经济法规范构成经济法的一个部门法，其共同构成一个和谐的、统一的整体，而这样的整体，其实就是一个系统，即经济法系统。

（三）经济法的体系特征

1. 稳定性

"体系"是一种框架和结构，只有保持稳定，才能够支撑整个体系的存在并被不断地完善，稳定性是保证经济法作为一个独立法律部门存在与发展的基础。

2. 发展性

在急剧的社会变迁背景下，经济法赖以存在的社会环境也在不断地发生着变化，经济法的调整对象并非一成不变，不断会有新的经济领域涌现出来，需要国家进行必要的干预。这意味着需要有新的法律、法规出现，不断地补充进已有的架构体系之内，以保证国民经济的安全运行。

3. 和谐性

也称整体性与关联性。构成经济法体系的各种法律、法规并不是简单地罗列，它们虽然具有不同的性能，但是按照逻辑统一性被梳理在同一体系内，是有机联系、相互作用的。

4. 科学性

经济法体系的科学性是保证其稳定性和发展性的前提条件。构建一个科学的经济法体系，对于经济法这个独立的法律部门来说，有助于其正确把握内在构成要素，理顺与其他部门法的关系，并不断完善。

（四）经济法体系构成

经济法体系由以下几个部分构成。

1. 调整经济关系主体的法

什么样的主体可以进入国民经济领域成为经济关系主体？在市场经济条件下，为了满足保护国家和社会公共利益的需要，国家必须对经济关系主体通过制定相应的法律、法规加以限定，明确其应具备的资格、权限、责任等。我国现在已经制定的用以调整经济关系主体的法有《公司法》《合伙企业法》《个人独资法》《中外合作经营企业法》《中外合资经营企业法》《企业破产法》等。

2. 调整经济关系主体行为的法

行为是经济关系主体参与经济活动的唯一途径，而主体在参与经济活动中形成的一定内在规范则是我们常常提到的一个词——"秩序"。行为规则是秩序的具体内容，用来调整经济关系主体行为的法，事实上就是调整国家在干预经济活动秩序的过程中形成的经济关系的法律规范。我国现行经济体制是市场经济体制，任何市场的存在和发展都离不开和谐、有序和稳定运行的良好秩序。经济法体系这部分内容存在的根本目的，就在于通过调整国家在干预市场秩序的过程中所发生的经济关系，对市场秩序进行规范并最终保证良性的市场经济运行秩序。目前，我国已经制定的相关法律主要有《反不正当竞争法》《消费者权益保护法》《产品质量法》《反垄断法》等。

3. 调整经济宏观环境的法

调整经济宏观环境即国家为使社会总供求与总需求达到平衡，运用宏观经济的间接手段，以经济规律作为运作机制引导经济主体的活动，即宏观调控。宏观调控是现代市场经济的重要组成部分，其调控关系涉及国民经济运行全过程，内容十分广泛，主要包括了财政关系、金融关系、国家计划关系、产业关系、固定资产投资关系、对外经济关系等。目前，我国宏观调控法主要包括《预算法》《产业结构与布局规划法》《固定资产投资法》《中国人民银行法》《价格法》《国有资产管理法》等。

4. 调整社会分配的法

随着改革的不断深入，社会发展的脚步越来越快，社会分配问题导致收入差距在城乡之间、行业之间、地区之间、不同群体之间不断扩大，不能公平地分享改革的成果，已经成为影响社会和谐稳定的重要因素，也为经济的进一步发展设置了阻碍。目前，我国以建立和谐社会为发展目标，一切以人为本，这就要求要使社会分配问题得到最佳的解决，减少因为贫富差距的社会利益分享不均而产生的社会矛盾与冲突。而经济法在这重大社会问题的解决中扮演着重要的角色。目前我国的社会分配法由预算法、税法、个人收入分配法、非税性收入法以及社会保障法所构成。

第二节 经济法主体

一、经济法主体的分类

经济法调整范围的广泛性，决定了经济法主体范围具有广泛性。对于经济法主体，可以从不同的角度作出不同的分类。

（一）根据主体在经济运行中的客观形态分类

根据主体在经济运行中的客观形态划分，经济法主体可分为国家机关、企业、事业单位、社会团体、个体工商户、农村承包经营户、公民等。

1. 国家机关

国家机关是指行使国家职能的各种机关的通称，包括国家权力机关、国家行政机关、国家司法机关等。其中，国家权力机关主要作为经济决策主体出现在经济法律关系中；国家行政机关，特别是具有经济管理职能的行政机关，主要作为经济管理主体出现在经济法律关系中，根据宪法、法律、法规规定的性质、职能、任务等，承担组织、管理和协调经济运行的职能。

2. 企业

企业是指依法设立的，以营利为目的从事生产、流通和服务等经营活动的经济组织，包括各类法人企业、公司及其他非法人企业。企业是重要的经济法主体，它承担着保证国家微观经济运行质量、效益和秩序的重要使命，是联系作为经济管理主体的国家机关和作为消费主体的单位和个人的重要纽带。

3. 事业单位

事业单位是由国家财政预算拨款或其他资金来源设立的，不以营利为目的从事文化、教育、科研、卫生等事业的单位，如学校、医院、科研院所等。事业单位主要以经济实施主体的身份参与经济法律关系，但在根据法律授权或行政机关委托实施经济管理职责时，是以经济管理主体的身份参与经济法律关系。

4. 社会团体

社会团体是由公民或组织依法自愿组成的从事公益事业、党团事务、行业管理和服务等活动的社会组织，包括党团组织、工会、妇联、行业性、职业性协会及公益性、学术性团体等。

5. 个体工商户

个体工商户是指公民在法律允许的范围内，依法经核准登记，以营利为目的从事工商业经营的个体经济。

6. 农村承包经营户

农村承包经营户是指在法律允许的范围内，按照农村土地承包经营合同的约定，利用农村集体土地从事种植业以及副业生产经营的农村集体经济组织成员或者家庭。

7. 公民

公民个人也是重要的经济法律关系参与者，其参与的经济法律关系主要是税收、工商管理、竞争法律关系等。例如，公民依法向税务机关缴纳个人所得税时，即是税收法律关系的主体。

（二）根据经济法调整领域的不同分类

根据经济法调整领域的不同，可以将经济法主体分为宏观调控法主体和市场规制法主体两类。宏观调控法主体又可以分为调控主体和受控主体，市场规制法主体可分为规制主体和受制主体。调控主体主要包括财政部、国家税务总局、中国人民银行、国家发改委等；规制主体主要包括商务部、国家工商行政管理总局、国家质量技术监督检验总局等。个人、企业、事业单位、社会团体等都可以成为经济法上的受控主体或受制主体。

上述的调控主体与受控主体，规制主体与受制主体的地位不是平等的，其权利、义务和责任也不同。传统民法强调主体在经济能力、认知能力、信息能力等方面的无差别性，因而主体才能够是"平等"的。而在经济法上则正好相反，主要是强调主体的差异性。其中，调控主体与规制主体是主导者，但受控主体和受制主体也具有一定的独立性和主动性，并非完全被动地受控或受制于人。

二、经济法主体的权利与义务

（一）调控主体与规制主体的职权

调控主体与规制主体的职权，可以总称为"调制权"，分为宏观调控权和市场规制权两大类。

1. 宏观调控权

宏观调控权可以分为宏观调控立法权、宏观调控执法权。还可根据具体调控领域、具体调控方式等，把宏观调控权分为财政调控权、金融调控权、计划调控权等。其中，财政调控权包括财政收入权和财政支出权，前者包括征税权、发债权等，后者包括预算支出权、转移支付权等；金融调控权包括货币发行权、利率调整权等；计划调控权包括产业调控权和价格调控权等。

2. 市场规制权

市场规制权可以分为市场规制立法权、市场规制执法权。主要包括对垄断行为、不正当竞争行为、侵害消费者权利行为的规制权，特别是对价格、质量、广告、虚假信息、滥用优势地位，以及其他违反公认的商业道德等行为的规制权。此外，随着市场经济发展等因素的出现，又产生了特殊市场规制权（或称特别市场规制权），如金融市场规制权、房地产市场规制权、能源市场规制权，等。

3. 调制权的分配

由于调制权的种类各异，各个调控主体和规制主体作为负有特定职能的部门，所享有的职权各不相同。同时，同一主体可能既享有调控权，又享有规制权。

（二）调控主体和规制主体的主要职责

调控主体和规制主体在享有宏观调控权和市场规制权等职权的同时，也要履行相应的职责，这些职责主要包括贯彻法定原则、依法调控和规制、不得弃权等。

1. 贯彻法定原则

贯彻法定原则是调控主体和规制主体的基本职责。贯彻法定原则是经济法的基本原则，也是各类主体必须遵守的原则。

2. 依法调控和规制

依法调控和规制是调控主体和规制主体的重要职责。调控主体和规制主体必须依据法律的规定行使调制权，而不是滥用或超越自己的调制权。

3. 不得弃权

调控主体和规制主体不能放弃调制权，由于调制权直接关系到国家的基本利益和国民的基本权利，因此，该调控的时候必须调控，该规制的时候必须规制，不能不作为或者任意放弃。

（三）接受调控和规制的主体的权利

接受调控和规制的主体主要是市场主体，其权利可以统称为"市场对策权"。市场对策权是接受调控和规制的市场主体从事市场经济活动的一种自由权，它可以是平等的市场主体之间的对策权，也可以是市场主体对调制行为的对策权。

（四）接受调控和规制的主体的义务

1. 接受调控和规制的义务

市场主体应当接受相关国家机关依法作出的宏观调控和市场规制。依法实施的调制行为，如国家立法机关依法调整税率、利率，国家征税机关依照法律的规定进行征税，中央银行调整存款准备金率等，只要是依法进行的，市场主体就不能拒绝或反抗，这是其基本义务。

2. 依法竞争的义务

在竞争的过程中，市场主体不能采取不公平的方式、不正当的手段，去损害其他竞争主体的利益，这是依法竞争的基本要求。一旦市场主体违反这些义务，就要承担经济法上的责任。

第三节　企业法和公司法

一、企业法的概念与法律渊源

企业法，是指调整企业在设立、组织形式、管理和运行过程中发生的经济关系的法律规范的总称。从法律的角度讲，企业是依法成立，具有一定的组织形式，独立从事商品生产经营、服务活动的经济组织。

企业法是以确认企业法律地位为主旨的法律体系，因此，广义企业法应当是规范各种类型企业的法律规范的总体。包括按企业资产组织形式划分的公司、合伙企业和独资企业；也包括按照所有制形式划分的国有企业、集体企业和私营企业；以及包括按照有无涉外因素划分的内资企业和外商投资企业等。中国现行企业法对上述不同类型的企业都有所调整。

法律渊源是法律规范存在的具体形式。在我国，企业法的渊源主要包括宪法、法律、行政法规、部门规章、地方性法规和规章以及国际条约和惯例。

（1）宪法。宪法是我国的根本大法，由全国人民代表大会制定，具有最高的法律效力，任何法律法规都不得与之相抵触。《中华人民共和国宪法》中有关企业基本类型和管理制度的规定，是进行企业立法的基本原则和指导思想，也是我国企业法的重要渊源。

（2）法律。针对企业的法律可分为两类，一类为调整经济关系的基本法律中有关企业的规定。例如，《中华人民共和国民法典》第一编"总则"第三章"法人"将法人分为"营利法人""非营利法人""特别法人"，并分别作出规定；第四章规定"非法人组织"是指不具有法人资格，但是能够依法以自己的名义从事民事活动的组织，包括个人独资企业、合伙企业、不具有法人资格的专业服务机构等。另一类为专门的企业法，例如《公司法》《合伙企业法》《个人独资企业法》《外商投资法》等。

（3）行政法规。行政法规在我国的企业法体系当中占有相当大的数量，其制定或者批准颁布的原因有三：第一，在经济建设和经济改革中，迫切需要对某类经济关系进行调整，但制定法律的时机尚不成熟，故先出台行政法规予以调整，例如《中华人民共和国乡村集体所有制企业条例》；第二，为保证现有法律的有效贯彻实施而制定的有关的实施条例和实施细则，例如《中华人民共和国外商投资法实施条例》；第三，在立法技术上，某些法律关系的规范调整没有必要由法律进行规定，由行政立法加以规制即可，例如《中华人民共和国公司登记管理条例》。

（4）部门规章。部门规章在其权限范围内对企业具有约束力。国家发改委和商务部修改并颁布的《外商投资准入特别管理措施（负面清单）》（2020年版），对负面清单内的领域统一列出股权要求、高管要求等外商投资准入方面的特别管理措施，对外商投资准入负面清单之外的领域，按照内外资一致原则实施管理。

（5）地方性法规和规章。地方性规章是指省会城市、自治区首府、直辖市的政府和经国务院批准的较大的市的人民政府制定的规范性文件。这些都是指地方的权力机关和人民政府，为保证有关法律法规在本地区的有效实施或者发展地方经济、招商引资，结合各地区特点，在与宪法和法律不相抵触的条件下制定的地方性规范文件。

（6）国际条约和惯例。国际条约是指由两个或两个以上国家缔结的规定政治、经济、文化、军事和法律等方面相互间的权利与义务关系的协议。国际条约现在通常被认为是法律渊源。国际惯例是国际实践中反复使用而形成的具有固定内容的规则，也构成了我国的一种法律渊源。

二、公司法概述

公司法是调整公司的设立、组织活动、解散、清算及其他对内外法律关系的法律规范的总称。

公司法的特征有——

（1）公司法是一种组织法。它规定了公司的分类、设立、变更和终止、公司章程、组织机构、权利能力和行为能力，以及公司的其他对内外法律关系。

（2）公司法是一种行为法。它规定与公司的组织特点有关的经营活动，如股票的发行、转让等。与公司的组织特点无关的经营活动如公司对外签订合同等不属于公司法的调整对象。

（3）公司法是一种制定法。关于公司的法律地位、组织机构及其内外关系的规定必须有系统的、严格的、准确的法律规范形式。

（4）公司法的内容多为强制性规范。因为公司对社会的影响重大，所以必须对公司的设立、活动等作出强行规定。

三、破产法

破产法是指调整破产债权人和债务人、人民法院、管理人以及其他破产参加人相互之间在破产过程中所发生的社会关系的法律规范的总称。

破产法主要包括破产程序规范、破产实体规范和罚则。

（一）我国破产法的构成

我国破产法主要由普通规范和特殊规范构成。

1. 普通规范

普通规范主要指破产案件中一般破产主体所适用的程序性及实体性的法律规范。包括《中华人民共和国企业破产法》（简称《企业破产法》）和最高人民法院关于适用《企业破产法》的司法解释，目前主要适用《最高人民法院关于适用〈中华人民共和国企业破产法〉若干问题的规定（一）》《最高人民法院关于适用〈中华人民共和国企业破产法〉若干问题的规定（二）》及《最高人民法院关于适用〈中华人民共和国企业破产法〉若干问题的规定（三）》。

2. 特殊规范

特殊规范是指由于破产主体的特殊性和经济发展的特殊作需要而制定的法规，主要有：①《中华人民共和国商业银行法》第71条对商业银行破产所作的特殊规定；②国务院关于试点城市国有企业破产的文件；③地方破产条例，如《广东省公司破产条例》和《深圳经济特区企业破产条例》。

（二）破产法的适用范围

关于破产法的适用范围，各国依照本国的实际情况作出不同规定，有些仅适用于法人或自然人，也有些同时适用于法人和自然人。我国现行破产法的适用范围较窄，仅包括企业法人，不包括没有法人资格的企业、个体工商户、合伙组织、农村承包经营户和自然人。我国的破产主体为所有的企业法人。

《企业破产法》附则还规定了商业银行、证券公司、保险公司等金融机构适用该法的条件。

（三）破产程序的域外效力

《企业破产法》规定了依照该法进行的破产程序所发生的域外效力，首次明确了在本国启动的破产程序对债务人的域外财产具有的法律效力。具体内容为：依照《企业破产法》开始的破产程序，对债务人在我国领域外的财产发生效力。对外国法院作出的发生法律效力的破产案件的判决、裁定，涉及债务人在中华人民共和国领域内的财产，申请或者请求人民法院承认和执行的，人民法院依照我国缔结或者参加的国际条约，或者按照互惠原则进行审查，认为不违反我国法律的基本原则，不损害国家主权、安全和社会公共利益，不损害我国领域内债权人的合法权益的，裁定承认和执行。

第四节 劳动合同法

一、劳动合同法

（一）劳动合同法的概念

劳动合同法是调整劳动合同关系，明确劳动合同双方权利和义务的法律规范的总称。《中华人民共和国劳动合同法》（简称《劳动合同法》）是我国第一部调整劳动合同关系的专门性法律。

（二）劳动合同法的适用范围

1. 中华人民共和国境内的企业、个体经济组织、民办非企业单位等组织（以下简称用人单位）与劳动者建立劳动关系，订立、履行、变更、解除或者终止劳动合同，适用《劳动合同法》。

2. 国家机关、事业单位、社会团体和与其建立劳动关系的劳动者，订立、履行、变更、解除或者终止劳动合同，依照《劳动合同法》执行。

3. 事业单位与实行聘用制的工作人员订立、履行、变更、解除或者终止劳动合同，法律、行政法规或者国务院另有规定的，依照其规定；未作规定的，依照《劳动合同法》的有关规定执行。

二、劳动合同的订立

（一）劳动合同的订立与生效

用人单位自用工之日起即与劳动者建立劳动关系，并应当订立书面劳动合同。已建立劳动关系，未同时订立书面劳动合同的，应当自用工之日起一个月内订立书面劳动合同。用人单位与劳动者在用工前订立劳动合同的，劳动关系自用工之日起建立。

劳动合同由用人单位与劳动者协商一致，并经用人单位与劳动者在劳动合同文本上签字或者盖章生效。

（二）劳动合同的种类

劳动合同分为固定期限劳动合同、无固定期限劳动合同和以完成一定工作任务为期限的劳动合同。

1. 固定期限劳动合同

固定期限劳动合同，是指用人单位与劳动者约定合同终止时间的劳动合同。

用人单位与劳动者协商一致，可以订立固定期限劳动合同。

2. 无固定期限劳动合同

无固定期限劳动合同，是指用人单位与劳动者约定无确定终止时间的劳动合同。用人单位与劳动者协商一致，可以订立无固定期限劳动合同。有下列情形之一，劳动者提出或者同意续订、订立劳动合同的，除劳动者提出订立固定期限劳动合同外，应当订立无固定期限劳动合同：①劳动者在该用人单位连续工作满10年的；②用人单位初次实行劳动合同制度或者国有企业改制重新订立劳动合同时，劳动者在该用人单位连续工作满10年且距法定退休年龄不足10年的；③连续订立二次固定期限劳动合同，且劳动者没有《劳动合同法》第三十九条和第四十条第一、二项规定的情形，续订劳动合同的。《劳动合同法》第三十九条规定了由于劳动者的过错，用人单位可以单方解除劳动合同的情形；第四十条第一、二项规定了用人单位可提前30日书面通知劳动者或额外支付一个月工资后，解除劳动合同的情形。

用人单位自用工之日起满一年不与劳动者订立书面劳动合同的，视为用人单位与劳动者已订立无固定期限劳动合同。

3. 以完成一定工作任务为期限的劳动合同

以完成一定工作任务为期限的劳动合同，是指用人单位与劳动者约定以某项工作的完成为合同期限的劳动合同。用人单位与劳动者协商一致，可以订立以完成一定工作任务为期限的劳动合同。

（三）劳动合同的内容

《劳动合同法》第十七条规定，劳动合同应当具备以下条款：①用人单位的名称、住所和法定代表人或者主要负责人；②劳动者的姓名、住址和居民身份证或者其他有效身份证件号码；③劳动合同期限；④工作内容和工作地点；⑤工作时间和休息休假；⑥劳动报酬；⑦社会保险；⑧劳动保护、劳动条件和职业危害防护；⑨法律、法规规定应当纳入劳动合同的其他事项。

劳动合同除上面规定的必备条款外，用人单位与劳动者可以约定试用期、培训、保守秘密、补充保险和福利待遇等其他事项。在两种情况下，用人单位和劳动者可以约定违约金。一是用人单位为劳动者提供专项培训费用，对其进行专业技术培训的，与劳动者约定了服务期。双方可以约定如果劳动者违反服务期约定，应当按照约定向用人单位支付违约金。二是用人单位与劳动者在劳动合同中或保密协议中约定了竞业限制条款，如果劳动者违反了竞业限制约定，应按照约定向用人单位支付违约金。

（四）试用期

试用期是指用人单位和劳动者双方相互了解、确定对方是否符合自己的招聘条件或求职条件而约定的考察期。

1. 试用期的类型

①劳动合同期限为3个月以上不满1年的，试用期不得超过1个月；②劳动合同期限为1年以上

不满3年的，试用期不得超过2个月；③3年以上固定期限和无固定期限的劳动合同，试用期不得超过6个月；④以完成一定工作任务为期限的劳动合同或者劳动合同期限不满3个月的，不得约定试用期。

同一用人单位与同一劳动者只能约定一次试用期。试用期包含在劳动合同期限内。劳动合同仅约定试用期的，试用期不成立，该期限为劳动合同期限。

2. 试用期的限制性

（1）劳动者在试用期的工资不得低于本单位相同岗位最低档工资或者劳动合同约定工资的80%，并不得低于用人单位所在地的最低工资标准。

（2）在试用期间，除劳动者有不符合录用条件、有违规违纪违法行为、不能胜任工作等情形外，用人单位不得解除劳动合同。用人单位在试用期解除劳动合同的，应当向劳动者说明理由。

（五）劳动合同的无效

劳动合同的无效是指劳动合同因不具备法律规定的有效条件而不能产生法律效力。

《劳动合同法》第二十六条规定，下列劳动合同无效或者部分无效：以欺诈、胁迫的手段或者乘人之危，使对方在违背真实意思的情况下订立或者变更劳动合同的；用人单位免除自己的法定责任、排除劳动者权利的；违反法律、行政法规的强制性规定的。劳动合同的效力由劳动争议仲裁机构或者人民法院确认。

三、劳动合同的变更、解除与终止

（一）劳动合同的变更

劳动合同的变更是指劳动合同依法成立后，由于约定条件或者法定事由发生变化而对合同的内容进行修正或者补充。劳动合同依法订立后，即具有法律约束力，当事人双方必须全面履行合同规定的义务，任何一方不得擅自变更。根据《劳动合同法》的规定，用人单位与劳动者协商一致，可以变更劳动合同约定的内容，包括工作内容、合同期限、劳动条件、劳动报酬等的改变。变更劳动合同，应当采用书面形式。

（二）劳动合同的解除

劳动合同的解除是指劳动合同订立以后、合同期限届满之前，依法终止劳动合同的法律行为。根据《劳动合同法》的规定，劳动合同的解除有以下三种情况。

1. 双方协商解除劳动合同

用人单位与劳动者协商一致，可以解除劳动合同。

2. 劳动者单方解除劳动合同

劳动者可以单方解除劳动合同的情形有以下两种。

一是一般情况下，劳动者提前30日以书面形式通知用人单位，可以解除劳动合同。劳动者在试用期内提前3日通知用人单位，即可解除劳动合同。

二是用人单位违反法律法规或劳动合同要求的，劳动者可随时解除劳动合同。《劳动合同法》第三十八条规定了如下劳动者可随时解除劳动合同的主要情形：①未按照劳动合同约定提供劳动保护或者劳动条件的；②未及时足额支付劳动报酬的；③未依法为劳动者缴纳社会保险费的；④用人单位的规章制度违反法律、法规的规定，损害劳动者权益的；⑤因《劳动合同法》第二十六条第一款规定的情形致使劳动合同无效的；⑥法律、行政法规规定劳动者可以解除劳动合同的其他情形。用人单位以暴力、威胁或者非法限制人身自由的手段强迫劳动者劳动的，或者用人单位违章指挥、强令冒险作业危及劳动者人身安全的，劳动者可以立即解除劳动合同，不需事先告知用人单位。

3. 用人单位单方解除劳动合同

用人单位可以单方解除劳动合同的情形有以下三种。

第一，过失性辞退。《劳动合同法》第三十九条规定，劳动者有下列情形之一的，用人单位可以解除劳动合同：①在试用期间被证明不符合录用条件的；②严重违反用人单位的规章制度的；③严重失职，营私舞弊，给用人单位造成重大损害的；④劳动者同时与其他用人单位建立劳动关系，对完成本单位的工作任务造成严重影响，或者经用人单位提出，拒不改正的；⑤因《劳动合同法》第二十六条第一款规定的情形致使劳动合同无效的；⑥被依法追究刑事责任的。

第二，无过失性辞退。《劳动合同法》第四十条规定，有下列情形之一的，用人单位提前30日以书面形式通知劳动者本人或者额外支付劳动者1个月工资后，可以解除劳动合同：①劳动者患病或者非因工负伤，在规定的医疗期满后不能从事原工作，也不能从事由用人单位另行安排的工作的；②劳动者不能胜任工作，经过培训或者调整岗位，仍不能胜任工作的；③劳动合同订立时所依据的客观情况发生重大变化，致使劳动合同无法履行，经用人单位与劳动者协商，未能就变更劳动合同内容达成协议的。

第三，经济性裁员。《劳动合同法》第四十一条规定，有下列情形之一，需要裁减人员20人以上或者裁减不足20人但占企业职工总数10%以上的，用人单位提前30日向工会或者全体职工说明情况，听取工会或者职工的意见后，裁减人员方案经向劳动行政部门报告，可以裁减人员：①依照企业破产法规定进行重整的；②生产经营发生严重困难的；③企业转产、重大技术革新或者经营方式调整，经变更劳动合同后，仍需裁减人员的；④其他因劳动合同订立时所依据的客观经济情况发生重大变化，致使劳动合同无法履行的。

经济性裁员有以下限制：一是用人单位应提前30日向工会或者全体职工说明情况，听取工会或者职工的意见后，裁减人员方案经向劳动行政部门报告后方可裁员。二是裁减人员时，应当优先留用下列人员：①与本单位订立较长期限的固定期限劳动合同的；②与本单位订立无固定期限劳动合同的；③家庭无其他就业人员，有需要扶养的老人或者未成年人的。三是用人单位依照规定裁减人员后，在6个月内重新招用人员的，应当通知被裁减的人员，并在同等条件下优先招用被裁减的人员。

同时，为了保障劳动者的合法权益，《劳动合同法》还规定了用人单位不得解除劳动合同的情形。《劳动合同法》第四十二条规定，劳动者有下列情形之一的，用人单位不得无过失性辞退劳动者或进行经济性裁员：①从事接触职业病危害作业的劳动者未进行离岗前职业健康检查，或者疑似职业病病人在诊断或者医学观察期间的；②在本单位患职业病或者因工负伤并被确认丧失或者部分丧失劳动能力的；③患病或者非因工负伤，在规定的医疗期内的；④女职工在孕期、产期、哺乳期的；⑤在本单位连续工作满15年，且距法定退休年龄不足5年的；⑥法律、行政法规规定的其他情形。

（三）劳动合同的终止

《劳动合同法》第四十四条规定，有下列情形之一的，劳动合同终止：

（1）劳动合同期满的；

（2）劳动者开始依法享受基本养老保险待遇的；

（3）劳动者死亡，或者被人民法院宣告死亡或者宣告失踪的；

（4）用人单位被依法宣告破产的；

（5）用人单位被吊销营业执照、责令关闭、撤销或者用人单位决定提前解散的；

（6）法律、行政法规规定的其他情形。

四、劳务派遣

被派遣劳动者的主要权利有：①享有与用工单位的劳动者同工同酬的权利；②依法组织或参加工会，维护自身合法权益的权利；③依约或依法解除与劳务派遣单位的劳动合同的权利。

劳务派遣单位的主要义务有：告知被派遣劳动者劳务派遣协议内容；不得克扣被派遣劳动者的劳动报酬。

用工单位的主要义务有：①向劳动者提供劳动条件和劳动保护；②告知劳动者工作要求和劳动报酬；③提供与工作岗位相关的福利待遇；④用工单位不得将被派遣劳动者再次派遣到其他单位。

第五节 税法与价格法

一、税法概述

（一）税法的概念

税法是调整国家与纳税人之间征收与缴纳税款的权利义务关系的法律规范的总称。

我国现行的税法由调整不同税种的法律法规组成，主要有《中华人民共和国增值税暂行条例》（简称《增值税暂行条例》）《中华人民共和国企业所得税法》（简称《企业所得税法》）《中华人民共和国个人所得税法》（简称《个人所得税法》）等。

（二）税法的构成要素

（1）纳税主体。又称纳税人或纳税义务人，是指税法规定的直接负有纳税义务的社会组织和个人。

（2）纳税客体。又称征税对象，具体确定对什么征税，是指纳税主体所指向的对象，也是征税的直接依据。如流转税的征税对象是商品销售额或服务性行业的业务额。

（3）税种、税目。税种即税收的种类，是指征收什么税；税目是指各种税中具体规定的应纳税的项目，是征税对象的具体化，反映征税的范围和广度。

（4）税率。是指纳税额与征税对象数额的比例。它是计算应纳税额的主要尺度，是税法中的核心要素。税率的高低直接体现出税收的经济杠杆作用。我国现行税法分别采用比例税率、累进税率和定额税率三种。

比例税率，即对同一征税对象或同一税目，不论其数额大小，都实行同一比例的税率。通常适用于流转税。

累进税率，即按照征税对象数额的大小规定不同等级的税率，征税对象数额越大，税率越高。累进税率又可分为全额累进税率、超额累进税率和超率累进税率。全额累进税率是把征税对象的数额分为若干等级并确定不同等级的税率，征税对象的等级达到哪一级，就按哪一级的税率征收的税率。超额累进税率是对征税对象的不同等级部分同时适用相应的税率，每一次计算仅以征税对象数额超过前级的部分作为计算基数，然后将计算结果相加得出应纳税款数额的税率。超率累进税率是对纳税人的全部利润，按不同的销售利润率划分为若干等级，分别适用不同的税率计算征收的一种累进税率。现行的土地增值税就采用超率累进税率计算征收税款。

定额税率，也称固定税率，是按照征税对象的计量单位直接规定应纳税额的税率形式。采用定额税率征税的最大优点是计算简便，适用于从量计征的税种。

（5）纳税环节。指应税商品在整个流转过程中，税法规定应当缴纳税款的环节。一般商品从生产到消费往往需要经过许多环节，在税收上只选择其中一个环节，规定为其缴纳税款的环节，如工业品应在工业销售环节和商品批发、零售环节缴纳增值税。

（6）纳税期限。指税法规定缴纳税款的具体期限。纳税期限大致分为按期纳税和按次纳税两种。

（7）减税和免税。减税就是减征部分税额；免税就是免征全部应税税额。减免税是对特定的纳税人或征税对象给予鼓励和照顾，减轻或免除其税收负担的一种优惠措施。减免税的内容涉及起征点和免征额。起征点就是征税对象达到征税数额开始征税的界限，没有达到起征点的，就其全部数额免征税。免征额就是在征税对象总额中免于征税的数额。

（8）法律责任。指纳税人违反税法的行为应当受到的惩罚。违反税法的法律责任，主要有责令纳税人限期缴纳税款、加收滞纳金、处以罚款、采取税收保全措施和税收强制执行等行政责任，情节严重构成犯罪的，依法追究刑事责任。

二、我国现行的主要税种

（一）增值税

1. 增值税的概念

增值税是以商品生产和流通中各环节的新增价值或商品附加值为征税对象的一种流转税。所谓新增价值（简称"增值"）是指工业企业在一定时期内的销售收入额，扣除同期已经消耗的外购原材料、燃料、动力以及计入产品销售价格的包装物金额后的数额。

2. 增值税的内容

根据2017年新修订的《增值税暂行条例》的规定，增值税的主要内容包括——

（1）纳税主体。在中华人民共和国境内销售货物或者加工、修理修配劳务，销售服务、无形资产、不动产以及进口货物的单位和个人，通常为增值税的一般纳税人。年应征税销售额小于规定标准且会计核算制度不健全的纳税人，称为小规模纳税人。

（2）税率。我国增值税实行的是等级比例税率。自2019年4月1日起，我国实行以下四档增值税税率：①税率13%，适用于绝大多数货物、应税劳务、有形动产租赁服务或者进口货物。②税率9%，适用于销售交通运输、邮政、基础电信、建筑、不动产租赁服务，销售不动产，转让土地使用权，销售或者进口下列货物，大致分为三大类：一是粮食、食用植物油、食用盐、自来水、暖气、冷气等人民生活必需品；二是图书、报纸、杂志、音像制品、电子出版物；三是饲料、化肥、农药等农业生产资料。③税率6%，适用于销售服务、无形资产，另有规定的除外。④零税率，适用于纳税人出口货物（国务院另有规定的除外），以及境内单位和个人跨境销售国务院规定范围内的服务、无形资产。

此外，由于小规模纳税人经营规模小，且会计核算不健全，《增值税暂行条例》规定其按照以销售额和征收率计算应纳税额的简易办法，即按3%的征收率计算应纳税额，并不得抵扣进项税额。

（二）营业税

营业税属于流转税的一种，是指"营改增"（详情见下文）前在我国境内提供应税劳务、转让无形资产和销售不动产的单位和个人需要依法按税率交纳的税。

随着服务业日益发达，一方面，由于增值税、营业税并行的税制存在重复征税情况，另一方面也由于服务和产品往往被捆绑销售，无法明确区分增值税、营业税征收范围而造成征收困难。为了解决上述矛盾，2011年经国务院批准，财政部、国家税务总局开始在部分省市、部分行业联合下发营业税改征增值税试点方案。营业税改征增值税（简称"营改增"）是指以前缴纳营业税的应税项目改成缴纳增值税，增值税只对产品或者服务的增值部分纳税，减少了重复纳税的环节，完善了税收体制。此后，试点范围进一步扩大，直至2016年3月23日，财政部、国家税务总局向社会公布了《营业税改征增值税试点实施办法》《营业税改征增值税试点有关事项的规定》《营业税改征增值税试点过渡政策的规定》《跨境应税行为适用增值税零税率和免税政策的规定》。至此，缴纳营业税全部改为缴纳增值税，营业税退出历史舞台，增值税制度将更加规范。

（三）所得税

1. 企业所得税

企业所得税是指对境内企业和其他取得收入的组织的生态经营所得和其他所得征收的一种税。我国内资企业和外商投资企业、外国企业统一适用《企业所得税法》。

（1）纳税主体。在中国境内，企业和其他取得收入的组织（以下统称"企业"）为企业所得税的纳税人，依照《企业所得税法》的规定缴纳企业所得税。个人独资企业、合伙企业不适用《企业所得税法》。企业分为居民企业和非居民企业。居民企业是指依法在中国境内成立，或者依照外国（地区）法律成立但实际管理机构在中国境内的企业。非居民企业是指依照外国（地区）法律成立且实际管理机构不在中国境内，但在中国境内设立机构、场所的，或者在中国境内未设立机构、场所，但有来源于中国境内的所得的企业。

（2）征税对象。企业所得税的征税对象也根据居民企业和非居民企业而有所不同。居民企业应当就其来源于中国境内、境外的所得缴纳企业所得税。非居民企业的征税对象还根据该企业在中国境内是否设立机构、场所进行区分。在中国境内设立机构、场所的，应当就其所设机构、场所取得的来源于中国境内的所得，以及发生在中国境外但与其所设机构、场所有实际联系的所得，缴纳企业所得税；在中国境内未设立机构、场所的，或者虽设立机构、场所但取得的所得与其所设机构、场所没有实际联系的，应当就其来源于中国境内的所得缴纳企业所得税。

（3）税率。企业所得税的税率统一为25%。非居民企业在中国境内未设立机构、场所的，或者虽设立机构、场所但取得的所得与其所设机构、场所没有实际联系的，对其来源于中国境内的所得，适用税率为20%。

（4）税收抵免。企业取得的下列所得已在境外缴纳的所得税税额，可以从其当期应纳税额中抵免，抵免限额为该项所得依照《企业所得税法》的规定计算的应纳税额；超过抵免限额的部分，可以在以后五个年度内，用每年度抵免限额抵免当年应抵税额后的余额进行抵补：①居民企业来源于中国境外的应税所得；②非居民企业在中国境内设立机构、场所，取得的发生在中国境外但与该机构、场所有实际联系的应税所得。

居民企业从其直接或者间接控制的外国企业分得的来源于中国境外的股息、红利等权益性投资收益，外国企业在境外实际缴纳的所得税税额中属于该项所得负担的部分，可以作为该居民企业的可抵免境外所得税税额，在《企业所得税法》第二十三条规定的抵免限额内抵免。

2. 个人所得税

个人所得税是对个人应税所得征收的一种税。它不分纳税人的国籍，适用于在中国境内的中外国籍的个人。根据《个人所得税法》及其实施条例，个人所得税的内容主要包括：

（1）纳税主体。个人所得税以所得人为纳税义务人，以支付所得的单位和个人为扣缴义务人。

（2）征税范围。在中国境内有住所，或者无住所而一个纳税年度内在中国境内居住累计满183天的个人，为居民个人。居民个人从中国境内和境外取得的所得，依照《个人所得税法》的规定缴纳个人所得税。"在中国境内有住所"是指因户籍、家庭、经济利益关系而在中国境内习惯性居住。"从中国境内和境外取得的所得"，分别是指来源于中国境内的所得和来源于中国境外的所得。"在境内居住累计满183天"是指在一个纳税年度（即公历每年1月1日～12月31日）中在中国境内居住满183天。

在中国境内无住所又不居住，或者无住所而一个纳税年度内在中国境内居住累计不满183天的个人，为非居民个人。非居民个人从中国境内取得的所得，依照《个人所得税法》的规定缴纳个人所得税。

在中国境内无住所的个人，在中国境内居住累计满183天的年度连续不满6年的，经向主管税务机关备案，其来源于中国境外且由境外单位或者个人支付的所得，免予缴纳个人所得税；在中国境内居住累计满183天的任一年度中有一次离境超过30天的，其在中国境内居住累计满183天的年度的连续年限重新起算。

（3）征税对象。根据《个人所得税法》第二条的规定，应缴纳个人所得税的个人所得有：工资、薪金所得；劳务报酬所得；稿酬所得；特许权使用费所得；经营所得；利息、股息、红利所得；财产租赁所得；财产转让所得；偶然所得。

（4）税率。个人所得税实行超额累进税率与比例税率相结合的税率体系。

①综合所得，适用3%～45%的超额累进税率；②经营所得，适用5%～35%的超额累进税

率；③利息、股息、红利所得，财产租赁所得，财产转让所得和偶然所得，适用比例税率，税率为20%。

三、价格法概述

价格法是调整价格关系的法律规范的总称。价格法的调整对象是指与价格的制定、执行和监督有关的各种价格关系。目前我国价格管理的主要法律是自1998年5月1日起施行的《中华人民共和国价格法》（简称《价格法》）。价格法对于规范价格行为，发挥价格合理配置资源的作用，稳定市场价格总水平，保护消费者和经营者的合法权益，促进社会主义市场经济健康发展有重要意义。

四、经营者的权利与义务

《价格法》第二章"经营者的价格行为"中明确规定了经营者的权利和义务。

（一）经营者的权利

《价格法》第十一条规定了经营者享有下列权利：
（1）自主制定属于市场调节的价格。
（2）在政府指导价规定的幅度内制定价格。
（3）制定属于政府指导价、政府定价产品范围内的新产品的试销价格，特定产品除外。
（4）检举、控告侵犯其依法自主定价权利的行为。

（二）经营者的义务

《价格法》对经营者规定了下列义务：
（1）经营者应当努力改进生产经营管理，降低生产经营成本，为消费者提供价格合理的商品和服务，并在市场竞争中获取合法利润。
（2）经营者应当根据其经营条件建立、健全内部价格管理制度，准确记录与核定商品和服务的生产经营成本，不得弄虚作假。
（3）经营者进行价格活动，应当遵守法律、法规，执行依法制定的政府指导价、政府定价和法定的价格干预措施、紧急措施。
（4）经营者销售、收购商品和提供服务，应当按照政府价格主管部门的规定明码标价，注明商品的品名、产地、规格、等级、计价单位、价格或者服务的项目、收费标准等有关情况。经营者不得在标价之外加价出售商品，不得收取任何未予标明的费用。

五、价格监督检查

（一）政府价格主管部门的监督

《价格法》第三十三条规定："县级以上各级人民政府价格主管部门，依法对价格活动进行监督检查，并依照本法的规定对价格违法行为实施行政处罚。"

政府价格主管部门进行价格监督检查时，可以行使下列职权。

（1）询问当事人或者有关人员，并要求其提供证明材料和与价格违法行为有关的其他资料。

（2）查询、复制与价格违法行为有关的账簿、单据、凭证、文件及其他资料，核对与价格违法行为有关的银行资料。

（3）检查与价格违法行为有关的财物，必要时可以责令当事人暂停相关营业。

（4）在证据可能灭失或者以后难以取得的情况下，可以依法先行登记保存，当事人或者有关人员不得转移、隐匿或者销毁。

政府价格主管部门在对价格实施监督检查的同时，也应该承担相应的义务：政府部门价格工作人员不得将依法取得的资料或者了解的情况用于依法进行价格管理以外的任何其他目的，不得泄露当事人的商业秘密。

（二）其他形式的监督

消费者组织、职工价格监督组织、居民委员会、村民委员会等组织以及消费者，有权对价格行为进行社会监督。政府价格主管部门应当充分发挥群众的价格监督作用。新闻单位也有权进行价格舆论监督。

六、法律责任

违反《价格法》的法律责任主要是接受行政处罚。情节严重构成犯罪的，依法追究刑事责任。

（一）经营者的法律责任

《价格法》对经营者的法律责任主要规定如下。

（1）经营者不执行政府指导价、政府定价以及法定的价格干预措施、紧急措施的，责令改正，没收违法所得，可以并处违法所得5倍以下的罚款；没有违法所得的，可以处以罚款；情节严重的，责令停业整顿。

（2）经营者有《价格法》所列的不正当价格行为之一的，责令改正，没收违法所得，可以并处违法所得5倍以下的罚款；没有违法所得的，予以警告，可以并处罚款；情节严重的，责令停业整顿，或者由工商行政管理机关吊销营业执照。

（3）经营者因价格违法行为致使消费者或其他经营者多付价款的，应当退还多付部分；造成损害的，应当依法承担赔偿责任。

（4）经营者违反明码标价规定的，责令改正，没收违法所得，可以并处5000元以下的罚款。

（5）经营者被责令暂停相关营业而不停止的，或者转移、隐匿、销毁依法登记保存的财物的，处相关营业所得或者转移、隐匿、销毁的财物价值1倍以上3倍以下的罚款。

（6）拒绝按照规定提供监督检查所需资料或者提供虚假资料的，责令改正，予以警告；逾期不改正的，可以处以罚款。

（二）地方政府及其有关部门与价格工作人员的法律责任

地方各级人民政府或者各级人民政府有关部门违反《价格法》的规定，超越定价权限和范围擅自制定、调整价格或者不执行法定的价格干预措施、紧急措施的，责令改正，并可以通报批评；对直接负责的主管人员和其他直接责任人员，依法给予行政处分。

价格工作人员泄露国家秘密、商业秘密以及滥用职权、徇私舞弊、玩忽职守、索贿受贿，构成犯罪的，依法追究刑事责任；尚不构成犯罪的，依法给予处分。

案例分析题

案例一

A企业是一家注册资本为2000万元的国有建筑企业，因经营管理不善，对其近5年到期和逾期的债务本息均无力偿还，并呈连续状态。于是A企业向人民法院申请破产。人民法院宣告A企业破产后，予以公告。

管理人接管的A企业财产清理如下：

A企业现有财产：厂房价值900万元，设备作价300万元，未收回的债权200万元，尚未出售的本企业生产的产品价值100万元。

A企业负债：欠甲公司逾期货款500万元，欠乙公司逾期货款1000万元。A企业与甲、乙两公司于破产申请前一年签订了以厂房为标的的房屋抵押合同，并且均依法办理了抵押物登记。欠丙公司货款400万元，以汇票方式结算，到期后银行在不知情的情况下已经付款给丙公司。欠丁公司逾期货款100万元，但已过诉讼时效。欠职工工资、基本养老保险200万元。欠税款150万元。破产费用50万元。

问题

1. A企业是否出现了破产原因？并说明理由。

2. A企业的财产中,哪些属于破产财产?并说明理由。
3. 破产财产怎样进行分配?

案例二

老张是某劳务派遣公司派遣到某建筑公司工作的劳动者。一天,老张与同岗位一起工作的小刘聊天时得知,老张的月工资比小刘低了好几百块钱,便找到该建筑公司人事行政部门询问,为什么小刘每天和他工作在同一岗位,工资待遇差别却如此之大。该公司人事行政部门回答,你不是我们公司的员工,当然同小刘的工资待遇不一样。

问题

1. 该公司人事行政部门的回答是否合法?
2. 老张的工资待遇问题应当由谁来解决?

思考题

1. 根据主体在经济运行中的客观形态划分,经济法主体可分为哪几类?
2. 我国破产法主要由哪些规范构成?
3. 劳动合同应当具备哪些条款?
4. 税法的构成要素包括哪些?
5. 哪些个人所得应缴纳个人所得税?
6. 关于经营者的价格行为,经营者具有哪些权利和义务?

参考文献

[1] 安建. 中华人民共和国城乡规划法释义[M]. 北京：中国法律出版社，2009.

[2] 李永福，史伟利. 建设法规[M]. 北京：中国电力出版社，2009.

[3] 徐广舒. 建设法规[M]. 北京：机械工业出版社，2008.

[4] 刘亚臣，朱炅. 新编建设法规[M]. 北京：机械工业出版社，2009.

[5] 朱宏亮. 建设法规教程（第二版）[M]. 北京：中国建筑工业出版社，2018.

[6] 全国一级建造师执业资格考试用书编写委员会. 建设工程法规及相关知识（第四版）[M]. 北京：中国建筑工业出版社，2015.

[7] 佘立中. 建设工程法规[M]. 广州：华南理工大学出版社，2015.

[8] 佘立中. 建设法律制度及实例精选[M]. 广州：华南理工大学出版社，2010.

[9] 杨合庆. 中华人民共和国土地管理法释义[M]. 北京：中国法律出版社，2020.

[10] 阚珂，杨元元. 中华人民共和国安全生产法释义[M]. 北京：中国民主法制出版社，2014.

[11] 全国人民代表大会常务委员会，中华人民共和国民法典[M]. 北京：中国法律出版社，2020.

[12] 黄薇. 中华人民共和国民法典释义（上中下）[M]. 法律出版社，2020.

[13] 董良峰. 建设工程法规[M]. 北京：中国建筑工业出版社，2017.

[14] 全国二级建造师执业资格考试用书编写委员会. 建设工程法律法规选编[M]. 北京：中国建筑工业出版社，2020.

[15] 住房城乡建设部高等学校土建学科教学指导委员会. 建设法规教程（第四版）[M]. 北京：中国建筑工业出版社，2018.

[16]《经济法学》编写组. 经济法学（第二版）[M]. 北京：高等教育出版社，2018.

[17] 赵威. 经济法（第八版）[M]. 北京：中国人民大学出版社，2021.

[18] 刘文华. 经济法（第六版）[M]. 北京：中国人民大学出版社，2019.

[19] 刘泽海. 新编经济法教程（第5版）[M]. 北京：清华大学出版社，2020.

[20] 何红锋. 工程建设中的合同法与招投标法（第三版）[M]. 北京：中国计划出版社，2014.

[21] 全国人民代表大会常务委员会. 中华人民共和国建筑法（2019年最新修订）[M]. 北京：中国法制出版社，2019.

[22] 中国法制出版社，中华人民共和国公司法：附公司法司法解释（一）、（二）、（三）、（四）、（五）（2021年版）[M]. 北京：中国法制出版社，2021.